임원경제지
권101-102

# 이운지

怡雲志 2

임원경제지
권101-102

이
운
지

怡雲志 2

문화예술 백과사전
권3 · 서재의 고상한 벗들(상)
권4 · 서재의 고상한 벗들(하)

풍석 서유구 지음  추담 서우보 교정

임원경제연구소 심영환, 정명현, 강민우 외 옮김

풍석문화재단

**임원경제지 이운지2**

지은이          풍석 서유구
교 정          추담 서우보
옮기고 쓴 이    ✿임원경제연구소 [심영환, 정명현, 강민우, 민철기, 정정기,
                          김현진, 김수연, 김광명, 최시남, 김용미]

              원문 및 번역 전체 정리 : 정명현

              자료정리 : 고윤주

              감수 : 최원경(이아서실)

펴낸 곳        🌏풍석문화재단

              펴낸 이 : 신정수

              진행 : 진병춘, 박정진  진행지원 : 박소해

              전화 : 02)6959-9921  E-mail : pungseok@naver.com

일러스트        이함렬
편집디자인      아트퍼블리케이션 디자인 고흐
펴낸 날        초판 1쇄 2019년 8월 19일
ISBN          979-11-89801-18-2

이 도서의 국립중앙도서관 출판예정도서목록(CIP)은 서지정보유통지원시스템 홈페이지
(http://seoji.nl.go.kr)와 국가자료종합목록 구축시스템(http://kolis-net.nl.go.kr)에서 이용하실 수 있습니다.
(CIP제어번호 : CIP2019033002)

* 표지그림 : 문방도 병풍, 국립고궁박물관 소장
* 사진 사용을 허락해주신 국립고궁박물관, 국립국악원, 국립민속박물관, 국립수목원, 국립중앙도서관,
  국립중앙박물관, 도일(道一)스님(《칠현금경》 저자), 김태연(대구대학교 명예교수), 블로그 도화원
  (https://blog.naver.com/keypin777), 블로그 한시앙(https://blog.naver.com/xorkftm86) 여러분께 감사드립니다.

# 차례

어표교 魚鰾膠

# 이운지 권제4 怡雲志 卷第四    임원십육지 102 林園十六志一百二

## 서재의 고상한 벗들(하) 文房雅製(下)

### 1. 벼루 硯

## 일러두기

- 이 책은 풍석 서유구의 《임원경제지》를 표점, 교감, 번역, 주석, 도해한 것이다.

- 저본은 정사(正寫) 상태, 내용의 완성도, 전질의 구성 등을 고려하여 고려대학교 도서관 소장본으로 했다.

- 현재 남아 있는 이본 가운데 서울대학교 규장각한국학연구원, 일본 오사카 나카노시마부립도서관본을 교감하고, 교감 사항은 각주로 처리했으며, 각각 규장각본, 오사카본으로 약칭했다.

- 교감은 본교(本校) 및 대교(對校)와 타교(他校)를 중심으로 하고, 필요에 따라서는 이교(理校)를 반영했으며 교감 사항은 각주로 밝혔다.

- 번역주석의 번호는 일반 숫자(9)로, 교감주석의 번호는 네모 숫자(⑨)로 구별했다.

- 원문에 네모 칸이 쳐진 注, 法 등과 서유구의 의견을 나타내는 案, 又案 등은 원문의 표기와 유사하게 네모를 둘렀다.

- 원문의 주석은 【 】로 표기했다.

- 서명과 편명은 번역문에만 각각 《 》 및 〈 〉로 표시했다.

- 표점 부호는 마침표(.), 쉼표(,), 물음표(?), 느낌표(!), 쌍점(:), 쌍반점(;), 인용부호(" ", ' '), 가운뎃점(·), 모점(、), 괄호(( )), 서명 부호(《 》)를 사용했고 인명, 지명 등 고유명사에는 밑줄을 그었다.

- 字, 號, 諡號 등으로 표기된 인명은 성명으로 바꿔서 옮겼다.

- 그림 및 사진의 출처는 해당 자료와 함께 표기하였다. 별도표기가 없는 경우, 바이두(Baidu.com)와 구글(Google.com) 이미지를 활용하였다.

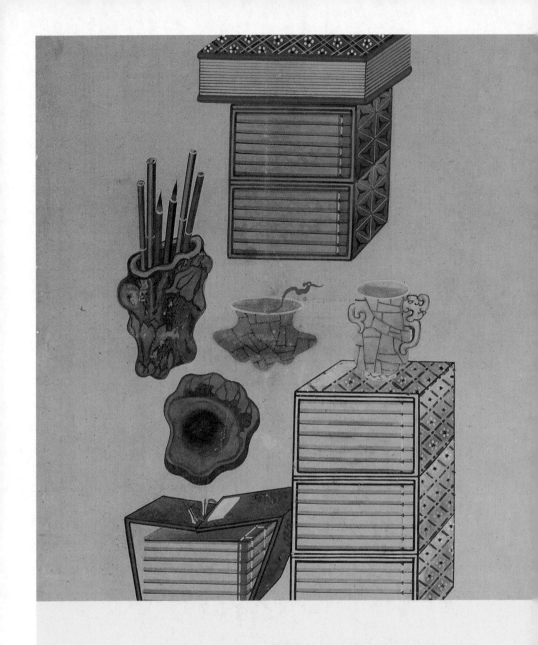

# 3

## 이운지 권제3
### 怡雲志 卷第三

---

서재의 고상한 벗들(상)

임원십육지 101

林園十六志 一百一

우리나라의 붓 제품은 대추씨와 같은 모양을 하고, 붓털의 절반은 붓대 안에 들어가고 절반은 붓대 밖으로 나오게 만들어 소해(小楷, 작은 해서체)를 쓸 수 있다. 붓털은 족제비털로만 만든 붓이 좋다. 간혹 청설모털·살쾡이털·새끼돼지털·개털을 함께 넣어 만들기도 하지만 이 경우에도 반드시 족제비털로 붓심을 만들어야 한다. 그렇지 않으면 제대로 쓰지 못한다. 붓털을 모아 정리할 때는 반드시 부레풀로 붓털과 붓대를 조합해야 한다.

# 서재의 고상한 벗들(상)

## 文房雅製(上)

2 1
먹 붓

# 1. 붓 筆

## 1) 털의 품등 毫品

여러 군(郡)에서 나는 털 중에 오직 중산(中山)[1]의 토끼가 살찌고 털이 길어 쓸 만하다. 위탄(韋誕)[2] 《필경(筆經)[3]》[4]

諸郡毫, 惟中山兔肥而毫長, 可用. 韋氏《筆經》

세상에 전하기를 장지(張芝)[5]·종요(鍾繇)[6]가 사용한 서수필(鼠鬚筆)[7]이 붓끝이 단단하여 봉망(鋒芒)[8]이 있다고 했지만, 나는 믿지 못하겠다. 붓털로 쥐 수염을 쓴다 하더라고 꼭 글씨가 아름다운 것은 아니고, 재료를 얻기도 매우 어렵기 때문이다. 위탄 《필경》[9]

世傳張芝、鍾繇用鼠鬚筆, 筆鋒勁強, 有鋒芒, 余未之信. 鼠鬚用, 未必能佳, 甚難得. 同上.

---

1 중산(中山) : 중국 강소성(江蘇省) 율수현(溧水縣)의 별명. 이곳의 중산호(中山毫)라는 붓이 유명하다.
2 위탄(韋誕) : 179~253. 중국 조위(曹魏)의 서예가·관리. 자(字)는 중장(仲將). 먹을 잘 만들었으며 벼슬이 시중(侍中)에 이르렀다. 특히 제명(題銘)을 잘 써서 당대의 유명한 기물에는 모두 그의 글씨가 들어갔다고 한다.
3 필경(筆經) : 왕희지의 《필경》에 이 내용이 수록되어 있고, 위탄의 저서이지만, 전해지지 않는다.
4 《說郛》 卷98 〈筆經〉(《文淵閣四庫全書》 881, 587쪽).
5 장지(張芝) : ?~192. 중국 후한의 서예가. 자는 백영(伯英)이고, 돈황 주천(酒泉) 사람이다. 초서 중에서도 이어지지 않고 독립된 글자로 쓰는 장초(章草)에 능했고 초성(草聖)으로 추앙받았다
6 종요(鍾繇) : 151~230. 중국 후한의 서예가로, 자는 원상(元常)이다. 글씨는 유덕승(劉德昇)에게서 배웠으며, 팔분·해서·행서를 잘 썼는데 후대에는 해서의 명수로만 알려졌다.
7 서수필(鼠鬚筆) : 쥐의 수염으로 만든 붓. 마모가 잘 되지 않으며 작은 글씨를 쓸 때 좋다.
8 봉망(鋒芒) : 붓끝 가운데서도 뾰족하게 돌출된 끝부분.
9 《說郛》, 위와 같은 곳.

영외(嶺外)[10]는 토끼가 적어서 닭털로 붓을 만들며 품질도 빼어나다. 위탄《필경》[11]

嶺外少①兔以鷄毛作筆, 亦妙. 同上.

촉(蜀) 지역에 있는 석서(石鼠, 바위다람쥐)의 털로 붓을 만들 수 있다. 그 다람쥐의 이름을 '준(鼨)'이라 한다. 위탄《필경》[12]

蜀中石鼠毛可以爲筆, 其名曰"鼨". 同上.

사람의 수염으로 붓을 만들면 매우 좋다. 위탄《필경》[13]

人鬚作筆甚佳. 同上.

붓의 귀함은 털에 달려 있다. 광동성(廣東省) 번우(番禺)[14]의 여러 군에서는 대부분 청양(靑羊)의 털로 붓털을 만들고, 꿩의 꼬리털이나 닭·오리의 털로는 그것을 감싸기 때문에, 다섯 빛깔이 알록달록하여 볼만하다. 또는 큰 여우의 털·쥐수염·호랑이털·양털·사향노루털·사슴털·양수염·배냇머리·돼지갈기·살쾡이털로도 붓을 만든다.

筆之所貴者在毫. 廣東 番禺諸郡多以靑羊毛爲之, 以雉尾或鷄、鴨毛爲蓋, 五色可觀. 或用豐狐毛、鼠鬚、虎毛、羊毛、麝毛、鹿毛、羊鬚、胎髮、猪鬃、貍毛造者.

그러나 모두 토끼털로 만든 붓만큼 좋지는 않다. 토끼는 숭산(崇山)[15]의 깎아지른 골짜기에 사는 것이 좋은데, 토끼가 살이 찌면 털이 길고 끝이 뾰족

然皆不若兔毫爲佳. 兔以崇山絕壑中者, 兔肥毫長而銳, 秋毫取健, 冬毫取

---

10 영외(嶺外): 중국의 대유령(大庾嶺)·월성령(越城嶺)·기전령(騎田嶺)·맹저령(萌渚嶺)·도빙령(都龐嶺)의 오령(五嶺) 남쪽 지역을 총칭하는 말이다. 강서(江西)·호남(湖南)·광동(廣東)·광서(廣西)의 4성 사이에 있으며, 장강(長江)·주강(珠江)이 흐르는 지역의 분수령이다.
11 《說郛》, 위와 같은 곳.
12 《說郛》, 위와 같은 곳.
13 《說郛》, 위와 같은 곳.
14 번우(番禺): 지금의 중국 광동성 광주시(廣州市) 번우구(番禺區) 일대.
15 숭산(崇山): 중국 하남성(河南省) 등봉시(登封市) 북부에 있는 산으로, 옛날부터 중국 5대 명산으로 꼽혔고 남북조시대(南北朝時代)부터는 종교와 문화의 중심지 역할을 했다. 해발 1,512m.
① 少: 저본에는 "小". 《說郛·筆經》에 근거하여 수정.

하다. 붓을 가을의 토끼털로 만들면 튼튼함을 취할 수 있고, 겨울의 토끼털로는 단단함을 취할 수 있지만, 봄·여름의 토기털로 붓을 만들어 글씨를 쓰면 견디지 못한다. 추석날에 달이 뜨지 않으면 토끼가 새끼를 배지 않아 토끼털이 부족하고 귀해진다. 조선(朝鮮)에는 낭미필(狼尾筆)[16]이 있는데, 이 붓도 좋다. 요즘에 만든 붓은 더욱 품질이 빼어나다. 《동천필록(洞天筆錄)[17]》[18]

堅, 春夏之毫則不堪矣. 中秋無月則兔不孕, 毫少而貴. 朝鮮有狼尾筆, 亦佳. 近日所製, 尤絕妙. 《洞天筆錄》

붓은 토끼털로 만든 것이 상품(上品)인데, 부드럽지만 내구성이 좋기 때문이다. 쥐수염·담비털로 만든 붓도 좋다. 여우털은 약한 붉은색을 띠며, 부드러우나 내구성이 좋다. 살쾡이털은 검은색을 띠며, 중간이 약하고 끝이 강하다. 지금은 사슴털을 많이 쓰는데, 흰색·붉은색 두 종류가 있다. 《화한삼재도회》[19]

筆以兔毛爲上, 軟而耐久. 鼠鬚、貂毛亦佳. 狐毛微赤色, 輭而耐久. 貍毛黑色, 腰弱末强. 今多用鹿毛, 有白、赤二種. 《和漢三才圖會》

일반적으로 붓털은 쥐수염이 상품이고, 오랑우탄털이 그 다음이고, 족제비꼬리털이 또 그 다음이고, 토끼털·담비털·청설모털이 또 그 다음이다. 베트남에서는 닭털로 붓을 만들고, 일본에서는 산양털로 붓을 만든다. 우리나라 함경도의 개털붓과 평안도

凡毫, 鼠鬚爲上, 猩猩毛次之, 獷尾又次之, 兔毫、貂毫、青鼠毫又次之. 越南以鷄毛爲筆, 日本以羔毛爲筆. 我國關北之狗毛筆、關

---

16 낭미필(狼尾筆): 족제비의 꼬리털로 만든 붓. 황모필(黃毛筆)이라고도 한다.

17 동천필록(洞天筆錄): 중국 남송(南宋)의 학자 조희곡(趙希鵠, 1195~1242)이 쓴 붓 전문서. 조희곡의 저서는 이외에도 《동천청록(洞天清錄)》·《동천지록(洞天紙錄)》·《동천묵록(洞天墨錄)》·《동천연록(洞天硯錄)》·《동천서록(洞天書錄)》 등이 있다.

18 《洞天筆錄》〈毫〉(《居家必備》, 888쪽); 《遵生八牋》 卷15 〈燕閑清賞牋〉 中 "論筆"(《遵生八牋校注》, 579쪽).

19 《和漢三才圖會》 卷15 〈藝財〉 "筆"(《倭漢三才圖會》 3, 23쪽).

의 새끼돼지털붓은 또한 붓 가운데 좋은 것들이다. 《고사십이집》20

옛날에 중국에서는 고려(高麗)의 백추지(白硾紙)21
와 낭미필이 좋다고 했는데, 다른 나라의 물산이라
특별히 좋다고 한 것이지 좋은 품질이기 때문에 그런
것은 아니다. 붓은 부드럽고 다루기 쉬우며 팔의 움
직임에 따라 힘을 고르게 받아야 좋으니, 억세고 끝
이 뾰족하다 하여 품질이 뛰어나다고는 할 수 없다.

중국의 좋은 붓은 반드시 호주(湖州)22에서 나는
것을 말하는데, 모두 양털을 쓰고 다른 털을 섞지
않는다. 양털은 다른 털에 비해 가장 부드럽다. 가
장 부드럽기 때문에 잘 빠지지 않는다. 종이에 대면
글씨 쓰는 사람의 뜻대로 움직인다. 이는 마치 효자
가 부모의 뜻을 먼저 알고 받드는 일과 같으므로 귀
하다 할 수 있다.

'고려 낭모필'이라 하는 붓은 늑대의 털이 아니라
곧 족제비[禮鼠]23, 속명인 '광(獷)'의 털이다. 지금 민
간에서 말하는 '황필(黃筆)'이 이것이다. 황필은 항상
억세고 뻣뻣하여 갈라지는 특성을 품고 있으니, 이
는 제멋대로 이리저리서 뛰노는 개구쟁이와 같다.

酉之兒猪毛筆，又筆之美
者也.《攷事十二集》

古稱高麗白硾紙、狼尾筆，
特爲異邦物産而稱之，非
爲其佳品也．筆以柔婉調
馴，隨腕同力爲良，不可以
勁剛尖銳而賢．

中國良筆，必稱湖州，皆用
羊毫，不雜他毛．羊比他毛
最柔，最柔②故不禿．入紙
則弄墨隨意，如孝子之先
意承奉，故可貴也．

所謂"高麗狼毛筆"非狼毛
也，卽禮鼠俗名"獷"，今俗
所謂"黃筆"是也．常含强悍
怒磔之意，如恣意東西之
頑僮．故筆不如中國之佳

---

20 《保晚齋叢書》卷57〈考事十二集〉卷10 "古今筆制"(《保晚齋叢書》10, 358쪽).

21 백추지(白硾紙): 다듬이로 다듬어서 부드럽게 만든 흰 종이. 중국에도 수출되었다.

22 호주(湖州): 지금의 중국 절강성(浙江省) 호주시(湖州市) 지역. 이름은 태호(太湖) 부근에 위치하여 유래되었다.

23 족제비[禮鼠]: 전국에 분포하는 족제비과 동물. 곤충·조류 등 대부분의 동물을 먹고, 과일도 먹는다. 먹이는 서식지에 따라 차이가 있다.

② 最柔: 저본에는 없음. 오사카본·규장각본·《熱河日記·關內程史·二十五日辛丑》에 근거하여 보충

족제비(국립수목원)

그러므로 중국의 좋은 붓만 못하다. 《열하일기》[24]

也.《熱河日記》

## 2) 붓대의 품등

管品

옛날 사람들은 유리·상아로 붓대를 만들어 아름다운 장식이 있었다. 그러나 붓은 반드시 가볍고 편해야지, 무거우면 글씨를 쓰는 데 차질이 있다. 위탄《필경》[25]

昔人或以瑠璃、象牙爲筆管, 麗飾則有之. 然筆須輕便, 重則躓矣. 韋氏《筆經》

옛날에는 금관(金管, 금붓대)·은관(銀管, 은붓대)·반관(斑管, 반죽[26]붓대)·상관(象管, 상아붓대)·대모관(玳瑁管, 대모[27]붓대)·파려관(玻瓈管, 수정붓대)·누금관(鏤金管, 누금[28]붓대)·녹침칠관(綠沉漆管, 녹침칠[29]붓대)·종죽관(棕竹

古有金管、銀管、斑管、象管、玳瑁管、玻瓈管、鏤金管、綠沉漆管、棕竹管、紫檀管、花梨③管. 然皆不若

---

24 《熱河日記》〈關內程史〉 "二十五日辛丑", 585~586쪽.
25 《說郛》 卷98 〈筆經〉 《文淵閣四庫全書》 881, 587쪽).
26 반죽: 중국 호남성(湖南省)·하남성(河南省) 등에서 서식하는 대나무. 순(舜)이 창오(蒼梧)에서 죽은 뒤, 그의 두 왕비가 상수(湘水)에서 울자 그 눈물이 대나무에 묻어 얼룩이 생겼다는 고사에서 상죽(湘竹)·상비죽(湘妃竹)이라고도 한다.
27 대모: 바다거북의 일종으로, 껍질과 피부에 얼룩무늬가 있다. 옛날부터 대모딱지로 고급 장식품을 만드는데 썼으며, 한약재로도 썼다.
28 누금: 금속의 표면에 글자나 무늬를 정교하게 새기는 기법.
29 녹침칠: 칠을 해서 진한 녹색을 띔. 왕희지가 누군가에게서 받았다는 녹침칠 대나무 붓대가 유명하다.
③ 梨: 저본에는 "黎". 오사카본·규장각본에 근거하여 수정.

管, 종려죽[30]붓대)·자단관(紫檀管, 자단[31]붓대)·화리관(花梨管, 모과나무붓대)이 있었다. 그러나 이 모두가 껍질 벗긴 대나무의 가는 가지로 붓대를 만들어 가장 편하게 가지고 다니면서 쓰는 것만 못하다. 겨울에 종이나 비단을 붓대에 씌워 추위를 피하는 방법은 또한 사용하기 어려울 듯하여 모두 취하지 않는다.《동천필록》[32]

白竹之薄標者爲管, 最便持用. 冬月以紙帛衣管, 以避寒者, 似亦難用, 悉不取也.《洞天筆錄》

사공도(司空圖)[33]가 중조산(中條山)[34]에 은거하면서 소나무가지를 베어 붓대를 만들었는데, 어떤 사람이 이에 대해 묻자 "은자의 붓은 바로 이와 같아야 한다."라 했다.《한만록(汗漫錄)[35]》[36]

司空圖隱中條山, 芟松枝爲筆管, 人間之, 曰: "幽人筆正當如是."《汗漫錄》

함경도에 용편초(龍鞭草)[37]가 나는데, 재질이 단단하고 광택이 반들반들하게 돈다. 용편초를 물들여 채색하고 붓대를 만들면, 산호(珊瑚)·낭간(琅玕)[38]으로 만든 붓대도 이 붓대보다 나은 것이 없다. 다

關北生龍鞭草, 質堅而光潤, 染以采色, 作爲筆管, 珊瑚、琅玕無以加也. 但體太纖, 不可受筆跟, 故另用

---

30  종려죽: 야자나무과이나 줄기가 대나무처럼 생겨 '종려죽'이라 한다. 종죽(棕竹)은 중국에서 주로 부르는 이름이다. 중국과 일본이 원산지이다.
31  자단: 단향목(檀香木)의 목재로, 백단(白檀)·황단(黃檀)·자단(紫檀) 중의 하나. 목재의 바깥 부분은 향기가 없고, 가운데 부분은 향기가 있어 불상·미술 조각·가구 등의 재료로 쓰고, 목재의 가운데 부분과 뿌리 부분을 수증기 증류해서 얻은 단향유는 비누와 화장품의 향료로 쓴다.
32  《洞天筆錄》〈毫〉《居家必備》, 888쪽).
33  사공도(司空圖): 837~908. 중국 당나라 말기의 대표적 시인으로 꼽혔다. 저서로《사공표성문집(司空表聖文集)》이 전해지고,《이십사시품(二十四詩品)》에서는 시의 의경(意境)을 24품으로 나누어 상징적으로 해설했다.
34  중조산(中條山): 중국 산서성(山西省) 남부의 산. 해발 2,322m.
35  한만록(汗漫錄): 미상.
36  출전 확인 안 됨.
37  용편초(龍鞭草): 함경도의 바다 가운데서 나는 풀의 일종이다. 이 풀의 줄기로 붓대를 만들었다.
38  낭간(琅玕): 중국에서 나는 옥의 일종으로 암녹색이나 청백색을 띠는 반투명한 돌이다.

만 몸체가 너무 가늘어 붓털의 연결부분을 받칠 수 없다. 그러므로 따로 길이 0.5촌 가량의 대나무관을 끝에 붙여 붓털의 연결부분을 받치는데, 이렇게 만든 붓을 '용편필(龍鞭筆)'이라 한다. 《금화경독기(金華耕讀記)39》40

半寸竹管爲跗, 以受筆跟, 謂之"龍鞭筆".《金華耕讀記》

### 3) 붓 만드는 법

붓 만드는 법:긴 털[桀]은 앞에 놓고 부드러운 털은 뒤에 놓는다. 강한 털은 붓의 날이 되고, 정밀한 털[要]은 그것이 날이 되도록 도와준다. 어저귀로 털을 층차가 있게 묶고 붓대로 한곳에 모으며, 옻즙으로 단단하게 하고, 해조(海藻)41로 반들반들하게 한다. 붓을 먹물에 담가 살짝 칠해보아 직선은 먹줄에 맞추고 굽은 선은 수직자에 맞춘다. 네모와 동그라미가 규격에 맞으면 하루 종일 붓을 쥐어도 붓이 어그러지지 않기 때문에 '붓이 빼어나다.'라 한다. 위탄《필경》42

### 製法

製筆之法:桀者居前, 毳者居後. 强者爲刃, 要④者爲輔. 參之以彍, 束之以管, 固以漆液, 澤以海藻. 濡墨小試, 直中繩, 曲中句. 方圓中規矩, 終日握而不敗, 故日"筆妙". 韋氏《筆經》

《성호사설(星湖僿說)43》의 붓 만드는 법:《필경》의

《星湖僿說》製筆法:以意

---

39 금화경독기(金華耕讀記):서유구가 저술한 유서(類書). 풍속·지리·산업 등 다양한 방면을 다루었으며, 《임원경제지》에도 다수 수록되어 있다.

40 출전 확인 안 됨.

41 해조(海藻):해조류 중에서 미역을 가리키는지 다시마를 가리키는지 명확하지 않다. 《관휴지》에서는 얕은 물속에서 자라는 마미조(馬尾藻, 모자반)와 깊은 바다 속에서 자라는 대엽조(大葉藻, 큰잎말)가 있다고 했다. 《관휴지》 권2 〈채소류〉 "(부록)바닷가와 바다의 푸성귀"에 보인다.

42 《說郛》卷98 〈筆經〉 《文淵閣四庫全書》 881, 587쪽).

43 성호사설(星湖僿說):조선 후기의 학자 성호(星湖) 이익(李瀷)의 저서로, 저자가 40세 무렵부터 느낀 점이나 흥미로운 점을 기록해 둔 것을 만년에 조카들이 정리한 책이다. 5가지 분야로 나뉘어 있으며 유서(類書)의 성격을 띠고 있으나 정치사회적 측면에서 저자의 견해가 강하게 드러나 있다.

④ 要:저본에는 "愯".《星湖先生僿說·萬物門·筆妙》에 근거하여 수정.

뜻을 추론해 보면 원문의 걸(桀)은 곧 털 가운데 긴 것이다. 털을 가지런히 하는 법은 긴 털을 앞에 두고 부드러운 털을 뒤에 놓은 다음 서로 섞어서 만드는데, 대략 일정하지 않은 층차가 있게 만드는 것이다. 내가 이전에 다른 책을 보았더니 머리카락 수십 가닥을 그 가운데 섞으면 붓의 품질이 매우 빼어나다고 했는데, 곧 그 뜻이다.

원문의 요(要)는 정밀한 털로 선택한 것이다. 털을 한곳에 모으는 법은 강한 털을 안쪽에 두어 붓의 날로 삼고, 정밀한 털을 밖에 둘러 날을 도와주는 것이다. 대개 붓털을 정리한 뒤에는 또 강한 털을 골라 심(心)을 만들고 정밀한 털로 주위를 둘러싼다.

원문의 경(纅)은 곧 지금의 어저귀[苘麻]가 이것인데, 어저귀를 표백하면 색이 실처럼 희어진다. 이미 붓의 심을 정리했으면 어저귀줄로 얽어매어 붓털이 풀어지지 않게 한다. 지금 붓을 만들 때 밀랍으로 털을 정리하는 것이 곧 그 뜻이다.

단단하게 고정시키는 재료로는 또 우교(牛膠, 소 아교)만 한 것이 없으나, 다만 원문에서 '옻즙'이라고 언급했다. 내가 듣기로 중국의 붓 중에 물속에 넣어도 풀어지지 않는 것이 있는데, 그 이유는 옻즙 때문이다. 해조(海藻)는 분명 붓을 오래 보존하려고 썼을 것이다. 일반적으로 붓을 만든 뒤에는 항아리에 물을 담아 붓을 매달고 그 속에 담가 두는데, 붓털이 물에 닿지 않게 한다. 이렇게 10일이 지나야 붓의 품질이 좋아진다. 《성호사설》44

推之, 桀, 卽毛之長者, 整毛之法, 桀前而氄後, 相間爲之, 略有差池然也. 吾嘗考他書, 人髮數十莖和在其中甚妙, 卽其意也.

要者, 擇以精者也. 束毛之法, 强居內爲刃, 而要周外爲輔, 蓋旣定之後, 又擇其强爲心, 而以要圍抱也.

纅者, 卽今之苘麻是也, 練之色白如絲. 旣定其心, 以是纏縛, 使不解散也. 今之製筆, 定之以蜜蠟, 卽其意也.

固之, 又莫若牛膠, 而只云 "漆液". 吾聞中國之筆, 有入水不解者, 漆液故也. 海藻必是藏筆之用也. 凡製筆之後, 以甕盛水, 懸筆其中, 而不及水, 歷十日方佳. 《寨說》

붓의 금기:나온 필봉(筆鋒)이 너무 짧으면 억세고 단단한 것에 상하니, 길이가 충분하고 부드러워야 한다. 삐져나온 필봉은 반드시 길어야 하고, 털은 반드시 가는 것을 골라야 하며, 붓대는 커서는 안 되고, 부호(副毫)[45]는 반드시 가지런해야 한다. 부호가 가지런하면 파세(波勢)[46]를 쓸 때 기댈 곳이 있고, 붓대가 작으면 붓을 움직일 때 힘이 적게 들며, 붓털이 가늘면 점을 찍거나 획을 그을 때 실수가 없고, 필봉이 길면 글씨를 쓸 때 넉넉하고 자유롭다. 《유공권첩(柳公權帖)[47]》[48]

《필게(筆偈)》에서 "둥근 획은 송곳처럼, 파임[捺]은 끌처럼 하는데[49] 붓을 역입(逆入)해서 들어갈 수만 있고 다시 되돌릴 수는 없다."라 했는데, 붓을 묶을 때에 반드시 긴밀하게 엮어 한 가닥의 털도 튀어나오지 않게 하고, 털이 나오면 제대로 쓰지 못한다는 말이다. 또 "가운데의 심(心)은 단단히 하되, 덮는 털은 얇게 하라. 송곳처럼 뾰족하되 끌처럼 나란하게 하라."라 했다. 《준생팔전》[50]

筆忌:出鋒太短, 傷於勁硬, 所要優柔. 出鋒須長, 擇毫須細, 取管不⑤在大, 副切須齊. 副齊則波製有馮, 管小則運動省力, 毛細則點畫無失, 鋒長則洪潤自由.《柳公權帖》

《筆偈》曰:"圓如錐, 捺如鑿, 只得入, 不得却." 言縛筆須緊, 不令一毛吐, 出卽不堪用. 又曰:"心柱硬, 覆毛薄. 尖似錐, 齊似鑿."《遵生八牋》

---

44 《星湖先生僿說》卷4〈萬物門〉"筆妙"(國譯《星湖僿說》2, 24쪽).
45 부호(副毫):붓에서 글씨를 쓸 때 종이에 닿지 않는 부분.
46 파세(波勢):예서의 점획마다 물결 모양이 있으며, 가로획의 끝을 오른쪽으로 빼는 것. 파임 또는 파(波)라고도 한다.《유예지》권3〈글씨(서벌)〉"총론"에 보인다.
47 유공권첩(柳公權帖):미상. 중국 당나라 후기의 서예가 유공권(柳公權, 778~865)의 법첩으로 추정된다.
48 출전 확인 안 됨;《遵生八牋》卷15〈燕閒淸賞牋〉中"論筆"(《遵生八牋校注》, 579쪽).
49 파임[捺]은……하는데:끌에서 한쪽으로 깎인 아랫부분의 모양을 빗대어 말한 것이다.
50 《遵生八牋》卷15〈燕閒淸賞牋〉中"論筆"(《遵生八牋校注》, 579쪽).
⑤ 不:저본에는 없음.《遵生八牋·燕閑淸賞牋·論筆》에 근거하여 보충.

끌(국립민속박물관)

붓을 만드는 법은 뾰족함[尖]·가지런함[齊]·둥 글[圓]·튼튼함[健]을 4가지 덕(德)으로 삼는다. 붓털이 단단하면 뾰족하다. 붓털이 많으면 자색을 띠면서 가지런하다. 어저귀를 사용하여 제 방법으로 붓털을 붙이면 붓털이 묶여 둥글다. 한 종류의 붓털을 사용하고 여기에 사향고양이의 털을 덧붙여서 조각(皁角) 달인 물51로 씻어가며 제대로 된 방법으로 보관하면 붓을 오래 써도 튼튼하다.《동천필록》52

製筆之法, 以尖、齊、圓、健 爲四德. 毫堅則尖, 毫多則 色紫而齊. 用藟貼襯得法, 則毫束而圓. 用以純毫, 附 以香貍, 皁水得法, 則用久 而健.《洞天筆錄》

옛날에 붓머리를 만드는 방식은 죽순 끝과 같은 모양을 가장 좋게 여겼지만, 후대에는 허리가 가느다란 호리병 모양으로 변했다. 이 붓으로 처음 글씨를 쓸 때는 붓머리가 가느다란 듯하여 작은 글씨를 쓰기에 알맞지만, 글씨를 쓴 뒤에는 허리 부분이 흩

舊製筆頭式, 如笋尖最佳, 後變爲細腰葫蘆樣. 初寫 似細, 宜作小書, 用後腰 散, 便成水筆, 卽爲棄物 矣. 當從舊製. 同上

---

51 조각(皁角) 달인 물: 원문의 "皁水"를 번역한 것으로, 조각은 쥐엄나무 열매를 말린 약재이다. 조각을 달인 물은 기름기를 제거하는 데 유용하고 세척작용을 하여 붓을 보관할 때 붓에 묻은 먹을 씻어내는 세척제로 쓰였다. 아래의 "붓 씻는 법" 항목에 보인다.

52《洞天筆錄》〈筆法〉(《居家必備》, 887쪽);《遵生八牋》卷15〈燕閒淸賞牋〉中 "論筆"(《遵生八牋校注》, 579쪽).

어져 곧바로 물에 풀어진 붓처럼 되니, 곧 버리는 물
건이 된다. 마땅히 옛날 만드는 법을 따라야 한다.
《동천필록》[53]

우리나라의 붓 제품은 대추씨와 같은 모양을 하
고, 붓털의 절반은 붓대 안에 들어가고 절반은 붓대
밖으로 나오게 만들어 소해(小楷, 작은 해서체)를 쓸 수
있다. 붓털은 족제비털로만 만든 붓이 좋다. 간혹 청
설모털·살쾡이털·새끼돼지털·개털을 함께 넣어 만
들기도 하지만 이 경우에도 반드시 족제비털로 붓심
을 만들어야 한다. 그렇지 않으면 제대로 쓰지 못한
다. 붓털을 모아 정리할 때는 반드시 부레풀로 붓털
과 붓대를 조합해야 한다.

우리나라의 붓은 오랫동안 보관하면 벌레 먹고,
오래 사용하면 먹이 엉기니 중국의 좋은 붓만 못하
다. 간혹 붓심이 없고 아교를 사용하지 않은 붓이
있는데, 이를 '무심필(無心筆)[54]'이라 한다. 품질이 뛰

我東筆製, 形如棗核, 半
入管內, 半出管外, 可作小
楷. 純用獷毛者佳, 或用靑
鼠毛、狸毛、兒猪毛、狗毛
造者, 亦必以獷毛爲心, 不
爾不堪用也. 其束之也, 必
用魚膠調合.

藏久則釀蛀, 用久則滯墨,
不如中國之佳也. 或有無
心不用膠者, 謂之"無心筆",
非絕色獷毛不可造. 臨用

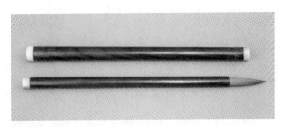

순황모필(무심필)

---

53 《洞天筆錄》〈式〉(《居家必備》, 888쪽);《格致鏡原》卷37〈筆〉"造筆法".

54 무심필(無心筆): 다른 종류의 털로 구성된 심(心)이 없고 한 종류의 부드러운 털로만 구성된 무심필은 붓끝
의 탄력이 좋은 유심필에 비해 글씨를 쓸 때 붓을 운용하기 어렵지만, 점획의 미세한 질감과 율동미를 얻
을 수 있는 장점이 있다.

어난 족제비털이 아니라면 이 붓을 만들 수 없다. 붓을 사용할 때는 먹물로 붓털을 쓸고, 사용하고 나서 바로 물로 씻으면 오랫동안 써도 망가지지 않는다. 《금화경독기》[55]

以墨汁刷毫, 用已輒滌, 可用久不敗.《金華耕讀記》

## 4) 붓 씻는 법

빼어난 붓으로 글씨를 쓴 뒤에 곧바로 붓을 필세(筆洗, 붓 빠는 그릇)에 넣고 붓에 붙어 있는 먹을 씻어내면 붓털이 단단해지고 푸석푸석해지지 않아 오랫동안 쓸 수 있다. 세척이 완료된 뒤에 곧바로 붓두껍을 씌우면 붓끝이 꺾이지 않는다. 만약 붓에 기름기가 있으면 조각 끓인 물로 씻는다. 《동천필록》[56]

滌法

妙筆書後, 卽入筆洗中, 滌去滯墨, 則毫堅不脆, 可耐久用. 洗完, 卽加筆帽, 免挫筆鋒. 若有油膩, 以皂角湯洗之.《洞天筆錄》

붓 씻는 법:그릇에 뜨거운 물을 담고, 불을 한 번 땔 동안 붓을 담갔다가 매우 가볍게 털면서 씻는다. 그런 다음에 다시 찬물로 씻는다. 《거가필용》[57]

洗筆之法:以器盛熱湯, 浸一炊久, 輕輕擺洗. 次却用冷水滌之.《居家必用》

중국의 붓은 백급풀[白芨膠][58]로 붓털을 쓸기 때문에 글씨를 한 번 쓸 때마다 한 번씩 씻어야 한다. 붓에 붙은 먹을 씻지 않으면 백급풀이 붓끝에 엉겨 붙어 글씨를 1~2번 쓰고 나면 곧 붓이 쓸 수 없게 된다.

中國之筆以白芨膠刷毫, 故每一書一洗, 不洗墨, 膠凝滯毫端, 經一二書, 卽不堪用.

---

55 출전 확인 안 됨.
56 《洞天筆錄》〈滌〉《居家必備》, 889쪽).
57 《居家必用》〈戊集〉"文房適用" '洗筆'《居家必用事類全集》, 200쪽).
58 백급풀[白芨膠]:백급을 말려 가루 낸 뒤 물에 녹여 만든 풀. 백급에는 점성이 있어 안료로 쓸 수 있다.

우리나라의 붓은 수아교(水阿膠)[59]를 사용하여 붓털을 고르기 때문에 비록 글씨를 여러 번 쓰더라도 붓털이 빠질 때까지 다시 씻어서는 안 된다. 붓을 씻으면 붓털에서 아교가 빠져나가면서 털이 바깥으로 뻗쳐 또한 쓸 수 없다. 《고사십이집》[60]

我國之筆以水阿膠調毫, 故雖經屢書至禿, 更不可洗. 洗則膚毫失膠外指, 亦不堪用. 《放事十二集》

## 5) 붓 보관하는 법

붓을 간수하려면 유황주(硫黃酒)[61]로 붓털을 편다. 《문방보식(文房寶飾)[62]》[63]

### 藏法

養筆, 以硫黃酒舒其毫. 《文房寶飾》

붓은 10월·1월·2월에 만든 것이 좋다. 소식(蘇軾)은 황련 달인 물에 경분(輕粉)[64]을 타고, 여기에 붓끝을 담갔다가 말린 다음 보관하면 붓이 좀먹지 않는다고 했다. 황정견(黃庭堅)은 천초(川椒)[65]·황벽(黃蘗)[66] 달인 물에 송연먹을 갈아 넣고, 붓을 여기에 물들인 다음 보관하자 더욱 좋았다고 했다. 《동천필록》[67]

筆以十月、正、二月收者爲佳. 蘇東坡以黃連煎湯調輕粉, 蘸筆頭候乾, 收之則不蛀. 黃山谷以川椒、黃蘗煎湯, 磨松烟, 染筆藏之, 尤佳. 《洞天筆錄》

붓을 물로 대강 축축하게 하고 경분을 조금 묻힌 뒤, 손으로 붓끝을 매만져 경분이 고루 붓심으로 스

以水略浸濕, 蘸輕粉少許, 手撚筆頭, 令均入心, 眼[6]

---

59 수아교(水阿膠) : 묽은 아교로 추측되나 확실치 않음.
60 《保晚齋叢書》 卷57 〈考事十二集〉 卷10 "古今筆制"(《保晚齋叢書》 10, 359쪽).
61 유황주(硫黃酒) : 유황을 곱게 갈아 넣은 술.
62 문방보식(文房寶飾) : 미상.
63 출전 확인 안 됨.
64 경분(輕粉) : 수은·백반·소금을 가공하여 만드는 백색 분말로, 한약재로 쓰였다. 감홍(甘汞)·홍분(汞粉)·수은분(水銀粉)이라고도 한다.
65 천초(川椒) : 산초나무 열매의 껍질. 한약재나 식용으로 쓰인다.
66 황벽(黃蘗) : 황벽나무 속껍질을 부수고 물에 조려 뽑아낸 염료로, 선명한 황색이다. 해충을 방지하는 용도로도 쓰였다.
67 《洞天筆錄》 〈藏〉(《居家必備》, 889쪽).

며들게 한다. 이 붓을 밝은 곳에서 말려 보관하면 가장 좋다. 간혹 웅황(雄黃)[68]을 쓰면 글씨를 쓸 때 붓끝이 부드럽게 잘 꺾인다. 붓에 천초가루를 쓰면 거미가 생기고, 만약 신(茛)[69]즙을 쓰면 붓이 오래가지 못한다. 앞의 항목대로 하는 것이 가장 좋다.《속사방》[70]

乾收之, 最佳. 或用雄黃, 能折筆鋒. 椒末生網蟲, 若茛汁不能久, 前項最良也.《俗事方》

우리나라의 붓 보관법:황랍(黃蠟)으로 붓대 끝의 구멍을 막고 사향과 함께 밀봉한 상자에 보관한다.《고사십이집》[71]

我國收筆法:用黃蠟塞其頭管之孔, 與麝香偕藏密櫝.《攷事十二集》

우리나라에서 필근(筆跟)[72]을 매우 큰 붓대에 넣은 데다가 아교를 많이 썼는데도 붓대 안에 꽂아 놓아서, 깨끗하게 말리기가 쉽지 않아 벌레가 생겨 이곳에 많이 산다. 마땅히 붓을 만들 때에 필근을 유황·천초·황벽 등의 벌레를 피하는 물건에 많이 담갔다가 햇볕에 쬐어 말려야 한다. 그런 다음 붓대에 꽂고, 밀랍을 바른 종이로 싸서 밀봉한 상자에 보관하여 습기와 먼 곳에 두어야 한다.《금화경독기》[73]

我國筆跟入管大長, 且用膠旣多, 挿在管內, 未易乾淨, 釀蛀多在此處. 宜於製筆時, 多蘸硫黃、椒、蘗等辟蛀之物于筆跟, 乾暴入管, 裹用蠟紙, 貯用密櫝, 置之遠濕之地.《金華耕讀記》

---

68 웅황(雄黃):비소를 주성분으로 하는 광물성 한약재로, 실균작용을 하나 독성이 있다. 석웅황(石雄黃)이라고도 한다.
69 신(茛):미상. 풀의 일종으로, 옛 문헌에서 언급되지만 정확하게 알 수 없다.
70 출선 확인 안 됨.
71 《保晚齋叢書》卷57〈攷事十二集〉卷10 "古今筆制"(《保晚齋叢書》10, 359쪽).
72 필근(筆跟):붓털이 붓대에 꽂히는 부분.
73 출전 확인 안 됨.
6 眼:저본에는 "眼". 규장각본에 근거하여 수정.

## 6) 붓걸이

옥붓걸이에는 산 모양이 있고, 누운 신선 모양이 있다. 옥으로 만든 새끼 고양이와 어미 고양이 모양의 오래된 붓걸이가 있는데, 길이가 0.6~0.7척이다. 백옥으로 어미 고양이를 만들고 가로로 뉘여 앉혀 놓았으며, 그 몸에는 새끼 6마리를 업고 있어 그 울퉁불퉁한 부분을 붓걸이로 썼다. 붓걸이는 순황색이나 순흑색이 있고, 흑색과 백색이 섞인 것이 있으며, 황흑색을 띠며 대모(玳瑁)무늬인 것이 있다. 옥붓걸이는 옥의 얼룩진 곳을 취하여 형체를 만들었다. 무늬가 서로 끌어안고, 달라붙고, 눈을 뜨고, 감싸는 형상을 띠어 여러 모양이 매우 아름다우니, 진실로 특별한 물건이다.

구리붓걸이에는 무쇠그릇에 2마리 교룡이 얽혀 있는 붓걸이가 있는데, 매우 정밀하다. 구리로 된 봉우리 12개 모양 부분을 붓걸이로 쓴 옛것이 있었고, 교룡 1마리의 울퉁불퉁한 부분을 붓걸이로 쓴 것이 있었다.

자기붓걸이에는 가요(哥窯)[74]에서 만든 산 3개나 5개 모양이 있는데, 만드는 방법이 예스럽고 빛깔이 반들반들하다. 정요(定窯)[75]에서 만든 백자 붓걸이가 있는데, 이 붓걸이는 누운 꽃이나 어린아이 모양이고 밝은 백색을 띠며 정교하다.

## 筆格

玉筆格有山形者, 有臥仙者. 有舊玉子、母猫, 長六七寸, 白玉作母, 橫臥爲坐, 身負六子, 起伏爲格. 有純黃、純黑者, 有黑白雜者, 有黃黑爲玳瑁者. 因玉玷汚取, 爲形體, 扳[7]附眼抱, 諸態絕佳, 眞奇物也.

銅者, 有鏒金雙螭挽格, 精甚. 有古銅十二峯頭爲格者, 有單螭起伏爲格者.

窯器, 有哥窯三山、五山者, 製古色潤, 有白定, 臥花哇哇, 瑩白精巧.

---

74 가요(哥窯) : 중국 절강성(浙江省) 처주(處州)에 있던 도요지로, 송나라 5대 도요지로 꼽혔다.
75 정요(定窯) : 중국 하북성(河北省) 보정시(保定市) 곡양현(曲陽縣)에 있던 도요지로, 송나라 5대 도요지로 꼽혔다.
[7] 扳 : 저본에는 "板". 규장각본에 근거하여 수정.

나무붓걸이에는 늙은 나무뿌리와 가지가 구불구불 빙빙 감긴 수많은 모양이 있다. 길이는 0.5~0.7척에 그치지만 굽은 모양이 실물처럼 움직이는 용의 비늘·뿔·발톱·이빨과 같은 모양이 모두 갖추어져 있다. 마치 용이 옥을 쥐고 노니는 듯하여 진실로 하늘이 만들어낸 붓걸이라 할 수 있다. 또 기남(棋楠, 침향과 속향을 섞어 만든 향)·침향(沈香)·속향(速香)으로 만들어 사람의 힘을 빌린 것이 아니니, 더욱 얻기 어렵다.

돌붓걸이에는 뾰족한 봉우리의 울퉁불퉁한 부분을 붓걸이로 쓴 것이 있고, 용처럼 구불구불한 부분을 붓걸이로 쓴 것이 있는데, 도끼와 끌을 대지 않은 것이 빼어나다. 《동천청록》[76]

木者, 有老樹根枝蟠曲萬狀, 長止五、六、七寸, 宛若行龍鱗、角、爪、牙悉備, 摩弄如玉, 誠天生筆格. 有棋楠、沈、速, 不俟人力者, 尤爲難得.

石者, 有峯巒起伏者, 有蟠屈如龍者, 以不假斧鑿爲妙.《洞天淸錄》

침향나무붓걸이

돌붓걸이

옥붓걸이

구리붓걸이

76 출전 확인 안 됨.

자기붓걸이

옥붓걸이를 만드는 옥으로는 오직 흑옥·백옥·낭간(琅玕)[77] 3종류만 있다. 옥은 반드시 새겨야 쓸 수 있으니, 산봉우리가 수려하게 솟아오른 모양을 본떴으나 속되지 않아야 좋다. 또는 맷돌에 갈아 교룡을 만들면 더욱 좋다. 예전에 어떤 사대부가에서 옥으로 두 어린아이가 팔짱을 끼고 노는 모습으로 만든 붓걸이를 보았더니 얼굴은 희고 머리는 검으며, 다리는 붉고 배는 흰 형태로 붓걸이를 만들었는데, 매우 특이했다. 더러 밑동이 작은 산호로 붓걸이를 만들면 그 산호에 가지가 있어 붓걸이가 될 수 있다. 《동천청록》[78]

玉筆格, 惟黑、白、琅玕三種. 玉可用須鐫刻, 象山峯聳秀而不俗方可. 或碾作蛟螭, 尤佳. 嘗見一士家, 用玉作二小兒交臂作戲, 面白頭黑而紅脚白腹, 以之格筆, 奇絕. 或以小株珊瑚爲之, 以其有枝, 可以爲格也. 同上

구리붓걸이는 기이하면서 예스러운 것을 상품(上品)으로 친다. 그러나 옛날 사람들은 붓걸이를 사용한 적이 드물었다. 지금 보이는, 구리로 주조한 교룡이 똬리 튼 모양은 형태가 둥글고 가운데가 비어 있

銅筆格須奇古者爲上. 然古人少曾用筆格, 今所見銅鑄盤螭, 形圓而中空者, 乃古人鎮紙, 非[8]筆格也.

---

77 낭간(琅玕): 중국에서 나는 옥으로, 진한 녹색이나 청록색을 띤다.
78 《洞天淸錄集》〈筆格辯〉(《叢書集成初編》1552, 17쪽).
⑧ 非: 저본에는 "作". 《洞天淸錄集·筆格辯》에 근거하여 수정.

어 옛날 사람들이 이것으로 종이를 눌렀지, 붓걸이 는 아니다. 《동천청록》[79]

同上

돌붓걸이는 영벽석(靈壁石)[80]·영석(英石)[81] 가운데 자연스레 산의 모양을 이룬 것이 쓸 만하다. 돌 아 래에는 작고 주칠을 한, 높이 0.05척 정도의 받침대 를 만드는데, 기이하고 아취가 있어 아낄 만하다. 《동천청록》[82]

石筆格, 靈壁、英石自然成 山形者可用. 於石下作小 漆朱座高半寸許, 奇雅可 愛.同上

예전에 저절로 산의 형세를 이룬 진사(辰砂)[83]를 사용하여 붓걸이를 만들고, 강진향(降眞香, 소방목으로 만든 향)으로 받침대를 만든 것을 본 적이 있는데, 매 우 아취가 있었다. 《금화경독기》[84]

曾見辰砂自作山形, 用作筆 格, 以降眞香爲座, 雅甚. 《金華耕讀記》

## 7) 붓통

호리병박 붓통은 박의 꼭지가 처음 생길 때 나무 로 붓통을 본 뜬 상자를 씌워 놓으면 열매가 떨어 질 때 각각 그 모양을 따라 용기가 된다. 강희(康熙) 연간(1661~1722)에 비로소 이러한 붓통을 만들기 시 작했다. 붓통의 윗부분에는 양각(陽刻) 무늬를 새겼

## 筆筒

葫蘆筆筒, 瓠蔕初生, 函以 木範, 迨落實時, 各肖形成 器, 康熙年間始創作筆筒, 上有陽文銘, 用成公綏"經 緯天地, 錯綜群藝"之句,

79 《洞天淸錄集》, 위와 같은 곳.
80 영벽석(靈壁石) : 중국 안휘성(安徽省) 영벽현(靈壁縣)의 경석산(磬石山) 깊은 곳의 모래 속에서 나는 돌로, 모양이 특이하여 전국시대(戰國時代)부터 왕궁으로 진상되었다.
81 영석(英石) : 중국 광동성(廣東省) 영덕현(英德縣)의 계곡에서 나는 돌로, 색깔과 모양이 다양하여 수석이 나 완상품으로 쓰였다.
82 《洞天淸錄集》, 위와 같은 곳.
83 진사(辰砂) : 수은과 유황의 화합물로, 붉은색을 띤다. 한약재나 안료로 쓰였다. 주사(朱砂)·단사(丹砂)라 고도 한다.
84 출전 확인 안 됨.

대나무붓통(국립민속박물관)       자기붓통(국립민속박물관)

고 성공수(成公綏)[85]의 '經緯天地, 錯綜群藝(경위천지, 착종군예)[하늘과 땅의 날줄과 씨줄이 되고, 여러 기예가 섞여 있다.]'[86]라는 구절을 써서 성조(聖祖, 강희제)가 고종(高宗, 건륭제)[87]에게 하사했다. 고종은 시를 지어 그 일을 기록했고, 《어제존연고(御製存研藁)》[88]에 수록했다. 《청장관만록(靑莊館漫錄)[89]》[90]

以賜乾隆, 乾隆帝作詩紀其事, 載《御製存研藁》. 《靑莊館漫錄》

붓통은 상죽(湘竹)으로 만들고, 자단(紫檀)·오목(烏木)[91]으로 받침을 만들어 바닥을 둘러야 아취가

湘竹爲之, 以紫檀、烏木稜口鑲坐爲雅. 餘不入品.

---

85 성공수(成公綏) : 231~273. 서진(西晉)의 관리로, 중서랑(中書郎)에 이르렀으며 문장을 잘 썼다. 저서로 《성공자안집(成公子安集)》이 전해진다.

86 하늘과……섞여 있다 :《藝文類聚》卷58〈雜文部〉4 "筆"《文淵閣四庫全書》888, 351쪽).

87 고종(高宗) : 1711~1799(재위 1736~1796). 중국 청나라 6대 황제로, 본명은 애신각라홍력(愛新覺羅弘曆)이고, 연호인 건륭(乾隆)을 따서 '건륭제(乾隆帝)'라 많이 불린다. 고종의 치세는 강건성세(康乾盛世)라 불리는 시기로, 《사고전서(四庫全書)》·《명사(明史)》 등의 편찬을 완성하여 문화적인 성과도 컸으나, 잦은 전쟁과 순행 등으로 청나라 쇠락의 시작이 되기도 하였다.

88 어제존연고(御製存研藁) : 미상.

89 청장관만록(靑莊館漫錄) : 조선 후기의 학자 청장관(靑莊館) 이덕무(李德懋)의 저술로 추정된다.

90 출전 확인 안 됨.

91 오목(烏木) : 흑단(黑檀)의 중심부에 있는 검은 부분으로, 단단하여 목재로 쓰인다. 오목은 이 부위를 중국에서 부르는 명칭이고, 우리나라에서는 흑단이라 한다.

있다. 나머지는 등급에 들지 못한다.《동천청록》[92]

상아(象牙)로 만든 붓통, 침향(沈香)으로 만든 붓통이 있으며, 자기로 만든 붓통은 가요(哥窯)에서 만든 것이 좋다. 모두 작아야 좋으니, 크면 좋지 않다. 강진향을 쓸 때는 더러 오목으로 받침을 만든다.《금화경독기》[93]

## 8) 붓받침

붓받침의 제작을 세간에서 행한 양은 아주 적다. 옛날에 도금한 붓받침이 있었는데, 길이는 0.6~0.7척, 높이는 0.12척, 너비는 0.2촌 남짓으로, 일종의 선반과 같았다. 그러나 그 위에는 붓 4대를 눕힐 수 있기 때문에, 이것이 붓받침의 형식이 되었다. 붓받침을 자단(紫檀)·오목(烏木)으로 만들어도 좋다.《동천청록》[94]

《洞天淸錄》

有以象牙造者、沈香造者, 磁者哥窯爲佳. 俱宜小, 不宜大. 用降眞香, 或烏木爲座.《金華耕讀記》

**筆牀**

筆牀之製, 行世甚少. 有古鎏金者, 長六七寸, 高一寸二分, 濶二寸餘, 如一架. 然上可臥筆四矢, 以此爲式. 紫檀、烏木爲之亦佳.《洞天淸錄》

자단붓받침

---

92 《洞天淸錄》〈筆筒〉(《居家必備》, 865쪽).
93 출전 확인 안 됨.
94 《洞天淸錄》〈筆牀〉(《居家必備》, 864쪽).

## 9) 필선(筆船)[95]

자단(紫檀)·오목(烏木)에 대껍질을 잘게 상감한 필선이 있는데, 매우 정밀하다. 상아나 옥으로 만든 필선도 있는데 이것도 좋다. 이것과 직방(直方)[96]을 함께 쓸 때, 없어서는 안 된다. 《동천청록》[97]

筆船

有紫檀、烏木細鑲竹篾者, 精甚. 有以牙、玉爲之者, 亦佳. 此與直方竝用, 不可缺者.《洞天淸錄》

## 10) 필점(筆覘)[98]

필점에는 옥을 갈아 나뭇잎 모양으로 만든 것이 있다. 옛날에는 수정으로 만든 얇은 접시가 있었다. 정요(定窯)에서 만든 얇고 평평하며 작은 접시는 가장 많이 갖춰져 있어 이를 필점으로 만들 만했다. 이 밖에 더욱 기이한 필점도 있었다. 《동천청록》[99]

筆覘

有以玉碾片葉爲之者, 古有水晶淺碟, 有定窯匾坦小碟, 最多具, 可作筆覘. 更有奇者.《洞天淸錄》

필점

---

95 필선(筆船) : 붓을 담는 사각형의 우묵한 접시로, 배 모양과 유사하다 하여 이름이 유래하였다.
96 직방(直方) : 곧고 네모난 용기로 추정되나 정확한 의미는 알 수 없다.
97 《洞天淸錄》〈筆船〉(《居家必備》, 865쪽).
98 필점(筆覘) : 글씨를 쓰기 전에 붓끝을 가지런히 고르는 그릇.
99 《洞天淸錄》〈筆覘〉(《居家必備》, 866쪽).

## 11) 필세(筆洗, 붓 빠는 그릇)

옥(玉)필세에는 바리때 모양 필세·직사각형 필세·옥가락지 모양 필세가 있다. 더러는 옥을 그대로 쓰기도 하고, 꽃모양을 넣기도 하는데 옛것처럼 정교하다.

구리필세에는 옛 삼금(鐥金)[100]으로 칠한 작은 필세가 있고, 청록색의 작은 사발모양 필세가 있고, 작은 솥·작은 잔·작은 주전자모양 필세가 있다. 이 5가지 물건은 원래 필세가 아니었지만, 지금 필세의 용도로 쓰면 가장 좋다.

도기필세에는 관요(官窯)[101]나 가요(哥窯)에서 만든 큰 필세·접시꽃잎 모양 필세·주둥이가 굽고 배가 큰 필세·사방이 말린 연잎 모양 필세·주둥이가 말려 있고 발[簾] 모양으로 층이 진 필세·둥근 둘레를 바느질한 모양 필세·직사각형 필세가 있다. 다만 분청무늬가 얇고 밝게 새겨진 필세를 귀하게 여긴다.

또한 용천요(龍泉窯)[102]의 2마리 물고기 문양 필세·국화꽃잎 모양 필세·바리때 모양 필세·여러 번 접힌 모양의 필세가 있고, 정요(定窯)의 세 번 두른 큰 필세·매화 모양 필세·둥근 둘레를 묶어 놓은 모양 필세·네모난 연못 모양 필세·버들고리 모양 큰 필세·주둥이가 크고 모서리진 필세가 있다.

## 筆洗

玉者, 有鉢盂洗、長方洗、玉環洗. 或素或花, 工巧擬古.

銅者, 有古鐥金小洗, 有青綠小盂, 有小釜、小卮、匜. 此五物原非筆洗, 今用作洗最佳.

陶者, 有官·哥元洗、葵花洗、磬口元肚洗、四捲荷葉洗、捲口簾段洗、縫環洗、長方洗, 但以粉青紋片朗者爲貴.

有龍泉雙魚洗、菊花瓣洗、鉢盂洗、百折洗, 有定窯三箍元洗、梅花洗、縧環洗、方池洗、柳斗元洗、元口儀稜洗.

---

100 삼금(鐥金) : 금박을 아교에 갠 것으로, 글씨를 쓰거나 그림을 그리는 데 썼다.
101 관요(官窯) : 중국 하남성(河南省) 개봉시(開封市)에 있던 도요지로, 송나라 5대 도요지로 꼽혔다. 이곳은 송나라의 수도였던 변경(汴京)이었으므로 '관요'라 했다.
102 용천요(龍泉窯) : 중국 절강성(浙江省) 용천시(龍泉市) 일대에 있던 도요지로, 송나라 때 청자 생산으로 유명했다. 송나라 5대 도요지에 용천요를 더하여 6대 도요지로 불리기도 했다.

구리필세

옥필세

도기필세

　가운데의 잔 부분을 필세로 쓰고 가장자리의 쟁
반 부분을 필점으로 쓰는 경우도 있다. 선덕요(宣德
窯)[103]의 물고기와 수초 무늬 필세·접시꽃잎 모양 필
세·주둥이가 굽은 필세·북 모양 푸른 그릇에 흰 교
룡을 깎아 넣은 필세가 있다. 요즘에는 새로 만든
필세가 매우 많아 만드는 법도 볼만하지만 아직 좋
은 등급에 들지는 못하는 듯하다.《동천청록》[104]

有中盞作洗, 邊盤作筆覘
者. 有宣窯魚藻洗、葵瓣洗、
磬口洗、鼓樣靑剔白螭洗.
近日新作甚多, 製亦可觀,
似未入格.《洞天淸錄》

---

103 선덕요(宣德窯): 중국 명(明)나라 선덕 연간(1426~1435)에 경덕진(景德鎭)에 포함되어 있던 관영 도요지
　　로, 선요(宣窯)는 약칭이다.
104《洞天淸錄》〈筆洗〉《居家必備》, 865~866쪽).

## 12) 필병(筆屛)[105]

송나라 내부(內府, 황실 창고)에서 만든 것으로 네모 나거나 둥근 옥으로 된 화판(花板)을 필병에 끼우고 여기에 붓을 꽂으면 가장 좋다.

길이가 사방 1척이 안 되는 오래된 대리석 가운데에 의젓하게 산이 높고 달이 작은 모양·동쪽 산에 달이 뜨는 모양·수많은 산등성이에 봄 아지랑이가 피어오르는 모양인 돌이 있는데, 이는 모두 하늘이 낸 것이지 애초에 인위적으로 만들어 낸 것이 아니다. 이러한 돌에 붓으로 글씨를 써서 필병을 만들면 또한 아주 적절할 듯하다.

촉(蜀)에서 나는 돌 가운데, 쪼개보면 작은 소나무와 비슷한 무늬가 보이는 돌이 있다. 소나무 무늬

筆屛

有宋內製方、圓玉花板, 用以鑲屛, 挿筆最宜.

有大理舊石方不盈尺, 儼狀山高月小者、東山月上者、萬山春靄者, 皆是天生, 初非紐捏. 以此爲毛中書屛翰, 似亦得所.

蜀中有石, 解開有小松形. 松止高二寸, 或三、五十株

필병

---

105 필병(筆屛): 붓걸이나 붓통 뒤에 병풍처럼 장식해 놓는 물건.

는 겨우 높이가 0.2척이지만, 간혹 30~50그루가 줄 지어 소나무길을 이루고 있다. 그림으로 그리더라도 여기에는 미치지 못하니, 또한 필병으로 만들 만하 다. 또 몹시 작은 명화(名畫)나 옛사람의 글씨를 필병 에 새겨 넣으면 또한 매우 특별하다. 《동천청록》[106]

行列成徑, 描畫所不及者, 亦堪作屏. 取極小名畫或 古人墨跡鑲之, 亦奇絶. 《洞天淸錄》

---

106《洞天淸錄》〈筆屏〉(《居家必備》, 864~865쪽).

# 2. 먹

## 墨

### 1) 먹은 반드시 우수한 것으로 골라야 한다

세간에 먹에 대해 깊은 관심을 갖지 않는 사람들은 대부분 "검지 않은 먹이 없으니, 어찌 여러 먹을 비교할 필요가 있는가?"라 말하는데, 이 말은 참으로 그렇지 않다. 검은색은 참으로 얻기 어려우니, 세간의 사람들이 위와 같이 말한 이유는 다만 먹의 색과 품질에 대해서 자세히 구별해보지 않았기 때문이다. 검은색 중에 질이 나쁜 것은 글자를 쓰면 검지 않고 보아도 선명하지 않아서 사람에게 산뜻한 느낌을 주지 못한다. 《피서록화(避暑錄話)》[1]

품질이 우수한 먹은 현재에도 아름다울 뿐만 아니라 후대까지 보존되어 더욱 아름답고, 현재 문장의 아름다움에 도움을 줄 뿐만 아니라 또한 후대까지 문장의 아름다움을 전달하는 데 도움이 된다.

진(晉)·당(唐)의 글씨와 송(宋)·원(元)의 그림 같은 것은 수백 년간 전해져도 먹빛이 마치 옻과 같고, 서화(書畫)의 신기(神氣)가 좋은 먹에 힘입어 온전히 남아 있다.

### 論墨必擇精

世不留意墨者, 多言"未有不黑, 何足多較?", 此正不然. 黑者正難得, 但未嘗細別之耳. 黑之劣者, 寫字不黑, 視之耄耄然, 使人不快意.《避暑錄話》

墨品精者, 不特于今爲佳, 存于後世更佳;不特詞翰藉美于今, 更藉傳美于後.

若晉·唐之書, 宋·元之畫, 傳數百年, 墨色如漆, 書畫神氣賴墨以全.

---

1 《避暑錄話》卷上(《叢書集成初編》2785〈避暑錄話〉1, 10쪽).

먹이 하품일 경우 진하게 갈아서 사용했을 때 물에 닿으면 물이 글씨나 그림에 스며들어 먹물이 번지고 지저분해지며, 먹을 엷게 갈아서 사용했을 때는 색이 흐려서 거듭 개칠을 하면 신기(神氣)가 빠져나가고 몇 년도 지나지 않아 벌써 먹색이 바랜다. 이런 이유를 살펴볼 때 먹의 품질은 우수하지 않으면 안 된다. 《준생팔전(遵生八牋)》[2]

若墨之下品, 用濃, 見水則沁散湮汚, 用淡, 重褙則神氣索然, 未及數年, 墨色[1]已脫. 繇此觀之, 墨不可不精也. 《遵生八牋》

## 2) 먹의 품질 변별하기

일반적으로 먹색은 자줏빛이 돌면 상품이고, 검은빛이 돌면 다음이고, 푸른빛이 돌면 그 다음이고, 흰빛이 돌면 하품이다. 일반적으로 먹의 빛과 색은 하나라도 무시할 수 없으니, 오래되었어도 빛과 색이 변하지 않는 먹을 귀하게 여긴다. 그러나 아교의 빛이 돌게 하지는 말아야 한다.

옛날 먹은 색은 갖추었지만 광택이 돌지 않는 것이 많은데, 습기가 차서 못쓰게 되었으니, 이는 옛먹 중에 좋은 것은 아니다. 옛 먹 중에 품질이 좋은 것은 매우 검으면서도 들뜨지 않고, 밝으면서도 고우며, 윤택하면서도 습기에 젖어 있지 않으니, 이런 먹을 일컬어 '자줏빛이 돈다[紫光]'고 한다.

일반적으로 먹으로 먹을 비교하는 방법은 종이로 먹을 비교하는 방법보다 좋지 못하다. 또는 벼루로 먹을 시험하거나 손톱으로 먹을 시험하기도 하는

辨品
凡墨色紫光爲上, 黑光次之, 靑光又次之, 白光爲下. 凡光與色不可廢一, 以久而不渝者爲貴, 然忌膠光.

古墨多有色無光者, 以蒸濕敗之, 非古墨之善者. 其有善者, 黯而不浮, 明而有艷, 澤而無漬, 是謂"紫光".

凡以墨比墨, 不若以紙比墨. 或以研試之, 或以指甲試, 皆不佳. 晁氏《墨經》

---

2 《遵生八牋》卷15〈燕閑淸賞牋〉中"論墨"(《遵生八牋校注》, 575쪽).
[1] 色:《遵生八牋·燕閑淸賞牋·論墨》에는 "跡".

데, 모두 좋은 방법이 아니다. 조열지(晁說之)[3] 《묵경
(墨經)》[4]

일반적으로 먹은 두드려서 그 소리를 변별하는
데, 순수한 그을음으로 만든 먹은 그 소리가 맑게
울리고, 이물질이 섞인 그을음으로 만든 먹은 그 소
리가 둔탁하게 막힌다. 만약 벼루에 먹을 갈면서 그
소리를 변별하면, 고운 먹의 소리는 매끄럽고, 거친
먹의 소리는 거칠다. 거친 소리를 '벼루를 때린다[打
研]'라 하고, 매끄러운 소리를 '벼루에 스며든다[入研]'
라 한다. 조열지 《묵경》[5]

凡墨擊之以辨其聲, 醇煙
之墨, 其聲清響；雜煙之
墨, 其聲重滯. 若研之以辨
其聲, 細墨之聲膩, 麤墨
之聲麤. 麤謂之"打研", 膩
謂之"入[2]研". 同上

일반적으로 먹은 가벼운 것을 귀하게 여기지 않
으니, 옛말에 "그을음은 가벼운 것을 귀하게 여기
고, 먹은 무거운 것을 귀하게 여긴다."라 했다. 지금
사람들은 먹을 고를 때 가벼운 것을 귀하게 여기니,
이는 매우 잘못된 일이다. 그을음이 거칠면 먹이 가
볍고, 그을음에 이물질이 섞이면 먹이 가볍고, 봄에
만든 아교로 먹을 만들면 가볍고, 물에 상한 아교로
먹을 만들면 가벼우며, 아교가 습기를 먹어 망가지
면 먹이 가볍다.

凡墨不貴輕, 舊語曰："煤
貴輕, 墨貴重." 今人擇墨
貴輕, 甚非. 煤麤則輕, 煤
雜則輕, 春膠則輕, 膠[3]傷
水則輕, 膠爲濕所敗則輕.

---

3 조열지(晁說之)：1059~1129. 중국 송나라의 학자. 자는 이도(以道). 먹의 재료와 제조법·등급을 상세히
   소개하는 내용의 《묵경(墨經)》을 비롯하여 《역상구대전(易商瞿大傳)》·《서론(書論)》·《역상소전(易商小
   傳)》·《상구역전(商瞿易傳)》·《상구외전(商瞿外傳)》·《조씨시전(晁氏詩傳)》·《조씨서전(晁氏書傳)》 등을
   저술했다.
4 《墨經》〈色〉(《叢書集成初編》1495, 18~19쪽).
5 《墨經》〈聲〉(《叢書集成初編》1495, 19~20쪽).
[2] 入：저본에는 없음. 규장각본·《墨經·聲》에 근거하여 보충.
[3] 則輕膠：저본에는 없음. 규장각본·《墨經·輕重》에 근거하여 보충.

오직 순수한 그을음·제대로 만든 아교·좋은 약제·좋은 때를 모두 갖추어야 먹이 비로소 무겁고 일정한 모양이 갖춰진다. 일정한 모양이 갖춰져야 비로소 오래갈 수 있고, 오래갈수록 더욱 견고해져서 습기가 차도 망가지지 않으며, 저절로 좋은 품질을 이루어 가볍지도 무겁지도 않게 된다. 조열지 《묵경》[6]

惟醇煙、法膠、善藥、良時乃重而有體, 有體乃能久遠, 愈久益堅, 濕則弗能敗, 自然成質, 非輕非重. 同上

일반적으로 새로 만든 먹은 오래 묵은 먹에 못 미친다. 위삭(衛鑠)[7]이 "먹은 10년 이상 되어 돌처럼 강한 것을 사용한다."라 했다. 대개 오래될수록 더욱 단단해진다. 게다가 흰 물건이라도 오래되면 검게 변하는데, 하물며 본래 검은 물건은 어떠하겠는가? 그을음은 오래되어야 검게 변하고, 검은색을 띠어야 자색으로 변한다. 아교는 오래되어야 단단해지고, 단단해져야 비로소 광채를 발산한다. 이것이 세상에서 오래 묵은 먹을 소중하게 여기는 까닭이다.

凡新墨不及故墨. 衛夫人曰: "墨取十年以上, 強之如石者." 蓋其愈久益堅. 且白物久斯變黑, 況其本黑之物? 煤久而黑, 黑而紫;膠久而固, 固而乃發光彩. 此古墨所以重於世.

일반적으로 새로 만든 먹은 여름을 3번 넘기기 전에는 거의 쓸 수 없다. 일반적으로 오래 묵은 먹의 아교가 못쓰게 되면 이를 가루 내어 새 그을음을 다시 잘 섞고, 여기에 아교를 넣어 오래되면 비로소 그을음과 아교가 잘 섞일 수 있다. 그러나 큰 아교를 응달에 오랫동안 묵힌 것이 아니면 쓸 수 없다. 조열

凡新墨不過三夏, 殆不堪用. 凡故墨膠敗者末之, 新煤再和殊善, 入膠久之, 乃可和. 然非大膠久蔭弗可. 同上

---

6  《墨經》〈輕重〉(《叢書集成初編》1495, 20쪽).
7  위삭(衛鑠): 272~349. 중국 동진(東晉)의 서예가. 자는 무의(茂猗). 강주자사(江州刺史) 위전(衛展)의 누이동생이며 여음태수(汝陰太守) 이구(李矩)에 출가했다. 종요(種繇)에게 서법을 배웠으며 어린 왕희지(王羲之)에게 서법을 가르쳤다. 《필진도(筆陣圖)》를 지었다고 전해진다. 《유예지》 권3 〈글씨〉 "해서와 초서"에 《필진도》의 내용이 소개되었다. 서유구 지음, 임원경제연구소(심영환·조송식·고연희·정명현) 옮김, 《임원경제지 유예지(林園經濟志 遊藝志)》 2, 풍석문화재단, 2017, 88~94쪽.

지 《묵경》[8]

먹은 너무 오래 묵으면 아교의 기운이 다해 글자를 써도 광택이 돌지 않고, 너무 새것이면 아교의 기운이 무겁게 가라앉아 붓이 많이 감기고 막힌다. 오직 만든 지 3·5·10년이 지나야 사용하기에 가장 좋다. 《오잡조(五雜組)[9]》[10]

墨太陳則膠氣盡, 而字不發光, 太新則膠氣重, 而筆多纏滯. 惟三、五、十年後, 最可用. 《五雜組》

먹을 만드는 방법에는 다음과 같이 4가지 중요한 요소가 있다.

그을음이 곱고 아교가 새것이라야 한다.

절구질을 충분히 해서 고르게 쪄야 한다.

먹색이 손에 묻어나지 않아야 한다.

광택이 보는 사람을 쏘는 듯해야 한다.

옛사람이 먹을 만드는 방법은 오직 이것뿐이다.

먹을 만들 때는 오직 아교를 다루기가 어려우니, 옛날의 뛰어난 장인들은 모두 스스로 아교를 만들었다. 그 방법은 새로 잡은 소의 가죽과 힘줄만을 아교의 재료로 사용하되, 쇠가죽은 두터운 곳을 고르고 가죽에 붙어 있는 피부와 털을 모두 잘라 버려 사용하지 않는 것이다. 손질된 재료를 도가니에 넣고 끓여서 아교가 되면 곧 그을음과 섞는다. 만약

製墨法有四妙:

煙細膠新,

杵熟蒸均,

色不染手,

光可射人.

古人製墨法, 惟此而已.

造墨惟膠爲難, 古之妙工皆自製膠. 法取新解牛革及筋[4]全用, 牛革取其厚處, 連膚及毛, 皆割不用. 入冶成膠, 卽以和煙. 若冷定重化, 則已非新矣.

---

8 《墨經》〈新故〉(《叢書集成初編》1495, 20~21쪽).
9 오잡조(五雜組) : 중국 명(明)나라 시인 사조제(謝肇淛, 1567~1624)가 지은 책으로, 천(天)·지(地)·인(人)·물(物)·사(事)의 다섯 부분으로 구성되어 있으며 내용은 수필·독서록·사회·정치 등을 포괄하고 있다.
10 《五雜組》卷12〈一刁考寸一〉.
④ 筋 : 저본에는 "筯". 규장각본·《丹鉛總錄·物用類·古製墨法》에 근거하여 수정.

아교가 응고되어 아교의 성질이 거듭 변하면 이미 새 아교가 아니다.

지금 사용하는 아교 재료는 모두 쇠가죽의 자투리다. 그러므로 비록 이 아교를 '광교(廣膠, 쇠가죽으로 만든 아교)'라 하지만 옛날 아교 만드는 방법과 오히려 거리가 머니, 괴이하지 않은가? 이런 재료로 만든 먹은 먹 중의 하품이다. 《단연총록(丹鉛總錄)[11]》[12]

今之膠材, 皆牛革之棄餘. 故雖號"廣膠", 去古膠法猶遠, 無怪乎? 墨品之下也. 《丹鉛總錄》

여러 먹을 빛이 바랜 칠기(漆器) 위에서 간 뒤, 마르면 물동이에 넣어 해에 비추어 보았을 때 옻색과 다름없는 먹이 가장 좋다. 청색을 띤 먹이 다음이고, 회색을 띤 먹은 하품이다. 먹 품질의 좋고 나쁨은 비록 지극히 다르지만 대강은 여기에서 벗어나지 않는다.

근래에 이익을 추구하는 무리들이 있는데, 그들이 만든 먹은 처음 쓸 때는 제법 괜찮지만 오래되면 회색으로 변한다. 이는 대개 먹의 중간에는 저연(低煙, 가마 바닥에 깔린 거친 그을음)을 끼워 넣고, 정연(頂煙, 가마 위에 붙은 고운 그을음)은 겨우 양쪽 끝부분에만 넣었기 때문이다. 《고금비원(古今秘苑)[13]》[14]

將各種墨, 磨在退光漆器上, 候乾放水盆內, 於日中看之, 與漆色無異者上也. 帶靑色者次之, 帶灰色者爲下. 其間高低, 雖極不同, 大略不外乎此.
近有射利之徒, 其墨初用頗佳, 久則變成灰色. 蓋中間夾以低煙, 其頂煙僅兩頭耳. 《古今秘苑》

---

11 단연총록(丹鉛總錄) : 중국 명(明)나라 양신(楊愼, 1488~1559)이 천문(天文)·지리(地理)·사계(四季)·조수(鳥獸)·초목(草木)·궁실(宮室)·음악(音樂)·인사(人事)·사적(史籍)·예악(禮樂)·신체(身体) 등으로 분야를 나누고 여러 책들을 교감하여 차이점을 고증한 책. 전체 27권.

12 《丹鉛總錄》卷8〈物用類〉"古製墨法"(《文淵閣四庫全書》855, 404쪽).

13 고금비원(古今秘苑) : 중국 송나라의 문인 증조(曾慥, ?~1155)가 고금의 비술(秘術)을 기술한 저서. 전체 15권, 속록 13권에 의약·천문·지리·인사·부적·양생법 등에 대한 여러 기록이 수록되어 있다. 증조는 도교의 이론을 집대성한 《도추(道樞)》를 편찬하기도 했다.

14 《古今秘苑》〈2集〉卷2 "試墨法", 1쪽.

먹의 무늬가 가죽 신발의 표면 같아서 먹을 갈았을 때 기름 테가 둘러지는 먹은 1냥으로 3만 개의 붓을 검게 물들일 수 있다. 성노백(成老伯)[15]《묵경》[16]

墨紋如履皮, 磨之有油暈者, 一兩可染三萬筆. 成氏《墨經》

먹이 종이를 물들였을 때 3년 동안 글자가 흐려지지 않으면 상품이다. 성노백《묵경》[17]

墨染紙, 三年字不昏暗者爲上. 同上

### 3) 제후(製候, 먹 만들기 좋은 시기)

製候

일반적으로 먹은 제때에 맞춰 만드는 일이 가장 중요하다. 위탄(韋誕)의 먹 만드는 법에서는 2월·9월을 넘기지 않는다 했으며, 이에 대해 가사협(賈思勰)[18]은 "날씨가 따뜻할 때는 아교가 썩어서 냄새가 나며, 추울 때는 잘 마르지 않아 찰지면서 끈끈하다."라 했다.[19] 당연히 11월·12월·정월이 먹을 만들기에 가장 좋은 때이고, 10월·2월은 덜 좋은 때이며, 그 외의 나머지 달은 이익은 없으면서 해로움만 있다.

凡墨最貴及時, 韋仲將法, 不得過二月、九月, 賈思勰曰"溫時敗臭, 寒時潼溶." 當以十一月、十二月、正月爲上時, 十月、二月爲下時, 餘月無益有害.

먹을 만들기에 이미 적당한 시기라면 맑고 바람이 없는 날이나 고요한 밤을 골라야 한다. 불을 때서 그을음을 얻으려는 시기의 경우, 마땅히 2월·3월·4월이 가장 좋은 때이고, 8월·9월·5월·10월은

既得時, 須擇晴明無風之日, 或當靜夜. 若燒煤之時, 當以二月、三月、四月爲上時, 八月、九月、五月、十月爲下

---

15 성노백(成老伯): 미상.《사고전서》를 찾아보면 성노백(成老伯)과 성노상(成老相)이 이 책을 서술한 사람으로 보이지만 정확한 내용은 확인할 수 없다.

16 《說郛》卷119上〈雲仙雜記〉2 "墨紋如履皮"(《文淵閣四庫全書》882, 762쪽);《墨史》卷下〈雜記〉(《叢書集成初編》1495, 68쪽).

17 《說郛》卷24下〈負暄雜錄〉"相墨"(《文淵閣四庫全書》877, 394쪽);《墨史》卷下〈雜記〉(《叢書集成初編》1495, 68쪽).

18 가사협(賈思勰): ?~? 중국 후위(後魏)의 관료. 고양태수(高陽太守)를 역임하였고, 중국에서 가장 오래된 농업기술 서적인《제민요술(齊民要術)》을 저술하였다.

19 위탄(韋誕)의……했다:《齊民要術》卷9〈筆墨〉"合墨法"(《齊民要術校釋》, 683쪽)에 먹을 만드는 법이 기술되어 있다.

덜 좋은 때이다. 6월·7월은 장마로 습기가 올라오는 때이고, 11월·12월은 바람이 세고 물이 차가워 모두 이롭지 않다. 조열지《묵경》[20]

時. 六月、七月, 水潦上濕, 十一月、十二月, 風高水寒, 皆不利. 晁氏《墨經》

## 4) 송연(松煙, 소나무 그을음) 얻는 방법

옛날에는 송연묵(松煙墨)[21]과 석묵(石墨)[22], 두 종류의 먹을 사용했다. 석묵(石墨)은 위진(魏晉)시대[23] 이후로는 사용했다는 말을 듣지 못했으나, 송연(松煙)으로 먹을 만든 지는 오래되었다.

소나무뿌리에 복령(茯苓)[24]이 기생하면서 산의 바위를 뚫고 나온 소나무를 '투지송(透脂松)'이라 하는데, 1년에 불과 2~3그루밖에 얻을 수 없다. 품등은 상상(上上)이다. 뿌리와 줄기가 굵고 크며 송진이 마치 구슬처럼 흘러나오는 소나무를 '지송(脂松)'이라 한다. 품등은 상중(上中)이다. 송진을 집어 올릴 만하고 보아서 투명한 소나무를 '게명송(揭明松)'이라 한다. 품등은 상하(上下)이다.

송진이 투명함은 부족하지만 자색(紫色)을 띤 소나무를 '자송(紫松)'이라 한다. 품등은 중상(中上)이다. 송진이 쇳돌[礦] 같이 단단하면서 곧게 나온 소나무

## 取松煙法

古用松煙、石墨二種, 石墨自晉、魏以後無聞, 松煙之製尚矣.

松根生茯苓, 穿山石而出者, 曰"透脂松", 歲所得不過二三株, 品惟上上 ; 根幹肥大, 脂出若珠者, 曰"脂松", 品惟上中 ; 可揭而起, 視之而明者, 曰"揭明松", 品惟上下.

明不足而紫者, 曰"紫松", 品惟中上 ; 礦而挺直者, 曰"籤松", 品惟中中 ; 明不足

---

20 《晁氏墨經》〈時〉《叢書集成初編》1495, 22쪽).

21 송연묵(松煙墨) : 소나무를 태울 때 생긴 그을음을 재료로 만든 먹. 주로 소나무의 그을음인 송연(松煙)에 소가죽을 삶아 만든 아교를 섞어서 만든다.

22 석묵(石墨) : 흑색을 띤 광물질인 흑연을 원료로 만든 먹. 중국 한대(漢代) 이후로는 먹의 재료로 거의 사용되지 않았다.

23 위진(魏晉)시대 : 중국의 후한(後漢)이 멸망한 뒤부터 이어진 221~420년 간의 통치 시기를 말한다. 후한(後漢)이 멸망한 뒤에 위(魏)·촉(蜀)·오(吳)의 세 나라가 대립한 삼국시대를 위(魏)나라가 통일했고, 위(魏)나라는 진(晉)나라로 교체되는데, 이 시기를 통틀어 위진시대라 한다.

24 복령(茯苓) : 소나무에 기생하여 자라는 버섯과의 식물. 이뇨·진정·항균 작용이 있어 한약재로 사용된다.

선 가마 내부에 덮어 놓은 독

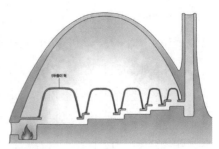
중국의 선 가마

를 '첨송(籤松)'이라 한다. 품등은 중중(中中)이다. 송 진이 투명함은 부족하지만 황색을 띤 소나무를 '황 명송(黃明松)'이라 한다. 품등은 중하(中下)이다.

송진에 고유(膏油)[25]가 없어 마치 사탕수수[糖苴]처 럼 질펀하게 젖어 있는 소나무를 '당송(糖松)'이라 한 다. 품등은 하상(下上)이다. 송진에 고유가 없어 살 구와 비슷한 소나무를 '행송(杏松)'이라 한다. 품등은 하중(下中)이다. 남은 역청(瀝靑, 찐득한 진액)이 흘러나 오는 소나무를 '지편송(脂片松)'이라 한다. 품등은 하 하(下下)이다.

그 밖의 품등이 떨어지는 소나무는 등급을 품평 하기조차 부족하다. 조열지《묵경》[26]

옛날에는 선 가마[立窯][27]를 사용했다. 가마의 높

而黃者, 曰"黃明松", 品惟 中下.

無膏油而漫若糖苴然者, 曰"糖松", 品惟下上;無膏 油而類杏者, 曰"杏松", 品 惟[5] 下中;其出瀝靑之餘 者, 曰"脂片松", 品惟下下.

其降此外, 不足品第. 晁氏 《墨經》

古用立窯, 高丈餘, 其竈寬

---

25  고유(膏油) : 소나무 송진 중에서 기름 성분이 있는 진액으로 추정된다.
26  《墨經》〈松〉(《叢書集成初編》1496, 3~4쪽).
27  선 가마[立窯] : 위로 서 있는 형태의 가마. 입요(立窯)라고도 한다.
[5]  惟 : 저본에는 없음. 《墨經·松》에 근거하여 보충.

이는 1장(丈) 남짓이고, 그 부뚜막 부분은 배가 넓고 아궁이가 작으며, 부뚜막 전면으로 돌출되어 있지 않다. 가마의 내부에는 5말 들이 독[甕][28]을 엎어두고, 또 독 5개를 큰 그릇부터 작은 그릇까지 크기에 차등을 두어 엎어둔다. 이때 가마의 구덩이 바닥에서부터 독을 서로 받치게 쌓되 또한 그 크기에 차등을 두어 놓는다. 그리고 독이 놓인 각 층마다 독과 독 사이의 이음매에 진흙을 발라 빈틈이 없도록 촘촘하게 늘어세우고, 대략 독에 그을음이 두껍게 들러붙은 다음 닭의 깃털로 그을음을 쓸어 모은다. 그을음의 품등은 5가지로 나누기도 하고 2가지로 나누기도 하는데, 품등을 2가지로 나눌 때는 아궁이에서 가장 앞에 있는 독에 붙은 그을음은 취하지 않는다.[29]

腹小口, 不出突於竈面. 覆以五斗甕, 又益以五甕, 大小爲差. 穴底相乘, 亦視大小爲差. 每層泥塗惟密, 約甕中煤厚住火, 以鷄羽掃取之. 或爲五品, 或爲二品, 二品不取最先一器.

일본 혼슈[本州] 시가현[滋賀縣]에 있는 누운 가마

중국의 용요

---

28 독[甕] : 항아리의 일종으로, 자세한 내용은 《섬용지》 권2 〈불로 요리하는 도구〉 "양조하는 데 쓰는 여러 도구"에 보인다.

29 품등을……않는다 : 소나무를 태웠을 때 발생하는 그을음은 연소가 이루어지는 아궁이에서 가까울수록 입자가 거칠고 크며, 멀리 갈수록 입자가 곱고 작다. 따라서 품등이 좋은 먹을 얻기 위해서는 가능하면 아궁이에서 가까운 곳에 들러붙은 그을음은 취하지 않고 먼 곳에 들러붙은 그을음을 취한다.

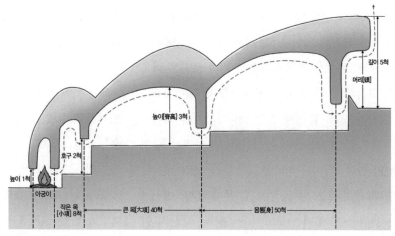

깊이 5척

머리[頭]

높이[脊高] 3척

호구 2척

높이 1척

아궁이

작은 목
[小項] 8척

큰 목[大項] 40척

몸통[身] 50척

누운 가마의 구조도

지금은 누운 가마[臥窯]³⁰를 사용한다. 돌을 쌓고 쇳돌을 포개어 산등성이의 높낮이와 그 형세의 방향을 취한다. 가마의 규모는 더러 길이가 100척, 깊이는 5척, 높이[脊高]³¹는 3척, 아궁이의 크기[口大]는 1척, 작은 목[小項]은 8척, 큰 목[大項]은 40척, 호구(胡口)³²는 2척, 가마의 몸통은 50척으로 만드는데, 호구(胡口)는 또한 '인구(咽口)'라 하고, 호구몸통의 끝부분은 '머리[頭]'라 한다.³³

불을 지필 때마다 소나무가지 3개나 5개를 천천히 태운다. 소나무가지를 5개 이상 태우면 연기가

今用臥窯, 疊石累礦, 取岡嶺高下, 形勢向背, 而或長百尺, 深五尺, 脊高三尺, 口大一尺, 小項八尺, 大項四十尺, 胡口二尺, 身五十尺. 胡口亦曰"咽口", 口身之末曰"頭".

每以松三枝或五枝徐爇之. 五枝以上, 煙暴煤麤; 以下

---

30 누운 가마[臥窯]: 길게 누워 있는 형태의 가마. 와요(臥窯)라고도 한다. 매우 길게 배치된 형태의 가마는 용요(龍窯)라고 한다.

31 높이[脊高]: 미상. 누운 가마의 둥그런 구조 가운데 지면에서 천장까지의 가장 먼 거리를 말하는 것으로 보인다.

32 호구(胡口): 미상. 가마의 각 부위를 잇는 부분에 난 연결통로로, 이곳을 통해 그을음이 이동했을 것으로 보인다.

33 지금은……한다: 누운 가마의 구조를 제대로 이해하지 못했으나, 시험삼아 추정하여 도해하면 위 그림과 같다.

드세게 일어나 그을음이 거칠지만, 5개 이하로 태우면 연기가 천천히 일어나 그을음이 고우니, 태우는 소나무가지의 수가 더욱 적을수록 먹의 품질은 더욱 좋다. 그을음에 흰 재가 끼었으면 제거한다.

則煙緩煤細, 枝數益小益良. 有白灰去之.

일반적으로 7일 밤낮 동안 소나무가지를 태워야 먹의 재료로 쓸 그을음이 완성되니, 이 과정을 '일회(一會)'라 한다. 가마가 식으면 그을음을 채취하는데, 항매(項煤)34에서 2그릇을 얻으면, 두매(頭煤)35에서 1그릇을 얻는다. 두매는 모양이 구슬이나 갓끈이 이어진 듯하고, 신매(身煤)36는 덩어리나 납작한 조각 모양을 이룬다. 두매 가운데, 몸통 끝부분의 깊숙한 곳에서 채취한 그을음을 '원화(遠火)'라 하고, 아궁이 바깥에서 채취한 그을음을 '근화(近火)'라 하는데, 근화는 먹의 재료로 사용할 수가 없다.

凡七晝夜而成, 名曰"一會". 候窯冷採煤, 以項煤爲二器, 以頭煤爲一器. 頭煤如珠如纓絡, 身煤成塊[6]成片. 頭煤深者曰"遠火", 外者曰"近火", 煤不堪用.

일반적으로 그을음은 가벼운 것을 귀하게 여긴다. 일반적으로 그을음이 들러붙는 그릇은 크지만 그을음이 가벼워야 좋고, 반면에 그릇이 작으나 그을음이 무거우면 나쁘다.

凡煤貴輕. 凡器大而輕者良, 器小而重者否.

일반적으로 그을음 받는 그릇을 흔들어 보았을 때 손의 움직임에 따라 그을음이 흔들거리는 것이 좋고, 손으로 쳐봤을 때 독에서 소리가 울리는 것이 좋다. 일반적으로 손으로 그을음을 만져 보아 시험했을 때 지문 결의 사이로 들어가 묻은 자국이 잘

凡振之而應手者良, 擊之而有聲者良. 凡以手試之而入人紋理難洗者良 ; 以物試之, 自然有光成片者良.

---

34 항매(項煤) : 가마의 작은 목[小項]과 큰 목[大項] 부분에서 채취한 그을음으로 추정된다.
35 두매(頭煤) : 가마의 몸통 끝부분에서 채취한 그을음으로 추정된다.
36 신매(身煤) : 가마의 몸통에서 채취한 그을음으로 추정된다.
[6] 塊 : 저본에는 "磈".《墨經·煤》에 근거하여 수정.

씻기지 않으면 좋은 품질이고, 다른 물건에 그어 시험했을 때 저절로 광택이 돌고 자국이 얇게 잘 발라지면 좋은 품질이다.

일반적으로 먹에 눈이 뚫려 있으면, 이를 '삼안(滲眼)'이라 하니, 이는 그을음이 가마의 찌꺼기와 섞여서 나타나는 하자이다. 오래된 가마에는 벌레·쥐 등의 배설물과 가마의 표면에 붙어 있던 이슬·벌레가 그을음 속에 섞여 있어 가려낼 수가 없으나, 오직 침[唾]으로 걸러내면 대부분 없앨 수가 있다. 그러나 끝내 찌꺼기가 없게 할 수는 없다. 조열지《묵경》[37]

凡墨有穿眼者, 謂之"滲眼", 煤雜窰病也. 舊窰有蟲、鼠等糞及窰衣露、蟲雜在煤中, 莫能揀辨, 唯唾多可弭之, 然終不能無. 同上

원(元)나라의 주만초(朱萬初)[38]가 먹을 잘 만들었는데, 먹의 재료로 오직 송연(松煙)만을 사용했다. 대개 300년 동안 꺾이고 썩은 소나무 중에서 정수[精英]가 사라지지 않은 것만을 사용했으니, 흔한 소나무는 아니었다. 나는 예전에 '송연묵(松煙墨)은 매우 묵직하지만 고운 맵시가 없고, 유연묵(油烟墨)은 고운 맵시가 있지만 매우 묵직하지는 않다.'라 말한 적이 있다. 만약 송진을 불에 태워 그을음을 취한다면, 2가지 장점을 함께 얻을 수 있을 것이다. 《동천묵록(洞天墨錄)[39]》[40]

元有朱萬初, 善製墨, 純用松煙. 蓋取三百年摧朽之餘, 精英不可泯者用之, 非常松也. 余嘗謂"松煙墨深重而不姿媚, 油煙墨姿媚而不深重." 若以松脂爲炬取煙, 二者兼之矣. 《洞天墨錄》

---

37 《墨經》〈煤〉(《叢書集成初編》1496, 4~6쪽).

38 주만초(朱萬初): ?~?. 중국 원나라의 묵장(墨匠). 송연을 재료로 사용하여 종이에 잘 스며들고, 광택을 내는 먹을 만들었다.

39 동천묵록(洞天墨錄): 중국 송나라의 문인 조희곡(趙希鵠, 1170~1242)이 먹[墨]의 제작법과 역사에 대하여 쓴 책. 조희곡의 다른 저서인 《동천청록집(洞天淸錄集)》에서는 여러 물건의 고증과 감상법 등을 수록하고 있다.

40 출전 확인 안 됨; 《說郛》 卷75 〈林下淸錄〉(《文淵閣四庫全書》 880, 243쪽).

심규(沈珪)[41]가 만든 먹은 고송(古松)의 그을음을 채취했다. 여기에 송진과 옻 찌꺼기를 섞고 불에 태워 그을음을 얻으면 극도로 곱고 검은데, 이를 '칠연(漆煙)'이라 한다. 《춘저기문(春渚紀聞)[42]》[43]

沈珪墨取古松煤. 雜用脂漆滓, 燒之得煙, 極精黑, 名爲"漆煙".《春渚紀聞》

옛날에는 칠연(漆煙)을 먹의 재료로 사용하지 않았으나, 최근 30년 사이에 사람들이 비로소 칠연으로 먹을 만들었다. 이는 소나무를 옻에 담갔다가 함께 태운 것이다. 《피서록화》[44]

古未有用漆煙者, 三十年來人始爲之, 以松漬漆竝燒. 《避暑錄話》

## 5) 유연(油煙, 기름 그을음) 얻는 방법

取油煙法

유연묵(油煙墨) 만드는 방법 : 마유(麻油, 참기름)를 밀실 안에서 태운다. 질그릇 하나로 불꽃 위를 덮어 놓으면 곧 매우 손쉽게 그을음을 얻을 수 있다. 대체로 마유에서 얻는 유연묵은 검고, 동유(桐油)[45]에서 얻는 유연묵은 검지 않은데, 세상 사람들은 대부분 동유가 값이 싸기 때문에 다시는 마유를 사용하지 않아 좋은 유연묵이 없게 되었다. 《피서록화》[46]

油煙墨法 : 用麻油燃密室中, 以一瓦覆其上, 卽得煤極簡易. 大抵麻油則黑, 桐油則不黑, 世多以桐油賤, 不復用麻油, 故油煙無佳者.《避暑錄話》

---

41 심규(沈珪) : ?~?. 중국 남당(南唐)의 묵장(墨匠). 심규가 송연에 송진과 옻 찌꺼기를 함께 섞어 만든 먹색은 몹시 정교하고 광택이 있어 당대 최고로 인정받던 묵장 이정규(李廷珪, ?~967)가 만든 먹보다 좋다는 평을 들었다.

42 춘저기문(春渚紀聞) : 중국 송나라의 문인 하원(何薳), 1077~1145)이 지은 책. 하원의 자는 자원(子遠)이며 스스로 한청노농(韓青老農)이라 불렀다. 이 책은 여러 문물(文物)의 유래·역사·특징 등에 대한 기록을 담고 있다.

43 《春渚紀聞》卷8〈雜書琴事(墨說附)〉"漆煙對膠"《文淵閣四庫全書》863, 518쪽).

44 《避暑錄話》卷上 (《叢書集成初編》2786, 10쪽).

45 동유(桐油) : 유동(油桐)의 씨에서 짜낸 기름. 점성이 높고 건조가 빠르며 도장막이 강하고 탄력이 있어 옛날부터 장판지 및 우산지의 도장유, 등유, 해충 퇴치, 설사제 등으로 많이 사용되었다.

46 《避暑錄話》, 위와 같은 곳.

이정규의 한림풍월먹

이정규(李廷珪)⁴⁷의 먹 만드는 법에서 그을음을 취하는 방법:맑은 마유 10근을 준비하고, 그중에 먼저 3근을 가져다 소목(蘇木)⁴⁸ 1.5냥, 선황련(宣黃連)⁴⁹ 2.5냥, 행인(杏仁, 살구씨) 2냥을 넣고 곱게 빻아 함께 달인다. 마유의 색이 변하면 따뜻해지도록 놓아두었다가 찌꺼기를 걸러내어 제거한 뒤, 여기에 남겨 놓은 마유 7근에 부어 넣고 골고루 휘젓는다.

잔(盞)의 크기에 따라 거기에 맞게 땅을 파서 구덩이를 만든다. 구덩이의 깊이는 잔의 높이와 나란하게 하여 마유를 그득하게 붓고 심지에 불을 붙인 다음 구덩이 안에 놓는다. 단면 너비가 대략 0.8~0.9척이고, 깊이가 0.3척 정도인 질단지[瓦盆子]로 구덩이를 덮는다. 이어서 사방의 길이가 0.1척인 질그릇 조각을 3면에 괴어서 세우는데, 너무 높아서

李廷珪造墨法取煙:清麻油十斤, 先取三斤, 以蘇木一兩半、宣黃連二兩半、杏仁二兩, 磓碎同煎, 候油變色, 放溫濾去滓, 傾入餘油內攪均.

隨盞大小, 掘地作坑. 深淺令與盞平, 滿添油炷燈, 安在坑內. 以瓦盆子約面闊八九寸, 底深三寸許者覆之. 仍用方寸瓦片搘起三面, 不可太高, 又不可太低.

---

47 이정규(李廷珪):?~967. 중국 남당(南唐)의 묵장(墨匠). 중국 하북성(河北省) 역현(易縣) 출신으로, 본래는 성(姓)이 해(亥)였고, 훗날 강남(江南)으로 이주했다. 그가 만드는 먹은 탁월한 품등을 인정받아 당대에 '천하제일품(天下第一品)'이라는 명성을 떨쳤고, 남당의 황제에게 성씨를 하사받아 개명했다. 그가 만든 먹인 한림풍월(翰林風月)이 대만의 고궁박물원(故宮博物院)에 소장되어 전해진다.

48 소목(蘇木):콩과의 낙엽 관목. 소방목(蘇枋木) 또는 적목(赤木)이라고도 부른다.

49 선황련(宣黃連):미나리아재비과의 여러해살이풀. 황련 또는 토황련(土黃連)이라고도 부른다.

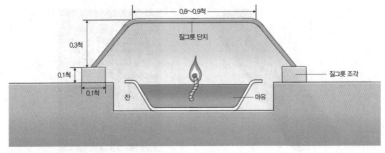

이정규의 그을음을 취하는 방법

도 안 되고, 그렇다고 너무 낮아서도 안 된다.

한번 불을 피울 때마다 시간이 오래 지나면 곧 그을음을 한 번 쓸어낸다. 다만 잔은 10번까지만 교환하여 사용할 수 있으니, 잔이 너무 많으면 그을음을 철저하게 쓸어내지 못하기 때문이다. 매번 그을음을 채취할 때마다 곧 심지를 잘라 주되, 심지가 기름 안으로 모두 들어가지 않게 하고, 또 덮개를 자주 들어올려 바람을 쏘이지 않게 해야 하니, 이는 그을음이 마유 속으로 떨어질까 걱정되기 때문이다. 《거가필용》[50]

每一炊久, 卽掃一度. 只可作十盞, 盞多則掃不徹. 每取煙次, 卽剪燈花, 勿拋油內, 仍勿頻揭見風, 恐致煙落.《居家必用》

삼구(三衢)[51]에 살았던 섭무실(葉茂實)[52]의, 부드러운 휘장을 쳐서 그을음을 얻는 방법:나무로 다리가

三衢 葉茂實造軟帳煙法:以木作暖⑦閣高足, 其上

---

50 《居家必用》戊集〈文房適用〉"李廷珪造墨正法取煙"《居家必用事類全集》, 200쪽).

51 삼구(三衢):중국 절강성(浙江省) 구현(衢縣) 삼구산(三衢山) 일대. 섭무실이 이곳에 머무르며 먹을 제조한 것으로 추정된다.

52 섭무실(葉茂實):?~?. 중국 송나라의 묵장(墨匠). 세월이 오래 지나도록 먹색이 묽어지지 않는 먹을 만들었다. 중국 강소성(江蘇省) 무진현(武進縣)의 남송(南宋)시대 무덤에서 섭무실이 만든 먹이 1977년에 발굴되었는데, 이 먹은 옥처럼 단단하고 옻을 칠한 듯이 광택이 돌아 송나라의 먹 제조 수준을 확인할 수 있다.

⑦ 暖:저본에는 "亂". 오사카본·《浙江通志·國朝·衢州府》에 근거하여 수정.

높은 난각(暖閣)[53]을 만들고, 그 위는 종이로 만든 보자기로 휘장을 치는데, 휘장 치는 곳의 높이는 7~8척이다. 난각 밑에는 사발 수십 개에 기름을 담고 심지에 불을 붙인 다음 밀실을 닫는다. 그러면 기름기가 종이휘장이 있는 꼭대기까지 올라오는데, 이 그을음이 매우 가벼운데다 멀리 날아가서 다른 그을음과는 몹시 다르다. 《계신잡지(癸辛雜志)[54]》[55]

옛날의 먹 만드는 법은 오직 소나무를 태워 그을음을 얻을 뿐이었다. 근래에 비로소 동유(桐油)와 마자유(麻子油, 마유)를 태워 그을음을 얻는 방식을 사용하게 되었다. 구주(衢州)[56] 사람들은 조청유(皁青

以紙罩地爲帳, 高七八尺. 於閣下用盌數十, 貯油炷燈, 閉之密室, 油氣透頂[8], 甚輕且遠, 與他煤絕異. 《癸辛雜志》

古法惟用松燒煙. 近代始用桐油、麻子油燒煙. 衢人用皁青油燒煙；蘇人用菜子油、豆油燒煙. 以上諸油

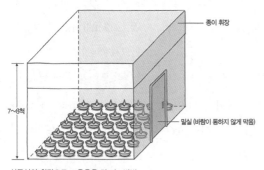

섭무실의 휘장으로 그을음을 만드는 방법

종이 휘장
7~8척
밀실 (바람이 통하지 않게 막음)

섭무실이 제작한 먹. 앞면: "촌옥(寸玉)", 뒷면: "실제(實製)"

53 난각(暖閣) : 벽으로 다른 공간과 격리되어 있으면서 문을 통해 연결된 작은 공간으로, 난로를 설치하여 따뜻하게 만든 방 또는 난로가 설치된 작은 전각을 말한다.
54 계신잡지(癸辛雜志) : 중국 송나라의 문인 주밀(周密, 1232~1298)이 편찬한 책. 송나라 당시의 여러 설화 및 문물에 대한 기록을 담고 있다.
55 출전 확인 안 됨 ;《浙江通志》卷197〈國朝〉"衢州府".
56 구주(衢州) : 중국 절강성(浙江省) 구현(衢縣) 일대.
⑧ 頂 : 저본에는 "項". 오사카본·규장각본·《浙江通志·國朝·衢州府》에 근거하여 수정.

油)⁵⁷를 태워 그을음을 얻었고, 소주(蘇州)⁵⁸ 사람들은 채자유(菜子油)⁵⁹·두유(豆油, 콩기름)를 태워 그을음을 얻었다. 이상의 여러 기름은 모두 태워 그을음을 얻음으로써 먹을 만들 수 있다.

俱可燒煙製墨.

다만 동유는 그을음을 가장 많이 얻을 수 있는데다 먹을 만들면 색이 검고 빛이 나며, 오래되면 날이 지날수록 검어진다. 반면에 나머지 기름들은 얻어지는 그을음의 양이 모두 적은데다, 먹을 만들면 색이 묽고 흐릿하며, 오래되면 날이 지날수록 묽어진다.

但桐油得煙最多, 爲墨色黑而光, 久則日黑一日；餘油得煙皆少, 爲墨色淡而昏, 久則日淡一日.

매번 동유 15근, 지마유(芝麻油, 참기름) 5근을 쓰는데, 먼저 소목(蘇木) 2냥, 황련 1.5냥, 해동피(海桐皮)⁶⁰·행인(杏仁)·자초(紫草, 지치)·단향(檀香)⁶¹ 각 1냥, 치자(梔子)⁶²·백지(白芷)⁶³ 각 0.5냥, 목별자인(木鼈子仁)⁶⁴ 6개를 준비한다. 이상의 약재들을 썰고 잘게 부순 뒤, 지마유에 넣고 보름 남짓 담가 두는데, 날마다 항상 나무막대로 휘저어준다.

每桐油十五斤、芝麻油五斤, 先將蘇木二兩、黃連一兩半、海桐皮·杏仁·紫草·檀香各一兩、梔子·白芷各半兩、木鼈子仁六枚. 右剉碎, 入麻油內浸半月餘, 日常以杖攪動.

태워서 그을음을 낼 때는 이를 솥에 넣어 약재가 검게 타도록 달인 다음 불을 꺼서 식히고 걸러 찌꺼기를 제거한 뒤, 동유를 넣고 골고루 휘저은 뒤에 태운다. 지금 이와 같은 침유법(浸油法)을 사용하는

臨燒煙時, 下鍋煎令藥焦, 停冷漉去粗, 傾入桐油, 攪均燒之. 今時少有用此浸油法者, 姑存其古云.《墨

---

57 조청유(皂靑油) : 쥐엄나무의 열매인 조협(皂莢)을 짠 기름으로 추정된다.
58 소주(蘇州) : 중국 강소성(江蘇省) 소주현(蘇州縣) 일대.
59 채자유(菜子油) : 유채꽃의 씨눈에서 짠 기름.
60 해동피(海桐皮) : 두릅나무과의 엄나무 껍질. 신경통과 관절염을 치료하는 약재로 쓰인다.
61 단향(檀香) : 단향과 단향나무의 심재. 주로 향료로 쓰인다.
62 치자(梔子) : 꼭두서니과의 늘푸른떨기나무인 치자나무의 열매. 이뇨제와 지혈제로 쓰이며, 염료로 쓰이기도 한다.
63 백지(白芷) : 산형과의 여러해살이풀 구릿대. 제습(除濕)과 지통(止痛) 등의 효능이 있다.
64 목별자인(木鼈子仁) : 박과의 여러해살이 덩굴풀 목별자의 열매. 치질과 악창 등을 치료하는 약재로 쓰인다.

56    이운지·권제 3

사람은 적지만 아직 그 옛 방법을 보존하고 있다고 한다. 《묵법집요(墨法集要)[65]》[66]

소연법(燒煙法, 태워서 그을음 만드는 법) : 늦가을에서 초겨울이 적당하다. 밝은 밀실에서 앙진(仰塵)[67]을 위에 설치하고 사방을 둘러 밀폐시킨다. 뒤쪽에는 작은 문 하나를 설치해놓고, 가장 높은 곳까지 지렴(紙簾, 종이로 된 발)을 걸어 두며, 물동이[水盆]를 나무시렁 위에 설치한다. 물동이의 구멍은 나무시렁 바깥을 향하게 한 다음 구멍을 막아 둔다.[68]

물동이에 물을 가득 채우고 벽돌이 기름잔을 물 속에서 받치게 한다. 잔마다 기름을 잔의 8/10가

法集要》

燒煙法:宜秋深冬初. 于明亮密室, 上置仰塵, 四向周密, 背處開一小門, 高限挂紙簾, 水盆置木架上, 盆竅向架外, 塞住竅.

浸水滿, 甎襯油䀉于水內. 每䀉[9]傾油八分, 納燈草

침유법(浸油法)《묵법집요》

---

65 묵법집요(墨法集要): 중국 명나라의 문인 심계손(沈繼孫, ?~?)이 18세기에 지은 책. 먹[墨]을 제조하는 방법이 상세하게 수록되어 있다.
66 《墨法集要》〈浸油〉(《叢書集成初編》1496, 1쪽).
67 앙진(仰塵): 방이나 마루의 천장에 설치하는 천장널.
68 물동이의……둔다: 물동이의 구멍으로 물을 내보낼 때 나무시렁에 물이 흘러내리는 것을 방지하고 빠져나오는 물을 쉽게 받아내기 위해 물동이의 구멍을 시렁 바깥으로 향하게 한 것이다.
⑨ 䀉: 저본에는 "甎".《墨法集要·燒煙》에 근거하여 수정.

량 붓고, 등초(燈草)[69] 심지를 기름잔에 들여 불을 붙인 뒤에, 그 위를 그을음사발[煙盌]로 덮어 잔이 보이지 않게 한다. 바람에 날려 그을음이 떨어지면 대략 4~5각(刻, 1시간~1시간 15분)이 되는데, 이때 그을음을 1번씩 쓸어낸다. 그러면 그을음을 쓸어낼 때 1번 등초 심지를 잘라 제거한다. 이때 기름잔마다 쪽가위로 심지의 그을음을 제거하여 물동이 안에 버린다. 그렇지 않으면 등화(燈花, 심지 끝이 타서 맺힌 불똥)가 불꽃을 가려 그을음이 일어날 수가 없다.

거위깃으로 그을음을 쓸어내어 질동이 속에 넣는데, 하룻밤이 지나야 비로소 그릇 하나에 모두 모을 수 있다. 기름잔을 그을음사발로 덮을 때, 빈 그을음사발 하나로 그을음이 붙은 사발을 교체한 다음 그을음을 쓸어내야 한다. 이에 앞서 파두(巴豆) 3~4알을 두드리고 부수어 기름잔 속에 넣고서 불을 붙이면 그을음을 많이 얻을 수 있다. 매일 대략 20여 번 그을음을 쓸어낸다. 늦게 쓸어내면 그을음이 옅어져서 비록 양이 많더라도 색이 누렇게 되기 때문에 먹을 만들어도 광택이 없으며 검지 않다.

방안에 물동이 10개를 놓아두어 아침부터 저녁까지 태울 수 있다. 바람이 불지 않는 날을 골라야만 하는데, 만약 바람이 불거나 불을 피우는 방이 밀폐되어 있지 않으면 얻는 그을음의 양이 모두 적어진다. 여름에 만드는 그을음도 색이 옅어지니, 이

訖, 煙盌蓋之而勿見. 風致煙落, 約四五刻, 掃煙一度, 則一度剔去燈草, 逐戔以筯剪去燈煤, 棄于水盆內. 否則燈花罩了火燄, 煙不能起.

以鵝翎掃煙入瓦盆中, 經宿, 始可併聚一器. 蓋之, 須以空煙盌一隻, 替下有煙盌, 掃之. 敲碎巴豆三四粒, 納油戔中, 發煙燄, 得煙多. 每日約掃二十餘度, 掃遲則煙老, 雖多而色黃, 造墨無光不黑.

室中可置水盆十枚, 自早至暮燒之. 須揀無風之日, 若有風或煙房不密, 得煙皆少. 夏煙亦老, 必頻換冷水及減燈草爲良. 每桐油

---

69 등초(燈草) : 골풀과에 속하는 식물. 등심초(燈心草)라고도 한다. 줄기에 기공이 많아 등잔의 심지로 많이 사용되었다.

소연법(燒煙法)(《묵법집요》)

때는 반드시 찬물을 자주 갈아주고, 등초 심지를 자주 잘라주어야 좋다. 동유(桐油) 100냥을 태울 때마다 그을음을 8냥 얻으면, 이는 매우 능숙한 솜씨이다. 기름을 그을음 속에 떨어뜨리거나, 불꽃이나 등화(燈花)의 찌꺼기가 그을음 속에 떨어지는 일은 피해야 한다. 그렇게 되면 그을음을 쓸 수가 없기 때문이다. 《묵법집요》[70]

一百兩, 得煙八兩, 此爲至能. 忌油滴煙中及紅燄、燈花落煙內, 則不堪用矣. 同上

## 물동이[71]

【둥글고 두꺼운 질동이를 사용한다. 안의 너비는 2.1척이고, 테두리의 너비는 0.1척이고, 깊이는 0.35척이고, 바닥은 평평하며 테두리는 바닥과 수직을 이룬다. 테두리와 가까운 곳에 손가락 크기만 한 구

## 水盆

【用圓厚瓦盆. 內闊二尺一寸, 緣闊一寸, 深三寸半, 底平緣直. 近緣開指大一竅, 用綿塞住以備放

---

70 《墨法集要》〈燒煙〉(《叢書集成初編》 1496, 16쪽).
71 물동이 : 여기서부터 소개하는 물동이, 기름잔, 그을음사발, 등초 4가지는 위에서 설명한 소연법(燒煙法)에 쓰이는 기구들을 보충 설명해주는 역할을 한다. 《묵법집요》에서는 이 네 기사가 따로 떨어져 있지만, 서유구의 편집 과정에서 일목요연하게 배열되었다.

멍 하나를 뚫어놓고 그곳을 솜으로 막아두어 물을 내보낼 수 있도록 준비한다. 긴 나무를 3척 높이의 누각에 설치하고 여기에 물동이를 올린 다음 두께가 얇은 벽돌 7개를 물동이의 테두리 안쪽을 따라 바닥에 빙 둘러 늘어놓는다.

물동이 가운데에 테두리가 넓은 질연통[瓦煙筒] 1개를 놓아둔다. 연통 안의 너비는 0.6척이고, 연통에 달린 테두리까지 모든 너비는 0.8척이다. 연통의 높이는 물동이의 아가리와 나란하게 하고, 연통 안에도 얇은 벽돌 1개를 놓아 둔다.[72] 기름잔을 각각의 벽돌 위에 놓되, 물동이의 아가리보다 0.03척 아래에 오도록 한다.

물을 기름잔 아가리보다 0.03척이 낮게 차오르도록 넣고, 기름잔 바닥의 중앙에는 쇠로 만든 압각[鐵鴨脚][73]으로 구멍을 뚫어 등초 심지를 고정시킨다. 기름잔마다 등초 심지를 다 들인 뒤에는 기름을 붓는다. 자루가 긴 그을음사발[煙盌]을 덮어서 고정시키고[74] 심지에 불을 붙인다. 만약 물동이의 물이 뜨거워지면 찬물을 자주 부어주는데, 이때 물을 완전히 찬물로 갈아서는 안 된다. 물이 너무 차가워지면 그을음이 위로 올라가지 않고, 그을음을 얻더라도

水[10]. 用長木架高三尺闊, 起水盆, 以薄甎七塊遶盆緣排轉.

盆中央置闊緣瓦煙筒一箇, 內闊六寸, 連緣共闊八寸. 高與盆口相齊, 筒內亦置薄甎一塊, 油盞置各甎塊上, 低盆口三分.

浸水離盞口三分, 中央一盞用鐵鴨脚穿定燈草, 每盞納燈草訖, 然後傾油, 將長柄煙盌蓋定燒之. 如盆中水熱, 則頻浸冷水, 不可全換冷水, 冷則煙不昇上, 得煙絕少.

---

72 연통 안의……놓아 둔다 : 연통을 둘러싼 등잔불에서 일어난 그을음이 그을음사발에 들러붙으면 연통은 이를 신속하게 담을 수 있는 용기 역할을 해야 할 텐데, 이곳에 벽돌을 넣고 기름잔을 올려놓는다는 것은 쉽게 납득할 수가 없다.

73 쇠로 만든 압각[鐵鴨脚] : 질그릇에 구멍을 내기 위한 용도로 쓰이는, 오리발 모양의 도구로 추정된다.

74 자루가……고정시키고 : 그을음사발의 한쪽은 물동이의 테두리에 놓고 다른 한쪽은 질연통의 테두리에 놓으면 자연스럽게 기름잔을 덮게 된다.

[10] 水 : 저본에는 "火". 《墨法集要·水盆》에 근거하여 수정.

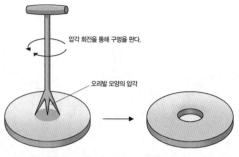

압각 회전을 통해 구멍을 판다.

오리발 모양의 압각

쇠로 만든 압각으로 구멍 뚫는 방법 추정도

양이 매우 적어지기 때문이다.

　다만 물을 채우는 일이 중요한데, 만약 물이 줄어들어 물을 가득 채워야 할 때는 구멍을 뚫어놓은 물동이 테두리 가까운 곳의 그을음사발과 기름잔 1개씩을 밖으로 빼놓고서, 물동이 구멍을 막아놓은 솜을 뽑아낸 다음 줄어든 물을 내보냈다가 다시 솜으로 구멍을 막는다. 그리고 깔대기[漏斗]<sup>75</sup>를 물동이에 대놓고 여기에 물을 부어 갈아준다. 이어서 빼놓은 기름잔과 그을음사발을 다시 제자리에 넣는다.

但浸水爲妙, 若水耗乾要浸滿時, 去了近緣煙盌、油餞各一隻, 拔去竅綿放乾, 再塞, 住漏[11]斗傾水換之. 仍以油餞、煙盌補滿.

　만약 물을 부은 지 오래되어 기름찌꺼기가 생기고 이물질이 떠오르면 뜰채로 걷어내어 제거하고, 물동이에 기름찌꺼기가 딱딱하게 굳어 물동이의 테두리 가장자리에 들러붙으면 칼이나 끌로 이를 제거한다. 이어서 맑은 물로 깨끗이 씻어낸 뒤라야 다시 사용할 수 있다.

若水積久[12], 生膩浮起, 以搭籬去之, 盆有油膩乾硬黏定邊緣, 刀鏟去之. 淸水洗淨, 方可再用.

---

75 깔대기[漏斗]: 나팔꽃 모양의 도구로, 윗부분은 폭이 넓고 밑에는 구멍이 뚫려 있다. 액체를 다른 그릇으로 옮길 때 주로 쓰인다.

[11] 漏: 저본에는 "滿".《墨法集要·水盆》에 근거하여 수정.

[12] 久: 저본에는 "垢".《墨法集要·水盆》에 근거하여 수정.

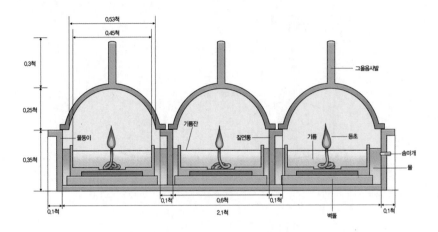

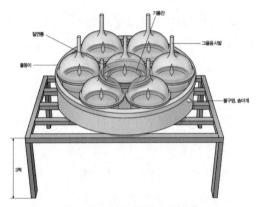

물동이에서의 소연법(燒煙法) 도해[단면도(위) 및 입체도(아래)]

수분도(《묵법집요》)

다른 방법 : 삼나무로 구유를 만들어 물을 담는다. 밑판을 가장 두껍게 받치고, 사방으로 칸막이판을 차례대로 놓는데, 구유 안의 길이는 7척이고, 너비는 1.4척이고, 깊이는 0.35척이다. 구유 한가운데에 긴 나무 들보 하나를 경계로 삼아 양쪽 길을 내고, 마근유(麻筋油)[76] 태운 재를 길의 이음새에 단단히 붙여 물이 새어나가지 않도록 한다. 구유 끝단에서 바닥과 가까운 곳에 둥그런 구멍 하나를 뚫어 물을 내보낼 수 있도록 대비한다. 그리고 높이가 3척인 누각에 두 나무판을 설치하고 시렁을 만든다. 벽돌로 기름잔을 물속에서 받치고, 그을음사발로 양쪽 길을 덮는다. 구유마다 기름잔과 그을음사발 각 20개를 사용한다. 그을음 태우는 법은 물동이에서 그을음 태우는 법과 동일하다. 돌로 만든 구유도 있다.】

一法 : 用杉爲槽貯水. 底板最厚, 四向墻板次之, 內長七尺, 闊一尺四寸, 深三寸半. 平中用長木梁一條, 界爲兩路, 麻筋油灰粘固縫道, 莫令滲漏. 槽尾[13]近底處, 開一圓窾以備放水, 高三尺撥兩條閣之, 甄襯油餞于水內, 煙盌兩路蓋之. 每槽用餞、盌各二十隻, 燒法與水盆同, 亦有石爲槽者.】

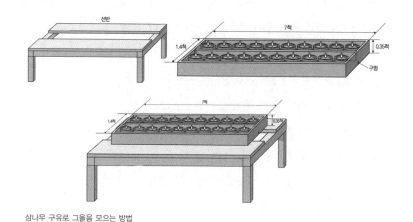

삼나무 구유로 그을음 모으는 방법

---

76  마근유(麻筋油) : 미상. 삼의 줄기를 태운 재와 기름을 섞어서 만든 방수제로 추정된다.
[13] 尾 : 저본에는 "底". 《墨法集要·水盆》에 근거하여 수정.

유잔도(油餞圖)(《묵법집요》)

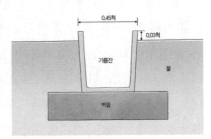

기름잔

## 기름잔[油餞]

　【튼튼하고 두꺼운 질그릇으로 기름잔을 만드는데, 너비는 0.45척이며 평평하면서 경사가 완만하고 잔에 달린 발이 넓다. 물동이에 물이 들어와 가득 찰 때는 얇은 벽돌을 받쳐 올리고, 단번에 물동이 안의 물을 내보낼 때는 물동이 아가리의 0.03척 아래까지만 오도록 내보내야 한다. 이때 물의 수심이 너무 낮아서도 안 된다. 수심이 낮으면 그을음이 날아가고 흩어져 거두는데 방해가 되고 남아있지 않아, 얻어지는 그을음의 양이 적어진다. 구유 안에 물을 넣어서 할 때도 역시 그러하다.

　만약 기름잔을 너무 오래 사용하면 안팎이 깨끗하지 않다. 이때는 대나무 빗으로 긁어 낸 다음 볏짚재로 문지른다. 만약 그래도 깨끗하지 않으면 칼과 끌로 깨끗이 긁어내고, 다시 물로 씻어서 말린다.

　다른 방법:볏짚재로 문지르지 않고 미음(米飮) 속에 넣고 달여 여러 번 끓으면, 솔로 씻으면서 기름찌꺼기를 제거한다.

### 油餞

【用壯厚缸沙油餞, 闊四寸半, 平穩闊足. 窯水通滿者, 以薄甋襯高, 頓放水盆內, 低盆口三分, 不宜太低. 低則煙飛散, 拘收不住, 得煙少, 或置水槽中亦然.

若用過油餞, 內外不淨, 以竹篦子刮之, 次以稻稈灰揩擦. 若更不淨, 用刀鏟淨, 再以水洗拭乾.

一法:不用灰擦, 置米飮中煮數沸, 刷洗去其油膩.】

그을음사발

【잘 일어내고 반죽한 고운 흙으로 긴 자루가 달린 질사발을 굽는다. 안의 너비는 0.53척이고, 깊이는 0.25척이고, 자루의 길이는 0.3척으로 하여, 자루까지 높이가 0.55척이 되도록 한다. 사발 안은 가마솥처럼 깊은 연못 모양으로 만들되, 반드시 갈아서 충분히 광택이 돌고 매끄럽게 한다. 그을음사발의 전[脣][77]을 밖으로는 질물동이[瓦盆] 테두리에 올려두고, 안으로는 질연통[瓦筒] 테두리 에 올려두어 반드시 사발의 중심이 불꽃의 끝단을 마주하여 덮도록 한다. 사발의 둘레에는 생강즙을 조금 발라두고 빠른 손놀림으로 그을음을 쓸어 모아야 한다. 만약 그을음사발이 기름 때문에 안팎으로 더러워졌으면 모두 곧장 깨끗하게 닦아낸다. 혹시라도 그을음이 오염되면 사용할 수가 없기 때문이다.】

煙盌

【用淘鍊細土燒長柄瓦盌. 圓闊五寸三分, 深二寸五分, 柄長三寸, 連柄高五寸五分. 內深潭似釜, 必磨砑十分光滑. 以盌脣外置瓦盆緣上, 內置瓦筒緣上, 須盌心正對燄頭罩之, 盌口緣塗些薑汁, 急手掃煙. 若煙盌油汚內外, 皆便拭淨. 倘汚煙煤, 不堪用矣.】

연완도(煙椀圖)((묵법집요))

---

77 전[脣]: 그릇의 가장자리.

등초(燈草)

【두툼하고 크며 황색을 띤, 단단하고 실한 등초를 고른 다음 길이가 0.9척인 마디로 잘라서 단을 만들고, 길이가 짧거나 굵기가 가는 것은 제거하여 머리에서 꼬리까지 굵기가 일정한 등초를 취한다. 줄기를 12개씩 사용하여 거친 판자 위에서 면(綿) 조금으로 등초 머리를 얽어 고정시킨다. 이를 손으로 비비고 말아 심지 1가닥으로 튼실하게 만든다. 그런 다음 다시 면 조금으로 등초 꼬리를 얽어 고정시킨다.

여름에 몹시 무더울 때는 등초 2줄기를 줄여 다만 10줄기만을 단으로 만들고, 손으로 비비고 말아 사용한다. 이때는 앞의 12줄기를 사용하는 방법으로 심지를 만들면 그을음은 많이 얻을 수 있지만 그을음의 질이 좋지 않다. 손으로 심지를 말아서 400~500가닥을 만들고나서야 소목(蘇木)의 진한 즙을 사용하여 등초 심지를 몇 차례 끓어오르도록 달인다. 그러다 등초가 자주색을 띠면 걸러내어 햇볕

燈草

【揀肥大黃色堅實燈草, 截作九寸爲段, 理去短瘦, 取首尾相停者. 每用十二莖, 以少綿纏定頭于粗板上, 以手搓捲, 成一條令實. 復以少綿纏定尾.

夏極熱時, 減去草兩莖, 只用十莖搓捲. 仍舊用十二莖, 則得煙雖多而不良. 候捲得四五百條, 方用蘇木濃汁煎燈草數沸, 候紫色, 漉出, 曬令極乾, 紙裹藏之. 毋令塵污, 用則旋取.】同上

등초도(燈草圖)(《묵법집요》)

에 바싹 말린 뒤에 종이에 싸서 보관한다. 등초 심
지가 먼지에 더럽혀지지 않도록 했다가, 쓸 일이 있
으면 곧바로 꺼내 쓴다.】《묵법집요》[78]

## 6) 체로 그을음 거르기 篩煙

밀실 안에서 고운 생견(生絹)[79]으로 만든 체를 손
으로 눌러 고정시키고, 천천히 그을음을 문질러서
걸러 아가리가 작으며 매끈하고 깨끗한 항아리 안에
넣는다. 닭의 깃털이나 종이찌꺼기를 제거[80]한 뒤,
종이를 바른 바구니 속에 그을음을 담고 줄을 감아
대들보에 매단다. 이때 벽을 가까이하여 그을음이
습기에 상하는 일이 없게 하고, 쓸 일이 있으면 곧바

于密室中, 以手按定細生絹
篩子, 徐徐摩下小口光淨[14]
缸內, 去其毛翎、紙屑, 貯
于紙糊籠中, 繩懸梁間. 毌
近墙壁以傷濕氣, 用則旋
取. 或皮紙糊𥁕藏之亦佳.
煙乃至輕之物, 切忌露篩,

체로 그을음 거르기《묵법집요》

---

78 《墨法集要》〈水盆〉(《叢書集成初編》1496, 4쪽);《墨法集要》〈油餷〉(《叢書集成初編》1496, 7쪽);《墨法集
要》〈煙盌〉(《叢書集成初編》1496, 10쪽);《墨法集要》〈燈草〉(《叢書集成初編》1496, 13쪽).
79 생견(生絹): 삶지 않은 생사(生絲)로 짠 비단.
80 닭의……제거: 그을음을 만드는 전체 공정 중에 섞여 들어갈 가능성이 있는 이물질을 제거하는 과정으로
보인다.
[14] 淨:《墨法集要·篩煙》에는 "浮".

로 꺼내 쓴다. 더러는 피지(皮紙, 닥나무껍질로 만든 종이)를 바른 자루에 그을음을 보관해도 좋다. 그을음은 곧 지극히 가벼운 물질이므로, 뚜껑이 없는 체로 걸러서는 절대 안 된다. 뚜껑이 없는 체로 거르면 그을음이 공기 중으로 날아올라 방에 가득 차게 될 것이다. 《묵법집요》[81]

露篩則飛揚[15]滿室矣.《墨法集要》

## 7) 아교 녹이기

일반적으로 먹을 만들 때 아교가 중대하다. 품등이 상등(上等)인 그을음이 있더라도 아교를 올바른 방법대로 만들지 않았으면 먹도 좋지 않다. 만약 올바른 방법대로 만든 아교라면 비록 상등보다 품등이 떨어지는 그을음이더라도 좋은 먹을 만들 수 있다. 또 반곡(潘谷)[82]이 사용하는 그을음을 먹 만드는 사람들도 대부분 가지고 있었지만, 그들이 만든 먹이 반곡을 따를 수가 없는 이유도 바로 아교를 달이는 빼어난 법에 있었다. 일반적으로 아교는 녹교(鹿膠)[83]를 최고로 친다. 아교 달이는 법 중에 밀랍과 호마(胡麻, 참깨)를 달여 만드는 법은 모두 묵가(墨家, 묵장)들이 사용하는 반열에 들어가지 않는다.

### 鎔膠

凡墨, 膠爲大. 有上等煤, 而膠不如法, 墨亦不佳. 如得膠法, 雖次煤, 能成善墨. 且潘谷之煤, 人多有之, 而人製墨, 莫有及谷者, 正在煎膠之妙. 凡膠, 鹿膠爲上. 煎法用蠟及胡麻者, 皆不入墨家之用.

---

81 《墨法集要》〈篩煙〉(《叢書集成初編》1496, 19쪽).

82 반곡(潘谷): ?~?. 중국 송대의 묵장(墨匠). 먹을 잘 만들었을 뿐만 아니라, 먹을 감정하는 데에도 매우 능했다. 송 휘종(徽宗, 1082~1135)은 그가 만든 '팔송연(八松煙)'이라는 묵을 보묵(寶墨)으로 칭하며, 각별히 소장했다고 전해진다.

83 녹교(鹿膠): 사슴의 뿔·뼈·가죽 등을 고아 만든 아교.

[15] 揚: 저본에는 "揚". 《墨法集要·篩煙》에 근거하여 수정.

도홍경(陶弘景)[84]의 백교법(白膠法) 【안 녹교(鹿膠)는 일명 '백교(白膠)'이다.】에는 "먼저 녹교를 쌀뜨물에 7일 동안 담가 부드럽게 한 뒤에 달여서 아교를 만들 때처럼 일어낸다."라 했다. 또 다른 방법으로는 "녹각(鹿角)을 잘게 쪼개어 마른 소가죽 1조각과 함께 달이면 곧 녹아서 흐물흐물해진다."[85]라 했다. 《당본초(唐本草)》[86]의 주석에는 "미각(麋角)[87]·녹각(鹿角)을 달인 걸쭉한 즙을 거듭 달여 아교를 만든다."[88]라 했다.

지금 만드는 법은 태각(蛻角)[89]을 취하여 길이 0.1척 정도로 자르고, 껍질 및 붉은 핏기가 있는 부분을 제거한 뒤, 강물에 7일 밤낮 동안 담근다. 그런

陶隱居白膠法:【案 鹿膠, 一名"白膠".】"先以米潘汁 漬七日, 令軟, 然後煮煎 之, 如作阿膠淘." 又一法: "細剉鹿角, 與一片乾牛皮 同煎, 卽鎖爛."《唐本草》 注曰:"麋角、鹿角[16]煮濃汁, 重煎成膠."

今法取蛻角, 斷如寸, 去皮 及赤觧, 以河水漬七晝夜, 又一晝夜煎之, 將成以少

청(淸) 건륭제(乾隆帝)의 미각도

---

84 도홍경(陶弘景): 456~536. 중국 남북조시대의 의학자이자 도가(道家). 도은거(陶隱居) 또는 화양은거(華陽隱居)라 자호(自號)했다. 본초학(本草學)에 대해 조예가 깊어 《신농본초경(神農本草經)》과 《명의별록(名醫別錄)》의 약물 730종을 분류하고 주석(注釋)을 달아 《본초경집주(本草經集注)》를 집필했다.

85 먼저……흐물흐물해진다: 《本草經集注》〈蟲獸三品〉上 "白膠".

86 당본초(唐本草): 중국 당나라의 의학자 소경(蘇敬)·우지령(于志寧) 등이 659년에 편찬한 본초서. 정식 명칭은 《신수본초(新修本草)》이다.

87 미각(麋角): 사슴과의 일종인 사불상(四不像)의 뿔. 당나귀의 몸체, 말의 얼굴, 소의 발굽, 사슴의 뿔을 닮았다는 의미에서 사불상이라는 명칭이 나왔다.

88 미각(麋角)……만든다: 《新修本草》卷15〈獸〉上 "白膠".

89 태각(蛻角): 겨울철에 뿔갈이를 하는 사슴으로부터 저절로 떨어져 나온 뿔로 추정된다.

[16] 鹿角: 저본에는 없음. 오사카본·규장각본·《墨經·膠》에 근거하여 보충.

뒤에 다시 1일 밤낮으로 달여 막 아교가 만들어지려 할 때, 우교(牛膠)[90]를 조금 던져 넣고 용뇌(龍腦)와 사향(麝香)을 더한다.

그 다음으로는 마땅히 우교를 사용해야 한다. 물소의 가죽을 사용하여 털을 제거한 뒤, 물에 담가 먼지와 오물을 제거하는데, 물에 담갔을 때 가죽이 너무 물러지게 해서는 안 된다. 가죽은 마땅히 지녀야 할 성질이 있는데, 이를 '협생(夾生, 생기를 띠고 있다)'이라 한다. 불에 달일 때는 너무 센 불로 가열해서는 안 되고, 항상 죽비처럼 긴 막대로 쉬지 않고 휘저어야 한다. 아교에서 김이 빠져나올 때 여기저기서 어지럽게 나오지 않은 정도를 귀하게 여긴다. 때때로 달인 아교를 들어올려 보면서 그 농도를 살피는데, 허리띠처럼 곧장 늘어져 1가닥이 될 때까지 달인다. 먹을 만드는 교(膠)는 1가지만 사용해서는 안 되니, 간혹 우교·어교(魚膠, 물고기 부레로 만든 아교)·아교(阿膠)[91]를 함께 섞어 쓴다.

연주(兗州)[92] 사람들은 예전에는 10월에 아교를 달여 11월에 먹을 만들었다. 지금은 아교를 달이자마자 곧 사용하니, 이는 전혀 잘못된 방법이다. 그러므로 반곡이 한번은 진상묵(陳相墨)[93]을 보고 말하

牛膠投之, 加以龍、麝.

其次當用牛膠. 用水牛皮剔除去毛, 以水浸去塵汚, 浸不可太軟. 當須有性, 謂之"夾生". 煎火不可暴, 常以篦攪之不停手, 貴氣出不昏. 時時揚起視之, 以候厚薄, 直至一條如帶爲度其脈. 膠不可單用, 或以牛膠、魚膠、阿膠參和之.

兗人舊以十月煎膠, 十一月造墨. 今旋煎旋用, 殊失之. 故潘谷一見陳相墨, 日:"惜哉! 其用一生膠耳, 當

---

90 우교(牛膠) : 소의 뿔·뼈·가죽 등을 고아 만든 아교.

91 아교(阿膠) : 일반적으로는 동물의 가죽·힘줄·창자·뼈 등을 고아 만든 끈적이는 성질의 접착제를 말한다. 여기에서는 어떤 재료를 써서 만든 아교인지 특정할 수는 없다.

92 연주(兗州) : 중국 산동성(山東省) 서부 연주시(兗州市) 일대.

93 진상묵(陳相墨) : 중국 송나라의 묵장(墨匠)인 진랑(陳朗, ?~?)의 손자 진상(陳相, ?~?)이 만든 먹. 진상이 만든 먹은 흑룡수(黑龍髓)라는 이름으로도 알려졌다.

아교 녹이기(《묵법집요》)

기를 "아쉽도다! 이 먹은 일생교(一生膠)[94]를 사용했을 뿐이구나. 거듭 달인 아교가 좋은 먹이 되는 법인데."라 했다. 조열지《묵경》[95]

以重煎者爲良." 晁氏《墨經》

아교와 합해 먹을 만드는 방법 : 누런 소가죽을 물에 담갔다가 털을 뽑아낸다. 가죽 안쪽 면이 위를 향하도록 평평한 판 위에 펼치고 생황토(生黃土)를 가져다 가죽 위에 골고루 뿌린다. 한참 지난 뒤에 작은 칼로 가죽을 깎아내는데, 근막(筋膜)을 깎아서 제거하고 물을 갈아가며 자주 씻어준다. 가죽을 자르고 조각내어 기름때가 없는 솥 안에 넣고, 물과 함께 달여 아교를 완성한 뒤에 솥을 기울이고 아교를 부어 대나무 선반 위에서 얇게 펼친 다음 바람에 말린다.

合膠法 : 黃牛皮水浸透, 拔去毛. 仰攤在平板上, 取生黃土, 均撒皮上. 良久, 以小刀劃, 劃去筋膜, 換水頻洗. 斫碎入無油膩鍋內, 水煎成膠, 傾出薄攤竹隔子上, 風乾.

---

94 일생교(一生膠) : 1번만 달였기 때문에 완전히 고아지지 않은 아교를 가리키는 말로 추정된다.
95 《墨經》〈膠〉(《叢書集成初編》, 6~9쪽).

일반적으로 그을음 4냥에 말린 아교 1.2냥을 두드리고 작은 조각으로 만들어 사용한다. 아교를 물에 담가 부드러워지면 곧 걸러서 약즙(藥汁)[96] 안에 넣고 함께 졸인다. 이때 아교를 적게 넣는 것을 절대 금하니, 아교가 적으면 먹이 단단해지지 않는다. 그렇다고 아교를 너무 많이 넣으면 또 먹이 붓에 달라붙으니, 아교를 정해진 양보다 더하거나 줄이는 것은 좋지 않다. 《거가필용》[97]

凡煙四兩, 用乾膠一兩二分打作小片, 以水浸軟, 却漉出入藥汁內同熬, 切忌膠少, 少則不堅. 多又着筆, 不宜添減也. 《居家必用》

심규(沈珪)가 매번 "위탄(韋誕)의 먹 만드는 법에서는 단지 아교 50냥만을 사용했는데, 이정규(李廷珪)가 강남(江南)으로 건너간 뒤에는 비로소 대교(對膠)[98]를 사용했다. 그러나 먹 만드는 비결은 전해지지 않았으니, 애석하다."라 했다.

沈珪每云:"韋仲將法, 止用五十兩之膠, 至李氏渡江, 始用對膠, 而秘不傳, 爲可惜."

이정규가 하루는 먹을 만들면서 재구덩이[灰池][99]에서 너무 일찍 꺼내어 먹이 모두 끊어지고 갈라졌다. 그러자 사용한 먹 재료가 정성을 들인 좋은 것이라 아까워서 차마 버리지 못했다. 마침내 망가진 먹을 다시 찌고 물에 담갔다가 묵은 아교를 꺼내어 다시 새로 만든 아교와 섞었다. 먹이 만들어지자 옥석(玉石)처럼 단단했는데, 이로 인해 대교법(對膠法)을 깨달았다. 매번 그을음을 만드는 재료를 살펴 아교

一日造墨而出灰池失早, 墨皆斷裂, 以所用墨料精佳, 惜不忍棄, 遂蒸浸以出故膠, 再以新膠和之. 墨成, 其堅如玉石, 因悟對膠法. 每視煙料而煎膠, 膠成和煤, 無一滴多寡也.

---

96 약즙(藥汁): 아교를 달일 때 첨가하는, 용뇌나 사향 등의 약재에서 뽑아낸 즙.
97 《居家必用》〈戊集〉"文房適用" '合膠'(《居家必用事類全集》, 200쪽).
98 대교(對膠): 먹을 만들 때, 재가공한 아교와 그을음을 섞고 응고시켜 만드는 제조법으로 추정된다. 이러한 방법으로 만든 먹은 재질이 단단하고, 글씨를 쓰면 글자에 광택이 돌며, 시간이 오래 지나도록 변하지 않는다.
99 재구덩이[灰池]: 먹의 적절한 습기를 보존하면서 건조하기 위해 깔아둔 잿더미.

를 달이고, 아교가 완성되면 그을음과 섞으니, 아교가 한 방울도 많거나 모자라는 일이 없었다.

또 심규는 "이정규(李廷珪)의 대교법은 100년이 지난 뒤에야 더없이 빼어나다는 것이 드러났다."라 했다. 대개 비록 성분이 정밀한 그을음이라도 아교를 많이 넣으면 색이 아교에 의해 가려진다. 그러다가 세월이 오래 지난 뒤에야 아교의 힘이 점점 빠져 먹색이 비로소 나타나는 것이다.

만약 눈앞에서 당장 먹을 파는 데에 급급해서 아교를 많이 사용하지 않아 먹색이 흐릿하지 않게 하려할 때는 세월이 오래 지나 아교의 힘이 다하면 먹색이 바래서 마치 토탄(土炭)[100]처럼 광택이 없어질 뿐이다. 이와 같이 먹을 만들면 사용할 때에 건조한 서북지방에서는 괜찮더라도, 만약 이절(二浙)[101]에 들어가 한 번이라도 장마철을 만난다면 먹이 망가질 것이다. 《춘저기문》[102]

又云:"李廷珪對膠, 于百年外, 方見勝妙." 蓋雖精煙, 膠多則色爲膠所蔽, 逮年遠膠力漸退, 而墨色始見耳.

若急于目前之售, 用膠不多, 欲煙墨不昧者, 歲久膠盡, 則脫然無光如土炭耳. 若此者, 用宜西北, 若入二浙, 一遇梅潤則敗矣.《春渚紀聞》

### 어표교(魚鰾膠, 부레아교)

솜처럼 맑고 흰 부레를 사용한다. 부레를 냉수에 하룻밤 담가 부드럽게 만들고, 재빠르게 도끼질해서 잘게 썰어 다진다. 아교 1냥마다 파두인(巴豆仁) 5알을 넣고 두들겨 다져서 아교와 함께 고루 섞는다. 그 뒤에 댓잎으로 감싸 단단히 묶고, 10번 남짓 끓어오르도록 달인 다음 댓잎을 제거한다. 뜨거

### 魚鰾膠

用清白如綿者. 冷水浸一宿令軟, 快斧剉碎. 每膠一兩入巴豆仁五粒, 搥碎, 與膠和均, 箬葉裹定, 緊繫之, 煮十數沸, 去箬葉. 乘熱入闊口瓶中, 急杵極爛無

---

100 토탄(土炭): 습지에 퇴적되어 수분이 많이 함유된, 품등이 좋지 않은 석탄.
101 이절(二浙): 중국 절강성(浙江省) 동부와 서부 지역의 옛 명칭. 중국 동남부 지역에 해당한다.
102 《春渚紀聞》卷8〈雜書琴事(墨說附)〉"漆煙對膠"(《文淵閣四庫全書》863, 518쪽).

운 채로 아가리가 넓은 병 속에 아교를 넣고 몹시 흐물흐물해져 씨가 없도록 급히 절구질한다. 이를 약즙(藥汁)이 담긴 그릇에 넣어 섞은 다음 중탕(重湯)[103]으로 달여 녹인다.

만약 우피교(牛皮膠, 쇠가죽으로 만든 아교)를 사용하면, 황명(黃明, 소가죽)을 골라 달여 만드는 방법을 써야 한다.【어떤 아교는 생것을 달이면, 아무리 끓여도 녹지 않는다.】우피교를 손가락마디만 한 조각으로 썰어놓았다가, 쓸 때는 먼저 물을 조금 적셔 부드러워지면 그제서야 약즙이 담긴 그릇에 넣은 다음 중탕으로 달여 녹인다.

이상의 2가지 아교는 물에 끓여 녹일 때 약한 불로 달이면서 거품이 사라지고 맑아질 때까지 긴 대막대로 쉬지 않고 휘젓는다. 달이고 녹여서 아교가 맑아지면, 아교를 넣어 만든 먹에 기름때가 끼지 않으니, 이것이 가장 긴요한 방법이다.

가장 기준이 되는 방법 : 매번 동유연(桐油煙, 동유 그을음) 10냥으로 먹을 만들 때, 1월·2월·10월·11월·12월에는 우교(牛膠) 4.5냥과 약수(藥水) 10냥을 쓴다. 4월·5월·8월에는 우교 5.5냥과 약수 9.5냥을 쓴다. 6월·7월에는 우교 6냥과 약수 9냥을 쓴다.

매번 송매(松煤, 소나무 그을음) 1근(斤, 10냥)으로 먹을 만들 때는 우교(牛膠)를 4냥이나 5냥 쓰고, 약수

核, 和藥汁內, 重湯煮化.

若用牛皮膠, 當揀黃明煎造得法者.【有等煎生者, 煮不化.】剉如指面大片子, 臨用先以些水灑潤, 候軟, 方下藥汁中, 重湯煮化.

已上二膠, 臨鎔之際, 用慢火煎, 長竹箄不住手攪, 候之沫消淸徹爲度. 煮化得膠淸, 墨乃不膩, 此最緊要.

大法 : 每桐油煙一十兩, 正月、二月、十月、十一月、十二月, 用牛膠四兩半、藥水一十兩;四月、五月、八月, 用牛膠五兩半、藥水九兩半;六月、七月, 用牛膠六兩、藥水九兩.

每松煤一斤, 用牛膠四兩或五兩, 藥水四時俱用半斤.

---

103 중탕(重湯) : 가열하고자 하는 물체가 담긴 용기를 직접 가열하지 않고, 다른 그릇이나 용기에 넣어 간접적으로 열을 가하며 데우거나 끓이는 방법.

를 사계절에 모두 0.5근 쓴다. 봄·겨울에는 아교를 줄이고 약수를 늘리며, 한여름·늦여름·초가을에는 아교를 늘리고 약수를 줄여야 한다.

아교를 거를 때는 고운 명주를 사용하는데, 명주솜으로 거르는 것이 가장 좋다. 만약 베[布]로 아교를 거르면 거친 찌꺼기까지 함께 가라앉아 먹을 만들어도 하자가 생긴다. 약수 또한 명주를 겹쳐서 거른다.

어표교(魚鰾膠)는 순전히 물고기 부레만을 사용할 수는 없다. 다만 우교를 9/10, 어교를 1/10의 비율로 사용해야 한다. 만약 어교를 2/10의 비율로 넣으면, 곧 먹물이 붓에 엉겨 붙어 글자를 쓰기 어려워진다.

그런데 민간에서는 소식(蘇軾)의 "어교(魚膠)는 만 번 절구질로 숙성시키네."[104]라는 시구를 두고, 곧 "먹을 만들 때는 반드시 어교를 사용해야 한다."라는 뜻으로 이해한다. 이는 어리석은 사람에게 눈앞에서 꿈 이야기를 하는 일이 어려운 것과 마찬가지다. 또 먹을 파는 사람은 한 사람도 이 같은 그릇된 인식을 기꺼이 바로잡으려 하지 않고, 남들을 속여 "어교가 참으로 좋다."라 한다. 이로 말미암아 사람들이 정말로 그렇게 믿게 되었으니, 참으로 웃을 만한 일이다.

일반적으로 우교(牛膠)를 쓰려면 반드시 질이 좋은 소가죽을 사용해야 한다. 북을 만드는 곳에서 재단하고 남은 소가죽을 달여서 만들어야 아주 좋

春、冬宜減膠增水, 仲夏、季夏、孟秋宜增膠減水.

濾膠用細絹, 綿濾最佳. 若布濾, 粗脚并下, 製墨有病, 藥水亦重絹濾之.

魚鰾膠不可純用. 止可用九分牛膠, 一分魚膠, 若二分, 便纏筆難寫.

世俗見坡詩有"魚膠熟萬杵"之句, 便謂"墨須用魚膠", 癡漢面前難以說夢. 又貨墨者, 無一人肯辯其非, 詐言"魚膠良是", 由是人信爲然, 堪一笑也.

凡使牛膠, 必以好牛皮, 或做鼓處裁下剩牛皮煎成者, 方好. 若熟皮家刮下皮屑

104 어교(魚膠)는……숙성시키네:《東坡全集》卷14〈孫莘老寄墨〉(《文淵閣四庫全書》1107, 229쪽).

다. 만약 무두장이[熟皮家]가 가죽을 도려내고 남은 조각들로 달여 만든 아교라면 접착력이 약해서 쓸 수가 없다. 아교의 질이 좋아야 비로소 접착력이 생겨 먹을 만들 때 소요되는 아교의 양을 줄일 수 있다. 먹을 사용할 때도 아교는 적고 그을음이 많기 때문에 검은색이 배가 되니, 이를 '경교(輕膠)'라 부른다. 경교는 먹색이 검으면서도 맑은 색을 띠어 먹을 빨리 판매하기에 유리하다. 다만 시간이 많이 흐르고 오래 보관할수록 먹색이 바랠까 염려된다.

만약 먹을 만든 뒤에 오래도록 보관하려면 반드시 동유(桐油)를 태워 얻은 그을음 10냥·묵은 우교 4.5냥·묵은 어교 0.5냥·진피(秦皮)·소목(蘇木) 각 0.5냥을 걸쭉한 즙이 되도록 달여 골고루 섞고 찐 다음 절구질하여 만들어야 한다. 그러면 세월이 오래될수록 더욱 검고 더욱 단단해질 것이다.

내가 옛날에 형계(荊溪)[105]의 오국량(吳國良)[106]이 만든 우교먹[牛膠墨]을 구했는데, 지금까지 50~60년이 지나도록 마치 옛 먹처럼 검으면서 단단하니, 어찌 우교(牛膠)로 만든 먹이 좋지 않다고 말할 수 있겠는가?

세상에 열교묵(熱膠墨)을 만드는 자가 있는데, 이는 아교가 뜨거울 때에 내려서 만든 먹이 아니다. 아교를 녹일 때에 약수(藥水)가 담긴 단지에 기울여 부은 다음 아교가 맑아지면서 숙성될 때까지 달인다.

煎成者, 則力淺不堪用. 膠好方始有力, 可以減斤兩, 用墨因膠少煙多, 故倍加黑, 名爲"輕膠". 墨色黑且淸, 利于速售, 但年遠久藏, 慮恐色退.

若造久藏墨, 須用桐油燒煙十兩、陳年牛膠四兩半、陳年魚膠半兩、秦皮·蘇木各半兩, 煎濃汁, 搜和蒸杵製之, 歲久愈黑愈堅矣.

予舊時, 荊溪 吳國良所造牛膠墨, 至今五六十年, 儼如古墨, 何言牛膠之墨不善耶?

世有造熱膠墨者, 非膠帶熱下也. 于鎔膠之時, 傾藥水在內, 候膠煮得淸熟, 若藥水耗少, 更添得法, 方

---

105 형계(荊溪) : 중국 강소성(江蘇省) 남부에 위치한 의흥현(宜興縣)의 옛 지명.
106 오국량(吳國良) : 1301~1374. 중국 원나라의 음악가이자 화가. 호는 풍월주인(風月主人). 형계(荊溪) 사람이다. 음률에 조예가 깊어 원곡(元曲)을 작곡했으며, 산수화에도 뛰어나 일가(一家)를 이루었다.

만약 약수가 졸아들면 먹을 만드는 법대로 약수를 다시 더해서 맑게 숙성되어야 그을음과 섞을 수 있다. 이어서 반드시 시루에 올려 완전히 찌고, 단단해진 반죽을 절구질하여 완성한다. 그런 다음 숙성된 반죽을 꺼내어 힘을 써서 부드럽게 주무른 뒤에야 겨우 둥그런 반죽을 펼쳐서 먹틀[印脫]107에 올릴 수 있다. 이와 같은 과정을 거쳐 만든 먹을 '열교묵'이라 한다.

또 냉교묵(冷膠墨)을 만드는 자가 있는데, 이는 아교가 식기를 기다려 내려서 만든 먹이 아니다. 다만 아교를 약수 속에 넣고 달여 녹기만 하면 아교가 맑든 탁하든, 덜 고아지든 푹 고아지든 관계없이 그을음 속에 부어 넣는다. 둥그렇게 완성된 반죽을 얻으면, 이 반죽을 먹틀에 올려서 찍어낸다. 이때 반

可搜煙. 必上甑蒸透, 硬劑杵成, 熟劑取出, 用力揉軟, 才堪丸擀上印, 如此造者, 謂之"熱膠墨"也.

有造冷膠墨者, 非膠待冷下也. 但以膠投藥水中煮化, 不問清濁、生熟, 傾入煙中. 團得成劑, 便上印脫. 不蒸不杵, 以此膠力不均, 姿質頓劣. 如此造者, 謂之

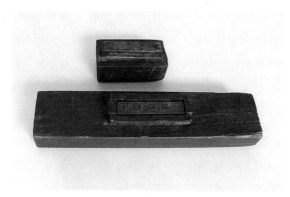

먹틀(삼척시립박물관)

---

107 먹틀[印脫]: 먹 반죽을 넣고 일정한 모양대로 먹을 찍어 내는 나무틀로, 보통 7개 나무 조각으로 구성되어 있다. 먹틀을 이용하여 먹을 찍어내는 방법에 대해서는 아래 항목의 '17) 먹틀로 찍어내기'에서 자세히 설명한다.

죽을 찌지도 않고 절구질하지도 않아서, 이런 아교의 힘이 고르게 퍼지지 않기 때문에 먹의 수준이 한결 떨어지게 된다. 이와 같은 과정을 거쳐 만든 먹을 '냉교묵'이라 한다.

"冷膠墨"也.

일반적으로 아교를 만들고 먹을 제조할 때는 1월·2월·10월·11월이 적당하다. 나머지 달에 아교를 만들 경우에는 날씨가 너무 더우면 아교를 만들어도 굳지 않고, 먹을 만들어도 부서지는 경우가 많다. 반면 날씨가 너무 추우면 아교를 만들어도 얼어서 쪼개지고, 먹을 만들어도 끊어지거나 갈라진다. 작은 먹을 만들 때는 그래도 괜찮지만, 큰 먹은 결코 만들어서는 안 된다. 《묵법집요》[108]

凡造膠製墨, 宜在正月、二月、十月、十一月. 餘月造者, 大熱則造膠不凝, 製墨多碎; 大寒則造膠凍瘃, 製墨斷裂. 小墨尚可, 大墨決不可爲也. 《墨法集要》

## 8) 약 쓰기

用藥

일반적으로 먹을 만드는 약은 사용한 지 오래되었다. 위(魏)나라의 위탄(韋誕)은 진주(眞珠)·사향(麝香)의 2가지 재료를 사용하였고, 후위(後魏)의 가사협(賈思勰)은 침목(樗木, 물푸레나무)·계백(鷄白, 계란 흰자)·진주·사향 등의 4가지 재료를 사용했다.[109] 당(唐)의 왕군덕(王君德)[110]의 또 다른 제조법에서는 초석류피(醋石榴皮, 석류껍질)·수서각설(水犀角屑, 물소뿔가루)·담반(膽礬)[111] 등의 3가지 재료를 사용했다. 왕군

凡墨藥尙矣, 魏 韋仲將用眞珠、麝香二物, 後魏 賈思勰用樗木、鷄白、眞珠、麝香四物, 唐 王君德用醋石榴皮、水犀角屑、膽礬三物, 王又法, 用樗木皮、皁角、膽礬、馬鞭草四物, 李廷珪用藤黃、犀角、眞珠、巴豆

---

108 《墨法集要》〈鎔膠〉(《叢書集成初編》 1496, 22~23쪽).

109 후위(後魏)의……사용했다:《齊民要術》 卷9 〈筆墨〉 "合墨法"(《齊民要術校釋》, 683쪽).

110 왕군덕(王君德): ?~? 중국 당(唐)대의 유명한 묵장.

111 담반(膽礬): 삼사정계의 광물. 구우면 흰 가루가 되고, 수분을 흡수하면 파랗게 변하며, 구리 광산의 산화대에서 산출된다. 간경(肝經)·담경(膽經)에 작용하는데, 토하게 하고 가래를 삭이며 해독 기능이 있고, 궂은살과 적(積)을 없앤다.

약 쓰기(《묵법집요》)

덕의 또 다른 제조법에서는 침목피(梣木皮)·조각(皂角, 말린 쥐엄나무 열매)·담반·마편초(馬鞭草)112 등의 4가지 재료를 사용했다. 이정규(李廷珪)는 등황(藤黃)113·서각(犀角, 무소뿔)·진주·파두(巴豆) 등의 12가지 재료를 사용했다.

等十二物.

지금 중국 연주(兗州) 지방 사람들은 약(藥)을 사용하지 않은 먹을 귀하게 여긴다. 그들의 설명에서 "바로 백면(白麵, 메밀가루)이나 청면(淸麵)114을 만드는 것과 같다.115 또 차(茶)에 다른 재료를 섞을 수 없는 것과 같다."라 했으니, 또한 자연히 타당한 이치가 있

今兗人不用藥爲貴, 其說曰 "正如白麵、淸麵, 又如茶之不可雜以外料", 亦自有理, 然不及用藥者良. 晁氏《墨經》

---

112 마편초(馬鞭草): 마편초과의 여러해살이풀로 해안지대의 들에서 자란다. 높이는 30~60cm이고 원줄기는 사각형이며 가지가 많이 갈라지고 전체에 잔털이 있다.

113 등황(藤黃): 등황나무 줄기에서 삼출된 수지. 크기가 고르지 않은 덩어리로, 바깥 면은 황적색이고 단단하나 부스러지기 쉽다. 자른 면은 매끈하며 조개껍질 무늬이거나 속이 비어 있고, 물에 넣고 으깨면 노란색의 유액이 된다.

114 청면(淸麵): 녹두전분을 물에 풀어 끓는 물에 익혀 묵 상태가 되면 오미자수를 부어 먹는 화채. 여기서는 녹두가루를 의미한다.

115 바로……같다: 메밀이나 녹두를 빻아 가루로 만들 때 다른 것을 첨가할 필요가 없음을 말한다.

다. 그러나 약을 넣지 않은 먹은 약(藥)을 넣어 만든
먹의 좋은 품질에는 미치지 못한다. 조열지《묵경》[116]

서락(西洛)[117]의 왕적(王迪)[118]이 만든 먹은 원연(遠煙)[119]·녹교(鹿膠) 2가지 재료만을 사용했다. 그의 말에 "좋은 그을음은 용뇌(龍腦)와 사향(麝香)의 향이 저절로 난다."라 했다. 일반적으로 먹에 용뇌와 사향을 넣으면 모두 그을음의 향을 빼앗고 습기를 불러와서 도리어 먹의 흠결이 되는데, 세간의 사람들은 이 점을 알지 못한다.《춘저기문》[120]

西洛 王迪墨, 止用遠煙、鹿膠二物, 其言曰:"眞煙自有龍、麝香." 凡墨入龍、麝, 皆奪煙香而引蒸濕, 反爲墨病, 俗子不知也.《春渚紀聞》

소식(蘇軾)이 담이(儋耳)[121]에 있을 때, 반형(潘衡)[122]에게 먹을 만들게 하고 다음과 같은 명(銘)을 새겼다. "해남(海南)의 송매(松煤)를 써서 동파(東坡, 소식)의 방법으로 만든 먹." 이는 먹 1자루마다 금화연지(金花煙脂)[123] 여러 덩이를 사용했기 때문에 먹색이 아름답게 나온 것이니, 단사(丹砂)를 사용한 먹보다 낫다.《춘저기문》[124]

東坡在儋耳, 令潘衡造墨, 銘曰:"海南松煤, 東坡法墨." 每笏用金花煙脂數餠, 故墨色艷發, 勝用丹砂." 同上

---

116《墨經》〈藥〉(《叢書集成初編》1495, 13~14쪽).
117 서락(西洛): 지금의 중국 산서성(山西省) 진중시(晉中市) 동쪽에 위치한 서락진(西洛鎭) 일대.
118 왕적(王迪): ?~? 중국 북송의 묵장. 북송의 유명한 정치가이자 서예가인 문언박(文彦博, 1006~1097)이 왕적에게 먹을 구했다.
119 원연(遠煙): 가마 불로부터 먼 곳에서 채취한 가볍고 고운 그을음.
120《春渚紀聞》卷8〈記墨〉"烟香自有龍麝氣"(《文淵閣四庫全書》863, 517쪽).
121 담이(儋耳): 고대 지명으로, 중국 해남성(海南省)의 서북부 담주시(儋州市) 일대에 있었다.
122 반형(潘衡): 중국 송(宋)나라의 유명한 묵장(墨匠).
123 금화연지(金花煙脂): 잇꽃의 종자유(種子油)를 태워 나오는 그을음 덩이. 소식이 이 방식으로 만든 홍화묵(紅花墨)은 최상품의 먹이라 한다.
124《春渚紀聞》卷8〈記墨〉"海南松煤"(《文淵閣四庫全書》863, 519쪽).

이정규(李廷珪)의 방법으로 먹을 만들면 옥처럼 단단하고 물속에 넣은 지 3년이 지나도 망가지지 않는다. 그 방법은 다음과 같다. 송연(松煙) 1근, 진주(眞珠) 3냥, 옥가루 1냥, 용뇌(龍腦) 1냥을 생옻과 섞어서 절구로 10만 번 찧는다. 《독서기수략(讀書紀數略)[125]》[126]

李廷珪墨法, 其堅如玉, 能實水中, 三年不壞. 其法 : 松煙一斤、眞珠三兩、玉屑一兩、龍腦一兩, 和以生漆, 擣十萬杵.《讀書紀數略》

그을음 4.5냥마다 선황련(宣黃連)[127] 0.5냥·소목(蘇木) 4냥씩을 각각 부수어서 넣고 물 2잔과 함께 달여 5~7번 끓인 다음, 색이 변하면 숙견(熟絹, 삶은 실로 짠 비단)으로 찌꺼기를 걸러낸다. 이와 별도로 침향(沈香) 1.5돈을 달여 물이 4냥 정도 남으면 다시 걸러낸다. 그 다음에 용뇌 0.5돈·사향 1돈·경분(輕粉) 1.5돈을 침향 달인 약즙(藥汁) 0.5홉과 함께 갈아 녹인다. 이에 앞서 약즙에 아교를 넣고 함께 졸이되, 아교가 잘 녹도록 멈추지 않고 손으로 휘젓는다. 아교가 다 녹은 뒤에야 용뇌·사향의 즙을 넣고 골고루 휘젓다가 뜨거울 때, 이전에 걸러낸 그을음 속에 기울여 붓는다. 《거가필용》[128]

每煙四兩半, 用宣黃連半兩、蘇木四兩, 各碰碎, 水二盞同煎五七沸, 候色變, 用熟絹濾去滓, 別用沈香一錢半煎, 留水四兩許, 再濾. 次用腦半錢、麝一錢、輕粉一錢半, 以藥汁半合研化, 先將藥汁入膠同熬, 不住手攪令溶, 後入腦、麝汁攪均, 乘熱傾入煙內.《居家必用》

---

125 독서기수략(讀書紀數略) : 중국 청나라의 관리인 궁몽인(宮夢仁, 1623~1713)이 지은 책으로, 여러 책에 실린 고사와 일화들을 각 주제에 맞게 분류하여 52권으로 펴냈다.

126 《讀書紀數略》卷48〈廷珪墨料數〉《文淵閣四庫全書》1033, 715쪽).

127 선황련(宣黃連) : 중국 사천성(四川省) 달주시(達州市) 선한현(宣漢縣)에서 생산한 황련.

128 《居家必用》戊集〈文房適用〉 "搜煙"《居家必用事類全集》, 201쪽).

송연(松煙) 10냥, 곽향(藿香)[129]·감송(甘松)[130]·생강즙[薑汁]·저아조각(猪牙皂角, 주염 열매) 중 뒤의 4가지 약미를 물로 달여 찌꺼기를 제거하고 맑게 가라앉힌 다음 달여서 고(膏)를 10냥 만든다. 여기에 아교 4냥을 섞는데, 아교에는 금박(金箔)[131] 3개, 은박(銀箔) 2개를 넣는다. 아교와 섞은 이 약을 그을음과 고루 섞고 1만여 번을 찧어 둥글납작한 덩이를 만든다. 《고금비원》[132]

松煙十兩、藿香·甘松·薑汁·猪牙皂角四味, 用水煎去滓澄清, 熬膏十兩. 中化阿膠四兩, 膠用金箔三箇、銀箔二箇, 和煙攪均, 擣萬餘下, 造成錠子.《古今秘苑》

먹의 약제에 웅담(熊膽, 곰쓸개)을 넣으면 먹에 먼지가 묻지 않고 오래가게 하는 효과가 있다.《본초강목》[133]

墨劑入熊膽, 有辟塵陳久之功.《本草綱目》

먹의 재료들을 합할 때는 몰석자(沒石子)[134]【일명 무식자(無食子)이다.】를 넣는다. "납매(臘梅)[135]【안 민간에서는 '생강나무[薑木]'라 부른다.】껍질 담근 물에 먹을 갈면 광채가 난다."라 했다. 이 2가지 재료는

合墨, 入沒石子【一名"無食子"】. "蠟梅【案 俗名"薑木".】皮浸水磨墨, 有光彩.". 合墨時, 入于膠劑.

---

129 곽향(藿香) : 꿀풀과의 여러해살이풀인 배초향(排草香)의 잎·줄기·뿌리로 만든 향. 천곽향(川藿香)·광곽향(廣藿香) 등의 이칭이 있다. 열을 내려주고 구토를 멈추게 하는 효능이 있어 약재로도 쓰인다.

130 감송(甘松) : 마타리과 식물인 감송향의 뿌리를 말린 것. 가을이나 봄에 뿌리를 캐 줄기와 수염 뿌리를 다듬어 버리고 물에 씻어 햇볕이나 그늘에서 말린다. 맛은 달고 성질은 따뜻하며 비경(脾經)·위경(胃經)에 작용하는 약재로 쓰인다.

131 금박(金箔) : 금을 제련하여 불리고 감나무 열매를 넣어 금을 부드럽게 한 뒤에 떼어낸 얇은 금 조각.

132 《古今秘苑》 卷3 〈造墨法〉, 4쪽.

133 《本草綱目》 卷51 〈獸部〉 "熊", 2840쪽.

134 몰석자(沒石子) : 참나무과 식물(植物)의 어린잎에 산란(産卵)한 어리상수리혹벌의 알이 깰 때에 생기는 혹 같은 물질로, 지름 2cm 정도로 둥글며 타닌을 70% 함유하고 있어, 이질(痢疾)과 치통에 효능이 있으며 몰식자산(沒食子酸)의 원료가 된다. 몰식자(沒食子)라고도 한다.

135 납매(臘梅) : 새앙나무·생강나무. 중국이 원산지인 납매과의 낙엽 교목. 1~2월에 잎이 나오기 전에 옆을 향하여 노란 꽃이 피는데, 잎과 가지는 방향성의 독특한 정유 성분을 함유하고 있어 상처가 나면 생강 냄새가 나므로 생강나무라 한다. 꽃 지름은 2cm 내외로 꽃받침과 꽃잎은 다수이며, 가운데 잎은 노란색으로 대형이고 속잎은 암자색으로 소형이다. 수술 5~6개, 암술은 다수이며 항아리 모양으로 움푹 들어간 꽃받침 속에 있다. 꽃이 진 후 꽃받침은 생장해서 긴 달걀 모양의 위과(僞果)의 열매가 되고 그 속에 콩알만 한 종자가 5~20개 들어 있다. 납매(蠟梅)·당매(唐梅)라고도 한다.

먹을 합칠 때 아교의 약제에 넣는다. 《본초강목》[136]

同上

먹 만드는 방법:그을음은 가벼워서 멀리 날아간 것을 취하려는 데 불과하고, 물의 무게와 아교의 분량은 때에 따라서 늘리거나 줄일 뿐이니, 먹 만드는 방법은 대체로 이와 크게 다르지 않다. 세상 사람들이 가끔 다른 약을 넣어 먹의 색을 돋우고 광택이 나게 하는데, 천하에 지극한 검은색도 모르면서 유연(油煙)[137]에 무엇을 첨가한단 말인가. 약 1/10을 넣으면 먹색이 1/10만큼 엷어질 뿐이다.

製墨之法:取煙不過欲其輕遠, 而水之重輕、膠之分兩, 隨時增減, 大槪不甚相遠. 世人往往入他藥, 以助其黑色, 發其光焰, 不知天下至黑, 何以加於油煙? 入藥一分, 減色一分耳.

오직 아교를 다루는 방법에서는 아교를 달이는 과정에 엉길까 염려되니, 약을 넣어 아교가 엉기지 않게 하고, 아교의 성질이 강렬해질까 염려되니, 약을 넣어 아교의 성질을 어그러뜨린다. 그러므로 약이 사라지면 아교의 성질이 보존되고, 그렇게 아교가 완성되면 먹의 형체가 잡스럽지 않다. 아교와 그을음 이외에는 약을 하나도 사용하지 않으니, 이것이 이른바 먹의 '아교 만드는 법[膠法]'이라는 것이다.

惟當事治膠法, 煎膠之次, 恐其滯也, 有藥以醒之;恐其烈也, 有藥以敗之[17]. 故藥去而性存, 膠成而體不雜. 膠煙之外, 不用一藥, 此墨之所謂"膠法"也.

무릇 그을음이 검은 까닭은 찧어서 단련한 효과 때문이다. 그러나 요즘 먹을 만드는 사람들은 손으로 약제를 반죽하는데, 손으로 하느라 작업이 늦춰지면 반죽이 마르고 갈라져 반죽을 1~2번 더 찌더라도 이미 그 성질을 잃어버린다. 하물며 감히

夫煙之所以黑者, 擣練之功也. 今之製墨[18]者, 以手搜劑, 緩則燥裂, 一再蒸之, 已失其性. 況敢擣練千杵耶?

---

136 《本草綱目》 卷36 〈木部〉 "蠟梅", 2132쪽.
137 유연(油煙):기름·관솔 따위를 불완전 연소시킬 때 생기는 검은색의 미세한 탄소(炭素) 가루.
[17] 之:저본에는 "矣".《袪疑說·墨說》에 근거하여 수정.
[18] 墨:저본에는 "黑".《袪疑說·墨說》에 근거하여 수정.

1,000번이나 절구질하여 단련한 먹에 비하겠는가?

아교를 만드는 방법을 알고 또 아교의 성질을 부 드럽게 할 수 있으면 쇠나 돌로 만든 절구에 넣고 1,000~2,000번 찧어 아교의 성질이 엿[飴]처럼 변 해 뜻하는 대로 움직일 수 있게 한 뒤에 둥글납작한 덩이를 만든다. 그을음의 검은색을 내고 그을음의 광택을 내는 방법은 여기에서 지나친 적이 없다. 이 밖에 부차적인 진피·자초(紫草)와 같은 재료들은 그 저 아교를 만드는 방법에 방해가 될 뿐이다! 문방사 우(文房四友, 붓·먹·종이·벼루)에 깊은 애정이 있는 사 람들은 이 사실을 몰라서는 안 된다. 《거의설(祛疑 說)138》139

得製膠之法, 又能緩膠之 性, 則入鐵石臼中, 擣之 一二千下, 膠性如飴, 惟意 所適, 然後作錠[19]. 出煙之 黑色, 發煙之光焰, 未有過 於此者. 區區秦皮、紫草之 類, 適爲膠法累耳! 雅意文 房者, 不可不知此.《祛疑 說》

먹을 만들 때 약을 사용하는 법은 다만 광택을 더하고 색을 돋우고 향을 취하기 위해서만은 아니 다. 그 뜻은 시간이 오래 지나도 아교의 힘이 약해 지지 않도록 하고, 먹색이 바래지지 않도록 하며, 무소뿔이나 돌처럼 단단하게 하고, 밝은 광택이 더 풍성해지게 하며, 매끄러운 결을 애호할 만하게 하 는 데 있다. 이것이 옛사람들이 약을 사용하는 빼어 남이다.

用藥之法, 非惟增光、助 色、取香而已. 意在經久, 使膠力不敗, 墨色不退, 堅 如犀石, 瑩澤豐腴, 膩理可 愛. 此古人用藥之妙也.

약에는 단점도 있고 장점도 있으니, 반드시 그 약

藥有損有益, 須知其由. 且

---

138 거의설(祛疑說) : 중국 송(宋)나라의 저영(儲泳, ?~?)이 지은 책. 저영이 음양오행학과 술수학을 좋아하여 그 학설의 진위를 변증한 책이다.
139 《祛疑說》〈墨說〉(《叢書集成初編》 987, 4쪽).
[19] 錠 : 《祛疑說·墨說》에는 "鋌".

의 특성을 알아야 한다. 우선 녹반(綠礬)140·청대(靑黛)141 같은 약은 먹을 상하게 하고, 사향·계란 흰자는 습기를 끌어당기며, 유피(榴皮)142·등황(藤黃)은 먹의 검은색을 옅게 하고 진피(秦皮)는 글씨의 색이 바래지 않게 하며, 오두(烏頭)143는 아교의 힘이 떨어지지 않게 하고, 자초(紫草)·소목(蘇木)·자광(紫礦)144·은주(銀硃)145·금박(金箔)은 먹색을 돋우어 아름다움을 발하게 한다. 민간에서는 아름다운 먹색을 '운두(雲頭)'라 부른다.

어교(魚膠)는 먹에 검은색을 더하지만, 어교를 너무 많이 넣으면 글씨를 쓸 때 붓끝이 엉긴다. 우교(牛膠)를 많이 넣어도 같은 현상이 나타나며, 또 운두가 없고 색은 검은색이 옅다. 어교(魚膠)나 우교(牛膠)는 모두 오래된 것이 좋다.

향이 나는 여러 약을 사용하여 아교와 그을음의 냄새를 제거하려 하는 사람은 다만 여러 약재들의 향기가 먹에 스며들기만을 바랄 뿐, 그로 인해 하자가 생기고 먹색이 감소되는 줄은 모른다. 만일

如綠礬、靑黛作敗，麝香、鷄子淸引濕，榴皮、藤黃減黑，秦皮書色不脫，烏頭膠力不墮，紫草、蘇木、紫礦、銀硃、金箔助色發艶，俗呼艶爲"雲頭".

魚膠增黑，多則膠筆鋒. 牛膠多亦然，又無雲頭，色少黑. 魚膠、牛膠皆陳久者好.

有用群隊香藥以解膠煤氣者，但欲其香，不知爲病損色. 且上甑一蒸之後，香氣全無，用之何益？ 惟入

---

140 녹반(綠礬): 황산 제1철을 주성분으로 하는 광석. 물에 넣고 가열하여 그 성분을 우려내서 쓴다. 딴 이름은 홍반(紅礬)·청반(靑礬)·흑반(黑礬)·조반(皂礬)이다. 간경(肝經)·비경(脾經)에 작용한다. 습사(濕邪)를 없애고 가래를 삭이며 독을 제거하고 기생충을 구제하는 효능이 있다

141 청대(靑黛): 쪽으로 만든 검푸른 물감. 성질(性質)은 차고 열(熱)을 내리게 하므로, 어린아이의 경간(驚癎)·감질(疳疾)이나 외과(外科)의 약재(藥材)로도 쓰인다.

142 유피(榴皮): 석류피(石榴皮). 석류나무의 줄기·가지·뿌리의 껍질. 냄새가 없고 맛은 수렴성이고 약간 쓰며 불쾌하다. 수렴 작용으로 설사를 그치게 하고, 대하(帶下)를 멎게 하며 살충 효과가 있다.

143 오두(烏頭): 미나리아재비과에 딸린 개싹눈바꽃·이삭바꽃·참줄바꽃 따위를 통틀어 일컫는 말. 오두의 모근(母根)을 건조한 천오(川烏), 오두의 자근경(子根經)을 가공한 부자(附子)가 있다.

144 자광(紫礦): 나뭇진이 엉겨서 된 물질로, 생김새는 부스러진 돌과 같다. 자광은 진물이 나면서 가렵고 헌데와 옴과 버짐을 치료한다

145 은주(銀硃): 수은과 유황으로 합성한 황화수은. 옅은 붉은색에서부터 진한 빨간색까지 있기 때문에 동서양에서 아주 일찍부터 화장품으로 쓰였으며, 중국 은(殷)나라 때부터 그림의 안료(顏料)로도 쓰였다.

시루에 넣고 1번 찐 뒤에 향기가 전혀 없다면, 약을 사용한들 무슨 이익이 있겠는가. 오직 장미로(薔薇露)146를 아교와 그을음에 넣는 경우에만 그 향이 오래 지나도록 사라지지 않는다. 장미로 다음으로는 아교와 그을음을 반죽하여 환을 만들 때 바로 용뇌·사향을 넣는 것이다.

날씨가 추울 때는 전날 밤에 약을 물에 담그고, 날씨가 따뜻할 때는 당일 5경(五更, 오전 4시 전후)에 약을 물에 담근다. 두 경우 모두 진시(辰時, 오전 7~9시)와 사시(巳時, 오전 9~11시) 사이까지 약을 담갔다가 약과 함께 그 물을 솥에 붓고 진하게 달인다. 그런 다음 명주로 약 찌꺼기를 걸러내고 약즙을 맑게 가라앉힌 뒤에 아랫부분의 진한 앙금은 제거해버리고 사용한다.

먼저 아교를 녹여서 펼쳐 놓은 다음 곱게 간 행인(杏仁)을 넣어 골고루 섞고, 고운 명주에 문지르면서 걸러 찌꺼기와 앙금을 제거한 다음 아교를 앞의 맑은 약즙에 넣고 중탕(重湯)으로 달여 녹인다. 이 아교를 그을음과 반죽하여 먹을 만들고 재로 덮어 건조시킨 다음 먹을 시험해 보았을 때 거품이 뜨지 않고 기름기가 없어야 한다.

약 중에는 갈아서 곱게 가루 낸 뒤에 바로 약제 속에 고루 섞으면서 넣어야 하는 약이 있는데, 이런 약으로는 용뇌·사향·주사(硃砂)·등황(藤黃)·나청(螺

薔薇露者, 其香經久不歇. 其次則丸擀之時, 旋入腦、麝.

天氣冷時, 隔宿浸藥;暖時, 當日五更浸藥. 皆浸至辰、巳間, 帶藥入鍋, 煎至濃稠, 絹濾去粗, 碇淸, 逼去濃脚用之.

先以膠烊開, 次下研細杏仁攪均, 細絹抆去粗脚, 入前淨藥汁內, 重湯煮化. 搜煙造墨, 廕乾試之, 無泛沫不膩.

藥有當研爲細末, 旋和入劑中者, 腦、麝、硃砂、藤黃、螺靑、金箔之類也. 然欲墨

---

146 장미로(薔薇露) : 장미수(薔薇水)의 다른 이름. 장미꽃을 수증기로 증류하거나 장미유를 물에 녹여 얻는 투명 액체. 향기가 나는 엷은 노란색의 액체로 약품의 냄새나 맛을 조절하는 데 쓰인다.

靑)[147]·금박(金箔)과 같은 종류가 있다. 그러나 먹 중에 으뜸인 먹을 만들고자 한다면, 첫째, 그을음이 순정해야 하고, 둘째, 질이 좋은 아교를 쓰되 양을 줄여 사용해야 하며, 셋째, 1만 번의 절구질을 꺼리지 말아야 한다. 이는 바꿀 수 없는 법이니, 오로지 약의 효능에만 기대서는 안 된다. 《묵법집요》[148]

之黑, 一須煙淳, 二須膠好而減用, 三須萬杵不厭, 此不易之法, 不可全藉乎藥也.《墨法集要》

## 9) 그을음 반죽하기

일반적으로 그을음을 섞는 일은 깨끗하고 밀폐된 작은 방 안에서 해야지, 바람이 통하는 곳에서 해서는 안 된다. 아교 그릇을 기울여 그을음의 중심부에 한참 동안 붓고 아교가 저절로 흘러들어 가게 한 뒤에 여럿의 힘을 들여 재빨리 섞는다. 반죽이 윤기가 나고 광택이 돌게 하는 것이 중요하다. 처음에는 맥반(麥飯, 보리를 갈아서 익힌 밥)처럼 될 정도로 섞는데, 반죽할 때 소리가 나야 좋은 아교다.

**搜煙**

凡和煤, 當在淨密小室內, 不可通風. 傾膠於煤中央良久, 使自流, 然後衆力急和之, 貴潤澤而光明. 初和如麥飯許, 搜之有聲乃良膠.

처음에 아교를 취할 때는 품질이 하등인 그을음을 섞고, 두 번째는 중등인 그을음을 섞고, 가장 마지막에는 상등인 그을음을 섞는다. 일반적으로 그을음 1근에 옛날 먹 제조법으로는 아교 1근을 사용했다. 지금은 물을 섞은 아교 1근(=16냥)을 사용한다. 이때 물과 아교의 비율은, 물이 12냥을 차지하고 아교가 4냥을 차지하니, 이것이 옛 먹에 비해 품질이 좋지 않은 이유이다.

初取之, 和下等煤；再取之, 和中等煤；最後取之, 和上等煤. 凡煤一斤[20], 古法用膠一斤, 今用膠水一斤, 水居十二兩, 膠居四兩, 所以不善.

---

147 나청(螺靑) : 쪽풀로 만든 검푸른 물감인 청대(靑黛)의 이칭. 나아청(螺兒靑)이라고도 한다.
148《墨法集要》〈用藥〉(《叢書集成初編》1496, 26쪽).
[20] 斤 : 저본에는 "片".《墨經·和》에 근거하여 수정.

가사협(賈思勰)의 먹 만드는 법에 "그을음 1근에 아교 5냥을 사용한다."[149]라 했는데 이 비율 역시 전적으로 좋지는 않다. 아교가 많이 들어간 먹은 오래 보관하는 데 유리하고, 아교가 적게 들어간 먹은 금방 쓰는 데 유리하다.

먹 만드는 장인은 먹을 빨리 팔려고 하기 때문에 아교를 적게 사용하기를 좋아한다. 역수(易水)[150]의 해씨(奚氏)[151]와 흡주(歙州)[152]의 이씨(李氏)[153]를 보면 이들은 모두 아교를 많이 사용한다. 그래서 먹을 간수할 때에 아교가 많이 들어간 먹을 싼 종이는 누렇고, 아교가 적게 들어간 먹을 싼 종이는 약간 누렇다. 아교의 힘이 이를 통해 차이를 보여주는 것이다.

일반적으로 아교를 많이 사용하면 그을음반죽이 반드시 되고, 되면 반죽하기 어렵다. 아교를 적게 넣어 그을음반죽이 부드러우면 먹 상태가 좋고, 단단하면 먹이 갈라진다. 칠(漆)과 함께 섞을 경우에는, 일반적으로 그을음 1근에는 생칠(生漆) 3돈·숙칠(熟漆) 2돈으로 맑은 즙을 내서 아교에 넣고 골고루 치댄 뒤, 먹 만드는 법대로 그을음과 섞는다.

賈思勰墨法"煤一斤用膠五兩", 亦未盡善也. 膠多利久, 膠少利新.

匠者以其速[21]售, 故喜用膠少. 觀易水 奚氏、歙州 李氏, 皆用大膠. 所以養墨時, 大膠墨紙黃, 小膠墨紙微黃, 其力以是爲差.

凡大膠必厚, 厚難於和. 和之柔則善, 剛則裂. 若以漆和之, 凡煤一斤, 以生漆三錢、熟漆二錢, 取淸汁投膠中, 打之均, 和之如法. 晁氏《墨經》

---

149 그을음……사용한다:《齊民要術》卷9〈筆墨〉"合墨法"(《齊民要術校釋》, 683쪽).

150 역수(易水): 중국 하북성(河北省)에 있는 강 이름. 연나라 태자 단(丹)이 진시황을 암살하러 떠나는 형가(荊軻, ?~BC227)를 역수에서 전송했다.

151 해씨(奚氏): ?~?. 중국 당나라 말기의 유명한 묵장(墨匠)인 해내(奚鼐)와 그의 후손들을 말한다. 해내의 아들 해초(奚超)도 유명한 묵장으로 아들 해정규(奚廷珪)와 함께 전란을 피해 역수를 건너 흡주(歙州)로 이주했고, 주변의 좋은 소나무들을 이용해서 훌륭한 먹을 만들었다. 그의 아들은 중국 5대10국시대 남당의 마지막 왕인 이욱(李煜)으로부터 '묵무관(墨務官)' 벼슬과 '李'씨 성을 받아 '이정규(李廷珪)'가 되었다.

152 흡주(歙州): 고대 중국의 지명으로 휘주(徽州)·신안(新安)이라고도 한다. 현재 안휘성(安徽省) 남부와 신안강(新安江) 상류에 있었으며, 송(宋)나라 휘종(徽宗) 선화(宣和) 3년(1121)에 흡주를 휘주로 바꿨다.

153 이씨(李氏): 전설적인 묵장 이정규(李廷珪)와 그의 후손들을 말한다.

[21] 速:《墨經·和》에는 "素".

조열지 《묵경》[154]

깨끗한 그을음 1근을 저울로 재서 백자동이에
넣고, 동이는 탁자 위에 놓는다. 달여서 녹인 아교
약즙을 뜨거울 때 면포로 거르고 그을음의 중심부
에 붓는다. 이어서 재빨리 손으로 골고루 섞으면서
넣어주되, 고운 모래와 같은 상태가 되도록 섞어준
다. 이때 반죽이 차라리 마를지언정 축축하지 않게
한다. 반죽을 빚어 공 모양으로 만드는데, 만약 동
이 바닥에 그을음과 아교가 끈적하게 달라붙어 있
으면 곧바로 끌 같은 연장으로 떼고 손으로 이겨서
공 모양의 반죽과 합치고, 이 반죽을 베로 함께 싼
뒤 시루에 넣고 찐다.

秤淨煙一斤于白瓷盆, 盆
置橙上. 取煮化膠藥汁[22]
乘熱以綿濾, 下煙之中央,
急手搜均便入, 搜如細砂
狀, 寧乾勿濕. 捻作毬子,
如盆底有煙, 膠粘定, 隨卽
鏟下, 捻聚與毬子, 以布共
裹, 上甑蒸之.

그을음 반죽하기(《묵법집요》)

---

154 《墨經》〈和〉(《叢書集成初編》 1495, 9~11쪽).
22 汁 : 저본에는 "什". 규장각본·《墨法集要·搜煙》에 근거하여 수정.

큰 먹은 개어 반죽하기가 가장 어렵다. 그러기에 다만 반죽을 부드럽게 해야 할 뿐이다. 반죽이 단단하면 마르고 갈라지기 때문이다. 손으로 빚어 만드는 그을음반죽과 무늬를 새겨 만드는 그을음반죽은 반쯤 부드럽게 해야 좋다. 먹틀[印脫]에 넣는 그을음반죽은 매우 부드러워야 좋다. 그을음반죽이 단단하면 먹틀에서 빼내기가 어렵고, 먹이 먹틀에 꽉 채워 들어가지 않기 때문이다. 씻으면 광택이 도는 먹의 반죽도 부드러워야 한다. 중요한 점은 반죽을 잘 주무르는 데 있으니, 많이 주무르면 먹에 흠결이 없다. 마땅히 1월·2월·3월·9월·10월·11월에 만들어야 하며, 나머지 달은 먹을 만들기에 알맞은 달이 아니다.《묵법집요》[155]

大墨最難搜和, 只宜于軟, 硬則燥裂. 手劑及有紋墨劑宜半軟;脫子墨劑宜極軟. 硬則難脫, 不美滿. 洗光墨劑亦宜軟. 貴在揉搟, 多則墨無病. 當於正月、二月、三月、九月、十月、十一月爲之, 餘月非宜也.《墨法集要》

## 10) 그을음반죽 찌기

질그릇시루나 나무시루를 솥 가운데에 끼워 넣고, 솥바닥의 물은 시루 가까이까지 채우지 않는다. 시루 바닥에는 대껍질을 가득 깔고, 앞서 베로 감싸둔 공 모양 반죽을 시루에 넣는다. 조릿대로 만든 상자로 사방을 덮어 김이 새지 않도록 한 다음 센 불로 찐다. 약 10여 번 끓어 오른 뒤에 시루 안의 수증기가 맺혀 조릿대 상자 위로 비가 오듯 흘러내려려야만 비로소 반죽을 꺼내도 된다. 반죽이 뜨거울 때 절구에 넣고 공이로 찧는다.

반죽을 찔 때는 불기운이 끊어지게 해서는 안 되

## 蒸劑

用瓦甑或木甑嵌在鍋中, 底下水莫近甑, 甑底以篾襯滿, 取前布裹毬子入甑. 箸籭蓋之四圍, 毋得走氣, 猛火蒸之. 約十數沸, 候甑內氣合, 籭上汗下如雨, 方可取出, 乘熱入臼杵擣.

蒸時不可間斷火氣, 生熟

---

155《墨法集要》〈搜煙〉(《叢書集成初編》1496, 29쪽).

그을음반죽 찌기《묵법집요》

니, 불기운이 끊어지면 설익은 부분과 익은 부분이 고르지 않기 때문이다. 공 모양 반죽 1개마다 3차례 번갈아가며 찧고 찐다. 만약 절구질을 한 뒤에 그대로 두어 다시 말라 단단해졌으면 약즙을 조금 뿌리고 다시 찐다. 간혹 저울로 무게를 잰 그을음반죽을 오랫동안 방치해 두어 단단해져서 쇠망치로 두드려도 부드러워지지 않고, 손으로 주물러도 펴지지 않을 때도 다시 찌면 비로소 쓸 수가 있다.《묵법집요》[156]

不均. 一劑必作三次替換蒸之. 若杵後仍復乾硬, 灑些藥汁再蒸. 或秤下塊子, 停久凝硬, 鎚打不軟、揉摶不開者, 亦再蒸之, 始可用度.《墨法集要》

## 11) 그을음반죽 절구질하기

일반적으로 절구질은 많이 하기를 마다하지 않는다. 위탄의 먹 만드는 방법에 "철로 만든 절구 안에서 절구질을 3만 번 한다. 절구질을 많이 할수록 더

## 杵擣

凡擣不厭多. 韋仲將墨法 "鐵臼中擣三萬杵, 杵多益愈", 賈思勰法, 亦"擣三萬

---

156 《墨法集要》〈蒸劑〉(《叢書集成初編》1496, 32쪽).

욱 좋다."라 했고, 가사협(賈思勰)의 먹 만드는 방법
에도 "3만 번 절구질을 한다. 절구질을 많이 할수록
더욱 좋다."[157]라 했다. 왕군덕(王君德)은 돌절구를 사
용하여 2~3천 번을 찧었다.

대개 무수히 절구질을 하다가 찧어서 반죽이 끈
적해진 뒤에 광택이 돌면 더 찧어서는 안 되며, 절
구에서 반죽이 절구공이에 붙어 나올 때까지만 찧
는다. 절구에서 꺼낸 반죽은 깨끗한 그릇 안에 넣
은 다음 종이로 봉하여 덮고 약한 불로 숙성시킨다.
이때 종이 위에 구멍을 몇 개 뚫어 공기가 통하게 하
고, 불 때기를 멈춰서는 안 되니, 반죽은 차가운 기
운을 꺼리기 때문이다. 그러나 너무 뜨거워도 안 되
니, 뜨거우면 반죽이 녹아버리는데, 이를 '열점(熱粘,

杵, 杵多益善", 王君德則
用石臼擣三二千杵.

蓋其擣無數, 其擣過粘後
光, 不可擣, 自從臼中捏出
爲度. 出臼納淨器內, 用紙
封冪, 漫火養之. 紙上作數
穴以通氣, 火不可間斷, 爲
其畏寒. 然不可暴, 暴則潼
溶, 謂之"熱粘", 不堪製作.
晁氏《墨經》

그을음반죽 절구질하기(《묵법집요》)

157 가사협(賈思勰)의……좋다:《齊民要術》卷9〈筆墨〉"合墨法"(《齊民要術校釋》, 683쪽).

뜨겁고 끈적함)'이라 한다. 이 상태의 반죽으로는 먹을 만들 수 없다. 조열지《묵경》[158]

청석(靑石)[159]으로 만든 절구 1개를 사용한다. 절구 바깥 모양은 모나거나 둥글거나 상관 없으며, 절구 안은 가마솥처럼 깊고 둥글며 빛나고 매끄럽다. 박달나무로 공이를 만드는데, 길이는 6척 남짓으로 한다.

用靑石臼一枚, 外不拘方、圓, 內深圓光滑如釜. 檀木爲杵, 長六尺餘.

시루에 쪄낸 공 모양의 반죽을 절구 안에 쏟아 넣고 뜨거울 때 손으로 눌러 평평하게 펼쳐 놓은 뒤, 천천히 공이로 두드리다가 반죽이 모두 실해지고서야 두 사람이 서로 절구질을 하도록 한다. 반죽을 찧어서 평평한 떡처럼 되면 반으로 나누어 1개는 불에 찌고 나머지 1개는 남겨 두고서 절구질을 한다. 절구질해서 숙성되면 시루 안에 있던 반죽과 바꾸어 절구질한다. 이와 같이 번갈아가면서 불에 찌고 절구로 찧어 충분히 숙성되면 비로소 절구질을 멈춰도 된다. 이때 중요한 점은 절구에 반죽을 찧을 때 그 모양이 사발이나 접시처럼 사방으로 말려 올라간 뒤에야 네 귀퉁이를 반죽의 중심쪽으로 접고 말아 넣어 다시 찧는 것이다.

取蒸透毬子, 傾臼中, 乘熱以手按平, 徐徐杵打俱實, 乃使二人互杵擣之. 擣得成餅[23]均均, 分一半蒸, 留一半擣, 候擣得熟, 却換出甑中者擣之, 如此互換蒸擣, 得十分成熟, 方可住擣. 貴在擣得四向捲起如椀、楪, 乃摺轉四角再擣.

가령 진시(辰時, 오전 7~9시)에 절구에 넣고 찧기 시작해서 오시(午時, 오전 11~오후 1시)까지 찧으면 마침내 숙성이 된다. 반죽 덩어리는 항상 따뜻한 상태로 찧

假如辰時下臼擣起, 擣到午時, 方爲成熟. 塊劑常要擣溫, 休得遲慢, 凝併定

158《墨經》〈擣〉《叢書集成初編》1495, 11~12쪽).
159 청석(靑石) : 푸른빛을 띤 응회암(凝灰巖).
23 餅 : 규장각본·《墨法集要·杵擣》에는 "熟".

어야 한다. 절구질을 멈추거나 지체하면 반죽이 응고되어 모두 굳어버리기 때문이다. 만약 반죽 덩어리가 절구에서 굴러 나가 찧기 어려우면 다시 한 사람에게 나무가래로 반죽을 눌러 고정시키도록 한 뒤에 찧는다. 혹시 반죽이 공이에 말라붙으면 약 우린 물을 반죽 위에 조금 뿌리는데, 많이 뿌리면 안 된다. 대략 절구질을 7~8백 번이나 1천 번을 하되, 부드럽게 숙성될 때까지를 기준으로 한다.

옛말에 "절구질은 많이 하기를 마다하지 않는다. 많이 찧을수록 먹은 더욱 단단해진다."라 했으니, 이것이 그 방법이다. 절구에서 반죽을 꺼낸 뒤에 뜨거울 때 손으로 비벼서 가래를 만든다. 크기는 임의대로 해서 반죽을 만들고 저울로 단다. 이때 작업이 지체되면 반죽이 딱딱해져서 손으로 비비기 어려울 것이다. 《묵법집요》[160]

了. 若塊劑輥出難攜, 再用一人以木鍬捺住攜之. 倘乾燥黏杵, 灑藥水少許于劑上, 不可多. 約杵七八百杵或千杵, 柔軟成熟爲度.

古語云"擣不厭多, 愈擣愈堅", 此其法也. 出臼後, 乘熱搓爲條子, 任意大小作劑稱之. 遲慢則凝硬, 難搓矣.《墨法集要》

## 12) 그을음반죽 무게 재기

숙성된 반죽 덩어리를 절구에서 꺼내 탁자 위에 놓고 비비고 문질러 긴 가래를 만든 다음 젖은 베로 단단히 감싸서 따뜻한 솥에 넣는다. 잠시 후에 꺼내고 잘라서 작은 덩어리를 만들고 그을음반죽을 올려놓는 선반의 각 단마다 동일한 기준으로 무게를 잰다. 일반적으로 습기를 머금은 그을음반죽의 무게가 1.4냥일 때 마르면 1냥 남짓이 되니, 모두 이에 준하

## 稱劑

取出臼成熟塊子, 置桌上搓揉, 作長條, 濕布密裹, 納溫[24]暖釜中. 旋取出切爲小塊, 稱架上每段稱準. 凡濕劑重一兩四錢者, 乾之則得一兩餘, 皆倣此稱之. 放瓷瓶中, 濕布罨[25]

---

160《墨法集要》〈杵擣〉(《叢書集成初編》1496, 35쪽).

[24] 溫 : 저본에는 "濕". 오사카본·규장각본·《墨法集要·稱劑》에 근거하여 수정.

[25] 罨 :《墨法集要·稱劑》에는 "罯".

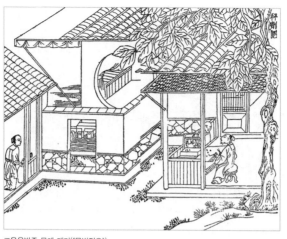

그을음반죽 무게 재기(《묵법집요》)

여 무게를 잰다. 그을음반죽을 자기병 속에 넣고 젖
은 베로 그늘지게 덮는다. 또는 끓는 물에 넣었다가
덩어리마다 꺼내 쇠망치로 단련한다. 《묵법집요》[161]

### 13) 쇠망치로 두드리기

  5명을 차례대로 쓰는데, 각자 쇠다듬잇돌과 쇠망
치를 준비한다. 사람마다 그을음반죽 1환(丸)을 가
져와 조임쇠에 끼워 고정시키고, 다듬잇돌 위에 놓
는다. 망치질을 2백여 번 하면 거친 반죽[麤劑]이 비
로소 광택이 도는 반죽[光劑]이 된다. 다시 망치질을
2백여 번 하면 광택이 도는 반죽이 비로소 단단한
반죽[硬劑]이 된다. 여기에 다시 망치질을 2백여 번
하면 단단한 반죽이 비로소 숙성된 반죽[熟劑]이 된

蓋. 或頓湯內逐塊取出鎚
鍊.《墨法集要》

### 鎚鍊

用五人相次, 各備鐵磓鐵
鎚, 每人取劑一丸, 鐵鉗夾
定, 置于磓上. 鎚二百餘下,
麤劑方成光劑, 再鎚二百
餘下, 光劑始成硬劑, 再鎚
二百餘下, 硬劑方成熟劑,
與麪劑相似, 方可丸擀.

---

161 《墨法集要》〈稱劑〉《叢書集成初編》 1496, 38쪽).

쇠망치로 두드리기(《묵법집요》)

다. 이 숙성된 반죽이 밀가루반죽과 성질이 비슷해
야 손으로 환처럼 둥글게 반죽할 수 있다.

망치질을 할 때 만약 반죽이 말라서 망치에 붙으
면 반죽을 약즙(藥汁)에 살짝 담가서 윤기 있게 해준
다. 옛말에 "망치질 1번 자르기 1번, 손놀림이 다투
듯 빠르네."라 했으니, 이것이 바로 그 방법이다. 《묵
법집요》[162]

鎚時若乾燥黏杵, 略蘸些
藥汁潤之. 古語云"一鎚一
折鬪手捷", 是此法也.《墨
法集要》

## 14) 둥근 반죽 늘이기

丸擀

일반적으로 녹교(鹿膠, 녹각아교)를 찧어서 곧 둥글
고 단단한 가래를 만들 때는, 지체하면 안 된다. 조
금이라도 지체하면, 반죽에 곧 주름이 생기고 갈라
져서 가래를 만들지 못한다. 만약 우교(牛膠)를 절구
에 찧고 하루가 지난 뒤에 우교의 접착력이 골고루

凡鹿膠擣成便[26]丸捍, 不
可遲延, 稍遲乃皴裂不堪.
若牛膠擣之, 一日後膠行
力均, 再入臼擣千餘下乃可
丸. 捍丸時用五人相次. 人

---

162 《墨法集要》〈錘煉〉(《叢書集成初編》1496, 41쪽).
[26] 便:《墨經·擣》에는 "變".

둥근 반죽 늘이기(《묵법집요》)

퍼졌을 때 다시 절구에 넣고 1,000여 번 찧어야 마침내 가래를 만들 수 있다. 둥근 가래를 만들 때는 5명을 차례대로 쓴다. 이 사람들은 쇠다듬잇돌과 쇠망치를 가지고서 먹 반죽을 300~500번을 내리친다. 옛말에 "망치질 1번 자르기 1번, 손놀림이 다투듯 빠르네."라 했으니, 이것이 그 방법이다. 처음에 망치질을 하면 광택이 도는 반죽[光劑]이 되고, 다시 망치질을 하면 단단한 반죽[硬劑]이 되며, 단단한 반죽의 단계를 거친 뒤에 망치질을 더하면 숙성된 반죽[熟劑]이 된다. 매번 반죽 1덩이는 5명이 돌아가며 망치질을 하여 숙성된 반죽이 되어야 비로소 장인의 손에 들어가 둥글고 단단한 가래가 된다. 조열지《묵경》163

有鐵砧、椎, 三五百下. 舊語曰"一椎一折鬪手捷", 此其法也. 初椎成爲光劑, 爲硬劑, 又過硬劑, 爲熟劑. 每一劑傳畢五人成熟[27]劑, 乃入匠手丸捍. 晁氏《墨經》

---

163 《墨經》〈搗〉(《叢書集成初編》1495, 12쪽).
[27] 熟 : 저본에는 "熱". 오사카본에 근거하여 수정.

쇠망치로 단련하여 숙성된 반죽이 완성되면, 광택이 돌고 매끄러우면서 단단한 나무 탁자 위에서 덩어리를 부드럽게 주물러 덩어리마다 골고루 용뇌(龍腦)·사향(麝香)을 넣고, 다시 골고루 주물러야 비로소 둥글고 길게 늘여 가래를 만들 수 있다. 이때 중요한 점은 한결같은 기운으로 문질러서 만들어야 좋다는 것이다. 만약 반죽을 문지르는 방법이 능숙하지 않으면 반죽에 단단한 알갱이가 생기거나 터져서 반죽을 이어 붙이더라도 마치 숯과 같이 갈라진 무늬가 생긴다.

그을음반죽은 식히면 안 된다. 식으면 마르고 단단해져 손으로 문지르기 어려워서, 축축하고 찰지게 만들 수 없다. 그을음반죽이 크면 문지르기가 어렵다. 가령 무게가 4냥인 그을음반죽이라면 반드시 두 덩어리로 나누어 각자 한 덩어리씩 문지른다. 문질러서 반죽이 잘 숙성되면 곧 두 덩이를 합쳐서 한 덩어리로 만들고 다시 문질러야 비로소 둥글고 길게 늘여 가래를 만들 수 있다. 손을 재빨리 놀리면 광택이 도는 반죽이 되지만, 손을 천천히 놀리면 주름진 반죽이 되고 만다.

가래 한 덩이가 완성되었는데, 다시 반죽하면 좋지 않다. 반드시 탄알 모양처럼 문질러 둥글고 매끄럽게 만듦으로써 실이나 터럭 같은 자국이나 접히거나 붙인 흔적이 없어야 한다. 그런 뒤에야 반죽 문지르는 판으로 반죽을 늘여 모양을 잡고 반듯하고

以鎚鍊成熟劑子, 于光滑硬木桌上, 摶揉軟, 逐塊旋入腦、麝, 再加摶揉均, 方可丸擀. 所貴一氣搓得成就爲善. 若搓不熟則生硬核, 或開裂, 縫猶如炭紋.

劑不可冷, 冷則乾硬難搓, 不能霑黏成就. 劑大難搓, 假如四兩重者, 須分作兩塊, 各人搓一塊, 候搓得熟, 却併作一塊再搓, 方可丸擀. 急手爲光劑, 緩手爲皴劑.

一丸卽成, 不利于再, 必搓得如彈子圓滑, 無絲毫、摺縫, 方以摶板擀成形製, 端正捺平, 乃上印脫, 更入後項香料, 久遠[28]研磨, 香

[28] 遠: 저본에는 "違". 《墨法集要·丸擀》에 근거하여 수정.

평평하게 누른 뒤, 드디어 먹틀에 올리고 다시 아래 항목에 있는 향료(香料)를 넣는다. 그러면 시간이 오래 지나서 먹을 갈아도 향기가 사라지지 않는다.

韻不退.

장미로(薔薇露)·사향(麝香)·용뇌향(龍腦香). 이상의 약미들을 곱게 가루 낸 뒤, 다시 쌀가루처럼 가는 소리가 나지 않을 때까지 갈아 이 가루를 먹 반죽을 할 때마다 조금씩 넣고 둥글고 길게 늘여 가래를 만든다. 《묵법집요》[164]

薔薇露、麝香、片腦. 右爲細末, 再乳如粉, 無聲爲度, 每入少許, 丸擀.《墨法集要》

## 15) 모양 만들기

먹의 모양은 마땅히 옛사람에게서 법칙을 취해야 한다. 크기와 두께의 제한은 없다. 대개 두텁고 크면 오래 보관하는 데 유리하고, 얇고 작으면 새로 쓰기에 유리하며, 두텁고 크면 잘 만들기가 어렵고 얇고 작으면 만들기가 쉽다. 그러므로 먹 만드는 장인은 먹을 두텁고 크게 만들기를 좋아하지 않는다. 그러나 너무 크면 사용하기에 불편하고, 너무 작으면 아름다운 먹색을 얻기가 어렵다. 중요한 점은 두텁고 큰 먹이 비록 귀한 가치가 있다 하더라도 사용하기에 적합한 중용(中庸)을 얻은, 무게 3~4냥인 먹보다 못하다는 것이다. 《묵법집요》[165]

## 樣製

墨之式樣, 當取則于古人. 無大小、厚薄之限, 蓋厚大利久, 薄小利新, 厚大難工, 薄小易善. 故墨工不喜爲厚大. 然太大則不便于用, 太小則難以得色. 要之, 厚大雖可貴, 不若三四兩者得其中也.《墨法集要》

---

164《墨法集要》〈丸擀〉《叢書集成初編》1496〈墨法集要〉, 44쪽).
165《墨法集要》〈樣製〉《叢書集成初編》1496〈墨法集要〉, 47쪽).

## 16) 무늬 만드는 법

옛날 먹의 모습에는 대부분 무늬가 있었는데, 그 무늬 넣는 법을 본받을 만하다. 그 방법은 숨겨지고 전해지지 않아 아는 사람이 드물다. 그리하여 시간이 오래 지난 뒤에 그 방법이 없어질까 염려되어, 여기에 글을 쓰니, 영원히 전하기를 바란다. 《묵법집요》[166]

## 紋法

古墨形製多有紋理, 可尚其法. 秘而不傳, 鮮有知者. 茲恐久後湮沒, 筆于此編, 庶傳不朽也.《墨法集要》

### 사선 무늬 만드는 법:

그을음반죽 덩어리를 손으로 문지르고 비틀어서 충분히 숙성되면, 주물러서 탄환 모양을 만들고 바람이 통하는 곳에 둔다. 조금 있다가 살며시 왼쪽으로 굴리면서 사선 무늬를 만든 다음 길게 늘이고 평평하게 눌러서 곧바로 먹틀 위에 놓는다. 먹을 찍은 뒤에 먹틀에서 빼내고 햇볕에 말려 먹의 성질이 안정되어야 비로소 재 구덩이에 넣는다. 《묵법집요》[167]

### 斜皮紋法:

搓摀[29]塊子, 十分成熟, 摶爲彈丸, 置當風處. 少頃, 却輕輕左揉轉成紋, 擀長揲平, 便上印板. 印訖取起停睍, 性定乃入灰池. 同上

### 오래된 소나무껍질 무늬 만드는 법:

길이가 0.8척인 먹을 만든다면 다만 길이가 0.6척인 가래를 손으로 늘이고, 종이발[紙簾] 위에서 먹을 굴리며 불에 쬔다. 만약 거친 무늬를 얻고 싶으면 강한 불에 쬐고, 세밀한 무늬를 얻고 싶으면 약한 불에 쬔다. 겉면이 조금 마르면 단판(搏板)[168]에 놓고 길

### 古松皮法:

如製八寸長之墨, 只擀六寸長條子, 用紙簾輥動烘之. 若欲麤紋, 緊火烘;細紋, 慢火烘. 待皮面稍乾, 以搏板鬆【上聲讀】長八寸, 用

---

166 《墨法集要》〈紋法〉(《叢書集成初編》1496〈墨法集要〉, 47쪽).
167 《墨法集要》〈斜皮紋法〉(《叢書集成初編》1496〈墨法集要〉, 47쪽).
168 단판(搏板):그을음반죽을 올려놓아 주무르고 치대고 늘이는, 납작한 밑판.
[29] 摀:《墨法集要·斜皮紋法》에는 "揉".

오래된 소나무껍질무늬가 새겨진 이정규
의 한림풍월먹

이가 0.8척이 되도록 펼쳐서[鬆] 【송(鬆) 자는 상성(上聲)으로 읽는다.[169]】 늘인 다음, 강한 압력으로 평평하게 누르면 곧 무늬가 완성된다. 먹이 식으면 재에 넣고서 덮어 말린 다음 잿가루를 깨끗하게 털어낸 뒤, 뜻대로 글자를 새기고 새긴 곳을 금으로 채운다. 《묵법집요》[170]

금빛 별무늬 만드는 법:

부드러운 그을음반죽을 주물러 탄환 모양을 만들고 진한 아교물로 반죽의 겉면을 약간 적신다. 금박(金箔)으로 먹 반죽 전체를 싸서 바람이 통하는 곳에 놓아둔다. 잠시 지나서 조금 마르면 왼쪽으로 주물러 굴리면서 무늬를 만든 다음 길게 늘이고 평평

力壓平, 卽成紋也. 候冷入灰 蔭乾刷淨, 隨意刻字塡金. 同上

金星紋法:

以軟劑搏爲彈丸, 濃膠水略潤皮面. 金箔裹滿, 置當風處, 少頃, 候稍乾, 向左揉轉成紋, 擀長捺平. 不用板印. 紙襯入灰候乾, 不用

---

169 송(鬆) 자는……읽는다 : 송(鬆)을 명사가 아니라 동사로 풀어야 한다는 뜻으로 이해된다. 여기서는 반죽을 넓게 펼친다는 의미로 옮겼다.
170 《墨法集要》〈古松皮法〉(《叢書集成初編》1496〈墨法集要〉, 47쪽).

하게 누른다. 이때 먹틀은 사용하지 않는다. 반죽을 종이로 가볍게 싸 재 속에 넣어 마르면, 반죽을 밀랍에 적신 솔을 사용하지 않고 옥돌로 갈아서 광택을 낸 다음 뜻대로 글자를 새기고 새긴 곳에 청색 안료로 채운다.《묵법집요》[171]

**은빛 별무늬 만드는 법:**

만드는 법은 앞의 '금빛 별무늬 만드는 법'과 같다. 다만 금박을 은박(銀箔)으로 바꾸어 그을음반죽을 싼다.《묵법집요》[172]

**비단 무늬 만드는 법:**

먹틀은 네모지거나 둥글거나 그 모양에는 관계가 없다. 성긴 눈[稀眼, 성긴 구멍]이 있으며 질긴 생라(生羅)[173]를 먹틀의 크기에 맞추어 잘라낸 뒤, 아교 녹인 물로 먹틀의 안쪽에 이 생라를 붙인다. 먹틀의 위아래 양면에 모두 생라를 사용하는데, 간혹 한 면만 사용해도 된다. 부드럽고 광택이 도는 반죽을 길게 늘이고 평평하게 누른 뒤, 먹틀 내부의 크기에 맞추어 한 덩이를 틀 안에 끼워 넣고 힘을 써서 꽉 눌러 둔다. 그런 다음 반죽을 먹틀에서 꺼내어 종이로 가볍게 싸서 재에 넣고 덮어서 말린 뒤, 솔질하여 광택을 내고 뜻대로 글자를 새긴다. 더러는 먹틀에 미

蠟刷, 以玉研[30]光, 隨意雕字塡青. 同上

**銀星紋法:**

與前"金星紋法"同, 但改用銀箔裹. 同上

**羅紋法:**

脫子不拘方、圓. 以稀眼硬生羅, 依脫子大小翦下, 膠水黏在脫內. 上下兩面皆用, 或只用一面亦得. 取軟光劑子擀長捺平, 依脫內大小一體嵌下, 用力壓實. 取出紙襯, 入灰醃乾, 刷光, 任意刻字, 或就刻字脫內. 同上

---

171《墨法集要》〈金星紋法〉(《叢書集成初編》1496〈墨法集要〉, 47쪽).
172《墨法集要》〈銀星紋法〉(《叢書集成初編》1496〈墨法集要〉, 47쪽).
173 생라(生羅): 생명주실로 짠 비단. 사(紗)와 같이 조금 성긴 구멍이 있다.
[30] 研: 저본에는 "硏". 규장각본·《墨法集要·金星紋法》에 근거하여 수정.

리 글자를 새기기도 한다. 《묵법집요》[174]

금 글씨 새기는 법:

먼저 우교(牛膠)를 녹이고 생강즙 약간을 여기에 골고루 섞은 다음 이를 붓에 묻혀 반죽에 새겨진 글자의 안쪽 면에 바른다. 액이 마르면 금박을 반죽의 크기에 맞는 양 만큼 헤아려 반죽 위로 불어서 새긴 곳을 채운 뒤, 종이를 덮어 1시간쯤 지난 다음 새로 풀어서 털붓으로 깨끗하게 털어 내면 금 글씨가 찬연히 빛난다. 이 방법이 가장 빼어나다. 《묵법집요》[175]

嵌金字法:

先鎔化牛膠, 以少許薑汁和均, 筆蘸塗刻字內, 候乾, 以金箔量大小吹上, 紙覆半時, 新散毫筆拂淨, 則金字粲然, 此法最妙. 同上

## 17) 먹틀로 찍어내기

찍는 법：일반적으로 먹틀의 밑판은 곧은 것이 중요하고, 차라리 클지언정 작아서는 안 된다. 평판(平版, 위 판)은 위는 둥그렇고, 아래는 평평하며, 차라리 무거울지언정 가벼워서는 안 된다. 밑판은 은(銀)이 가장 좋고 무늬가 새겨진 면은 상아가 가장 좋다. 보통 밑판은 산앵도나무[棠]를 사용하고, 수판(手版)[176]은 구기자나무[杞]를 사용한다. 대개 밑판·무늬가 새겨진 면의 재료로는 모두 소나무를 좋게 여기니, 소나무는 그을음과 잘 맞는다. 일반적으로 큰 먹을 찍을 때는 물로 먹틀을 닦아내고, 종이를

印脫

印法：凡底版貴乎直, 寧大不小；平版上俯下平, 寧重不輕. 底版, 銀爲上；面印, 牙爲上. 尋常底版用棠, 手版用杞. 蓋底版·面印, 皆以松爲良, 與煤爲宜. 凡印大墨, 以水拭之, 以紙按之, 然後用印. 凡印方直最難用, 用多裂. 易水 張遇印, 多方直者, 其劑熟可

---

174 《墨法集要》〈羅紋法〉《叢書集成初編》1496〈墨法集要〉, 48쪽).
175 《墨法集要》〈嵌金字法〉《叢書集成初編》1496〈墨法集要〉, 48쪽).
176 수판(手版)：손으로 잡고 눌러 찍는 판으로, 위의 평판(平版)과 같은데 명칭만 달리한 것으로 추정된다.

먹틀 안에 펼쳐놓은 뒤에 먹틀을 사용한다. 일반적으로 먹틀이 네모나고 곧으면 가장 사용하기 어려우니, 먹을 사용할 때 많이 갈라지기 때문이다. 하지만 역수에 사는 장우(張遇)[177]의 먹틀은 네모나고 곧은 것이 많으니, 그 그을음반죽의 숙성이 어떤지 알 수 있다. 조열지《묵경》[178]

단판(摶板)은 길이가 1.1척, 너비가 0.3척, 두께가 0.1척이다. 자판(字板, 무늬가 새겨진 위판)은 길이와 넓이가 한결같지 않으니, 먹의 크기에 따른다. 가운데를 0.02척 정도 두께로 돌기하도록 주변을 파되 먹의 크기와 같게 하고 글자와 그림을 새겨 무늬를 완성한다. 4면 주위에 각각 0.2척 정도를 남기고 틀을 대고, 누름판도 돌기한 부분과 똑같은 크기로 만들어 남아서 밖으로 나가는 나무가 없게 하여 틀 안에 쏙 들어가게 한다. 먹의 두께는 그을음반죽의 양에 비례한다.

판(板)은 모두 평평하고 바르고 광택이 돌고 매끄러워야 하니, 대추나무로 만든다. 단판(摶板) 위에서 밀고 늘려서 먹의 모양을 만들고, 자판(字板, 글자판) 위에 올린 다음 자판을 수평이 되게 하고 아래쪽으로 눌러 찍어낸다. 먹틀로 큰 먹을 만들 경우에는 반죽을 먹틀 안에 채우는 일이 가장 어렵고, 또 모

知. 晁氏《墨經》

摶板長一尺一寸, 闊三寸, 厚一寸, 字板長廣不一, 隨墨大小. 中凸[31]起二分許, 刻如墨之製, 雕字畫成文. 四周各餘二寸許以置模, 捺板亦如其凸起者而外無餘木[32], 以入牆內. 墨之厚薄, 視劑子多寡焉.

板并要平正光滑, 以棗木爲之. 以摶板推擀成形製, 置字板上, 捺板平平下印之. 若造脫子大墨, 最難得劑子滿脫內, 又難得實. 須用壓麪牀坐木擔壓之,

---

177 장우(張遇) : 9세기 후반에 활약한 묵장(墨匠). 유연묵(油煙墨)을 창시했으며 이정규의 먹 다음으로 평가받는 먹을 만들었다. 아들 장곡(張谷), 손자 장처후(張處厚)도 유명한 묵장이다.
178《墨經》〈印〉(《叢書集成初編》1495, 14~15쪽).
[31] 凸 : 저본에는 "凹". 규장각본·《墨法集要·印脫》에 근거하여 수정.

국수 누르는 모양(《기산풍속첩》)

서리까지 빈틈없이 꽉 채우기도 어렵다. 이때는 국
수틀에 얹어 사람이 올라앉아 누르는 누름대[179]로
먹틀에 올려 눌러야 사방의 모든 모서리에 반죽이
보기 좋게 가득 찬다. 《묵법집요》[180]

　먹틀의 제작은 7개의 나무 부품이 모여서 완성된
다. 나무 4개는 상하·좌우인 옆널이 되고, 밑판·위
판 2개에는 명문(銘文)이나 그림을 그 위에 새겨 본
보기 무늬를 만드는데, 음각과 양각의 문양을 나눈
뒤 이를 합하여 누른다.

　옆널과 밑판·위판의 바깥쪽에는 단단한 나무 가
운데에 구멍을 파고 다른 6개 나무를 조여 고정시키

方得四圍都到稜角美滿.
《墨法集要》

墨脫之製, 七木湊成, 四
木爲牆, 底·面兩板, 刻銘
文畫式于上, 分陰陽文, 合
而捺之.

外以堅木穴其中, 爲箍嵌
住, 使牆不可開. 以一大小

---

179 국수틀에⋯⋯누름대 : 여기에서 말하는 누름대는 위 그림을 참조할 수 있다. 《섬용지》 권2 〈짜거나 누르는
　　여러 도구〉 "국수틀"에서는 국수를 돌로 눌렀지만 위 그림은 사람의 힘을 이용한다는 점에서 본문과 유
　　사한 측면이 있다.
180 《墨法集要》 〈印脫〉(《叢書集成初編》 1496 〈墨法集要〉, 64쪽).
32 木 : 저본에는 "本". 《墨法集要·印脫》에 근거하여 수정.

는 테로 삼아서, 6개의 판이 벌어지지 않게 한다. 크    出墨則去箍. 同上

고 작은 먹을 꺼내려면 테를 제거한다. 《묵법집요》[181]

인탈도(印脫圖, 먹틀 그림)                      印脫圖

   먹틀 상단 모형                             上模

   먹틀 하단 모형                             下模

   먹틀 왼쪽 모형                             左模

   위 판의 양각 무늬 모형                  陽文面模

   아래 판의 음각 무늬 모형               陰文背模[33]

인탈도(《이운지》 오사카본)

181 《墨法集要》〈印脫〉(《叢書集成初編》 1496 〈墨法集要〉, 66쪽).
[33] 陰文背模 : 저본에는 없음. 오사카본에 근거하여 보충.

| | |
|---|---|
| 오문(吳門)[182]의 심주(沈周)[183]가 만든 고먹[古墨] | 吳門沈氏古墨 |
| 먹틀 오른쪽 모형 | 右模 |
| 먹틀들을 고정시키는 데 모형 | 總模 |

## 18) 재에 넣기[入灰][184]

入灰

먹을 덮을 때는 반드시 물기가 스민 볏짚의 재를 사용해야 하니, 이 재를 '패회(敗灰)'라 한다. 그 볏짚 재로 구덩이를 만들면 성질이 맹렬하지 않은 볏짚재가 없다. 패회를 한낮에 햇볕에 쬐어 말리고 체로 쳐서 곱게 만들어 쓴다. 나무로 만든 네모난 소반으로 재 구덩이를 만든다. 4계절 날씨와 관계없이 먹 밑에 까는 재는 모두 0.1척 이상의 두께로 깔고, 먹 윗면을 덮는 재는 0.1척 이하의 두께로 덮는다.

䕻墨, 須用稻稭灰淋過者, 名曰"敗灰". 其灰作池, 無性不猛. 日中曬乾, 羅細用之. 以木方盤爲灰池. 不問四時天氣, 底灰皆用一寸以上, 面灰用一寸以下.

재로 먹을 덮을 때는 펼쳐서 평평하게 덮어야지, 눌러서 가득 채워서는 안 된다. 눌러서 가득 채우면 습기를 촉촉하게 유지할 수 없기 때문이다. 작은 먹을 덮을 때는 굳이 먹에 종이를 댈 필요가 없지만, 큰 먹은 반드시 먹에 종이를 대주어야 좋다. 그 이유 중 첫째는 먹의 색깔이 손상되는 일을 면할 수 있고, 둘째는 재가 먹의 무늬에 끼는 일을 면할 수 있기 때문이다.

灰要攤平, 不要捺實. 實則不能滲濕. 䕻小墨, 不必紙襯, 大墨必須紙襯爲佳. 一免損色, 二免灰入墨紋.

---

182 오문(吳門) : 중국 원(元)나라 이후로 강남(江南) 소주(蘇州) 일대는 문인·화가들의 집성지가 되었는데, 이 소주를 역사가들은 오문이라 불렀다. 명나라 화가들이 형성한 오문화파(吳門畫派)의 본산지이다.
183 심주(沈周) : 1427~1509. 중국 명(明)나라의 화가. 심주의 집안은 장주(長洲) 상성리의 명문으로 증조부 양침(良琛)·조부 징(澄)·백부 정(貞)·부 항(恒)을 비롯하여 심주의 형제도 다 서화를 잘하였다. 원말 사대가 이후, 저조했던 남종화를 부흥하고 오파문인화(吳派文人畫)를 정립시킴과 동시에 문인의 묵희(墨戲)로서 화훼잡화(花卉雜畫)의 양식을 부흥시켰다. 문징명(文徵明, 1470~1559), 당인(唐寅, 1470~1523), 구영(仇英, 약1493~1560)과 함께 오문4가의 한 사람이다.
184 재에 넣기[入灰] : 먹의 아래위에 종이를 깔고 재를 덮는 방법으로, 먹을 말린 다음 재 속에 넣어 남은 습기를 제거하는, 중국의 먹 만드는 과정 중 하나이다.

날마다 1번씩 재를 갈아주는데, 이때는 반드시 마른 재와 기존에 쓰던 재를 절반씩 고루 섞어 사용해야 한다. 이때 바람을 쐬면 안 되니, 바람을 쐬면 먹이 쪼개진다. 먹은 재에서 꺼낼 때 너무 부드러워도 쪼개지고, 재에서 꺼낼 때 너무 건조하면 갈라지니, 먹이 부드럽지도 않고 단단하지도 않을 때 비로소 재에서 꺼낼 수 있다.

재에서 꺼낸 뒤에는 솔로 깨끗하게 털고 곧 세포(細布)로 쳐낸 용뇌(龍腦)·사향(麝香)[185]가루를 섞어 뿌려준 다음 종이에 싸서 보관한다. 만약 바람이 부는 곳에서 햇볕을 쐬면 먹이 굽거나 갈라진다.

먹을 재로 덮은 날짜와 재에서 꺼낸 날짜를 반드시 기록해두어야 한다. 일반적으로 2월·3월·8월·9월에는 재받이 홈통에 넣고 2층으로 덮어야 좋고, 4월·5월·6월·7월에는 1층으로 덮어야 좋고, 10월·11월·12월·1월에는 3층으로 덮어야 좋다. 또 예컨대, 3층으로 덮을 때는 먼저 재받이 홈통 바닥에 재 0.1척을 펼쳐 먹 1층을 그 위에 배열하고, 다시 그 위에 재 1촌을 펼쳐 먹 1층을 배열하고, 다시 그 위에 재 0.1척을 펼쳐 먹 1층을 배열한 다음 그 위에 재 0.1척을 펼쳐서 덮으니, 이런 형식이 3층이다. 봄과 겨울에 1~2돈 정도의 무게로 덮으면 하룻낮 두 밤 만에 재에서 먹을 꺼내고, 가을과 여름에

每日一度換灰, 須以一半乾灰、一半舊灰, 和均用之. 不可見風, 見風墨斷. 出灰太輭亦斷, 出灰太乾則裂, 不輭不硬, 始可出灰.

出灰之後, 以刷刷淨, 便以腦、麝錫合灌之, 紙裹藏之. 若風中吹眼, 則墨曲裂.

須記下蔭、出蔭日期. 凡二月、三月、八月、九月, 灰池可蔭二層;四月、五月、六月、七月, 可蔭一層;十月、十一月、十二月、正月, 可蔭三層. 且如蔭三層者, 先鋪底灰一寸, 排墨一層, 又鋪灰一寸, 排墨一層, 又鋪灰一寸, 排墨一層, 却鋪灰一寸蓋之, 此爲三層也. 春冬蔭一錢、二錢重者, 一日兩夜出灰, 秋夏蔭則一日

---

185 사향(麝香) : 사슴과 동물인 사향노루 수컷의 사향주머니 속에 들어 있는 분비물을 말린 것. 가을부터 봄 사이에 사향노루를 잡아 사향주머니를 베어내어 그늘에서 말린 다음 털이 없는 부분을 칼로 베고 내용물을 꺼낸다. 맛은 맵고 성질은 따뜻하다. 심경(心經)·비경(脾經)에 주로 작용하고 십이경맥(十二經脈)에 다 작용한다.

먹을 덮으면 하룻낮 한 밤 만에 재에서 꺼낸다. 봄과 겨울에 1~2냥(兩)186 정도의 무게로 덮으면 두 낮 세 밤 만에 재에서 먹을 꺼낸다. 대략 이와 같지만, 또한 날짜에 얽매어 날짜대로 지켜 먹을 꺼내기는 어렵다. 다만 먹을 서로 부딪쳐 보아 그 소리가 건조하고 맑게 울리면 곧 재에서 꺼내도 되니, 이것이 바로 송연묵(松煙墨)을 덮는 방법이다. 만약 유연묵(油煙墨)을 덮을 경우에는 재에서 조금 늦게 꺼내야 한다. 대개 유연묵은 원래 약수(藥水)를 송연묵보다 2배나 많이 사용하기 때문에 더디게 말라서이다.

一夜出灰. 春冬麈一兩、二兩重者, 二日三夜出灰. 大略如此, 亦難太拘日數. 但以墨相擊, 其聲乾響, 卽可出灰, 此是麈松煙墨法. 若麈油煙墨, 當稍遲出灰. 蓋油煙墨, 元用藥水, 倍多于松煙墨, 故乾遲也.

여름에는 높은 지붕 밑의 그늘지고 서늘한 곳에 덮어 두어야 하고, 겨울에는 밀실의 햇볕이 잘 드는 곳에 덮어 두어야 한다. 겨울에는 재를 두껍게 덮어야 하고, 여름에는 재를 얇게 덮어야 한다.

夏宜高屋陰涼處麈之, 冬宜密室向陽處麈之. 冬灰宜厚, 夏灰宜薄.

여름과 가을에 습기가 찌는 듯할 때는 아교가 찌는 듯한 습기에 망가질까 두려우므로 먹을 만들기 가장 어려울 때이니, 먹을 만들지 않는 것이 좋다. 한겨울에 몹시 추울 때는 아교가 얼어 망가질까 두려우므로 역시나 먹을 만들기 어렵다.

夏秋蒸濕之時, 膠怕蒸敗, 最難製墨, 可停造也;深冬極寒之時, 膠怕凍敗, 亦難造也.

겨울에는 축축한 그을음반죽을 오랫동안 책상에 둘 수 없으니, 급히 재에 넣어 오랫동안 덮어뒀다가 재에서 꺼낸다. 이때, 먹을 늦게 꺼내면 표면이 거칠고 마치 송매(松煤, 소나무 태운 그을음)색처럼 희끗희끗해져서 아무리 닦아도 광택이 돌지 않는다. 재에 습기가 있으면 햇볕을 쬐어주고, 날씨가 흐리면 덮어준다.

冬月濕劑, 莫久停几案, 急急入麈, 久麈出灰. 遲者則粗白如松煤色, 終刷不光. 灰濕則曬, 天陰則炒.

---

186 냥(兩): 무게의 단위. 1돈(錢)의 10배.

추운 겨울에는 음실(廕室, 재로 먹을 덮는 공간)에 밤낮으로 불을 꺼트리지 않는다. 그러나 불을 세게 지피거나 갑자기 때면 모두 먹의 흠결이 되니, 반드시 불의 세기를 잘 살펴가며 사용해야 한다.

큰 먹을 덮는 방법은 먼저 조금 마른 재를 평평한 바닥에 펼치고, 종이로 먹의 위아래를 감싸 재로 덮는다. 1일이 지나면 먹을 꺼냈다가 따로 준비한 윤기 있는 재로 갈아주고, 이전처럼 종이로 먹을 감싸 재로 덮는다. 이렇게 1일에 1번 재와 종이를 갈아주다가 약 5~6일이 지난 뒤, 먹이 마르면 종이로 감쌀 필요 없이 먹만 마른 재 속에 넣는다. 가령 진시(辰時, 오전 7~9시)에 1번 갈았다면 오시(午時, 오전 11~오후 1시)에 1번 갈아주고, 술시(戌時, 오후 7~9시)에 1번 갈아준다. 이런 식으로 1일에 3번 마른 재로 갈아준다.

약 5~6일이 지난 뒤, 먹이 완전히 마르면 꺼내서 깨끗이 턴다. 여기에 더해 이전에 먹에 밀랍을 바를 수 없다면 두꺼운 종이로 싸서 바람을 쐬지 않을

冬寒廕室中, 晝夜不去火, 然火大火暴, 皆爲墨病, 須審用之也.

廕大墨法, 先用稍乾灰鋪平底下, 以紙上下襯墨, 以灰蓋之. 經一日取出, 別換潤灰, 如前紙襯灰蓋. 一日一度, 換灰換紙, 約五六日, 候墨乾時, 不用紙襯, 只以墨入乾灰. 假如辰時一換, 午時一換, 戌時一換. 一日三度, 乾灰換之.

約五六日, 候墨十分乾訖, 取出刷淨. 且未可上蠟, 厚紙裹起無風處. 半月之後,

재에 넣기(《묵법집요》)

만한 곳에 둔다. 15일이 지난 뒤에야 비로소 바람을 쐴 수 있다. 일반적으로 0.5근 무게의 먹을 잘 제조하려면 이 방법을 사용해야 한다.《묵법집요》[187]

方可見風. 凡治造半斤重墨, 宜用此法.《墨法集要》

### 19) 재에서 꺼내기[出灰][188]

먹을 재에서 꺼내 깨끗이 턴 뒤 가는 체에 벌여 놓고 그늘에서 1~2일 동안 햇볕을 쬔다. 다시 먹을 깨끗이 털고 바람 부는 곳에 둔 뒤 1~2일 동안 햇볕을 쬔다. 먹의 표면과 속이 완전히 마르면 거친 베로 문질러 표면에 떠 있는 그을음[浮煙]을 제거하고, 단단한 솔을 밀랍에 담가 광택이 돌 때까지 솔질을 한다. 먹이 마르고 단단해진 뒤에 솔질을 더 하면 먹에 광택이 나면서 검은색이 돌지만, 마르지 않은 채로 먹을 닦으면 먹의 표면이 회색으로 변해서 아무리 닦아도 검은색을 띠지 않는다. 오직 약수(藥水)로 닦은 다음 갈아서 광택을 낸 먹만이 옻칠을 한 듯 선명하고 밝다.《묵법집요》[189]

出灰

取墨出灰刷淨, 排細篩中, 陰眼一兩日. 再刷淨, 置當風處, 吹眼一兩日. 候表裏徹乾, 以粗布擦去浮煙, 硬刷蘸蠟, 刷光爲度. 墨乾硬, 刷則光澤有色, 未乾而刷, 則皮面灰色, 永刷不黑. 惟水刷[34]硏光者, 明亮如漆.《墨法集要》

석지(石池)[190]에 물을 담고, 그 위에 널빤지를 놓는다. 그런 다음 널빤지 위에 먹을 놓고, 오래되고 가는 짚신 밑창을 적은 양의 물에 담갔다가 건져서 먹을 문지른다. 먹을 매끈하고 고르게 한 다음 비단으

石池貯水, 其上置板. 板上置墨, 以舊細草鞋底蘸些水磨擦. 令墨平整, 絹帛拭淨, 停眼候乾, 刷過,

---

187《墨法集要》〈入灰〉(《叢書集成初編》1496, 51~54쪽).
188 재에서 꺼내기[出灰] : 먹을 재에 넣어 습기를 제거한 뒤에 다시 꺼내는 방법으로, 먹을 만드는 과정 중 '재에 넣기[入灰]' 다음에 행해지는 작업이다.
189《墨法集要》〈出灰〉(《叢書集成初編》1496, 55~57쪽).
190 석지(石池) : 물을 담아 두는 도구나 용기의 총칭.
[34] 刷 :《墨法集要·出灰》에는 "洗".

로 깨끗하게 닦는다. 이를 햇볕에 두었다가 마르면 닦아내고 거친 베로 문질러 광택을 낸다. 그런 다음 마노(瑪瑙)를 부숴 먹을 문지르고 나서 주머니에 넣어 높은 곳에 매달아두었다가 완전히 마르면 종이에 싸서 보관한다.

粗布擦光. 馬腦石打矽訖, 囊貯懸于高處, 候徹乾, 紙裹藏之.

재에서 꺼내기(《묵법집요》)

먹을 물에 담그기(《묵법집요》)

날씨가 화창할 때마다 먹을 꺼내 마른 비단으로 닦아내고, 바람이 부는 곳에서 잠시 햇볕에 쬐었다가 거둔다. 만약 찌는 듯이 무덥고 습할 때에는 간단히 불에 쬔다. 다만 이때 불에 쬐는 온도는 사람의 체온과 같아야지, 뜨거워서는 안 된다. 2~3번 여름을 지내면 아교의 성질이 충분히 건조되어 먹에는 점차 저절로 습기가 차오르지 않게 된다. 처음 재에서 먹을 꺼낼 때 불에 쬐어도 좋다.

每候晴明時, 取出, 乾帛拭過, 風中晾片時收之. 若蒸濕時, 略用火焙. 但如人體之溫, 不可熱也. 經三兩夏過, 膠性乾透, 漸自不蒸. 初出灰墨, 亦可以焙.

불에 쬐는 방법:배롱(焙籠)[191] 아래에 종이 1장을 깔고, 재를 담은 항아리에 뜨거운 숯덩이 1개를 깊

焙法:于焙籠下置一枚紙, 灰缸深埋熟炭團一箇, 徐

---

이 묻고서 먹을 천천히 불에 쬐어 먹의 습기를 제거한 뒤에 삼나무 상자에 보관한다. 상자의 외부는 검은 광택이 돌도록 옻칠하고, 내부는 옻칠하지 않는다. 평상 위에 상자를 두어 사람 기운을 가까이서 접할 수 있도록 하고, 숙칠(熟漆)[192]로 대강이라도 먹의 표면을 닦아내야만 습기가 먹에 침투하는 일을 면할 수 있다. 만약 새로 제조한 먹에 바로 1번이라도 습기가 차면 먹의 정수가 모두 제거되어 사용할 수 없다. 《묵법집요》[193]

徐焙去濕氣, 杉匣藏之. 外用黑光漆, 內不漆. 置牀上近人氣處, 以熟漆略刷墨上, 免濕蒸侵也. 若製下新墨, 便經一蒸, 精華盡去, 不堪用矣. 同上

## 20) 보관법

먹을 잘 간수하려면 표범 가죽으로 만든 주머니에 넣어 두어 습기를 멀리하는 것이 좋다. 《문방보식(文房寶飾)[194]》[195]

藏法

養墨以豹皮囊, 貴乎遠濕. 《文房寶飾》

대체로 새로 만든 먹을 잘 간수하려면 가벼운 그릇 안에 넣어 바람이 부는 곳에 매달아두었다가 먹자루[196]마다 종이로 싸서 봉한다. 나쁜 기운과 습기(濕氣)가 서로 엉기기 때문에 먹을 눕혀두어서는 안 된다. 눕혀두면 먹 모양이 대부분 휜다. 일반적으로 오래된 먹을 간수할 때도 바람과 햇볕을 자주 쏘여야 좋다. 때로는 손으로 먹에 윤기가 나게 하거나, 때

大凡養新墨, 納輕器中, 縣風處, 每丸以紙封之. 惡、濕氣相搏[35], 不可臥放, 臥放多曲. 凡蓄故墨, 亦利頻見風日. 時以手潤澤之, 時置於衣袖中, 彌善. 晁氏《墨經》

---

192 숙칠(熟漆) : 옻나무 진을 끓여서 만든 칠.
193 《墨法集要》〈水池〉(《叢書集成初編》1496, 58~60쪽).
194 문방보식(文房寶飾) : 미상.
195 《墨史》卷下〈雜記〉(《叢書集成初編》1495, 68쪽).
196 먹자루 : 얇은 직사각형 형태의 먹은 마치 손잡이 자루와 같아 먹자루라 부르기도 한다.
[35] 搏 : 《晁氏墨經》에는 "博".

로는 옷소매에 넣어두면 더욱 좋다. 조열지 《묵경》[197]

이정규(李廷珪)의 〈장묵결(藏墨訣)〉에 다음과 같이
읊었다.

李廷珪詩云:

"그대에게 오옥결(烏玉玦)[198] 보내니,

맑은 샘물로 벼루 깨끗이 씻어야 하네.

더위 피해 칡 자루에 매달아놓고

바람 쐬며 장마철 보내게."[199]

이것이 먹을 잘 간수하는 법이다.

"贈爾烏玉玦,

淸泉硯須潔.

避暑懸葛囊,

臨風度梅月."

此養墨法也.

또 "먹을 석회(石灰) 속에 보관하면 장마철에도 곰
팡이가 피지 않는다."라 했다. 《준생팔전》[200]

又云:"墨藏石灰中, 過梅不
黴."《遵生八牋》

먹을 보관할 때는 묵은 쑥과 섞어서 갈무리한다.
장마철에는 석회 속에 보관해야 습기를 머금지 않는
다.《거가필용》[201]

藏墨, 用熟艾和收. 遇梅
月, 藏石灰中, 不蒸.《居家
必用》

먹은 옻칠한 상자에 밀봉하여 보관해야 하니, 먹
의 윤택을 더하기 위해서이다.《오잡조(五雜組)[202]》[203]

宜以漆匣密藏, 欲滋其潤.
《五雜組》

먹은 햇볕에 쐬면 색이 희끗희끗해지기 때문에

墨炙日光則色白, 宜置陰

---

197 《晁氏墨經》〈養蓄〉《叢書集成初編》1495, 21쪽).

198 오옥결(烏玉玦): 먹의 별칭이다. 오금(烏金)·진원(陳元)·원향(元香)이라고도 한다.

199 그대에게……보내게:《全唐詩》卷880〈李廷珪藏墨訣〉.

200 《遵生八牋》卷15〈燕閒淸賞牋〉中"論墨"(《遵生八牋校注》, 575쪽).

201 《居家必用》戊集〈文房適用〉"藏墨法"《居家必用事類全集》, 202쪽).

202 오잡조(五雜組): 중국 명나라 박물학자인 사조제(謝肇淛, 1567~1624)가 편찬한 책. 천부(天部)·지부(地
部)·인부(人部)·물부(物部)·사부(事部)로 구성되어 있다.

203 《五雜組》卷12〈物部〉4, 110쪽.

그늘에 두어야 한다. 《암서유사[204]》[205]

處.《巖棲幽事》

## 21) 사용법

일반적으로 먹을 갈 때 천천히 가는 것을 꺼리지 않는다. 옛말에 "먹을 갈 때는 병이 든 사람처럼 한다."라 했다. 일반적으로 먹을 갈 때는 곧게 가는 것을 최고로 치니, 곧게 갈아야만 먹의 고유한 색이 나타나고, 먹을 손상시키지 않는다. 만약 먹을 둥글게 갈면 거듭 먹을 가는 기세를 빌림으로 말미암아 먹을 갈면서 바람이 일어 먹물의 색이 좋게 나오도록 도와주지만, 이는 먹의 고유한 색이 아니다. 오직 먹을 파는 사람만이 먹을 둥글게 간다. 만약 먹을 눕혀서 갈면 물이 항상 먹의 절반만 닳게 하고 남은 절반의 먹은 먼저 닳은 먹에 미치지 못한다. 오직 속된 사람들만 먹을 눕혀서 간다.

일반적으로 묵장(墨匠)은 먹을 만드는 일에 공을 들이지 않고, 먹을 가는 일에만 공을 들인다. 장사꾼들이 파는 먹은 가령 직접 먹을 갈아보면 항상 처음 한 번 갈 때만 뛰어나다. 일반적으로 고운 그을음으로 만든 먹을 갈면 더디게 마르고, 거친 그을음으로 만든 먹을 갈면 빠르게 마른다. 품질이 좋은 먹을 갈면 무소뿔을 가는 듯하고, 품질이 나쁜 먹을 갈면 진흙을 가는 듯하다. 조열지《묵경》[206]

## 用法

凡研墨不厭遲. 古語云: "研墨如病." 凡研, 直研爲上, 直研乃見眞色, 不損墨. 若圓磨則假借重勢, 往來有風, 以助顔色, 乃非墨之眞色. 惟售墨者圓研. 若邪研則水常損其半, 而其半不及先所用者, 惟俗人邪研.

凡墨戶不工於製作, 而工於研磨, 其所售墨則使自研之, 常優一量. 凡煤細研之乾遲, 麤研之乾疾. 善墨研之如研犀, 惡墨研之如研泥. 晁氏《墨經》

---

204 암서유사(巖棲幽事): 중국 명나라 진계유(陳繼儒, 1558~1639)가 편찬한 책. 꽃 접붙이기·나무 심기·분향(焚香)하기·차 끓이기 등 산림(山林)에서 사는 소소한 일을 기록하였다.
205 출전 확인 안 됨.
206 《晁氏墨經》〈研〉《叢書集成初編》1495, 17~18쪽).

먹의 빼어난 쓰임을 위해서, 재질로는 가벼움을 취하고, 그을음으로는 색의 푸르름을 취하며,【안 이 2구절("재질로는……취하며")은 모두 조열지가 지은 《묵경(墨經)》의 내용과 상반되는데, 마땅히 조열지의 말이 옳다.】냄새를 맡아도 향기가 나지 않고 갈아도 소리가 나지 않아야 한다.

새 벼루[207]와 새 물로 먹을 갈 때는 마치 이기지 못하는 듯이 한다.【힘을 주며 갈아서는 안 된다는 말이다.】먹은 급히 가는 것을 금하니, 급히 갈면 열이 나고 열이 나면 거품이 생기기 때문이다. 먹을 쓸 일이 있으면 바로 그 자리에서 갈며, 갈아 놓은 먹물을 오랫동안 벼루에 두어서는 안 된다. 먹물을 벼루에 오래 두면 먼지가 들러붙고 아교의 효력 때문에 진흙처럼 엉긴다. 사용하고 나면 벼루를 씻고, 먹을 보관하되 포개서 쌓지 않는다. 오랫동안 보관해서 아교가 묵고 그제야 먹을 사용하면 먹의 성질이 정교해진다. 《준생팔전》[208]

일반적으로 완석(頑石)은 거칠고 단단하다. 그래서 먹을 가는 사람이 힘을 지나치게 줘서 빨리 갈면 먹과 벼루가 서로 강하게 밀어내 반드시 열이 나고 거품이 일게 된다. 민간에서는 "먹을 갈 때는 병든 아이처럼 하고, 붓을 잡을 때는 건장한 장부처럼 하라."라 했다. 또 "먹을 갈 때는 중풍으로 수전증이

墨之妙用, 質取其輕, 煙取其靑,【案 此二句俱與晁氏《墨經》相反, 當以晁氏爲是.】嗅之無香, 磨之無聲.

新硏、新水磨, 若不勝.【言不可用力磨也】忌急則熱, 熱則生沫. 用卽旋硏, 硏無久停. 塵埃汚墨, 膠力泥凝. 用過則濯, 墨積勿盈. 藏久膠宿, 墨用乃精. 《遵生八牋》

凡頑石捍堅, 磨墨者用力太過而疾, 則兩剛相距, 必熱而沫起. 俗言"磨墨如病兒, 把筆如壯夫." 又云"磨墨如病風手", 皆貴其輕也. 物性相制, 固有不可知者.

---

207 벼루 : 원문의 '연(硏)'이다. 연(硏)은 본래 갈아서 평평하게 만든다는 의미로, '벼루'를 뜻하기도 한다. 원문에서 '연(硏)' 외에 '마(磨)'도 먹을 가는 행위를 의미한다.
208 《遵生八牋》 卷15 〈燕閑淸賞牋〉 中 "論墨"(《遵生八牋校注》, 574쪽).

있는 사람처럼 하라."라 했으니, 모두 가볍게 먹을 가는 일을 중요하게 여긴 말이다. 물건의 특성상 서로 억제하는 측면이 있으니, 참으로 알 수 없는 점이 있다. 지금 간혹 급히 먹을 갈아 거품이 일어나면 먹물이 거의 붓에 엉겨 붙어 글자를 쓸 수 없게 된다. 다만 이때 좁쌀 1알 정도 크기의 귀지를 먹물에 던지면 귀지가 작은 덩어리에 불과하지만 곧 먹물의 거품이 다시 생기지 않는다. 《피서록화》[209]

今或急于磨墨而沫起, 殆纏筆不可作字. 但取耳中塞一粟許投之, 不過一蕞, 磨卽不復見.《避暑錄話》

패즙(稗汁)[210]으로 먹을 갈고 백반을 바른 종이에 글자를 쓰면 마치 옻으로 쓴 것과 같다.《물리소지(物理小識)[211]》[212]

以稗[36]汁磨墨, 拖礬[37]書之紙, 如漆書.《物理小識》

비조자(肥皁子) 우린 물에 먹을 갈면 기름종이 위에 글자를 쓸 수 있다.《고금비원》[213]

肥皁浸水磨墨, 可於油紙上寫字.《古今秘苑》

생강즙으로 먹을 갈면 비단 위에 글자를 쓸 수

用薑汁磨墨, 可於絹布上

---

209 《避暑錄話》卷下(《叢書集成初編》2786, 80쪽).

210 패즙(稗汁): 피의 즙이다. 볏과의 한해살이풀인 피는 돌피·물피·논피로 나뉘는데, 돌피는 자색을 띠며 길이 10~25cm이다. 사료식물로 쓰이며 염료식물로도 사용된다. 식물체를 잘게 썰어서 30분간 끓여 물감을 얻을 수 있는데, 처음에는 연하지만 반복하여 염색하면 진한 색이 된다. 구자옥 외, 《한국의 수생식물과 생활주변식물 도감》(자원식물보호연구회, 2009년)의 돌피에 대한 설명 참조.

211 물리소지(物理小識): 중국 명말청초의 사상가 방이지(方以智, 1611~1671)의 저서로, 총론을 비롯해 천류(天類)·풍뇌우양류(風雷雨暘類)·지류(地類)·점후류(占候類)·인신류(人身類)·의요류(醫要類)·의약류(醫藥類)·음식류(飮食類)·의복류(衣服類)·금석류(金石類)·기용류(器用類)·초목류(草木類)·조수류(鳥獸類)·귀신방술류(鬼神方術類)·이사류(異事類) 등으로 구성되어 있다.

212 《物理小識》卷8〈器用類〉"頃刻碑法"(《文淵閣四庫全書》867, 907쪽).

213 《古今秘苑》1集 卷1〈油紙寫字法〉, 1쪽.

[36] 稗:《物理小識·器用類·頃刻碑法》에는 "揷".

[37] 礬: 저본에는 "礬".《物理小識·器用類·頃刻碑法》에 근거하여 수정.

있다.《고금비원》214

일반적으로 거친 종이에 글자를 쓰면 먹이 쉽게 스며든다. 벼루에 남은 먹물과 붓에 묻어 있는 먹물을 씻어낸 뒤, 우물에서 새로 길어온 물로 먹을 갈아 글자를 쓰면 비록 먹이 쉽게 스며들더라도 또한 먹물이 3/10이 줄어든다.《고금비원》215

몹시 추울 때는 먹에 번초즙(番椒汁)216 약간을 물과 섞어 먹을 갈면 먹물이 얼지 않는다.《화한삼재도회》217

오래된 종이에 글자를 쓰기 어려울 때는 쌀뜨물로 먹을 갈면 먹물이 스며들어 종이에 잘 물들일 수 있다.《화한삼재도회》218

## 22) 우리나라의 먹 만드는 법

순연(純煙, 순수한 그을음) 10근·아교(阿膠) 4근·물 10근을 준비한다. 먼저 물 9근에 아교를 담가 구리 동이에 붓고 불 위에 놓는다. 물과 아교가 융화되면 그을음을 넣고 잘 섞는다. 남은 1근의 물로는 구리

寫字. 同上

凡遇鬆紙則墨易滲. 將硯上宿墨及筆上宿墨洗去, 然後取井中新汲水, 磨墨寫字, 雖易滲, 亦減十分之三. 同上

極寒時, 墨以番椒汁少許和水, 磨之不凍[38].《和漢三才圖會》

故紙難書者, 以米泔汁磨墨[39], 可摺墨能染成. 同上

## 東墨法

純煙十斤, 阿膠四斤, 水十斤. 先以水九斤浸膠, 盛銅盆, 置火上, 待瀜化, 入煙搜和訖. 以餘一斤水洗

---

214《古今秘苑》1集 卷1〈絹布上寫字法〉, 1쪽.
215《古今秘苑》2集 卷2〈磨墨用新汲水〉, 2쪽.
216 번초즙(番椒汁): 번초는 가지과에 속하는 일년생 초본식물로, 고추를 말한다. 고초(苦椒)·남만초(南蠻草)·남초(南椒)·당초(唐草)·왜초(倭草) 등이라고도 한다.
217《和漢三才圖會》卷3〈技藝〉"墨", 20쪽.
218《和漢三才圖會》, 위와 같은 곳.
[38] 磨之不凍:《和漢三才圖會·技藝·墨》에는 "可摺不凝".
[39] 磨墨:《和漢三才圖會·技藝·墨》에는 없음.

동이를 씻고 다른 그릇에 담아 두었다가, 아교와 그 을음을 찧을 때 이 물을 손으로 뿌리면서 만 번을 찧는다. 이때 손바닥에 그을음이 물들지 않을 때까지만 한다.

먹자루를 만들 때는 먹자루를 얇은 틀에서 꺼내어 밀실에서 평평한 널빤지 위에 축축하게 젖은 재를 0.1척 정도 두께로 펴되 평평하게 깐다. 그런 다음 종이를 깔고, 종이 위에 먹을 올리고, 먹 위에 다시 종이를 깐다. 다시 축축하게 젖은 재 0.1척 정도를 펴고 3일 밤이나 1일 밤이 지난 뒤에 먹자루마다 칼로 깎아 네 모퉁이를 평평하게 하여 네모지고 반듯하게 만든다.

그런 다음에 다시 마른 재 0.1척 정도를 널빤지 위에 펴고 이전처럼 먹의 위아래에 종이를 깐다. 다시 그 위에 마른 재 1촌 정도를 깔고서 3일 밤이나 1일 밤이 지난 뒤에 재에서 꺼낸다. 밀실의 평평한 널빤지 위에 펼치고 며칠 동안 마를 때까지 이리저리 뒤집는다.《고사촬요(攷事撮要)[219]》[220]

송매묵(松煤墨, 소나무 그을음으로 만든 먹) 만드는 법: 소나무 그을음을 많이 채취하여 자루에 넣고 푹 쪄

盆, 盛別器, 擣時用水揮灑, 擣期萬杵. 又以不染掌爲度.

作錠[40]時, 從薄印出, 於密室中, 平板上鋪濕灰一寸許, 令平, 次鋪紙. 紙上攤墨, 墨上鋪紙. 再鋪濕灰一寸許, 經三夜或一夜後, 每錠用刀削[41]平四隅令方正.

又布乾灰一寸許於板上, 如前鋪紙於墨上下. 又布乾灰一寸許, 經三夜或一夜出. 攤於密室中平板上, 數日[42]翻覆, 以乾爲度.《攷事撮要》

造松煤墨法：多取松煙, 入帒煮熟. 待乾製造, 阿膠

---

219 고사촬요(攷事撮要): 조선 중기의 학자 어숙권(魚叔權, ?~?)이 1554년(명종 9) 명종의 명을 받아 편찬한 책으로, 조선시대의 사대교린을 비롯하여 일상생활에 필요한 정보를 담고 있다. 선조 때 허봉(許篈, 1551~1588)이 증보하였고, 박희현(朴希賢, 1566~?)이 속찬(續纂)하였으며, 인조 때 최명길(崔鳴吉, 1586~1647)이 보완·수정하였다.

220 출전 확인 안 됨;《山林經濟》卷4〈雜方〉"造墨", 87쪽.

[40] 錠:《山林經濟·雜方·造墨》에는 "丁".

[41] 削:《山林經濟·雜方·造墨》에는 "割".

[42] 日:《山林經濟·雜方·造墨》에는 "數".

서 익힌다. 그을음이 마르면 제조하는데, 아교와 물의 양은 위에서 말한 제조법과 같다. 먹자루를 만들 때는 먹의 크기와 두께에 따라 적당히 조절한다. 단, 반드시 만 번까지 찧어주어야 한다. 《고사촬요》[221]

산철쭉의 뿌리로 숯을 만들어 아주 곱게 가루 낸 뒤, 비단체로 여러 번 걸러내고 제조법대로 먹을 만들면 광채가 뛰어나다. 《황간인방(黃磵人方)》

일본의 먹은 남도(南都)[222]에서 생산되는 먹을 최고로 치는데, 그중에서 호마유(胡麻油)[223] 그을음으로 만든 먹을 최고로 친다. 여기에 용뇌(龍腦)·사향(麝香)·장향(藏香)[224]을 더하고, 홍화즙(紅花汁)[225]으로 광택을 낸다. 유연(油煙, 호마유 그을음)을 채취할 때는 수백 개의 등잔불을 태우되 칸막이로 바람을 막고, 여기에 생긴 그을음을 긁어서 채취한다. 또 송연(松煙)과 섞은 유연도 있는데, 품질이 순수한 유연묵보다 낮다. 《화한삼재도회》[226]

及水斤兩如上法. 作錠時, 大小、厚薄隨宜. 但必以萬杵爲度. 同上

用山躑躅根作炭, 極細末, 以絹篩重下, 製墨如法, 光彩異常. 《黃磵人方》.

倭[43]墨, 南都産者最良, 以胡麻油煙爲上. 加以龍腦、麝香、藏香, 用紅花汁出光. 其取油煙, 燃數百燈火, 以障子避風, 刮取之. 又有以松煙相和者, 品爲劣. 《和漢三才圖會》

---

221 《攷事撮要》 卷下 〈雜用俗方〉 "造松煤墨法", 103~104쪽.
222 남도(南都) : 일본 나라현[奈良縣]의 북부 일대. 일본의 옛 수도인 교토[京都]의 남쪽이란 뜻으로, 남도(南都)라고 했다.
223 호마유(胡麻油) : 검은 참깨를 볶지 않고 짜낸 기름.
224 장향(藏香) : 중국 서장(西藏, 티베트) 지역에서 나는 선향(線香). 백단(白檀)·정향(丁香)·침향(沈香)·안식향(安息香) 등의 향료 가루를 가늘고 긴 선 모양으로 만들어 굳힌 향이다.
225 홍화즙(紅花汁) : 홍화는 엉거시과에 딸린 두해살이풀로, 7~8월에 붉은빛이 도는 노란색 꽃이 줄기 끝과 가지 끝에 한 송이씩 핀다. 씨는 기름을 짜고, 꽃은 약재·염색용으로 사용한다.
226 《和漢三才圖會》 卷3 〈技藝〉 "墨", 20쪽.
[43] 倭 : 《和漢三才圖會·技藝·墨》에는 "按".

### 23) 묵갑(墨匣)[227]

자단(紫檀)·오목(烏木)·두판남(豆瓣楠)[228]으로 묵갑을 만드는데, 옛사람들이 차던 옥대(玉帶, 옥으로 꾸민 띠)의 화판(花板)을 묵갑에 많이 새겼다. 또한, 옛날에는 기다란 옥에 교룡·호랑이·사람·물건 등을 새겨 넣은 묵갑도 있었으니, 이를 최고로 쳤다. 빨간색으로 조각한 묵갑과 흑색으로 옻칠한 묵갑도 아름답다. 《준생팔전》[229]

### 24) 묵상(墨牀)[230]

만호(瓊瑚, 옥석의 일종)로 만든 묵상도 있고 상아(象牙)로 만든 묵상도 있으며 자기로 만든 묵상도 있으

墨匣

以紫檀、烏木、豆瓣楠爲匣，多用古人玉帶花板鑲之. 亦有舊做長玉螭、虎、人、物嵌者，爲最. 有雕紅、黑漆匣亦佳.《遵生八牋》

墨牀

有瓊瑚造者，有象牙造者，有磁造者，皆面作階級，研

묵상(국립민속박물관)

---

227 묵갑(墨匣): 먹을 보관하는 상자.
228 두판남(豆瓣楠): 녹나무 또는 녹나무 목재. 두백남(鬥柏楠)·투백남목(骰柏楠木)이라고도 한다. 나무의 줄기가 가지런하고 곧으며, 재목의 질이 아름답다. 이 때문에 명청시기에 고귀한 집안의 가구를 만들 때 재목으로 쓰였다. 주로 중국의 호남·광서·귀주·운남·사천 등의 지역에서 자란다.
229《遵生八牋》卷15〈燕閑淸賞牋〉中 "論文房器具" '墨匣'《遵生八牋校注》, 590쪽).
230 묵상(墨牀): 먹을 갈고 난 후에 올려 두는 먹 받침대.

니, 모두 표면에 층계를 만들어 먹을 다 갈면 곧바로 묵상 위에 눕힌다. 이때, 먹을 간 부분이 아래쪽으로 가게 하니, 먹물이 먹상을 더럽힐까 염려해서이다. 묵상은 필상(筆牀)·연병(硯屏)231과 함께 모두 연궤(硯几)232에서 빠뜨릴 수 없는 문방구이다. 《금화경독기》233

墨畢, 卽臥其上. 令磨處在低級上, 恐墨汁點汚也. 與筆牀·硯屏, 俱爲硯几間不可闕者.《金華耕讀記》

## 25) 주사(朱砂)로 먹 만드는 법

은주(銀硃, 황화수은)로 약즙을 만드는 법은 모두 '자황으로 먹 만드는 법'과 같다. 【안 '자황으로 먹 만드는 법'은 아래에 보인다.】《거가필용》234

### 硃墨法

用銀硃爲之藥汁, 皆如"雌黃墨法".【案 "雌44黃墨法" 見下.】《居家必用》

좋은 진사(辰砂)235 1.3냥·홍주(紅硃, 주사의 일종) 2냥을 진피수(秦皮水)236에 아교와 함께 넣고 끓여 7일 밤 동안 맑게 가라앉힌 뒤, 그릇을 기울여서 아교의 맑은 물을 따라 낸다. 서서히 반죽을 말렸다가 먹 반죽의 습도가 적당해지면 먹틀에 넣고 찍어 벼루에 갈아 사용하는 것이 매우 좋다.

다른 방법 : 화주(花朱)237를 등황(藤黃)과 함께 갈

用好辰砂一兩三、紅硃二兩, 用秦皮水煮膠, 淸浸七日夜, 傾去膠之淸水. 於日色漸漸曬, 至乾濕得所, 以墨印印之, 硯45中研用甚佳.

一法 : 以花朱同藤黃磨點.

231 연병(硯屏) : 바람이나 먼지, 먹 등이 튀는 것을 막기 위해 벼루 머리에 치는 작은 병풍.
232 연궤(硯几) : 벼루를 올려 두는 책상.
233 출전 확인 안 됨.
234《居家必用》戊集〈文房適用〉"造硃墨法"《居家必用事類全集》, 201쪽).
235 진사(辰砂) : 주사(硃砂)라고도 하며, 주성분은 황화수은(HgS)이다. 석회암에서 나고, 주홍색이다. 공기 중에서 가열하면 원소 상태의 수은을 얻을 수 있다.
236 진피수(秦皮水) : 물푸레나무 껍질을 담가놓았던 물.
237 화주(花朱) : 색감이 고운 주사로 추정된다.
44 雌 : 저본에는 없음. 오사카본·규장각본에 근거하여 보충.
45 硯 :《遵生八牋·燕閑淸賞牋·論墨》에는 "硏".

아 권점(圈點)[238]을 찍는다. 【안】《거가필용》에 다음과 같이 말했다. "주사를 섞어 점을 찍거나 글씨를 쓰는 법에 대하여 '은주(銀硃)를 양에 관계없이 등황(藤黃)에 넣고 물을 부어 고루 간다. 다만 은주로 찍은 권점을 문질렀을 때 가루가 떨어지지 않을 정도로 하면 아교를 쓰거나 조각자·아교를 함께 섞어서 쓰는 것보다 품질이 더욱 뛰어날 것이다. 그러면 비록 오래 사용해도 냄새가 나거나 먹물이 망가지지 않는다.'라 했다. 또 다른 방법으로는 백급수(白芨水)[239]로 주사를 갈아도 빼어나다."[240]《준생팔전》[241]

주사로 먹 만드는 법:진주(辰州)[242]에서 나는 주사 중에 신비로운 기운을 띤 것을 막자사발 안에 넣고 살살 곱게 간다. 이를 깨끗한 물로 수비(水飛)[243]하여 맑게 가라앉힌 뒤, 그늘진 곳에서 말리면 가장 좋다. 여기에 옻(모서리를 자른 것)·심홍(心紅, 주사의 일종)을 넣고 광교(廣膠)[244] 졸인 물에 담갔다가 손으로 비벼 씻고 수비하여 맑게 가라앉힌 뒤, 누렇고 두텁게 일어나는 거품이 사라지고 물이 깨끗해질 때까지 한

【案】《居家必用》:"有調硃點書法云'銀硃不以多寡, 入藤黃用水研均. 但以點硃揩擦, 不落爲度, 勝於用膠幷皁子, 膠調者遠矣, 雖久不臭敗'. 又法, 用白芨水研硃, 亦妙."】《遵生八牋》

造朱挺子法:用辰州硃砂有神氣者, 乳鉢內輕輕研細, 淨水飛澄, 陰乾上好[46]. 入漆(截角)、心紅, 用廣膠熬水浸之, 以手搓洗飛澄, 去黃膽[47]候, 水淸爲度. 却以淨水再飛澄[48]煎, 去濁脚. 紫黑[49]色者不用, 獨取澄淸

---

238 권점(圈點):문장의 중간이나 끝에 찍는 점으로, 문장의 구두를 표시하거나 중요한 곳을 표시하기도 했다.

239 백급수(白芨水):난초과의 자란(紫蘭)뿌리를 담가놓았던 물.

240 주사를……빼어나다:《居家必用》戊集〈文房適用〉"調硃點書法"(《居家必用事類全集》, 204쪽).

241 《遵生八牋》卷15〈燕閑淸賞牋〉中"論墨"'附硃墨法'(《遵生八牋校注》, 575쪽).

242 진주(辰州):중국 호남성(湖南省) 북서부 일대.

243 수비(水飛):곡식의 가루나 그릇을 만드는 흙 따위를 물속에 넣고 휘저어 물에 뜬 잡물을 없애는 방법.

244 광교(廣膠):우피교(牛皮膠)의 일종.

[46] 乳……好:《古今秘苑·造朱挺子》에는 "研細水飛澄".

[47] 膽:저본에는 "朧".《古今秘苑·造朱挺子》에 근거하여 수정.

[48] 飛澄:《古今秘苑·造朱挺子》에는 없음.

[49] 黑:저본에는 "墨". 오사카본·규장각본에 근거하여 수정.

다. 다시 깨끗한 물에 넣고 다시 수비하여 맑게 가라앉혀 끓인 다음 가라앉은 탁한 앙금을 제거한다. 자흑색을 띠는 가루는 사용하지 않고, 맑게 가라앉은 것 중에 선홍색을 띠는 가루만을 취하여 다시 오매(烏梅) 끓인 물로 2~3차례 비벼 씻는다. 그 다음 종이로 덮고 햇볕에 쬐어 말린다.

주사 6냥마다 심홍 10냥을 배합한다. 염색 가게에서 만든 홍화즙을 새로 길어온 물에 담근 다음 맑게 가라앉힌다. 그리고 위로 떠오른 깨끗한 웃물을 따라 내고 주발 바닥의 진한 즙만 취한다. 이 과정을 대략 3~4차례 정도 반복한 뒤, 이 즙을 고르게 섞어 습기를 머금게 하고 자기 그릇 안에 펼친다.

이때 햇볕에 닿지 않게 하고 오직 열기로만 건조시키며, 또한 불에 닿게 하는 것도 금한다. 만약 햇볕이나 불에 닿으면 먹 전체 색이 모두 변하여 황색을 띠게 될 것이다. 즙이 마른 뒤에는 품질이 가장 좋은 투명한 광교 1.28냥에 깨끗한 물 0.5잔을 넣고 즙과 함께 가열하여 녹인 다음 식으면 주사를 섞어 비비고 합하여 먹을 만든다. 다른 방법으로는, 여기에 산호가루 1냥·빙편(氷片)245 3.2돈을 더하면 먹의 품질이 빼어나다.《고금비원》246

50鮮紅者, 再用烏梅湯搓洗二三次, 隔紙曬乾.

每砂六兩配心紅51十兩. 於染肆中取成造紅花汁, 以新汲水浸之, 澄去浮面清水, 取盌底濃汁. 約盌許作三四次52, 拌均53令濕, 攤於磁盆內.

不許見日, 惟取熱氣逼乾, 亦忌見火. 若犯日與火, 則通身盡變爲黃矣. 乾後乃用上好透明眞廣膠一兩二錢八分, 清水半盞頓化, 候冷, 和朱搓合成劑. 一方, 加珊瑚末一兩·氷片三錢二分妙.《古今秘苑》

---

245 빙편(氷片) : 녹나무의 수지를 증류한 백색의 결정체.
246《古今秘苑》1集 卷3〈造朱挺子〉, 4~5쪽.
50 澄清 :《古今秘苑·造朱挺子》에는 없음.
51 紅 :《古今秘苑·造朱挺子》에는 "俗".
52 約……次 :《古今秘苑·造朱挺子》에는 없음.
53 均 : 저본에는 "朱".《古今秘苑·造朱挺子》에 근거하여 수정.

## 26) 주사를 섞어 점 찍거나 글씨 쓰는 법

은주(銀硃)를 등황(藤黃)에 넣고 물을 부어 고루 갈
면 아교를 쓰는 것보다 품질이 뛰어나다. 《속사방》247

또 다른 방법 : 비조자(肥皂子)를 외제(煨製)248하고
익혀 흑색 껍질과 안에 있는 2겹의 흰 껍질을 취한
뒤, 벼루에 들어갈 물을 여기에 부어 담그면 아교와
크게 다르지 않으며 냄새도 나지 않는다. 《속사방》249

또 다른 방법 : 두유(豆乳)로 주사를 갈아 권점을
찍으면 시간이 오래 지나도 새로 찍은 점 같다. 《속
사방》250

## 27) 자황(雌黃)251으로 먹 만드는 법

자황을 곱게 갈아 수비한 뒤, 맑고 깨끗하게 가
라앉으면 웃물을 따라 낸다. 진피(秦皮)·치자(梔子)·
조각자 각 1푼, 파두(巴豆) 1알(껍질을 제거한 것), 황
명교(黃明膠) 0.5냥을 함께 끓여서 즙을 낸 뒤, 여기
즙에 자황을 섞고 먹자루를 만들어 그늘에서 말린
다. 《거가필용》252

## 調硃點書法

銀硃入藤黃, 以水研均, 勝
於用膠. 《俗事方》

又法 : 肥皂子煨熟, 取黑皮
及內第二重白皮, 置硯中水
浸, 與膠不殊而不臭. 同上

又法 : 用豆乳研硃點, 久如
新. 同上

## 雌黃墨法

雌黃研細, 用水飛過, 澄
淸擗去水. 用秦皮·梔子·
皂角各一分、巴豆一粒(去
皮)、黃明膠半兩同煎汁, 和
雌黃, 作錠子陰乾. 《居家
必用》

---

247 출전 확인 안 됨.
248 외제(煨製) : 약재를 젖은 종이나 밀가루 반죽에 싸서 잿불에 묻어 굽는 방법. 약재의 독성을 감소시키거나
　　유효 성분을 증가시키는 등의 효과가 있다.
249 출전 확인 안 됨.
250 출전 확인 안 됨.
251 자황(雌黃) : 유황·비소의 화합물. 고운 황색을 띤다. 맛이 맵고 독이 있어서 습사(濕邪)를 없애고 벌레를
　　죽인다. 잘못 쓴 글자가 있을 때 자황을 칠하고 그 위에 덧대어 글씨를 쓰므로 시문의 첨삭을 '가자황(加雌
　　黃)'이라 한다.
252 《居家必用》戊集 〈文房適用〉 "造雌黃墨法"(《居家必用事類全集》, 201쪽).

## 28) 소분(韶粉)[253]으로 먹자루 만드는 법

백선토(白墡土, 좋은 흙) 1.5냥, 활석(滑石)[254] 0.5냥, 한수석(寒水石)[255](불에 달군 것) 0.5냥을 함께 매우 곱게 갈아 수비한 뒤, 소분(韶粉) 0.5냥을 넣고 고르게 간다. 이 가루를 계란껍질 안에 쟁여 넣고, 종이에 풀을 발라서 껍질 구멍 입구에 붙이고 밥 위에 앉혀 찐다. 계란껍질이 검게 되면 다시 계란껍질을 바꾸어 찌되, 계란껍질이 검게 되지 않을 때까지만 찐다. 아교 1냥·물 1.2냥을 준비하여 먼저 아교를 물에 담가 부드럽게 하고 중탕으로 물에 달여 아교가 녹으면 계란껍질에 넣고 찐 가루를 여기에 고르게 섞어서 먹자루를 만든다.《거가필용》[256]

이운지 권제3 끝

## 粉錠子法

白墡土一兩半、滑石半兩、寒水石(煆過者)半兩, 同研極細, 水飛過, 入韶粉半兩研均. 裝入鷄子殼內, 紙糊口, 坐飯上蒸. 鷄殼黑, 再換鷄殼蒸, 至鷄殼不黑爲度. 用阿膠一兩、水一兩二錢, 先浸膠軟, 重湯煮化, 和作錠子.《居家必用》

怡雲志 卷第三

---

253 소분(韶粉): 납을 가공하여 만든 염기성 탄산연. 맛은 맵고 성질이 차며 독을 제거한다. 연분(鉛粉)·분석(粉錫)·연화(鉛華)·정분(定粉)·와분(瓦粉)·광분(光粉)·수분(水粉)·관분(官粉) 등 여러 이름이 있다.
254 활석(滑石): 마그네슘을 주성분으로 하는 무른 성질의 암석.
255 한수석(寒水石): 황산 칼슘 또는 탄산 칼슘을 주성분으로 하는 암석.
256《居家必用》戊集〈文房適用〉"造粉錠子法"(《居家必用事類全集》, 201쪽).

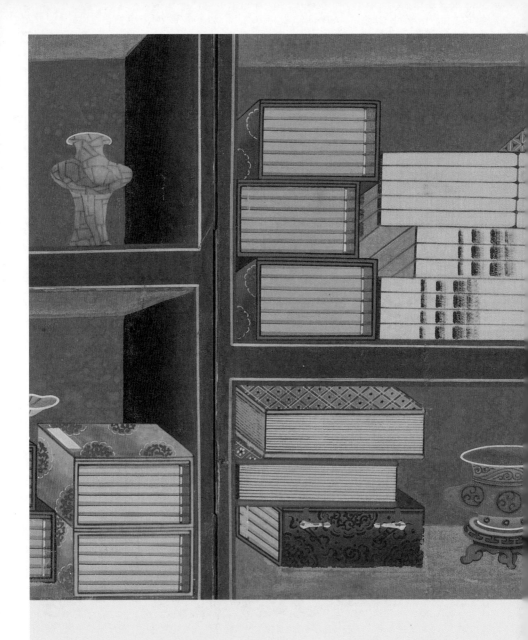

# 이운지 권제4

## 怡雲志 卷第四

서재의 고상한 벗들(하)

임원십육지 102

林園十六志 一百二

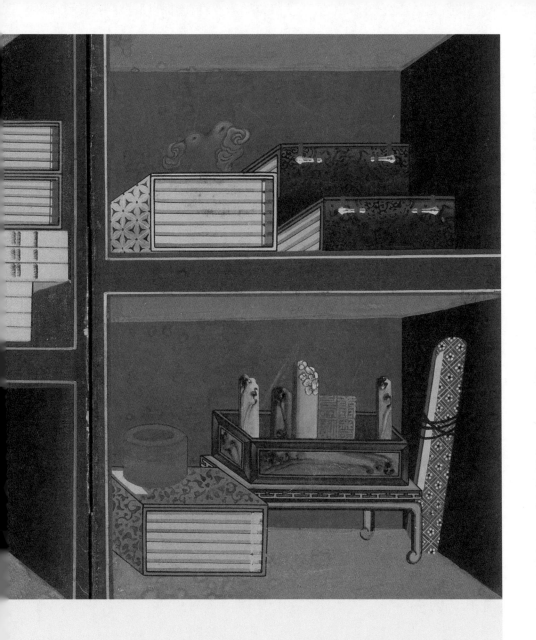

남포석(藍浦石)은 금실무늬를 최고로 치고, 은실무늬가 그 다음이다. 꽃이나 풀 무
늬는 이들과 견주어 조금 단단하여 미끄러워도 먹을 밀어내지 않고 꺼칠꺼칠해도
먹이 엉기지 않기 때문에 좋은 벼루이다. 대개 돌의 결이 거칠면 먹색이 탁하고,
돌의 결이 단단하면 먹색이 연하다. 오직 색깔이 영롱하고 윤택하며 고운 돌만이
먹과 더불어 서로 맞는다. 지금 가게와 글방에서 쓰는 벼루는 남포에서 생산되지
않은 것이 없으므로 사람들이 그리 귀하게 여기지는 않는다. 그러나 그 좋은 품질
은 단계와 흡주에서 나는 벼루에 양보되지 않는다.

- Ⅱ -

# 서재의 고상한 벗들(하)

## 文房雅製(下)

# 1. 벼루[硯]

硯

## 1) 벼루 품등 총론

벼루는 돌의 결에 발묵(發墨)[1]이 잘 되는 일을 최고로 치고, 색이 다음이며, 형태와 만듦새의 좋고 나쁨이 또 그 다음이다. 문양과 장식을 비록 자연스럽게 새겼더라도 이는 벼루의 쓰임새와는 관련이 없다. 《연사(硯史)[2]》[3]

벼루 중에서 발묵(發墨)을 한 지 오래되어도 먹물이 줄지 않는 경우에는 벼룻돌의 석질이 반드시 약간 부드럽고 두드리면 낮은 소리가 나고 울림이 있으며, 시간이 오래되면 벼루 가운데가 점점 오목해진다. 반면 발묵이 되지 않는 경우에는 벼룻돌이 단단하고, 두드리면 둔탁한 소리가 나며, 조금만 사용해도 거울처럼 매끈해져 먹이 쉽게 미끄러진다. 《연사》[4]

## 硯品統論

石理發墨爲上, 色次之, 形製工拙又其次. 文藻緣飾雖天然, 失硯之用.《硯史》

硯發墨久不乏者, 石必差軟, 扣之聲低而有韻, 歲久漸凹. 不發墨者, 石堅, 扣之堅響, 稍用則如鏡走墨. 同上

---

1 발묵(發墨) : 벼루에 먹을 갈 때 진하고 광택이 나도록 쉽게 갈리며 잘 마르지 않는 일.
2 연사(硯史) : 중국 송(宋)나라 미불(米芾, 1051~1107)이 벼루에 관해 지은 책. 26종의 벼루에 관해 기록했고, 특히 단계(端溪)와 흡주(歙州)의 벼루에 대해 자세히 논했다.
3 《硯史》〈用品〉《文淵閣四庫全書》 843, 66쪽).
4 《硯史》〈性品〉《文淵閣四庫全書》 843, 70쪽).

돌이 단단하면 광택이 돌고 미끄러워서 먹을 갈아도 시원스레 갈리지 않는다. 반면에 돌이 거칠면 먹이 돌에 들러붙고 먹물이 스며들어서 씻기가 어렵다. 《흡연설(歙硯說)[5]》[6]

石頑則光滑, 而磨墨不快; 石麤則粘墨, 而滲漬難滌. 《歙硯說》

더러는 먹이 쉽게 갈리는 일을 발묵(發墨)이라 하기도 하는데, 그렇지 않다. 오직 채양(蔡襄)[7]의 다음과 같은 견해만이 발묵의 핵심을 짚었다. 발묵이 되면 먹물이 벼루에 있으면서 붓을 따라 돌며, 씻어내면 말끔하게 모두 제거된다. 이것은 돌의 성질이 단단하고 윤택하면 발묵이 되어 먹물이 벼루에 엉기지 않도록 할 수 있기 때문이다. 《흡연설》[8]

或以易磨墨爲發墨, 非也. 惟蔡君謨論得其要：墨在硯中, 隨筆旋轉, 滌之泮然盡去. 此乃石性堅潤, 能發起不滯於硯耳. 同上

벼루는 재질이 단단하고 미끄러우며, 다듬어놓은 부분이 원만하고 매끄러우며, 색깔이 광채가 나며, 소리가 맑고 시원하며, 몸체가 두텁고 무거우며, 보관이 온전하게 되어 있고, 전해진 지 오래되었으면 귀하다고 할 만하다. 《준생팔전(遵生八牋)》[9]

硯以質之堅膩, 琢之圓滑, 色之光彩, 聲之清冷, 體之厚重, 藏之完整, 傳之久遠, 爲可貴. 《遵生八牋》

벼루의 재질은 단단하고 윤택한 것이 좋으니, 단단하면 치밀하고, 윤택하면 밝고 세밀하여 먹을 갈

硯材惟堅潤者良, 堅則緻密, 潤則瑩細, 而墨磨不

---

5　흡연설(歙硯說)：중국 송(宋)나라 때 쓰여진 벼루에 관한 책. 작자는 미상이다. 흡주(歙州)에서 나온 돌로 만든 벼루에 대한 내용이다.

6　《歙硯說》(《文淵閣四庫全書》 843, 80쪽).

7　채양(蔡襄)：1012~1067. 중국 북송의 정치가이자 서예가. 자는 군모(君謨), 시호는 충혜(忠惠). 소식·황정견·미불과 더불어 '송사가(宋四家)'로 불렸으며, 차를 전문적으로 연구하기도 했다.

8　《歙硯說》(《文淵閣四庫全書》 843, 81쪽).

9　《遵生八牋》 卷15 〈燕閑淸賞牋 中〉 "論硏"(《遵生八牋校注》, 563쪽).

아도 먹이 엉기지 않고 발묵이 쉽다. 그러므로 "단단하고 윤택한 것은 벼루가 지녀야 할 덕목[德]이고, 발묵은 이러한 벼루가 지닌 재능[材]이다."라 한다. 어떤 사람은 돌의 결이 거칠어 먹이 쉽게 갈리는 일을 가리켜서 발묵이라 한다. 그러나 이것은 재능이 덕목보다 못한 것이니, 이러한 벼루를 사용하면 붓을 손상시킨다.《청서필담(淸暑筆談)10》11

滯, 易於發墨. 故曰"堅潤爲德, 發墨爲材". 或者指石理芒澁, 墨易磨者爲發墨, 此材不勝德, 用之損筆.《淸暑筆談》

채양(蔡襄)이 사수(沙隨)12에 사는 정형(程逈)13이 소장하고 있던 흡주 벼루[歙硯, 흡연]의 뒷면에 새겼는데, 그 내용은 다음과 같다. "순수하고 푸른 옥처럼 돌의 결이 치밀하고 정밀하며, 벼루 바닥의 거친 표면 모두 마모되어 먹은 소리 없이 갈리네."14 이는 바로 흡주 벼룻돌의 결이 단단하고 윤택하며 벼루 바닥의 거친 표면이 모두 마모되어서 먹이 소리 없이 갈린다는 뜻이다. 이렇다면 어찌 붓이 망가지겠는가? 다만 소식(蘇軾)15은 "벼루에 발묵을 하면 반드시 붓이 상한다."16라 했는데, 이 말이 무엇을 뜻하는지 모르겠다.《청서필담》17

蔡忠惠題沙隨 程氏歙硯, 曰:"玉質純蒼理緻精, 鋒鋩都盡墨無聲." 此正謂石理堅潤, 鋒鋩盡而墨無聲矣, 安能損筆? 而坡仙乃謂"硯發墨者, 必損筆", 不知何謂. 同上

---

10 청서필담(淸暑筆談) : 중국 명나라의 관리 육수성(陸樹聲, 1509~1605)이 지은 책으로, 다양한 주제에 대해 교훈이 될 만한 글을 모아 놓았다.

11 《淸暑筆談》(《續修四庫全書》1189, 611쪽).

12 사수(沙隨) : 지금의 중국 하남성(河南省) 영릉현(寧陵縣) 동북쪽 일대.

13 정형(程逈) : ?~? 중국 북송 응천부(應天府) 영릉(寧陵) 사수(沙隨) 사람. 자는 가구(可久). 1163년 진사가 되고 여러 관직을 역임하였다.

14 순수하고……갈리네 : 《端明集》卷8〈律詩〉.

15 소식(蘇軾) : 1037~1101. 중국 북송의 문신. 자는 자첨(子瞻)·화중(和仲), 호는 동파(東坡). 아버지 소순(蘇洵)·동생 소철(蘇轍)과 함께 3소(三蘇)로 불리며, 당송팔대가의 한 사람이다. 철종에게 중용되어 구법파(舊法派)의 중심적 인물로 활약했다. 저서로 《동파전집(東坡全集)》이 있다.

16 벼루에……상한다 : 《文章辨體彙選》卷373〈書硯〉(《文淵閣四庫全書》1406, 510쪽).

17 《淸暑筆談》(《續修四庫全書》1189, 611쪽).

## 2) 단계(端溪)[18] 벼루(단계연)의 품등

단계의 돌 중에서 물속에 있는 돌은 청색이고, 산 중턱에 있는 돌은 자색이고, 산꼭대기에 있는 돌은 더욱 윤택한데, 돼지간과 같은 색을 띠는 돌이 좋다. 벼루에 물을 담아 놓는 곳에 백색·적색·황색의 점이 있는 무늬를 "구관조눈[鸜鴝眼][19]"이라 하고, 황색의 벼룻돌 결을 "금줄무늬[金線紋]"라 한다. 소이간(蘇易簡)[20]《연보(硯譜)》[21]

단계에서 벼룻돌이 나오는 곳은 4군데이다. 이 중 '암석(巖石)'을 최고로 치고, '석옥(石屋)'이 다음이고, '서갱(西坑)'이 그 다음이며, '후력(後歷)'은 그보다 못하다. 그런데 암석은 또 '상암'·'하암'으로 나뉘며, 또 '활안(活眼, 살아 있는 눈)'·'사안(死眼, 죽은 눈)'이라는 구별이 있다.

동심원 무늬가 서로 겹치고, 황색과 흑색이 서로 섞이는 등 여러 무늬가 돌 안에서 얽혀, 밝고 빛나 사랑스러운 무늬를 '활안'이라 한다. 사방의 무늬와 색이 벼룻돌에 스며들어 그다지 선명하지 않은 무늬를 '누안(淚眼, 가장자리가 허물어진 눈)'이라 한다. 형체는

## 端硯品

水中石其色靑, 山半石其色紫, 山絕頂[1]者尤潤, 如猪肝色者佳. 其貯水處有白、赤、黃色點者, 謂之"鸜鴝眼", 脈理黃者, 謂之"金線紋[2]". 蘇氏《硯譜》

端所出有四. "巖石"爲甲, "石屋"次之, "西坑"又次之, "後歷"又劣. 然巖石, 又分"上"、"下", 又有"活眼"、"死眼"之別.

圓暈相重, 黃、黑相間, 盤錯[3]在內, 晶熒可愛, 謂之"活眼";四旁浸漬, 不甚鮮明, 謂之"淚眼";形體略具, 內外皆白, 謂之"死眼". 活

---

18 단계(端溪):중국 광동성(廣東省) 조경시(肇慶市)의 옛 이름. 최고 품질의 벼루인 단계연(端溪硯)이 생산되는 곳이다.

19 구관조눈[鸜鴝眼]:원 안에 작은 원 모양이 있는 무늬.

20 소이간(蘇易簡):958~997. 중국 북송의 관리. 저서로《지보(紙譜)》·《필보(筆譜)》·《묵보(墨譜)》·《연보(硯譜)》가 있다. 이를 통칭하여《문방사보(文房四譜)》라 한다.

21 《文房四譜》卷3〈硯譜〉"二之造"(《叢書集成初編》1493, 38쪽).

[1] 頂:저본에는 "項". 오사카본·규장각본·《文房四譜·硯譜·二之造》에 근거하여 수정.

[2] 紋:저본에는 "絃".《文房四譜·硯譜·二之造》에 근거하여 수정.

[3] 盤錯:《硯譜·活眼死眼》에는 "繫精".

대강 갖추었으나 안과 밖이 모두 흰색인 무늬를 '사안'이라 한다. 활안은 누안보다 낫고, 누안은 사안보다 낫고, 사안은 눈이 없는 것보다 낫다.

眼勝淚眼, 淚眼勝死眼, 死眼勝無眼.

단계의 벼룻돌은 눈이 있는 돌이 가장 귀하니, 이를 "구관조눈[鸜鵒眼]"이라 한다. 이 돌의 무늬는 정밀하고 아름다워서 마치 나무에 마디가 있는 것 같다. 벼룻돌에 대해서 잘 모르는 사람은 이를 돌의 결점이라 하니 안타깝지 않은가?

端石, 有眼者最貴, 謂之 "鸜鵒眼". 石文精美, 如木 有節. 不知者, 以爲石病, 可不痛哉?

벼룻돌이 나오는 곳으로는 상암(上巖)·하암(下巖)·서갱(西坑)·후력(後歷)이 있는데, 오직 상암(上巖)에서 나오는 돌에만 눈이 있다. 눈이 아름다운 돌은 청색·녹색·황색의 3가지 색이 서로 겹쳐졌으며, 무늬가 많은 경우에는 밖에서 중심까지 모두 9겹이다. 그중에서 무늬가 큰 것은 더욱 드물다.

石有上、下巖、西坑、後歷, 惟上巖有眼. 眼之美者, 靑、綠、黃三色相重, 多者 自外至心, 凡九重, 其大者 尤爲希.

어떤 돌은 무늬가 벼루 안에 북두칠성이나 심방육성(心房六星, 전갈자리)의 모양으로 펼쳐진 경우가 있다. 그 지방 토박이들은 눈의 개수로 벼루 가격을 매긴다. 눈이 묵지(墨池, 벼루 안쪽 오목한 곳) 밖에 생기면 '고안(高眼)'이라 하고, 안에 생기면 '저안(低眼)'이라 한다. 이 중 고안을 더욱 귀하게 여기는데, 고안은 무늬가 먹물에 잠기지 않아서 항상 볼 수 있기 때문이다. 당적(唐積)[22]《연보(硯譜)》[23]

有或布列硯中, 爲北斗、心 房之形. 土人以眼多少爲 價重輕. 其生於墨池之外 者, 謂之"高眼";生於內者, 曰"低眼", 高眼尤可尙, 以 不爲墨漬, 常可觀也. 唐氏 《硯譜》

---

22 당적(唐積): ?~?. 중국 북송의 문인. 저서로《흡주연보(歙州硯譜)》등이 있다.

23 《硯譜》〈活眼死眼〉《文淵閣四庫全書》843, 92쪽);《硯譜》〈鸜鵒眼〉(《文淵閣四庫全書》843, 91~92쪽).

단계의 벼룻돌은 그중에서도 '자석(子石)²⁴'을 최고로 치는데, 큰 돌 안에서 생기며 대개 석질이 정밀한 돌이다. 그런데 민간에서는 와전되어 '자석(紫石, 자색돌)'이라 한다. 또 먹물을 담아 놓아도 마르지 않는 돌이 좋다. 눈이 있는 돌을 귀하게 여기지만 눈은 돌의 결점이다. 관아에서 해마다 공물로 진상할 때 단계의 벼루를 다른 벼루보다 높게 쳤다. 그러나 10개 중에 1~2개 발묵(發墨)이 되지 않는 벼루는, 다만 감상에 충당할 뿐이었다. 구양수(歐陽修)²⁵ 《연보(硯譜)》²⁶

端石, 以"子石"爲上, 在大石中生, 蓋精石也. 流俗訛爲"紫石", 又以貯水不耗爲佳, 有眼爲貴, 眼石病也. 官司歲以爲貢, 在他硯上. 然十無一二發墨者, 但充玩好而已. 歐陽氏《硯譜》

벼룻돌의 종류는 4가지가 있다. 하암(下巖)·상암(上巖)·반변암(半邊巖)·후력암(後礫巖)이 그것이다. 이 가운데 하암(下巖)이 제일이다. 하암은 석질이 세밀하고 두드리면 소리가 맑다. 구관조눈[鸜鵒眼]은 둥글고 푸른 바탕에 동심원이 중첩되었으며 밝고 영롱하다. 돌이 너무 어리면²⁷ 그 질감이 진흙과 같으며 두드려도 소리가 없고 먹물과 잘 어울리지 못한다. 반면 소리가 맑은 돌은 따뜻하고 윤택하며 먹과 잘 어울리고, 먹을 갈 때 열이 나지 않고 거품도 없다. 그러나 오래되면 먹물이 조금 스며들어 마치 기름기

巖有四:下巖、上巖、半邊巖、後礫巖. 下巖第一. 其石細, 扣之淸越, 鸜鵒眼, 圓碧暈多, 明瑩. 石嫩甚者, 如泥無聲, 不着墨;淸越者, 溫潤着墨快, 不熱無泡. 然良久微滲, 若油發艷. 亦有不乏者.

---

24 자석(子石) : 어떤 지역에서 주변에 있는 암석의 종류와 다른 암석.

25 구양수(歐陽修) : 1007~1072. 중국 북송의 문장가. 자는 영숙(永叔). 어려서 당나라 한유(韓愈)의 전집을 읽고 문학에 뜻을 두었다. 고문운동(古文運動)의 영수로 활약했으며, 당송팔대가(唐宋八大家)의 한 사람으로 평가받는다.

26 《硯譜》〈子石〉(《文淵閣四庫全書》843, 92쪽).

27 돌이……어리면 : 여기에서 '어리다[嫩]'는 일반적인 돌과 비교하여 만들어진 지 오래되지 않았다는 의미로, '오래되다[老]'와 상대되는 말이다.

가 도는 듯한 고운 색을 띤다. 또한 먹물이 줄지 않
는 것도 있다.

상암(上巖)은 산 위에 있는데, 돌의 성질이 메마르
고 자색(紫色)이 짙으며, 결이 거칠고 성질이 단단하
며, 황색 눈이 약간 둥글지 않고, 청색이 담담하다.
상암의 깊은 곳에는 간간이 윤택한 돌이 있지만 눈
은 끝내 하암(下巖)보다 못하다. 또 상암에는 돌의 재
질에 따라서 먹이 잘 붙는 벼루가 있고, 먹을 밀어
내는 벼루가 있다. 먹이 잘 붙는 벼루는 처음 사용
한 지 보름이 되기 전에는 매우 잘 갈리는데, 대개
고운 사석(砂石)이 나와 돌의 결과 같은 역할을 하기
때문이다. 15일 뒤에는 먹물에 광택이 덜 생기고 먹
이 더디게 갈리지만, 다시 부드러운 돌로 먹물이 퍼
지게 해주면28 잠시 뒤에 원래대로 회복된다. 먹을
밀어내는 벼루는 비록 새로 만들었더라도 곧장 먹을
밀어낸다. 이런 종류의 돌은 두드리면 모두 둔탁한
소리가 나니 돌이 만들어진 지 오래된 것이다.

上巖在山上, 石性乾紫色
深, 理麤性硬, 眼黃差不
圓而靑色淡. 其巖深處,
間有潤者, 而眼終不如下
巖也. 有着墨者、拒墨者.
其着墨者, 初用半月前甚
快, 蓋細砂石所發出理也；
半月後則退生光撻墨, 又
須以柔石發之, 已而復然.
拒墨者, 雖新成便拒墨. 此
等石, 扣之聲皆堅響而老.

반변암(半邊巖)은 돌의 결이 상암과 같다. 색은 청
자(靑紫)색·먹색에 가까운 색이 많고, 잡티가 많으며
계란처럼 눈이 길쭉하다. 애꾸눈[瞎眼]은 눈 가운데
백색 점이 있고, 죽은 눈[死眼]은 흑색 점이 있고 동
심원무늬가 가늘며, 흐릿한 눈[翳眼]은 청색이나 흑
색이 가로로 걸쳐 눈 모양이 어지럽다. 또 청색을 띠
면서 눈을 이루지 못한 것이 많은데, 둥근 점이 가
로로 길쭉하고 청색이며, 간간이 소나무무늬 같은

半邊巖, 石理同上巖, 色多
靑紫、近墨, 多瑕而眼長如
卵. 有瞎眼者, 中是白點；
死眼者, 黑點而暈細；翳眼
者, 或靑或黑, 橫亂其眼.
又多靑不成眼, 圓點橫長
靑, 間道如松木紋. 其極
麤者費筆, 而稍細者多乏.

---

28 다시……해주면: 뒷부분의 '잘 간수하는 법'에 '벼루를 씻는 돌'에 관한 설명이 보인다.

길이 있다. 이 중에서 아주 거친 것은 붓을 닳게 하
고, 조금 고운 것도 먹물이 많이 줄어든다.

후력석(後礫石)은 모래가 많이 끼어 있고 눈이 없
으며, 잡티가 적다. 간간이 아주 곱고 연한 돌이 있
는데, 발묵(發墨)이 되고 먹물이 줄지 않으며, 두드
려도 소리가 없다. 후력석 가운데에서는 반변암(半邊
巖)이나 상암(上巖)보다 좋은 벼룻돌도 있지만 이러한
벼룻돌을 언제나 얻을 수는 없다. 《연사》[29]

두루 돌아다니면서 석공들에게 물어보니 "자석
(子石, 새끼돌)은 바위 속에 들어 있었던 적이 없고 실
제로는 큰 돌판 위에서 캐내는 것이니, 어찌 새끼돌
하나를 안에 품고 있는 바위가 있겠는가?"라 했다.
내가 일찍이 말했듯이 만약 시냇물 속에 알돌[卵石,
둥근 모양의 돌]이 많으면 둥근 모양이 조금 일그러졌더
라도 벼루 안쪽 면을 깎아 여기에 먹을 갈 수 있다.
이것을 '석자(石子)'라 한다. 그런데 세상 사람들이 이
를 '자석(子石)'으로 잘못 알고, 심지어 모양을 비슷하
게 깎아내어 만드는 경우도 있다. 하지만 이치를 따
져볼 때 결코 큰 돌 안에서 알돌이 다시 생겨나는
것은 아니다.

세상에서 기이함을 좋아하는 사람들은 또한 흡
주의 나문석(羅紋石)[30]으로 자석(子石)을 만들기도 한
다. 벼루의 무늬는 원래 곧은데 벼루의 상하 양쪽

後礫石, 多夾砂無眼, 少
瑕, 間有極細軟者, 發墨不
乏, 扣之無聲. 有在半邊、
上巖之上者, 不可常得.
《硯史》

徧詢石工云:"子石未嘗有
其在巖中, 實於大石版上
鑿, 豈有中包一子者?"余
嘗謂, 若溪流中多有卵石,
容差徧可斬面磨墨, 所謂
"石子", 世因訛爲子石, 至
有斲樣相似而爲之者, 於
理必不於大石中心復生卵
子也.

世之好奇者, 又以歙州羅
紋石作子石, 硯文本直, 兩
頭取銳, 則紋脫短, 至左

---

29 《硯史》〈端州巖石〉(《文淵閣四庫全書》843, 67~68쪽).
30 나문석(羅紋石): 돌에 점점이 박힌 무늬나 물결 같은 무늬가 있는 돌로, 뒷부분의 '흡주 벼루의 품등'에 그
   종류가 자세히 나온다.

면에서 뾰족한 모서리 부분을 없애면 그 무늬가 짧게 드러나서, 벼루의 좌우 면에는 자연스레 동그란 무늬가 생긴다. 바로 이것을 일컬어 진짜 자석이라 하니, 가소로울 뿐이다!《연사》[31]

右頰, 自然成旋紋, 便謂之是眞子石, 可笑! 同上

일반적으로 단계의 암석(巖石)에는 모두 누렇고 두터운 부분이 있으니 마치 옥(玉)에 하늘타리[32] 무늬가 있는 것과 같다. 포락(胞絡)[33]과 누렇고 두터운 부분을 깎아서 제거하면 비로소 벼루의 재료가 드러나는데, 세상에서는 이를 이른바 '자석(子石, 새끼돌)'이라 한다.

凡巖石皆有黃膧[4], 如玉之瓜蔓也. 胞絡、黃膧[5]鑿去, 方見硯材, 世所謂"子石"也.

하늘타리(국립수목원)

---

31 《硯史》〈端州巖石〉《文淵閣四庫全書》843, 68쪽).

32 하늘타리 : 박과의 다년생 덩굴식물. 열매와 뿌리를 약용으로 쓴다.

33 포락(胞絡) : 태아를 싸고 있는 막과 태반. 여기에서는 단계의 암석 바깥을 둘러싸고 있는 다른 종류의 돌을 말하는 것으로 보인다.

④ 膧 : 저본에는 "膧". 《端溪硯譜》에 근거하여 수정.

⑤ 膧 : 저본에는 "膧". 《端溪硯譜》에 근거하여 수정.

자석(子石) 바위 중에 '밑돌[底石]'이 있는데, 모두 단단한 돌로 이루어져 매우 윤택하고 발묵(發墨)이 되지 않으며, 또한 색이 지저분하게 섞여 있어 벼루로 쓸 수 없다. 단계 사람들은 이를 '오리똥돌[鴨屎石]'이라 한다.

밑돌 윗부분은 대체로 석류열매 같기도 하고 또 벽돌이나 기와 같기도 한데, 밑에서 꼭대기까지 사이에 3개 층으로 되어 있다. 아래층은 밑돌 위에 있고, 품질이 가장 좋다. 이 돌에는 반드시 눈이 있는데, 단계 사람들은 이를 '다릿돌[脚石]'이라 한다. 중간층은 아래층 위에 있고, 품질이 아래층 다음이다. 눈이 있는 것도 있고 없는 것도 있는데, 단계 사람들은 이를 '허릿돌[腰石]'이라 한다. 위층은 중간층 위에 있고, 또 품질이 그 다음이다. 모두 눈이 없는데, 단계 사람들은 이를 '머릿돌[頂石]'이라 한다. 머릿돌 위는 모두 '덮개돌[蓋石]'인데 또한 단단하고 거칠어서 벼루의 재료로 쓸 수가 없다.

대체로 3층의 돌에는 모두 거칠고 두터우며 이어진 부분이 있어서 자석(子石)이 아닌 경우가 없다. 그런데도 세상 사람들은 따로 일종의 자석이 있다고 하니, 이는 잘못이다. 종종 무너져 내린 바위 속이나 샘물 속에 있는 돌 가운데에 그 형태가 우연히 계란처럼 둥근 모양의 돌이 있는데, 사람들이 어쩌다가 이러한 돌을 찾았기 때문에 엉뚱하게 이런 설이

子石巖中有"底石", 皆頑石, 極潤不發墨, 又色污雜, 不可硯, 端人謂之"鴨屎石".

底石之上, 大率如石榴子, 又如塼、坯, 自底至頂中作三疊. 下疊居底石之上, 最佳品也. 石必有眼, 端人謂之"脚石". 中疊居下疊之上, 次石也, 眼或有或無, 端人謂之"腰石". 上疊居中疊之上, 又次石也, 皆無眼, 端人謂之"頂石". 頂石之上皆"蓋石"也, 亦頑麤而不堪用.

大抵三疊石皆有矗臆[6]絡, 無非子石. 世人乃謂別一種子石, 非也. 往往有崩落巖中、泉水中者, 其形偶圓類卵, 人或中摸得之, 故妄有此說.《端溪硯譜》

---

[6] 臆: 저본에는 "朧".《端溪硯譜》에 근거하여 수정.

돌게 되었던 것이다.《단계연보》[34]

돌의 성질은 윤택한 것을 귀하게 여기고, 색은 청자(靑紫)색을 귀하게 여긴다. 돌이 메마르면 회창(灰蒼)색을 띠고, 윤택하면 청자색을 띤다. 눈은 취록(翠綠)색을 띠고 둥글면서 반듯하고 눈동자가 있는 것을 귀하게 여긴다. 만약 돌의 성질이 건조하고 색이 황갈색이며 눈이 적황색이라면 모두 하품이다.《단계연보》[35]

石性貴潤, 色貴靑紫. 乾則灰蒼色, 潤則靑紫色. 眼貴翠綠圓正有瞳子. 若性枯燥, 色黃褐, 眼赤黃, 皆下品也. 同上

일반적으로 눈이 있는 돌은 암석 가운데에 있으며 더욱 치밀하고 따뜻하고 윤택한데, 단계 사람들은 '돌이 어리면 눈이 많고, 오래되었으면 눈이 적다.'라 한다. 어린 돌은 석질이 곱고 윤택하며 발묵(發墨)이 잘 되기 때문에 눈이 있는 어린 돌을 중요하게 여겼다. 청색의 암맥에는 반드시 눈이 있다. 그러므로 허릿돌과 다릿돌은 청색을 띤 암맥이 많고, 머릿돌은 밝고 깨끗한 돌이 많다. 단계 사람들은 청색 암맥을 '눈의 힘줄[眼筋]'이라 한다. 눈을 구별하기를 '구관조[鸚鴣]', '앵무새[鸚哥]', '요가(了哥, 구관조의 일종)'【진길료(秦吉了)이다.】, '참새눈', '닭눈', '고양이눈', '녹두' 등으로, 각각 유사한 형태의 사물에 따라 이름을 붙였는데, 이 가운데 취록(翠綠)색을 띤 눈을 최고로 친다.《단계연보》[36]

凡有眼之石, 在本巖中, 尤縝密溫潤, 端人謂"石嫩則眼多, 老則眼少". 嫩石細潤發墨, 所以重有眼也. 靑脈者必有眼, 故腰石、脚石多有靑脈而頂石多瑩淨. 端人謂靑脈爲"眼筋". 眼之別者曰"鸚鴣", 曰"鸚哥", 曰"了哥"【秦吉了也】, 曰"雀眼", 曰"鷄眼", 曰"猫眼", 曰"菉豆", 各以形似名之, 翠綠爲上. 同上

---

34 《端溪硯譜》(《文淵閣四庫全書》 843, 88~89쪽).
35 《端溪硯譜》(《文淵閣四庫全書》 843, 87~88쪽).
36 《端溪硯譜》(《文淵閣四庫全書》 843, 89쪽).

돌의 결점에는 '철선(鐵線)'【이것은 녹피(膩皮)[37]와 암석 사이 틈으로, 선(線)을 따라 파면 손으로도 잘라낼 수 있다.】, '하(瑕, 잡티)'【흰색 무늬.】, '찬(鑽)'【나무좀[蛀蟲]이 나무를 파먹은 구멍 모양과 같다.】, '경(驚)'【도끼로 찍을 때처럼 갈라진 흔적.】, '화암(火黯)'【일명 '위화초(熨火焦, 다리미로 지진 흔적)'라 한다. 오직 암석(巖石)에만 있는데, 사선으로 얼룩진 무늬가 있는 곳은 불로 그을린 듯한 모양이다.】, '황룡(黃龍)'【회황(灰黃)색인데 용과 뱀이 옆으로 기어가는 듯한 모양이 돌 위에 펼쳐져 있다.】이 있다. 오직 화암(火黯)은 단계 사람들이 결점으로 여기지 않는다. 대개 단계의 암석(巖石)에는 위와 같은 무늬가 반드시 있는데, 다른 산의 돌에는 이런 무늬가 모두 없다. 《단계연보》[38]

고종(高宗)[39]이 말했다. "단계 벼루는 마치 한 덩어리의 자색 옥과 같아서 빛나고 윤택하며 잡티가 없어야 아름다운데, 하필 눈이 있는 돌을 귀하게 여기는가?"《노학암필기》[40]

石之病, 有曰"鐵線"【乃是膩[7]皮隔處, 若於線上鑿之, 則應手而斷.】, 曰"瑕"【白文】, 曰"鑽"【如蛀蟲眼】, 曰"驚"【斧鑿觸裂者】, 曰"火黯"【一名"熨火焦", 惟巖石有之, 斜斑處如火燒狀.】, 曰"黃龍"【灰黃色, 如龍蛇橫斜布石上.】. 惟火黯, 端人不以爲病, 蓋巖石必有之, 他山石皆無. 同上

高廟謂: "端硯如一段紫玉, 瑩潤無瑕乃佳, 何必以眼爲貴?"《老[8]學庵筆記》

---

37 녹피(膩皮): 앞에서 단계의 암석에는 모두 누렇고 두툼한 부분[黃膩]이 있다고 했는데, 그 부분을 말하는 것으로 보인다.

38 《端溪硯譜》《文淵閣四庫全書》843, 90쪽).

39 고종(高宗): 1107~1187. 중국 송(宋)나라 휘종(徽宗)의 아홉 번째 아들. 자는 덕기(德基). 1126년 금나라 군대가 아버지인 휘종과 맏형인 흠종을 포로로 잡아가자 남경(南京)에서 즉위하여 남송(南宋)이 시작되었다.

40 《老學庵筆記》卷8《叢書集成初編》2766, 75쪽).

[7] 膩: 저본에는 "膿". 《端溪硯譜》에 근거하여 수정.

[8] 老: 저본에는 "志". 오사카본·규장각본에 근거하여 수정.

다양한 품등의 벼루 중에 단계 벼루는 사람들이 모두 귀중하게 여긴다. 더러는 눈과 같은 무늬가 있으면 단계 벼루라 하기도 하고, 눈이 없는 것을 귀하게 여기기도 한다. 그러나 청색 암맥이 있는 돌에는 반드시 눈이 있다. 돌이 어리면 눈이 많고, 단단하면 눈이 적다. 돌이 어리면 석질이 곱고 윤택하여 발묵(發墨)이 잘 된다. 그렇기 때문에 눈이 있는 돌을 귀하게 여기는 것이지, 돌의 품등을 판단하기 위해서가 아니다. 그러나 나라면 눈이 있는 돌을 취하지 않을 것이다. 대체로 사람들은 잡티가 있는 돌을 좋아하지 않는데, 더욱이 병든 눈이나 가짜 눈이 있는 돌은 자태가 더욱 볼품이 없기 때문이다. 《유환기문(遊宦紀聞)》[41][42]

硯品中, 端石人皆貴重之. 或以有眼爲端, 或以無眼爲貴. 然石之靑脈者, 必有眼, 嫩則多眼, 堅則少眼. 石嫩則細潤而發墨, 所以貴有眼, 不特爲石之驗也. 然石之有眼, 余則不取. 大抵瑕翳於石有嫌, 況病眼、假眼, 韻度尤不足觀.《遊宦[9]紀聞》

단계 벼루는 하암석(下巖石) 중에 자색을 띤 것을 최고로 친다. 그 벼루가 귀중한 이유는 눈에 있지 않으니, 더러는 눈을 돌의 결점으로 여긴다고 한다. 그러나 돌의 결이 단단하고 윤택하며 활안(活眼)을 갖춘 돌은 본래 그 자체로 아름답다. 만약 반드시 눈이 있는 것만 단계 벼루로 여긴다면, 평범한 돌에다 거짓으로 눈을 장식해 넣는 경우도 있을 것이다.

端硯以下巖石紫色者爲上, 其貴重不在眼, 或謂眼爲石之病, 然石理堅潤而具活眼者, 固自佳. 若必以有眼爲端, 則有飾僞眼於凡石者. 西施捧心而顰, 病處成姸, 東家姬無其貌而效

---

41 유환기문(遊宦紀聞): 중국 송나라의 장세남(張世南, ?~?)이 편찬한 책. 송나라의 관례[掌故]·기록에서 빠뜨린 소문과 사건·선비들의 인정(人情), 예문과 역법, 술수, 의약 등의 문물 감상을 기록했다.
42 《遊宦紀聞》卷5, 44쪽.
9 宦 : 저본에는 "官". 오사카본·규장각본에 근거하여 수정.

구관조의 눈과 같은 모양의 구욕안이 있는 단계 벼루

이는 마치 서시(西施)⁴³가 통증으로 가슴을 쓰다듬으며 이마를 찡그렸는데 병이 있어서 찡그린 모습조차도 아름다워서, 동쪽 마을에 사는 여자가 미모는 없으면서 이마 찡그리는 것을 흉내 내는 것과 같은 경우이다.⁴⁴《청서필담》⁴⁵

顰焉者也.《淸暑筆談》

옛사람들은 단계 벼루를 으뜸으로 쳤다. 단계(端溪)에서 벼룻돌을 채굴하는 곳은 신갱(新坑)과 구갱(舊坑)으로 나뉜다. 구갱은 돌의 색이 청흑색이고 옥처럼 따뜻하고 윤택하다. 위에는 자연적으로 생긴 돌눈이 있는데 청록색의 동심원무늬가 5~6개 있고, 중심은 옅은 황색이며 황색 가운데 흑점이 있

古人以端硯爲首. 端溪有新、舊坑之分, 舊坑石色靑黑, 溫潤如玉, 上生石眼, 有靑綠五六暈而中心微黃, 黃中有黑點. 形似鸜鵒之眼, 故以"鸜鵒"名硏.

---

43　서시(西施): ?~B.C.473. 중국 춘추시대 월(越)나라의 미인. 월나라 구천(句踐)의 신하 범려(範蠡)가 오(吳)나라 부차(夫差)에게 서시를 보냈는데 부차는 서시의 미색에 빠져 정사를 어지럽혀 오나라는 결국 월나라 구천에 의해 멸망했다. 이로 인해 경국지색(傾國之色)의 대표적인 예로 꼽는다. 본문의 내용처럼 서시가 이마를 찡그리는 모습조차 아름다워 나라의 모든 여자들이 얼굴 찡그리는 연습을 했다는 고사가 전해진다.
44　이는……경우이다:《장자(莊子)》〈외편(外篇)〉"천운(天運)"에 나오는 고사. 서시가 평소에 심장병을 앓아서 얼굴을 찡그렸는데 주위의 여자들이 그 모습을 따라서 흉내냈다고 한다.
45　《淸暑筆談》(《續修四庫全書》 1189, 611쪽).

다. 그 모양이 구관조의 눈과 비슷해서 벼루의 이름을 '구관조'라 했다.

오직 구갱의 북암(北巖)에서 나는 돌에만 눈이 있고, 나머지 갱도에는 눈이 있는 돌과 없는 돌이 섞여 있다. 간혹 눈 7개나 눈 3·5개가 북두칠성처럼 줄지어 있는 돌도 있고, 또는 10여 개가 위아래나 사방으로 흩어져 생긴 돌도 있다. 혹은 좁쌀 같은 흰 점이 있고, 벼루에 물을 담아야 비로소 은은하게 드러나며, 두드려도 소리가 없고, 먹을 갈아도 소리가 없는 돌이 하암(下巖)의 벼룻돌이다. 지금은 이러한 돌이 전혀 나지 않으니, 만약 있다면 세상에 보기 드문 보배가 될 것이다.

상암(上巖)·중암(中巖)의 돌은 모두 회색을 띠면서도 돼지간의 색처럼 자색인 부분도 있다. 전체적으로 눈이 1개 있으며, 동심원무늬는 적고 형태는 커서 수탉의 눈과 같다. 두드리거나 먹을 갈면 모두 소리가 난다. 돌의 재질 역시 거치니, 바로 지금의 단계석이 이것이다.

옛날에는 단주(端州)[46]에서 벼루를 공납했는데, 그 벼루에는 눈이 없었으며 석질이 아주 곱고 매끄러워 발묵이 잘 되었다. 색은 청색이고 광택이 돌며 윤택하다면 이는 반드시 하암석이다. 생각해보면 단주에서 공납한 벼루에 눈이 없었던 까닭은 송(宋)나라의 관사에서 많은 수의 벼루를 사용했으므로, 벼룻돌을 잘 다듬어 눈 무늬를 덜어낼 틈이 없었기 때

惟北巖之石有眼, 餘坑有無相間. 或有七眼、三·五眼, 如星斗排聯者, 或十數錯落上下四旁生者. 或有白點如粟, 貯水方見隱隱, 扣之無聲, 磨墨亦無聲, 爲下巖之石. 今則絶無, 有則希世之珍也.

上巖、中巖之石, 皆灰色而紫如猪肝, 總有一眼, 暈少形大, 如雄鷄眼, 扣之磨之俱有聲, 質亦矗礌, 卽今之端石是也.

古有端州貢硯, 無眼甚細膩發墨, 色靑光潤, 此必下巖石也. 想貢硯在宋官司取多, 不暇剪裁取眼故耳. 貴在發墨, 何取於眼? 無眼者, 但不入於俗眼, 鑑家何礙?《遵生八牋》

---

46 단주(端州): 현재 중국 광동성(廣東省) 조경시(肇慶市) 단주구(端州區) 일대.

문일 뿐이다. 단주 벼루가 귀한 이유는 발묵에 있으
니, 눈에서 무엇을 취하겠는가? 눈이 없는 벼루는
다만 속인의 눈에 들지 않을 뿐이니, 감상하는 사람
에게 무슨 걸림돌이 되겠는가?《준생팔전》[47]

## 3) 흡주(歙州)[48] 벼루(흡연)의 품등

흡주 벼룻돌은 용미계(龍尾溪)[49]에서 나고, 금빛
별무늬를 귀하게 여긴다. 내가 어렸을 때 금갱(金坑)
에서 광석을 얻었는데, 단단하나 발묵이 잘 되었
다. 단계(端溪)에서는 북암(北巖)에서 나는 돌을 최
고로 치고, 용미계에서는 깊은 냇물에서 나는 돌을
최고로 친다. 용미계의 벼룻돌 품등이 단계보다 더
위에 있지만, 단계보다 뒤에 나와서 귀하게 되었을
뿐이다.

## 歙硯品

歙石出於龍尾溪, 以金星
爲貴. 予少時得金坑礦石,
堅而發墨. 端溪以北巖爲
上, 龍尾以深溪爲上, 龍
尾在端溪上, 而端溪以後
出見貴耳.

금색 별무늬 용미계 흡연

47 《遵生八牋》卷15〈燕閑淸賞牋 中〉"論硏"《遵生八牋校注》, 560쪽).
48 흡주(歙州): 현재 중국 안휘성(安徽省) 황산시(黃山市) 일대.
49 용미계(龍尾溪): 중국 안휘성(安徽省) 황산시(黃山市) 흡현(歙縣) 일대를 흐르는 시내.

【안】 섭몽득(葉夢得)[50]의 《피서록화(避暑錄話)》에서 다음과 같이 말했다. "흡주 벼루는 오랫동안 좋은 재질이 없었기 때문에 이른바 '나문미자(羅紋眉子)[51]'라는 돌은 다시 볼 수가 없었다. 오직 용미석(龍尾石, 용미계에서 생산된 벼룻돌)만이 단단하여 먹을 밀어내지만, 얼핏 보면 평범한 돌과 다름이 없다. 구양수(歐陽脩)는 흡주 벼룻돌을 높게 쳐서 단계 벼룻돌보다 위에 있다고 여겼으나, 세상 사람들은 대부분 그렇게 여기지 않았다. 이는 대개 각자가 본 벼루에 연유한 평가일 뿐이다. 구양수가 살던 때는 단계와 흡주에 옛 돌이 아직 많았는데, 어찌 구양수가 소유한 벼루가 마침 흡주의 우수한 벼루와 단계의 좋지 않은 벼루였겠는가?"[52] 또 소이간(蘇易簡)[53]의 《연보(硯譜)》를 살펴보니, 또한 용미산석(龍尾山石)의 품등은 단계(端溪)의 다음에 있었다고 했다.[54] 따라서 구양수의 이 말이 굳이 공정한 평가라고는 할 수 없을 것이다.

【案】 葉夢得 《避暑錄話》 云:"歙硯久無良材, 所謂 '羅文眉子'者不復見. 惟龍尾石, 捍堅拒墨, 與凡石無異. 歐文忠推歙石在端石上, 世多不然之, 蓋各因所見耳. 方文忠時, 二地舊石尚多, 豈公所有適歙之良而端之不良者乎?" 又考蘇易簡 《硯譜》, 亦以龍尾山石爲亞于端溪. 歐公此言, 未必公評也.

---

50 섭몽득(葉夢得) : 1077~1148. 중국 송나라의 관리. 자는 소온(少蘊), 호는 석림(石林). 한림학사(翰林學士)·호부상서(戶部尚書)·강동안무대사(江東安撫大使) 등을 역임했다. 기석(奇石) 수집을 좋아하여 돌에 관한 시를 많이 지었다. 저서로 《피서록화(避暑錄話)》·《석림연어(石林燕語)》·《석림시화(石林詩話)》 등이 있다.

51 나문미자(羅紋眉子) : 미자갱(眉子坑)에서 채굴한 그물무늬가 있는 벼룻돌.

52 흡주……벼루였겠는가 : 《避暑錄話》 卷上 《叢書集成初編》 2787, 10쪽).

53 소이간(蘇易簡) : 958~997. 중국 송나라의 관리. 자는 태간(太簡), 시호는 문헌(文憲). 저서로 《문방사보(文房四譜)》·《속한림지(續翰林志)》 등이 있다.

54 소이간(蘇易簡)의……했다 : 《硯譜》 〈活眼死眼〉 《文淵閣四庫全書》 843, 92쪽).

또 살펴보니 용미석은 남당(南唐)[55]의 후주(後主)[56] 때 처음 나타났으며, 당나라의 이하(李賀)[57]가 지은 〈단주청화석연시(端州青花石硯詩)〉[58]가 있는 것으로 보아, 구양수가 '흡주 벼루는 단계 벼루보다 뒤에 나왔다.'라 한 말은 또한 실상을 자세히 살피지 못한 의견이다.】구양수《연보》[59]

구양수는 벼루에 대하여 "단계 벼룻돌은 색과 결이 빛나고 윤택한데, 그중에 자색 돌을 최고로 친다. 흡주 벼룻돌은 단단하고 발묵이 잘 되는 돌이 많다. 벼룻돌의 결은 미세하면서도 거칠고 손으로 문지르면 삭삭 소리가 나는데, 거친 표면이 있는 벼루가 더욱 좋다."라 논했다. 채양(蔡襄)은 "단계 벼루는 빛나고 윤택하며 오직 거친 표면이 있는 벼루가 더욱 좋고 발묵이 아주 잘 된다. 흡주 벼룻돌은 돌에 까칠한 부분이 많은데, 오직 매끄러운 결이 특히 좋다. 대개 기이한 물건은 반드시 그 종류를 달리하기 마련이다."[60]라 했다. 두 사람의 논의가 이처럼

又案龍尾石, 自南唐 李主 時始顯, 而唐 李賀有《端州青花石硯詩》, 則歐公所謂"端溪後出"者, 又不考之論也.】歐陽氏《硯譜》

歐陽公論硯云: "端石色理瑩潤, 以紫石爲上, 歙石堅勁多發墨, 其石理微麤, 以手摩之索索, 有鋒鋩者尤好也." 蔡君謨曰: "端石瑩潤, 惟有鋒鋩者尤佳, 極發墨. 歙石多鋩, 惟膩理特佳. 蓋物之奇者, 必異其類也." 二公議論之不同如此.《捫蝨新話》

---

55 남당(南唐): 중국 오대십국의 하나. 이승(李昇)이 오(吳)를 찬탈하고 스스로 당 종실의 후예라며 나라 이름을 당(唐)이라고 했으며, 이후에는 이를 남당이라 불렀다. 975년 송(宋)나라에 의해 멸망되었다.

56 후주(後主): 937~978. 중국 5대10국시대 남당(南唐)의 마지막 왕. 이름은 이욱(李煜). 자는 중광(重光), 호는 종은(鍾隱). 초명 종가(從嘉). 이욱은 통치자로서 자질은 부족했지만 음률(音律)에 정통하고 사(詞)의 작자로 이름이 높았다. 975년 송나라에 패하고 포로가 되었으며, 한동안 변경에서 생활을 하다 송태종이 내린 사약을 받고 죽었다.

57 이하(李賀): 790~816. 중국 중당(中唐) 때의 시인. 자는 장길(長吉). 특출한 재능과 초자연적 제재(題材)를 애용하는 데 대해 귀재(鬼才)라는 평가를 받았으며, 주요 작품에는 좌절된 인생에 대한 절망감을 굴절된 표현으로 노래한 《장진주(將進酒)》를 비롯 《안문태수행(雁門太守行)》·《소소소(蘇小小)의 노래》등이 있다.

58 당나라의……〈단주청화석연시(端州青花石硯詩)〉: 《全唐詩》卷392〈楊生青花紫石硯歌〉.

59 《硯譜》〈龍尾石〉《文淵閣四庫全書》843, 92쪽).

60 단계……마련이다: 《硯譜》〈紅絲石〉《文淵閣四庫全書》843, 91쪽).

달랐다. 《문슬신화》[61]

용미석(龍尾石)은 물속에서 많이 난다. 그러므로 아주 따뜻하고 윤택하며 성질은 본래 단단하고 치밀하다. 두드리면 그 소리가 맑아 옥소리 울려 퍼지듯 아름다우니 다른 돌과는 다르다. 색은 창흑(蒼黑)색이 많은데 또한 청벽(靑碧)색도 있다.

龍尾石多産於水中, 故極溫澤, 性本堅密, 扣之其聲淸越, 婉若玉振, 與他石不同. 色多蒼黑, 亦有靑碧者.

미자[眉子, 미자갱(眉子坑)에서 채굴한 벼룻돌]의 색은 청색 또는 자색이며, 단미자(短眉子, 짧은 무늬)와 족미자(簇眉子, 조릿대 무늬)는 자고 있는 누에 같고 무소뿔 무늬의 결이 수직 방향으로 서 있다. 장미자(長眉子, 긴 무늬)와 활미자(闊眉子, 넓은 무늬)는 호랑이가죽 무늬에 소나무 무늬의 결이 세로로 나 있다. 그것을 '안호찬(雁湖攢, 호수에 모인 기러기)'이라 하는데, 대미자(對眉子)와 더불어 가장 뛰어난 벼룻돌이다.

眉子, 色靑或紫, 短者, 簇者, 如臥蠶而犀紋立理. 長者, 闊者, 如虎紋而松紋理, 其曰"雁湖攢", 與對眉子, 最爲精絶.

이런 종류에는 모두 9품(九品)이 있다.

凡九品.

【① 안호미자(雁湖眉子)·

② 대미자(對眉子)·

③ 금성미자(金星眉子, 금색 별빛무늬)·

④ 녹두미자(菉豆眉子)·

⑤ 금축미자(錦蹙眉子, 눈썹무늬와 동심원무늬)·

⑥ 단미자(短眉子)·

⑦ 장미자(長眉子)·

⑧ 족미자(簇眉子)·

【雁湖眉子、

對眉子、

金星眉子、

菉豆眉子、

錦蹙眉子、

短眉子、

長眉子、

簇眉子[10]、

---

61 《捫蝨新話》下〈歐陽公蔡君謨論硯與書不同〉(《叢書集成初編》311〈捫蝨新話下集〉卷1, 47쪽).
[10] 簇眉子 : 저본에는 없음. 오사카본·규장각본에 근거하여 보충.

⑨ 활미자(闊眉子)】

　　추라문(麤羅紋)은 돌의 결이 성글지 않고, 세라문(細羅紋)은 어리지 않은 것이 좋다. 이런 종류에는 모두 12품이 있다.

　【① 세라문(細羅紋, 가는 비단무늬)·

　　② 추라문(麤羅紋, 세라문보다 굵고 거친 비단무늬)·

　　③ 암세라문(暗細羅紋, 결이 곱고 드러나지 않는 무늬)·

　　④ 송문라문(松紋羅紋, 소나무껍질무늬)·

　　⑤ 각랑라문(角浪羅紋, 일렁이는 파도무늬)·

　　⑥ 금성라문(金星羅紋, 별처럼 흩어진 금빛 점무늬)·

　　⑦ 쇄사라문(刷絲羅紋, 아주 가는 실무늬)·

闊眉子】

麤羅紋理不疏，細羅紋石不嫩者爲佳. 凡十二品.

【細羅紋、

麤羅紋、

暗細羅紋、

松紋羅紋、

角浪羅紋、

金星羅紋、

刷絲羅紋、

세라문

추라문

암세라문

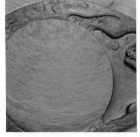
송문라문

각랑라문

금성라문

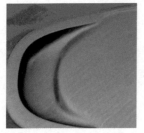
쇄사라문

이장라문

산자라문

⑧ 도지라문(倒地羅紋, 땅이 울렁이듯이 울퉁불퉁 튀어나　倒地羅紋[11]、
온 무늬)·

⑨ 석심라문(石心羅紋)[62]·　石心羅紋、

⑩ 난석라문(卵石羅紋, 조약돌 같은 모양이 봉긋 솟아올라　卵石羅紋、
있는 무늬)·

⑪ 이장라문(泥漿羅紋, 고운 진흙무늬)·　泥漿羅紋、

⑫ 산자라문(算子羅紋, 산가지[63]처럼 굵은 줄무늬).】　算子羅紋.】

　추라문 중에서 석질이 약간 고운 경우에는 먹이　麤羅紋稍細者易爲磨墨,
쉽게 갈린다. 세라문(細羅紋) 중에서 조금 단단한 무　細羅紋稍堅者最能發墨.
늬는 발묵이 가장 잘 된다. 쇄사라문·송문라문·각　若刷絲、松紋、角浪, 皆以
랑라문과 같은 경우는 모두 그 결이 성글어서 먹이　其理疏, 易於磨墨, 至於
쉽게 갈린다. 금성라문 종류는 그 밖의 종류로, 그　金星之類, 乃其餘事, 自有
것들대로 우열이 있지만, 오직 이장라문이 일품이　優劣, 獨泥漿一品, 較之諸
다. 여러 돌과 비교해 보면 무늬와 결이 세밀하고 따　石, 紋理細密, 富於溫潤.
뜻함과 윤택함이 풍부하다. 하지만 이 종류들은 대　但多不甚堅實.

---

62 석심라문(石心羅紋) : 벼루의 중심 색이 벼루 가장자리의 색보다 옅고, 나이테 없는 나무줄기의 횡단면과
　같은 무늬.
63 산가지 : 주역의 괘를 뽑을 때 사용하는 얇은 나무 막대.
[11] 紋 : 저본에는 없음. 오사카본·규장각본에 근거하여 보충.

부분 그다지 튼실하지 못하다.

산자라문은 무늬가 과자라문(瓜子羅紋, 오이씨무늬)과 같지만 이는 가장 아름다운 무늬이다. 이 돌은 물이 흐르는 갱도 안에서 나는데 운이 좋아야 얻을 수 있기에 꼭 얻으리라는 보장이 없다. 간혹 보통의 나문석을 가져다 가짜 산자라문을 만들면 진위를 판별하기 매우 어렵다.

조심문(棗心紋, 대추씨무늬)은 청색이고 윤택하여 아낄 만하다. 벼룻돌 가운데 작은 반점무늬가 있는데, 가운데는 넓고 상하가 모두 뾰족하여 그 모양이 대추씨 같다. 그러나 비록 잡티는 적어도 석질이 지나치게 단단해서 품등이 많이 떨어진다.

수현갱(水舷坑)[64]의 금색무늬는 모두 10종이 있다.

【청색 얼룩무늬가 다음과 같은 모양이 있다.

算[12]子羅紋, 紋若瓜子羅紋, 然此最佳者也. 出水波坑中, 幸而得之, 不可期. 或取羅紋側爲之, 甚能亂眞.

棗心, 靑潤可愛, 中有小斑紋, 中廣, 上下皆銳, 形若棗核. 然雖少疵瑕, 多失之頑固.

水舷[13]金紋, 凡十種.

【靑斑如舞鶴者、

과자라문

---

64 수현갱(水舷坑): 흡주 벼루를 채굴하는 갱도. 계곡에 위치하여 겨울에 물이 줄면 채석했다.
[12] 算: 저본에는 "瓜".《歙硯說》에 근거하여 수정.
[13] 舷: 저본에는 "鉉".《歙硯說》에 근거하여 수정.

① 춤추는 학과 같은 모양,

② 장수선인(長壽仙人)<sup>65</sup>과 같은 모양,　　如長壽仙人者、

③ 원앙 한 쌍과 같은 모양,　　如雙鴛鴦者、

④ 고사선인(枯槎仙人)<sup>66</sup>과 같은 모양,　　如枯槎仙人者、

⑤ 아침 연무나 구름 같은 모양,　　如朝霞雲氣者、

⑥ 추운 날 호수의 외로운 기러기와 같은 모양,　　如湖中寒雁者、

⑦ 물고기 한 쌍·웅크리고 있는 부엉이와 같은　　如雙魚、蹲鴟者.
모양,

⑧ 호병(壺瓶)과 같은 모양,　　如壺⑭瓶者、

⑨ 자고 있는 누에와 같은 모양,　　如臥蠶者、

⑩ 북두칠성과 같은 모양.】　　如斗者.】

일반적으로 벼루는 밝고 깨끗함이 우선이니, 미세한 흠집이 조금이라도 있으면 매우 귀중하게 여기기에는 모두 부족하다. 이처럼 돌의 결점으로는 10가지가 있다.　　凡硯以瑩淨爲先, 小有痕線, 皆不足甚貴. 石病有十.

【① 지렁이가 지나간 자취와 같은 흠집이다.　　【痕如蚓行迹也.

② 계각(鷄脚)은 닭 발자국 모양과 같은 흠집인데,　　鷄脚如鷄迹, 麻石黯色也.
화강석[麻石]의 어두운 색 부분이다.

③ 조순(鳥肫)이라는 흠집에는 나뭇잎 모양과 같은 흠집이 있는데, 마치 살 중에 모이주머니처럼 주름진 부분과 같다.　　鳥肫有痕如木葉, 若肉中脞也.

---

65 장수선인(長壽仙人) : 인간의 수명을 관장하는 별자리인 남극성(南極星)을 인격화하여 노인으로 표현한 것으로, 수노인(壽老人)·남극노인(南極老人)이라고도 한다. 작은 키에 긴 수염과 정수리가 불룩 솟아오른 벗겨진 머리 그리고 발목까지 덮는 옷차림에 사슴을 동반하거나 책을 든 모습으로 그려진다.

66 고사선인(枯槎仙人) : 나무배[枯槎]를 타고 가는 신선들을 말한다. 도교 전설에 따르면 신선인 서왕모(西王母)는 반도원(蟠桃園)이라는 복숭아 과수원을 가지고 있었다. 이곳의 복숭아나무에서는 3,000년에 한 번 복숭아가 열렸는데, 이 복숭아를 먹으면 불로장생할 수 있다고 한다. 복숭아가 열리면 이를 기념하여 반도회(蟠桃會)를 열었고, 여기에 참석하기 위하여 여러 신선들이 나무배를 타고 바다를 건넜다고 한다.

⑭ 蹲……壺 : 저본에는 없음. 《歙硯說》에 근거하여 보충.

④ 물결무늬 흠집은 베나 비단무늬처럼 두루 얽혀 있는데, 옅은 흑색이거나 진한 흑색이다.

⑤ 췌자(贅子, 군살처럼 튀어나온 흠집)는 검은콩만 한 크기로 살짝 튀어나와 손에 거슬리는 흠집으로, 이것을 떼어내면 벼루에 큰 균열이 많이 생긴다.

⑥ 탑선(搭線)은 갈라진 것 같은 비스듬한 형태의 흠집이다.

⑦ 황란(黃爛)은 흙 중에 있는 돌의 겉껍질 같은 흠집이다.

⑧ 경선(硬線)은 튀어나와 손에 살짝 만져지는 흠집으로, 비록 솜씨 좋은 장인이라도 갈아서 평평하게 할 수가 없다.

⑨ 돌 위에 작은 먼지만 한 구멍의 흠집이 있는데, 이는 돌의 피부이다.

⑩ 그리고 단문(斷紋)은 단절된 양쪽이 서로 이어지면서 일치하지 않는 흠집이다.】《흡연설》[67]

## 세라문(細羅紋)

돌의 무늬가 비단 주름과 같이 정교하고 곱다. 그 색은 푸르고 밝으며, 그 결은 치밀하고, 단단하고 무겁다. 밝고 깨끗하여 잡티나 균열이 없으니, 벼루의 뛰어난 재료이다.

浪痕徧[15]纏如布帛紋, 作淺深黑色也.

贅子如烏[16]豆, 隱起礙手, 開之多成大釁也.

搭線, 斜紋若斷裂也.

黃爛者, 土中石皮也.

硬線高起隱手, 雖良工不能礪平也.

石上有微塵孔者, 石之膚也.

而斷紋, 兩不相着也.】《歙硯說》

## 細羅紋

石紋如羅縠精細, 其色靑瑩, 其理緊密堅重, 瑩淨無瑕釁, 乃硯之奇材也.

---

67 《歙硯說》(《文淵閣四庫全書》843, 80~82쪽).
⑮ 徧 : 저본에는 "偏".《歙硯說》에 근거하여 수정.
⑯ 烏 : 저본에는 "鳥".《歙硯說》에 근거하여 수정.

## 추라문(麤羅紋)

세라문(細羅紋)과 비슷하나 무늬와 결이 그보다 조금 거칠다.

## 암세라문(暗細羅紋)

비록 무늬는 곱지만 어두워서 드러나지 않으며, 무늬와 결이 은은하고 돌의 색이 옅은 청흑색이다.

## 쇄사라문(刷絲羅紋)

돌의 무늬가 정교하고 고우며 빽빽이 얽혀 있어 마치 솔로 쓸어낸 듯하다.

## 금화라문(金花羅紋)

무늬 사이사이로 금빛 점과 같은 무늬가 어지러이 찍혀 있고 크기는 일정하지 않은데, 마치 화가가 금을 녹여 만든 것 같다.

## 금훈라문(金暈羅紋)

금빛 동심원이 마치 그림을 그린 듯 여러 개 겹쳐 있다. 마치 그림을 그린 듯하다. 혹은 동심원이 알 모양이나 살구나무잎 같기도 한데, 모두 여러 겹으로 중첩되어 있다.

## 금성라문(金星羅紋)

미세한 금빛 점이 별처럼 흩어져 있다. 금으로 그린 듯이 눈썹 같은 무늬가 있고, 가로로 그린 듯 금색 선의 길이가 일정하지 않은 무늬도 있다.

## 麤羅紋

似細羅紋, 而紋理稍麤.

## 暗細羅紋

羅紋雖細, 晦而不露, 紋理隱隱, 石色微靑黑.

## 刷絲羅紋

石紋精細纏密, 如刷絲然.

## 金花羅紋

羅紋地上間似金花亂點, 大細不常, 如畫工銷金.

## 金暈羅紋

金暈數重如抹畫者, 或暈如卵形及杏葉, 皆重疊數重.

## 金星羅紋

細金點如散星者, 有金抹如眉子者, 有橫[17]抹金紋長短不定者.

## 산조라문(算條羅紋)

쇄사라문(刷絲羅紋)과 비교하면 결이 성글고 거칠며 커서, 바로 늘어놓은 산가지와 같다.

## 算條羅紋

比刷絲紋, 理疏而麤大, 正如排算子.

## 각랑라문(角浪羅紋)

곧은 무늬가 여러 개의 선처럼 있는데, 그 모습이 마치 파도의 물결 같다.

## 角浪羅紋

直紋數路, 如角浪然.

## 과자라문(瓜子羅紋)

세라문(細羅紋)에 비하여 더욱 곱고, 오이씨[瓜子]처럼 무늬가 촘촘하다.

## 瓜子羅紋

比細羅紋尤細, 狹如瓜子者.

## 세조심(細棗心)

비단결무늬는 없지만 돌무늬의 양쪽 머리가 대추씨처럼 뾰족하다.

## 細棗心

無羅紋, 而石紋兩頭尖如棗核.

## 추조심(麤棗心)

세조심(細棗心)과 비교하여 거칠다.

## 麤棗心

較細棗心而麤.

## 수파(水波)

무늬의 결이 가로로 가늘게 나 있는 것이 마치 쾌청한 낮에 불어온 미풍에 살살 흔들리는 맑은 연못의 잔물결 같은 무늬이다.

## 水波

紋理橫細, 如晴晝微風, 清沼漣漪18之紋.

---

17 橫 : 저본에는 "黃". 《辨歙石說》에 근거하여 수정.
18 漪 : 저본에는 "濟". 오사카본·규장각본·《辨歙石說》에 근거하여 수정.

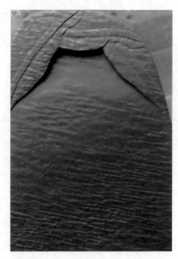

수파라문

## 대미자(對眉子)

돌의 무늬가 마치 사람이 눈썹을 그린 듯 가늘며 곳곳에서 눈썹이 마주하고 있는 형상을 이루고 있다.

對眉子

石紋如人畫眉而細, 遍地成對者.

## 금축(錦蹙)

돌의 동심원무늬가 마치 구름을 그린 듯하고, 간간이 금빛 동심원무늬가 마치 비단[錦]에 주름이 잡힌[蹙] 듯한 모양이다.

錦蹙

石暈如畫雲氣, 間以金暈, 如蹙錦然.

## 금축미자(錦蹙眉子)

돌의 무늬가 눈썹처럼 가로로 나 있고, 간간이 금빛 동심원무늬가 있다.

錦蹙眉子

石紋橫如眉子, 間有金暈.

## 나한입동(羅漢入洞)

돌 중에 구름 같은 금빛 동심원무늬가 있고, 아

羅漢入洞

石中有金暈如雲氣, 下有

래에는 나한(羅漢)[68]이 감실(龕室)[69]에 앉아 있는 듯한 형태의 무늬가 있다.

羅漢龕座之形.

### 금성미자(金星眉子)

눈썹무늬가 성글고 고르게 있으며 그 사이로 금빛 별무늬가 있다.

金星眉子

眉子疏均而有金星間之.

### 선두미자(鱔肚眉子)

눈썹무늬는 성글고 고르게 있으며 돌의 무늬가 마치 인(人) 자와 같다. 선두(鱔肚, 드렁허리의 배)무늬 사이로 간간이 금빛 동심원무늬와 금빛 별무늬가 있다.

鱔肚眉子

眉子疏而均, 石紋如人字.
鱔肚紋間有金暈、金星者.

### 안찬호미자(雁攢湖眉子)

벼루 중심에 무늬가 있는데, 동심원무늬는 넓은 연못 같고, 사방 주위로 눈썹무늬가 빽빽하여, 마치 기러기떼가 무리 지어 나는 듯한 모양이다.

雁攢湖眉子

硯心有紋, 暈如汪池, 四外
眉子密密, 如群雁飛集[19]之
狀.

### 녹두미자(菉豆眉子)

돌의 결이 조금 검고 약간 드러나지 않으며 반점 안에 짧고 빽빽한 눈썹무늬가 있다.

菉豆眉子

石理稍黑微暗, 而斑內有
短密眉子紋.

### 금화미자(金花眉子)

눈썹무늬의 돌 안에 금빛 꽃무늬와 금빛 동심원

金花眉子

眉子石中有金花、金暈者.

---

68 나한(羅漢): 산스크리트어를 음역한 아라한(阿羅漢)의 약칭. 석가모니에게 직접 가르침을 받은 제자들을 의미하기도 하지만, 보통 불교의 출가 수행자 중에 최고의 경지에 이른 사람을 말한다.
69 감실(龕室): 불상을 모셔두는 누각이나 석실(石室).
[19] 集: 저본에는 없음. 《辨歙石說》에 근거하여 보충.

무늬가 있는 것이다.

## 단미자(短眉子)

눈썹무늬가 빽빽하고 짧으며 고르게 있다.

短眉子

眉子密短而均.

## 장미자(長眉子)

눈썹무늬가 길고 조금 크다.

長眉子

眉子長而差大.

## 이장

세라문(細羅紋)이면서도 더욱 따뜻하고 윤택하니, 바로 나문산(羅紋山)의 하갱(下坑)[70]에서 채굴된 돌이다.

泥漿

細羅紋而尤溫潤, 乃羅紋下坑石.

나문산의 상갱(上坑)에서 채굴된 돌은 색이 조금 진하다. 중갱(中坑)에서 채굴된 돌은 색이 조금 담박하다. 하갱(下坑)에서 채굴된 돌이 바로 이장석(泥漿石)이다. 조심갱(棗心坑)[71]은 모두 물이 흐르지 않는 마른 갱도이므로 돌이 조금 건조하다.

기문현(祁門縣)[72]에서는 세라문석(細羅紋石)이 나는데 이장석과 아주 흡사하고 또한 비단무늬가 있다. 다만 돌의 결이 조금 물러서 그다지 단단하지 않다. 색은 담담하고, 쉽게 마른다. 이 돌은 진짜를 구별

羅紋上坑石色微重, 中坑石色微淡, 下坑卽泥漿石. 棗心坑, 皆乾坑, 故石微燥.

祁門縣出細羅紋石, 酷似泥漿石, 亦有羅紋, 但石理稍慢, 不甚堅, 色淡易乾耳. 此石甚能亂眞, 人多以

---

70 나문산(羅紋山)의 하갱(下坑) : 나문산은 흡주의 용미산(龍尾山)을 말한다. 계곡을 따라 벼룻돌을 채굴하는 갱도가 있는데 하갱·중갱·상갱으로 나뉜다.
71 조심갱(棗心坑) : 중국 남당(南唐)의 후주(後主, 937~978)가 후원하여 흡주석을 채굴하던 갱도. 그의 사후 그 장소가 잊혀졌으나 북송(北宋) 경우(景祐) 연간에 재발견되었다.
72 기문현(祁門縣) : 중국 강서성(江西省) 상요(上饒) 일대에 있던 옛 지명. 옛날 휘주(徽州)의 6현 중 하나.

하기 매우 힘든데, 사람들이 대부분 무원(婺源)[73]의 이장석을 진짜로 여기니, 마땅히 정밀하게 변별해야 한다.

흡현(歙縣)에서는 쇄사연(刷絲硯)[74]이 나는데 매우 좋지만 무늬와 결이 너무 분명하다. 무늬가 없고 사이사이로 흰 선과 흰 점이 있는 벼루가 이것이다. 《변흡석설(辨歙石說)[75]》[76]

흡주의 벼룻돌은 용미계(龍尾溪)에서 나는 것으로, 그 돌은 견고하고 단단하며 발묵이 잘 된다. 그러므로 옛 사람들이 많이 사용하였다. 금빛 별무늬를 귀하게 여기며, 돌의 결이 조금 거칠어 손으로 문지르면 삭삭 소리가 난다. 거친 표면이 있는 것은 더욱 좋다.

爲婺源泥漿石, 當須精辨之也.

歙縣出刷絲硯, 甚好, 但紋理太分明. 無羅紋, 間有白路、白點者是.《辨歙石說》

歙石出龍尾溪者, 其石堅勁發墨, 故前人多用之. 以金星爲貴, 石理微粗, 以手磨之索索然, 有鋒鋩者尤佳.

쇄사연

---

73 무원(婺源) : 중국 안휘성 황산시 일대에 있던 옛 지명. 옛날 휘주의 6현 중 하나.
74 쇄사연(刷絲硯) : 솔로 쓸어낸 듯한 무늬의 벼루.
75 변흡석설(辨歙石說) : 중국 송(宋)나라 때 쓰여진 벼루에 관한 책. 작자는 미상이다.
76 《辨歙石說》(《文淵閣四庫全書》 843, 83~84쪽).

흡계(歙溪, 흡주의 용미산 계곡)에서 채굴되는 벼룻돌의 나문(羅紋)은 비단의 무늬와 같다. 옥처럼 가늘고 윤택하고, 머리털처럼 촘촘하여 솔로 쓸어낸 듯하며 금빛과 은빛무늬 사이의 솔로 쓸어낸 듯한 무늬 또한 가늘고 촘촘하다.

歙溪羅紋如羅之紋, 細潤如玉, 刷絲如髮之密, 金銀間刷絲亦細密.

미자(眉子)【곧 초승달 모양 눈썹이다.】는 손발톱 자국 같은데 옛 갱도에서 나는 4종류의 돌이며, 색은 청색·흑색을 가지고 있다. 새 갱도에서 나는 돌은 나문(羅紋)이 무[蘿蔔]의 무늬와 같고, 솔로 쓸어낸 듯한 무늬는 무늬마다 0.01~0.02척씩 떨어져 있다. 미자(眉子)는 어떤 것은 길이가 0.1~0.2척이다.

眉子【卽蛾眉也】如甲痕, 爲舊坑四種石也, 色俱靑、黑. 其新坑者, 羅紋如蘿蔔紋, 刷絲每條相去一二分. 眉子或長一二寸.

금성신구갱(金星新舊坑)[77]의 돌은 색이 비록 담청색이지만 석질이 모두 거칠고 건조하다. 은성신구갱(銀星新舊坑)도 같다. 《준생팔전》[78]

金星新舊坑石, 色雖淡靑, 質竝麤燥, 銀星新舊坑同. 《遵生八牋》

흡주(歙州)에는 벼룻돌 매장지를 알려주는 지도가 있는데 석굴이 가장 많은 종류이다. 적자석(赤紫石)에는 잡티가 많은데, 토박이들은 이 돌의 선무늬·맥락무늬·사이가 들뜬 무늬를 3가지 하자로 생각한다. 지금 사람들은 세라문(細羅紋)에 별무늬가 없는 벼룻돌을 제일로 친다. 《연사》[79]

歙州有硯圖, 石峝最多種. 而赤紫石多瑕, 土人以線、脈、隔爲三種病. 今人以細羅紋無星爲上. 《硯史》

---

77 금성신구갱(金星新舊坑): 금성갱의 옛 갱도와 새 갱도는 나문산의 서북쪽에 있고 나문갱에서 약 150m 떨어져 있다. 채굴비용이 많이 들고 소득이 적어 송나라 때부터 채굴을 하지 않았다.
78 《遵生八牋》卷15〈燕閑淸賞牋 中〉"論硏"《遵生八牋校注》, 561쪽).
79 《硯史》〈歙硯婺源石〉《文淵閣四庫全書》843, 68쪽).

## 4) 중국 여러 지역 벼루의 품등

당주(唐州) 방성현(方城縣)[80] 갈현(葛玄)[81]의 암석

【돌의 결을 햇빛에 비추어 보면 옥(玉)처럼 영롱하고 거울처럼 빛나지만 먹이 벼루에 닿는 감촉이 징니(澄泥)[82]처럼 미끌거리지 않고, 조금 갈아 보면 먹이 이미 갈렸는데도 열이 나지 않으면서 거품이 생긴다. 먹을 갈 때 거품이 생기는 이유는 아교 때문이다. 오래 묵은 먹을 갈면 거품이 일지 않으니, 이는 아교의 힘이 다 빠졌기 때문이다. 만약 벼룻돌이 미끄럽게 마모된 지 오래되어 먹이 더디게 갈리면, 벼루와 먹의 강한 성질이 부딪혀 열이 생기기 때문에 아교가 거품을 내는 것이다.

唐州 方城縣 葛仙公巖石

【石理向日視之, 如玉瑩如鑑光, 而着墨如澄泥不滑, 稍磨之, 墨已下, 而不熱生泡. 生泡者膠也. 古墨無泡, 膠力盡也. 若石滑磨久, 墨下遲則兩剛生熱, 故膠生泡也.

징니(澄泥) 금어연(金魚硯)《문방청완(文房淸玩)》

---

80 당주(唐州) 방성현(方城縣) : 지금의 중국 하남성(河南省) 서남쪽에 위치한 남양시(南陽市) 인근에 있는 현.
81 갈현(葛玄) : 164~244. 중국 삼국시대 오(吳)나라의 도사. 벼슬을 하지 않고 불로장생을 연구하다 244년에 선인이 되었다고 전해진다. 그의 사상이 도교 영보파(靈寶派)로 발전했다.
82 징니(澄泥) : 입자가 몹시 고운 뻘모래를 천으로 거르고 가라앉힌 고운 진흙. 징니에 황단(黃丹)을 넣고 반죽하여 징니연(澄泥硯)을 만든다. 징니연은 한(漢)나라 때부터 만들었고, 당(唐)·송(宋)대에 가장 많이 만들었다. 냄새를 맡아보면 뻘모래의 독특한 향기가 난다.

당주 방성현의 돌로 만든 원대(元代) 벼루

이 벼룻돌은 이미 오랫동안 먹을 갈아도 열이 나지 않는 데다 발묵이 되면 먹물이 옻이나 기름 같은 빛을 내뿜는다. 아름답고 먹물이 벼루에 스며들지 않으며, 세월이 오래 지나도 벼룻돌이 닳지 않고, 항상 새로 만든 듯하여 군자처럼 덕(德)을 한결같이 간직하는 지조가 있다. 색은 자색(紫色)을 띠어 아낄 만하고, 소리는 평이하면서 울림이 있다. 또한 맑은 청백색을 띠며, 달이나 별과 같은 무늬가 있지만 동심원 무늬는 없다.】

此石旣不熱良久, 墨發生光如漆如油, 有艶不滲, 歲久不乏, 常如新成, 有君子一德之操. 色紫可愛, 聲平而有韻, 亦有澹靑白色, 如月如星而無暈.】

### 온주(溫州)[83] 화엄니사(華嚴尼寺)[84] 암석

【돌의 결을 햇빛에 비추어 보면 방성현(方城縣)의 돌과 같아 먹을 갈면 열이 나지 않지만 거품도 일어나지 않는다. 발묵이 되면 옻이나 기름 같은 빛을 내뿜고, 아름답고 먹물이 벼루에 스며들지 않는다. 색은 적색을 띠면서 흰 모래 모양의 점이 많다. 벼루를

### 溫州 華嚴尼寺巖石

【石理向日視之, 如方城石, 磨墨不熱無泡, 發墨生光如漆如油, 有艶不滲. 色赤而多有白沙點, 爲硯則避磨墨處, 比方城差慢, 難

---

83 온주(溫州) : 지금의 중국 절강성(浙江省) 온주시(溫州市) 일대.
84 화엄니사(華嚴尼寺) : 중국 절강성(浙江省) 온주시(溫州市) 태순현(泰順縣)에 있는 고찰.

만들면 이곳이 먹이 갈리는 부분이 되지 않도록 피해야 한다. 방성현의 돌과 비교하여 석질이 조금 거칠어 조각하기는 어렵지만 연마하기는 쉽다. 또한 흰 점이 있는데, 흰 점이 있는 곳은 옥(玉)의 성질을 띠어 이곳을 두드리면 소리는 중간 정도이고 울림은 없다. 지금 전해지는 왕희지(王羲之)의 벼루가 바로 이 돌로 만든 것이다.】

靳而易磨. 亦有白點, 點處有玉性, 扣之, 聲平無韻. 今所傳王羲之硯者, 乃此石.】

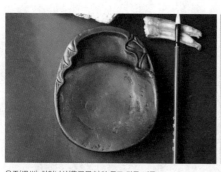

온주(溫州) 화엄니사(華嚴尼寺)의 돌로 만든 벼루

## 통원군(通遠軍)[85] 멱석(滰石)

【돌의 결이 꺼끌꺼끌하여 칼날을 갈 만하고, 관복처럼 녹색을 띤다. 색이 이보다 짙은 돌도 아낄 만하다. 또 물결치는 무늬와 간간이 검고 작은 점이 있는데, 이곳 토박이들은 이 점들을 '전묵점(滰墨點, 먹물을 뿌려놓은 듯한 점)'이라 한다.

촘촘하게 이어진 무늬가 매우 기묘하고 단단한

## 通遠軍 滰石

【石理澁可礪刃, 綠色如朝衣, 深者亦可愛. 又則水波紋, 間有黑小點, 土人謂之 "滰墨點".

有緊甚奇妙而硬者, 與墨

---

85 통원군(通遠軍): 지금의 중국 감숙성(甘肅省) 농서현(隴西縣) 일대. 통원군에서 공주(鞏州)라는 지명을 거쳐 지금의 농서현이 되었다.

돌과 먹과 합쳐지는 매우 거친 돌이 있다. 이런 돌은 먹물이 스며들어 광택이 나지 않는다. 2가지 요소가 적절한 돌이 매우 좋다. 또한 적자(赤紫)색을 띠는 돌이 있는데, 색은 얼룩지며, 벼루를 만들어 발묵이 되면 지나치게 녹색을 띠고 색이 고르지도 깨끗하지도 않다. 또 흑색을 띠는 돌이 있는데, 융인(戎人)[86]들은 이 돌로 칼날을 간다. 철색(鐵色)을 띠며 광택이 돌고 결이 두터워서 또한 벼루를 만들 수는 있지만 석질이 단단하여 발묵이 되지 않는다.】

鬪而慢甚者, 滲墨無光. 其中者甚佳. 亦有赤紫石, 色斑, 爲硯發墨, 過於綠者, 而不勻淨. 又有黑者, 戎人以礪刃, 而鐵色光肥, 亦可作硯, 而堅不發墨.】

물결치는 무늬 벼루(《문방청완》)

통원군에서 채취한 암석

## 서도(西都)[87] 회성궁석(會聖宮石)[88]

【산골짜기에 흐르는 시내 속에 있다. 색은 자색

## 西都 會聖宮石

【在溪澗中, 色紫, 理如虢

---

86 융인(戎人) : 지금의 섬서성(陝西省) 서부와 감숙성(甘肅省) 일부에 거주했던 이민족 부족들을 두루 칭하는 말로, 서융(西戎)이라고도 했다.

87 서도(西都) : 지금의 중국 하남성(河南省) 낙양시(洛陽市)의 언사현(偃師縣) 일대. 송나라에서는 양경제(兩京制, 2개의 도읍을 두는 제도)를 실시하여 변량(汴梁)을 동도(東都), 낙양을 서도(西都)로 나누었다.

88 회성궁석(會聖宮石) : 송 인종(仁宗, 1010~1063)이 봉황산(鳳凰山)에 건축하여 송나라 황실을 배향하는 제사가 거행되던 회성궁(會聖宮) 일대에서 채취한 돌.

회성궁석 벼루

율정석 벼루

(紫色)이고 돌의 결은 괵석(虢石)[89]과 같지만 조금 단단하다. 발묵이 되며, 간 먹물이 줄지 않고 두드려도 소리가 없다.】

石, 差硬. 發墨不乏, 扣之無聲.】

### 성주(成州)[90] 율정석(栗亭石)

【색은 청색이고, 구릿빛 점이 있는데, 크기는 손가락만 하다. 돌의 결이 거칠고 발묵이 되고 먹물이 줄지 않으며, 기와 조각과 같은 모양을 띤다.】

### 成州 栗亭石

【色青, 有銅點, 大如指. 理慢, 發墨不乏, 有瓦礫之象.】

### 담주(潭州)[91] 곡산석(谷山石)

【색은 담청색이고, 실이 얽힌 듯한 무늬가 있다. 돌의 결이 거칠고, 두드려도 소리가 없다. 먹이 잘 갈리고 발묵이 되면 먹물에 광택이 있다.】

### 潭州 谷山石

【色淡青, 有紋如亂絲, 理慢, 扣之無聲, 得墨快, 發墨有光.】

---

89 괵석(虢石) : 괵주(虢州)에서 채취한 돌. 아래의 괵주석(虢州石)에 보인다.
90 성주(成州) : 지금의 중국 감숙성(甘肅省) 휘현(徽縣) 일대.
91 담주(潭州) : 지금의 중국 호남성(湖南省) 장사시(長沙市) 일대.

곡산석 벼루

녹석 벼루

### 귀주(歸州)⁹² 녹석(綠石)

【돌의 결에 바람에 파도가 일렁이는 형상이 있는데, 무늬 끝이 촘촘하거나 느슨한 정도가 일정하지 않아 고르게 다듬기 어렵다. 먹이 잘 갈리지만 먹물이 벼루에 스며들어 광택이 돌지 않는다. 색은 녹색을 띠어 아낄 만한데, 화사한 색을 띠며 푸른빛이 도는 옥색처럼 담박하다.】

### 기주(夔州)⁹³ 이석(黟石)

【색은 흑색이고 돌의 결이 건조하며, 간혹 묵옥(墨玉)⁹⁴처럼 빛나는 흑점이 있다. 발묵이 되고 먹물이 줄지 않는다.】

### 여산(廬山)⁹⁵ 청석(青石)

【대략 담주(潭州) 곡산석(谷山石)과 같다.】

### 歸州 綠石

【理有風濤之狀, 紋頭緊慢不等, 治難平. 得墨快, 滲墨無光彩, 色綠可愛, 如黇色, 澹如水蒼色.】

### 夔州 黟石

【色黑理乾, 間有墨點如墨玉光. 發墨不乏.】

### 廬山 青石

【大略與潭州 谷山同.】

---

92 귀주(歸州) : 지금의 중국 호북성(湖北省) 의창시(宜昌市)에 속한 자귀현(秭歸縣)의 옛 지명.
93 기주(夔州) : 중국 사천성(四川省) 중경시(重慶市) 동부에 위치한 봉절현(奉節縣)의 옛 지명.
94 묵옥(墨玉) : 옥(玉)의 일종으로, 검은색을 띠며 광택이 도는 옥.
95 여산(廬山) : 중국 강서성(江西省) 구강시(九江市) 남쪽에 위치한 산으로, 해발 1,474m이다.

청석 벼루

소주의 갈황석 벼루

## 소주(蘇州)[96] 갈황석(褐黃石)

【돌의 결이 거칠어 발묵이 되어도 먹물이 스며들지 않으며, 기주(夔州) 이석(黟石)과 비슷하다. 이곳 토박이들은 이 돌을 깎아서 벼루를 만드는데, 풀 한 단을 태워 뭉근한 잿불에 묻어두면 색이 마침내 자색으로 변한다. 벼루를 써보면 잿불에 묻어두지 않은 것과 마찬가지로, 또한 먹물이 잘 마르지 않는다. 이에 타고난 성질은 물이나 불로도 바꿀 수 있는 것이 아님을 알 수 있다.】

## 蘇州 褐黃石

【理麤發墨不滲, 類夔石. 土人刻成硯, 以草一束燒過, 爲慢灰火煨之, 色遂變紫. 用之與不煨者一同, 亦不燥, 乃知天性非水火所移.】

묵옥

---

96 소주(蘇州): 중국 강소성(江蘇省) 남쪽에 있는 소주시(蘇州市).

건계(建溪)97 암담석(黯澹石)

【돌의 결이 소뿔과 같으며 두드리면 단단하고 맑은 소리가 난다. 먹을 오래 갈아도 먹물을 얻지 못하고, 비록 먹물을 얻더라도 색이 잿빛처럼 변한다. 그러나 그릇을 만들면 매우 좋다.】

치주석(淄州石)98

【돌의 결이 매끄럽고 먹물이 쉽게 줄어 품질이 건계(建溪) 암담석(黯澹石)의 다음이다.】

建溪 黯澹石

【理如牛角, 扣之聲堅淸. 磨久不得墨, 縱得, 色變如灰, 作器甚佳.】

淄州石

【理滑易乏, 在建石之次.】

치주석 벼루

청주(青州)99 온옥석(蘊玉石)·홍사석(紅絲石)·청석(青石)

【돌의 결은 치밀하고, 소리는 견고하며 맑다. 색은 청흑색을 띠고, 탄환 크기의 흰 점이 있다. 먹물

青州 蘊玉石·紅絲石·青石

【理密, 聲堅淸, 色青黑, 白點如彈. 不着墨, 墨無

---

97 건계(建溪) : 중국 복건성(福建省) 남평시(南平市) 일대에 흐르는 하천.
98 치주석(淄州石) : 중국 산동성(山東省) 중부 구릉지구(丘陵地區)에 있는 치박시(淄博市) 일대에서 채취한 돌.
99 청주(青州) : 중국 산동성(山東省) 청주시(青州市) 일대.

청주 홍사석 벼루

이 잘 붙지 않고 먹물에 광택이 없으니, 일을 벌이기
좋아하는 사람이라면 그저 그릇으로 만들어 두어도
괜찮다.

　홍사석(紅絲石)으로 그릇을 만들면 더욱 좋다. 대
체로 백색이면서 무늬가 홍색을 띠면 결이 거칠어
발묵이 되어도 먹물이 스며들면 씻어낼 수 없으니,
반드시 갈아서 처리해야 한다.

　무늬와 결에 얼룩이 있고 돌이 적색을 띠면 먹물
이 스며들지 않고, 발묵이 되면서 광택이 있지만, 무
늬가 커도 눈에 띄지 않는다. 거친 돌은 뜨거운 햇볕
을 쬐면 색이 바래고, 차갑게 얼면 갈라진다. 이 돌
이 마르면 먹을 갈 수 없고, 물에 담근 지 1일이 지난
뒤에야 비로소 사용할 수 있다. 1번 사용하면 또 씻
어 낼 수 있지만, 품질이 좋은 것은 아니다.

　청석(靑石)에는 비단같은 거친 무늬가 있는데, 흡
주(歙州)에서 채취한 돌과 비슷하며, 또한 먹이 들러
붙어 발묵이 되지 않는다.】

光, 好事者但置爲一器可.

紅絲石作器釆佳, 大抵色
白而紋紅者慢, 發墨亦漬
墨不可洗, 必磨治之.

紋理斑石赤者, 不漬墨, 發
墨有光, 而紋大不入看. 慢
者經暍則色損, 凍則裂,
乾則不可磨墨, 浸經日方
可用. 一用又可滌, 非品之
善.

靑石有麤紋如羅, 近歙,
亦着墨不發.】

【案 소이간(蘇易簡)의 《연보(硯譜)》에는 "유공권(柳公權)100은 《논연(論硯)》에서 '청주석(青州石)이 제일이다.'"라 했다. 이지언(李之彦)101의 《연보(硯譜)》에 "청주(青州)의 홍사석(紅絲石)을 당순(唐洵)102이 매우 기이하게 여겨, 발묵이 단계(端溪)에서 채취한 돌보다 뒤처지지 않는다."라 했다. 이 말들은 모두 앞에서 인용한 미불(米芾)103의 설과 다르다.】

## 곽주석(虢州石)104

【돌의 결이 진흙처럼 곱고 색은 자색을 띠어 아낄 만하다. 발묵이 되고 먹물이 스며들지 않으며,

【案 蘇易簡 《硯譜》云:"柳公權 《論硯》'青州石爲第一.'" 李之彦 《硯譜》云: "青州 紅絲石, 唐彦猷甚奇之, 以爲發墨不減端石." 俱與米說異.】

## 虢州石

【理細如泥, 色紫可愛, 發墨不滲, 久之石漸損凹, 硬

곽주석 벼루

100 유공권(柳公權) : 778~865. 중국 당대(唐代)의 관리이자 서법가. 안진경(顏眞卿, 709~785)의 뒤를 이어 당나라의 해서(楷書)를 집대성했다는 평가를 받는다.
101 이지언(李之彦) : ?~?. 중국 남송(南宋)의 서예가. 저서로 《동곡소견(東谷所見)》이 있다.
102 당순(唐洵) : 1005~1064. 중국 송나라의 서예가. 자(字)는 언유(彦猷). 저서로 《연록(硯錄)》이 있다.
103 미불(米芾) : 1051~1107. 중국 북송의 화가. 자는 원장(元章), 호는 녹문거사(鹿門居士)·양양만사(襄陽漫士)이다. 보진재(寶晉齋)라는 재실이 있었는데, 미불을 가리키는 말로 쓰인다. 수묵화뿐만 아니라 문장과 시에도 조예가 깊었다. 저서로 《보장대방록(寶章待訪錄)》·《서사(書史)》·《연사(硯史)》·《보진영광집(寶晉英光集)》등이 있다.
104 곽주석(虢州石) : 지금의 중국 하남성(河南省) 영보현(靈寶縣) 남쪽 일대인 곽주(虢州)에서 채취한 돌.

오래되면 돌이 점점 닳아서 오목해진다. 단단한 먹으로 갈면 진흙향이 퍼진다.】

墨磨之則有泥香[20].】

### 채주(蔡州)[105] 백연(白硯)

【돌의 결이 미끄러워 그릇을 만들 수 있다. 이 돌로 주연(朱硯)[106]를 만든다. 화예석(花蘂石)[107]으로도 작은 주연을 만든다.】《연사》[108]

호광(湖廣)[109]의 원주(沅州)[110]에서 돌이 나는데, 이 돌은 매우 검고 또한 작은 눈이 있다. 호광 사람들이 이 돌을 가지고 돌아가 벼루를 만들고서 '흑단(黑端)'이라 했다. 원주 사람들도 돌을 가져다 무소·물고기·거북·연잎·팔각(八角) 등의 모양으로 벼루를 만들었다.

여계석(黎溪石)[111]은 담청색(淡靑色)이고 내부는 짙은 자색을 띠면서 홍색을 둘렀다. 재질이 극히 곱고 윤택하며 오래 사용하면 광택이 심하게 돌고, 누런 줄기무늬가 서로 섞여 있는데, 민간에서는 이 돌을

### 蔡州 白硯

【理滑可爲器. 爲朱硯, 花蘂石亦作小朱硯.】《硯史》

湖廣 沅州出石, 深黑, 亦有小眼, 廣人取歸作硯, 名曰"黑端". 沅人取作犀牛、魚、龜、荷葉、八角等式.

黎溪石, 淡靑色, 內深紫而帶紅, 極細潤, 用久光甚, 有黃脈相間, 俗號"紫袍金帶". 有僞造者, 以藥鑿嵌

---

105 채주(蔡州): 지금의 중국 하남성(河南省) 여양시(汝陽市) 일대.
106 주연(朱硯): 붉은 먹을 가는 데 쓰는 작은 벼루.
107 화예석(花蘂石): 누르스름한 바탕에 흰 점이 아롱지게 박힌 돌로, 사문대리암(蛇紋大里巖)이라고도 한다.
108 《硯史》〈蔡州 白硯〉(《文淵閣四庫全書》 843, 66~70쪽).
109 호광(湖廣): 지금의 중국 호북성(湖北省)·호남성(湖南省)·광서성(廣西省)·광동성(廣東省) 일대의 옛 지명.
110 원주(沅州): 지금의 중국 호남성(湖南省) 서부의 지강(芷江) 일대.
111 여계석(黎溪石): 중국 호남성 지강(芷江) 인근의 명산(明山)인 여계(黎溪)·대계(大溪)·심계(深溪)·죽채계(竹寨溪) 일대에서 채취한 돌.
[20] 좀: 저본에는 "者".《硯史·虢州石》에 근거하여 수정.

여계석 벼루(《문방청완》)

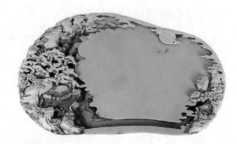

자포금대 벼루

'자포금대(紫袍金帶)[112]'라 한다. 이를 위조할 때는 돌을 깎고 약물을 채워 넣어 만드는데, 그러면 저절로 자포금대와 같은 흔적이 남는다.

成之, 自有痕跡.

조하록석(洮河綠石)[113]은 색이 녹색이면서 옅은 쪽색을 띤다. 옥처럼 윤택하고 발묵이 단계(端溪)의 하암(下巖)보다 뒤처지지 않는다. 이 돌은 섬서성(陝西省)[114]에서 나고, 황하의 물이 깊어 얻기가 매우 어렵다. 지금 조하록석이라 하는 돌은 모두 여계석의 겉부분과 같으며, 장사(長沙)[115] 산골짜기 속의 돌로,

洮河綠石, 色綠微藍, 其潤如玉, 發墨不減端溪下巖, 出陝[21]西, 河深甚難得也. 今名洮者, 俱_石之皮, 乃長沙山谷中石, 光不發墨.

---

112 자포금대(紫袍金帶) : 전체적으로 자색을 띠며 황색·갈색·홍색의 무늬가 그려진 자포옥대석(紫袍玉帶石)을 말한다. 이 돌은 광채가 돌고, 곱고 매끄럽고 단단하며, 옥처럼 따뜻하고 윤택한 성질을 띠어 많은 사랑을 받았다.

113 조하록석(洮河綠石) : 중국 감숙성(甘肅省) 민현(岷縣)에서 탁니현(卓尼縣)까지 흐르는 조하(洮河)의 협곡에서 채취한 돌. 깊은 강물 속에서만 채취되는 돌이므로 희소성이 있다. 주로 녹색과 자색을 띠며, 발묵이 되고 붓이 상하지 않는다.

114 섬서성(陝西省) : 지금의 중국 섬서성(陝西省)·감숙성(甘肅省)·청해성(靑海省) 일대.

115 장사(長沙) : 중국 호남성(湖南省) 북부에 위치한 장사시(長沙市) 일대. 이곳의 옛 지명은 담주(潭州)로, 앞에서 담주(潭州) 곡산석(谷山石)으로 소개한 바 있다.

21 陝 : 저본에는 "狹".《遵生八牋·燕閑淸賞牋·論硯》에 근거하여 수정.

조하록석 벼루(《문방청완》)

금성석 벼루(《문방청완》)

광택이 돌지만 발묵이 되지 않는다.

광동(廣東) 만주(萬州)[116] 벼랑에서 나는 금성석(金星石)[117]은 색이 옻칠을 한 듯한 먹색을 띠고 옥처럼 광택이 돌며 윤택하다. 물로 돌을 적셔 주면 금빛 별무늬가 저절로 나타났다가, 물기가 마르면 흔적이 없어진다. 발묵이 몹시 잘되어 오랫동안 사용해도 색이 바래지 않는다. 흡주의 돌보다 높은 가치가 있어 단계의 하암석(下巖石)과 명성을 나란히 할 만하다.

절강(浙江) 구주(衢州)[118]에서 채취한 돌은 흑색을 띤 것도 좋지만, 대부분 발묵이 되지 않는다. 《준생팔전》[119]

廣東 萬州懸崖金星石, 色墨如漆, 光潤如玉, 以水潤之, 則金星自見, 乾則無跡, 極能發墨, 用久不退, 在歙之上, 端之下巖石可竝也.

浙之衢石, 黑者亦佳, 多不發墨.《遵生八牋》

---

116 만주(萬州) : 지금의 중국 중경직할시(重慶直轄市) 동쪽에 위치한 만주구(萬州區) 일대.

117 금성석(金星石) : 광택이 도는 검은색에 금가루가 뿌려진 듯한 금빛 별무늬가 있는 돌.

118 절강(浙江) 구주(衢州) : 중국 절강성(浙江省) 구주시(衢州市) 일대. 절강(浙江)은 항주(杭州)를 거쳐 구주로 흐른다.

119 《遵生八牋》卷15〈燕閑淸賞牋〉"論硯", 561쪽.

## 5) 우리나라 벼루의 품등

남포석(藍浦石)[120]은 금실무늬를 최고로 치고, 은실무늬가 그 다음이다. 꽃이나 풀 무늬는 이들과 견주어 조금 단단하여, 미끄러워도 먹을 밀어내지 않고 꺼칠꺼칠해도 먹이 엉기지 않기 때문에 좋은 벼루이다. 대개 돌의 결이 거칠면 먹색이 탁하고, 돌의 결이 단단하면 먹색이 연하다. 오직 색깔이 영롱하고 윤택하며 고운 돌만이 먹과 더불어 서로 맞는다. 지금 가게와 글방에서 쓰는 벼루는 남포에서 생산되지 않은 것이 없으므로 사람들이 그리 귀하게 여기지는 않는다. 그러나 그 좋은 품질은 단계와 흡주에서 나는 벼루에 양보하지 않는다. 또한 자석(子石)과 구관조눈 무늬가 있지만 희귀하여 구하기 어렵다.

위원석(渭原石)[121]은 그 가운데 푸른 돌이 흡주석

東國硯品

藍浦石, 金絲紋者爲上, 銀絲紋者次之, 花、草紋者差硬, 滑不拒墨, 澁不滯墨, 乃爲佳耳. 蓋石理麤則墨色濁, 石理硬則墨色淡, 惟瑩潤纖膩者與墨相得. 今街肆、村塾所用無非藍産, 故人不甚貴, 然其佳品不讓端、歙. 亦有子石及鸜鵒眼者, 顧稀貴難得.

渭原石, 青者似歙石, 紅者

위원석 벼루(국립민속박물관)

---

120 남포석(藍浦石): 지금의 충청남도 보령시 남포면 지역에서 나는 돌로, 우리나라의 벼루 만드는 돌 가운데 으뜸으로 치며, 현재도 생산되고 있다.

121 위원석(渭原石): 지금의 자강도 위원군 일대 압록강변에서 나는 돌. 자색과 백색 두 가지 색으로 층이 나뉘어 있다.

과 비슷하고, 붉은 돌은 단계석과 비슷하다. 그러나 무늬나 돌의 결이 조금 거칠고, 좋은 품등의 돌은 항상 물속에 있어서 사람의 힘을 많이 써야 겨우 얻을 수 있다.

似端石. 然紋理少麤, 佳品常在積水中, 用人力甚衆乃可得.

고령석(高靈石)[122]은 조금 꺼칠꺼칠하지만 질박하여 광택이 없다.

高靈石, 微澁, 但枯淡無光氣.

평창(平昌)[123]의 자석(紫石)[124]은 질이 상당히 좋고, 또한 꽃이나 풀 무늬가 있다.

平昌紫石, 頗佳, 亦有花草紋.

풍천(豊川)[125]의 청석(靑石)[126]은 매우 단단하고, 또 질그릇 벼루처럼 거칠다.

豊川靑石, 甚硬, 且麤如瓦硯.

안동(安東)의 마간석(馬肝石)[127]은 품질이 가장 하품이다. 비록 마간석 가운데의 좋은 재료라도 다른 곳에서 나는 돌에 미치지 못한다.

安東馬肝石, 最劣, 雖其佳材不及他産.

종성(鍾城)[128]의 거위알 모양 돌은 오룡천(五龍川)[129]에서 나는데, 품등이 우리나라 벼루 가운데 으뜸이다. 갑산(甲山)[130]·무산(茂山)[131]의 돌도 좋다.

鍾城鵝卵石産五龍川, 品冠東硯, 甲山、茂山石亦佳.

청나라 사람이 벼루재료를 논할 때, 혼동강(混同

淸人論硯材, 稱混同江松

---

122 고령석(高靈石) : 경상북도 고령(高靈) 일대에서 채취한 돌로 추정된다.
123 평창(平昌) : 강원도 평창군 일대.
124 자석(紫石) : 변성암의 일종인 편마암(片麻巖)으로, 밝고 어두운 무늬가 번갈아 나타난다. 인접 지역인 충청북도 단양군에서 생산되는 자석벼루도 유명하다.
125 풍천(豊川) : 지금의 황해남도 송화군 일대.
126 청석(靑石) : 화산재가 퇴적되어 생기는 응회암(凝灰巖)의 일종으로, 유리질 성분과 암석 성분이 섞여 있다.
127 마간석(馬肝石) : 경상북도 안동시 남후면 자암산(子巖山) 인근의 미천(眉川)에서 나는 돌로, 검붉은색을 띤다.
128 종성(鍾城) : 지금의 함경북도 온성군·회령군에 걸쳐져 있는 지역. 조선시대에는 북방 방어를 위한 중요 거점이었다.
129 오룡천(五龍川) : 함경북도 회령시에서 발원하여 종성을 거쳐 두만강으로 유입되는 하천.
130 갑산(甲山) : 지금의 양강도 갑산군 일대. 지역 전체가 평균 해발 1,200m의 산지로 되어 있고, 1,500m 이상의 산도 많다. 조선시대에는 함경도에 속했다.
131 무산(茂山) : 지금의 함경북도 무산군 일대. 중국과의 접경지역이다.

江)132의 송화석(松花石)이 매우 좋다고 했다. 혼동강은 그 근원이 장백산(長白山)133에서 나왔고, 일명 '송아리강(松阿里江)'이라 한다. 송아리(松阿里)는 중국어로 은하수라는 뜻이다. 강가의 숫돌산에서 벼룻돌이 많이 나고, 녹색을 띠면서 색감이 영롱하고 윤택하며 곱고 반들반들하여, 품등이 단주석·흡주석에 비할 만하다. 길림(吉林)134 사람들이 이 돌을 가져다가 벼루재료로 삼아 공납한다. 지금은 종성·갑산·무산(茂山)이 혼동강 줄기와 인접하여 벼루재료가 이 때문에 많고 품등이 좋다. 《동연보(東硯譜)135》136

花石甚佳. 混同江, 源出長白山, 一名"松阿里江". 松阿里者, 漢語天漢也, 江畔砥石山多産石, 綠色瑩潤細膩, 品將端·歙, 吉林人取爲硯材以貢, 今鍾城·甲山、茂山隣混同江派, 硯材故多佳品.《東硯譜》

남포석 벼루가 제일이다. 안동부(安東府)의 마간석은 구룡산(九龍山)137에서 난다. 마간석은 물에 잠겨 있는 돌이 매우 좋고, 또한 남포석 벼루에도 뒤처지지 않는다. 풍천부(豐川府)에서 나는 돌은 강하고 매끄러우며, 자색을 띤 돌이 희귀하다. 고원군(高原郡)138에서 나는 돌은 발묵이 잘 되고 화려하다. 희

藍浦硯爲第一. 安東府馬肝石, 産於九龍山, 水沈者極佳, 亦不減藍硯. 豐川府所産剛而滑, 其紫色者稀貴, 高原郡所産善發墨華. 熙川郡、渭原郡所産, 發墨較

---

132 혼동강(混同江) : 백두산 천지에서 발원하고, 흑룡강성(黑龍江省)·길림성(吉林省)을 경유하여 흑룡강(黑龍江)에 합류한 뒤, 러시아 영토에서 바다로 들어가는 하천. 흑룡강(黑龍江)·압록강(鴨綠江)·송화강(松花江)의 별칭으로 쓰였는데, 여기에서는 송화강을 지칭한다.

133 장백산(長白山) : 백두산(白頭山)의 별칭. 골이 깊고 윗부분이 눈으로 뒤덮여 있어 이 이름이 유래했다.

134 길림(吉林) : 지금의 중국 길림성(吉林省) 일대.

135 동연보(東硯譜) : 조선 후기의 문신 성해응(成海應, 1760~1836)의 문집인《연경재전집(硏經齋全集)》에 수록된〈연보(硯譜)〉이다.

136《硏經齋全集》卷12〈硯譜〉《韓國文集叢刊》273, 277쪽).

137 구룡산(九龍山) : 지금의 안동시 남후면에 있는 자암산으로 추정된다.

138 고원군(高原郡) : 지금의 함경남도 고원군 일대로, 석재와 광물이 풍부하다.

천군(熙川郡)[139]·위원군(渭源郡)[140]에서 나는 돌은 발묵이 비교적 시원하나 붓털이 쉽게 닳는다. 《낙전당집(樂全堂集)[141]》[142]

快, 使毫易禿.《樂全堂集》

남포현(藍浦縣) 성주산(聖住山)[143] 아래에 채석갱이 있고, 그 중의 화초석(花草石)이 금색(金色)으로 저절로 꽃이나 풀의 모양을 이룬다. 이 돌로 만든 벼루를 쓰면 발묵에 따뜻하고 윤택한 기운이 있어 단계·흡주의 두 돌에도 뒤처지지 않는다. 돌이 계란 모양이면 더욱 훌륭한 보배가 된다. 《고사십이집》[144]

藍浦縣 聖住山下有石坑, 其中花草石以金色自成花、草之形, 溫潤發墨, 不讓於端、歙二石. 至於石卵, 尤爲奇寶.《攷事十二集》

파주읍(坡州邑)의 진산(鎭山)[145]을 '마산(馬山)[146]'이라 한다. 정상이 평평하고 조금 오목하여 낙타의 혹과 비슷하고, 뱀가죽 북으로 만든 장구통과도 비슷하다. 옛날부터 들려오기를 "산 위의 돌이 우리나라의 벼루재료 가운데 제일이다."라 했다. 다만 이 산은 윤씨(尹氏) 조상 묘지의 주맥(主脈)이므로 다른 사

坡州邑鎭山曰"馬山", 頂平微凹, 似駝峯, 似巴鼓之作臼. 舊聞:"山上石爲東方硯材第一, 但以尹氏祖墳主脈, 無人施鑿云."《崧緣錄》

---

139 희천군(熙川郡): 지금의 자강도 희천시 일대로, 조선시대에는 평안도에 속했다.

140 위원군(渭源郡): 지금의 자강도 위원군 일대로, 압록강을 경계로 중국과 닿아 있다.

141 낙전당집(樂全堂集): 조선 중기의 문신인 신익성(申翊聖, 1588~1644)의 문집으로, 아들 신면(申冕, 1607~1652) 등이 편집하였다가, 1654년(효종 5) 이민구(李敏求, 1589~1670) 등이 다시 편집하여 간행했다.

142 출전 확인 안 됨.

143 성주산(聖住山): 충청남도 보령시 미산면·성주면에 걸쳐 있는 산으로, 이곳의 남포석으로 국내 수요의 90% 정도를 공급한다. 해발 680m.

144 《攷事十二集》卷10〈硯品高下〉(《保晚齋叢書》10, 373~374쪽).

145 진산(鎭山): 지역을 대표하는 큰 산. 주산(主山)이라고도 한다.

146 마산(馬山): 경기도 파주시 파주읍 봉서리와 파주리에 걸쳐 있는 봉서산(鳳棲山). 해발 213m. 봉서산 동남쪽 기슭에 마산역(馬山驛)이 있었다. 마산역이 있던 마산역촌(馬山驛村)은 《임원경제지·상택지》(풍석문화재단, 2019, 370쪽)에서 명당 중 한 곳으로 소개된 바 있다.

파주 봉서산

람이 파내지 못한다고 한다. 《숭연록(崧緣錄)147)》148

## 6) 일본 벼루의 품등

일본 벼루는 자석(紫石)이고, 표면의 색이 진하고
단단하며 재질이 반들반들하여 비록 여름철이라 하
더라도 물이 쉽게 마르지 않는다. 조슈[長州]149·시
모노세키[下關]150·쟈쿠슈[若州]151·미야카와[宮河]152
에서 나는 돌이 가장 좋다.

### 倭硯品

倭硯紫石肌濃堅而質潤,
雖夏月, 水不易乾, 長州、
下關、若州、宮河之産最
佳.

---

147 숭연록(崧緣錄) : 조선 후기 시인인 신위(申緯)가 지은 기록으로, 그의 문집인 《경수당전고(警修堂全藁)》에
　　 수록되어 있다.
148 출전 확인 안 됨.
149 조슈[長州] : 일본 에도시대의 행정구역으로 지금의 야마구치현[山口縣] 일대.
150 시모노세키[下關] : 일본 야마구치현 내부의 항구도시로, 지금의 시모노세키시 일대.
151 쟈쿠슈[若州] : 지금의 일본 후쿠이현[福井縣] 남서부 일대.
152 미야카와[宮河] : 지금의 일본 가나가와현[神奈川縣] 미우라시[三浦市]의 미야가와[宮川] 일대로 추정된다 .

청석(靑石)은 중품이고 고슈[江州]¹⁵³·다카시마[高島]¹⁵⁴·라쿠세이[洛西]¹⁵⁵·사가[嵯峨]¹⁵⁶에서 난다.

또한 다른 종류로 천초석(天草石)¹⁵⁷이 있는데, 황색이고 나무무늬처럼 표면의 색이 진하지 않으며 가장 하품이지만, 유독 먹이 쉽게 갈리기 때문에 사람들이 많이 즐겨 쓴다. 천초석은 처음에는 히슈[肥州]¹⁵⁸에서 나다가 지금은 요슈[豫州]¹⁵⁹ 등지에서 모두 난다. 천초석은 곧 숫돌의 종류이다. 《화한삼재도회》¹⁶⁰

靑石爲中品, 産江州、高島、洛西、嵯峨.

又有一種天草石, 黃色而如木欚肌不濃, 最下品, 惟以墨易磨, 人多喜用之. 初産肥州, 今豫州等地皆産. 天草石, 卽砥石之類也. 《和漢三才圖會》

일본 벼루

153 고슈[江州]: 지금의 일본 시가현[滋賀縣] 일대.
154 다카시마[高島]: 지금의 일본 나가사키현[長崎縣] 나가사키시 남서쪽에 있는 섬.
155 라쿠세이[洛西]: 지금의 일본 교토부[京都府] 교토시 서쪽 일대.
156 사가[嵯峨]: 지금의 일본 교토부 교토시 우쿄구[右京區] 일대.
157 천초석(天草石): 구마모토현[熊本縣] 아마쿠사[天草] 지역의 서해안에서 채굴된 돌. 석영질이며 일본에서 가장 좋은 도자기 원료이다.
158 히슈[肥州]: 7세기경의 일본 히젠국[肥前國]의 별칭으로, 지금의 사가현·나가사키현 일대.
159 요슈[豫州]: 지금의 일본 시코쿠현[四國縣]·에히메현[愛媛縣] 일대의 별칭.
160 《和漢三才圖會》 卷15 〈藝財〉 "硯"(《倭漢三才圖會》 3, 17~18쪽).

시모노세키 벼루

일본 벼루는 시모노세키[赤間關]에서 나는 것을 최고로 친다. 이 벼루는 색이 진한 자색이고, 돌의 결이 가늘며, 따뜻하고 윤택하여 발묵이 매우 잘된다. 《금화경독기》[161]

倭硯, 以赤間關産爲最, 色深紫理細, 溫潤極能發墨. 《金華耕讀記》

## 7) 도기벼루[陶硯]의 품등

도기벼루는 상주(相州)[162] 사람이 만들었다. 도기벼루는 동작대(銅雀臺)[163] 근처에 있다. 진흙을 물에 일어 삶은 실로 짠 비단 2겹으로 거른 뒤, 극히 가는 진흙만을 취하고 구워 벼루를 만든다. 도기벼루는

## 陶硯品

陶硯相州人製, 陶硯[22]在銅雀上, 以熟絹二重淘泥澄之, 取極細者, 燔爲硯. 有色綠如春波者, 或以黑

---

161 출전 확인 안 됨.
162 상주(相州) : 지금의 중국 하북성(河北省) 성안현(成安縣)·광평현(廣平縣)과 하남성(河南省) 안양현(安陽縣) 일대.
163 동작대(銅雀臺) : 후한(後漢) 말 건안(建安) 15년(210) 조조(曹操)가 업(鄴)의 서북쪽에 지은 누대. 지붕을 구리로 만든 공작으로 장식했다.
[22] 陶硯 : 《硯史·陶硯》에는 없음.

봄의 물결처럼 녹색을 띠거나, 간혹 흑백 대비가 되는 상감 기법으로 물결 무늬를 만들기도 한다. 벼루의 결이 곱고 윤택하여 붓에 먹물을 찍어 써도 붓이 닳지 않지만, 먹이 벼루에 조금 스며든다.《연사》[164]

[23]白塤爲水紋. 其理細潤, 着墨不費筆, 但微滲.《硯史》

택주(澤州)[165]에 여도인(呂道人)[166]의 도기벼루가 있었는데, 그 머리 테두리에 다른 색의 진흙을 둘러 여(呂) 자를 만들었다. 그 벼루는 윗부분과 아랫부분이 연결되어 있었다. 후대 사람들이 이를 본받으려 했지만 이음새가 있어서 연결되지 않았다. 그 벼루의 결은 견고하고 무거워 평범한 돌과 같았다. 역청을 불로 녹여 그 기름을 벼루에 먹이고 벼루가 단단하게 울리도록 하되, 3푼 정도 스며들게 하면 먹을 갈아도 닳지 않는다.《연사》[167]

澤州有呂道人陶硯, 以別色泥於其首純作呂字, 內外透, 後人效之, 有縫不透也. 其理堅重, 與凡石等, 以歷靑火油之, 堅響, 滲入三分許, 磨墨不乏. 同上

전한(前漢) 때의 상주 도기벼루

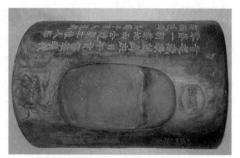

동작대 출토 기와모양 벼루

---

164《硯史》〈陶硯〉(《文淵閣四庫全書》843, 69쪽).
165 택주(澤州): 지금의 중국 산서성(山西省) 진성시(晉城市) 일대.
166 여도인(呂道人): 미상.
167《硯史》〈陶硯〉(《文淵閣四庫全書》843, 69쪽).
[23] 黑: 저본에는 "墨". 오사카본·규장각본·《硯史·陶硯》에 근거하여 수정.

택주 여(呂) 자 모양 도기벼루

곽주 고운진흙벼루

옛날 기와모양벼루는 상주(相州)에 있는 조위(曹魏) 시대의 동작대에서 출토되었다. 마을 사람들이 이로 인하여 땅을 파서 종종 얻었다.

곽주(虢州)[168]의 고운진흙벼루는 당나라 사람들이 벼루를 품평할 때 제일로 삼았지만 지금 사람들은 드물게 사용한다.

택주 여도인의 고운진흙벼루는 돌처럼 단단하고 무거웠으며, 여기에 손을 대면 바로 동심원이 생긴다.

청주(青州)·유주(濰州)의 돌가루벼루는 모두 기와모양 벼루이다. 유공권(柳公權)이 이 벼루를 제일로 쳤지만 당시에는 흡주석이 발견되지 않았기 때문에 상품으로 여겼을 뿐이다. 이욱(李煜)《연보(硯譜)》[169]

벼루는 돌로 만들어야 하고, 거울은 구리로 만들어야 한다. 이것이 참된 재료의 본성이다. 도기로 벼

古瓦硯出相州魏銅雀臺. 里人因掘土, 往往得之.

虢[24]州澄泥硯, 唐人品硯, 以爲第一, 今人罕用.

澤州呂道人澄泥硯, 堅重 如石, 手觸輒生暈.

青、濰州石末硯皆瓦硯也. 柳公權以爲第一, 當時未 見歙石, 以爲上品耳.《李 氏硯譜》

硯當用石, 鏡當用銅, 此眞 材本性也, 以瓦爲硯, 如以

---

168 곽주(虢州): 지금의 중국 하남성 삼문협시(三門峽市) 일대.
169《硯譜》〈諸州硯〉《叢書集成初編》1498, 4쪽).
[24] 虢: 저본에는 "號".《硯譜·諸州硯》에 근거하여 수정.

루를 만드는 일은 철로 거울을 만드는 것과 같을 뿐이다. 이욱《연보》[170]

벼루 만드는 법:겹으로 된 베자루에 진흙을 담고 물속에서 흔든다. 고운 진흙을 얻으면 가라앉혀 맑은 물을 버리고 조금 말린 다음 황단(黃丹)[171]을 넣고 수비한다. 여기에 호두기름을 더하여 밀가루처럼 치대고 반죽한 다음 벼루 틀에 넣고 눌러 매우 단단해지도록 한다. 이를 그늘에서 조금 말렸다가 날카로운 칼로 다듬고 햇볕에 말린 뒤, 볏짚과 황소똥을 두텁게 덮고 24시간 동안 굽는다. 그 뒤 여기에 먹을 섞은 밀랍을 넣고 쌀식초에 담갔다가 5~6번 찌면 먹의 진액을 머금고 더욱 검게 되어 돌벼루에도 뒤떨어지지 않는다.[172]

## 8) 특이한 벼루의 품등

옥벼루의 경우, 옥에서 빛이 나는 것으로 벼루를 만들면 먹을 갈아도 스며들지 않으며 발묵이 깊고 빛이 난다. 그 옥벼루에 대해서 '먹을 가는 부분은 빛이 나지 않는다.'라는 말은 틀렸다. 내가 스스로 창옥벼루를 만들어 보았기 때문이다. 《연사》[173]

鐵爲鏡耳. 同上

造硯法:以裌布袋盛墐泥, 水中擺之, 得細者, 澄去淸水, 令微乾, 入黃丹飛過, 加胡桃油搏溲如麵, 入模中壓, 令至堅, 微陰乾, 利刀琢成曝乾, 厚以稻草及黃牛糞, 和燒一伏時, 後入墨蠟貯米醋, 蒸之五六度, 則含[25]津益墨, 不亞於石.

### 異硯品

玉硯, 玉出光爲硯, 着墨不滲, 甚發墨有光. 其云"磨墨處不出光"者, 非也. 余自製成蒼玉硯. 《硯史》

---

170 《硯譜》〈眞材本性〉(《叢書集成初編》1498, 6쪽).

171 황단(黃丹):납을 가공하여 얻은 산화연(酸化鉛). 안료나 약으로 사용한다.

172 벼루……않는다: 이 기사의 출처는 기록되어 있지 않다. 하지만 오사카본 두주(頭注)에 "출처는 《설령》을 살펴라(出處攷說鈴)"는 기록이 있는 점으로 미루어 볼 때, 《설령》에 이 출처를 암시하는 대목이 있을 것으로 보인다. 《설령》은 중국 청나라 왕완(汪琬, 1624~1691)이 지은 책 (《유배지에서 보낸 편지》)이다. 《오주연문장전산고》에도 이 부분이 그대로 소개되어 있다. 《五洲衍文長箋散稿》〈人事篇〉"器用類"'文具'.

173 《硯史》〈玉硯〉(《文淵閣四庫全書》843, 66쪽).

[25] 含:저본에는 "合". 《五洲衍文長箋散稿·人事篇·器用類》에 근거하여 수정.

옥벼루

벽옥벼루

허한양(許漢陽)[174]의 붓에는 흰 옥으로 붓대를 만들고, 벼루는 벽옥(碧玉)[175]이었으며, 유리로는 벼룻집을 만들었다. 이욱《연보》[176]

許漢陽筆以白玉爲管, 硯乃碧玉, 以玻瓈爲匣.《李氏硯譜》

형양(荊襄)[177]과 악저(鄂渚)[178] 일대에는 덩어리로 된 검은 옥 원석이 있는데, 단계(端溪) 하암(下巖)의 검은 알돌과 같다. 이 돌은 단단하고 치밀하여 가공을 거치면 바로 벼루를 만들 수 있지만, 그렇더라도 옥그릇만 못하여 광택이 나도 그 끝에만 머물 뿐이다. 다만 검은 돌 가운데 흰 옥이 섞인 돌이 있는데, 심한 것은 너비가 0.1척 정도까지 된다. 옥공이 이를 '옥이 섞인 마노'라 한다. 그 흰 부분은 또한 매우 단단하여 먹을 밀어내니, 만약 검은 부분만으로 벼루

荊襄、鄂渚之間, 有團塊黑玉璞, 與端溪下巖黑卵石同, 而堅縝過之, 正堪作硯, 雖[26]不如玉器, 出光留其鋒耳. 但黑中有白玉相間, 甚者闊寸許, 玉工謂之"間玉瑪瑙". 其白處又極堅硬拒[27]墨, 若用純黑處爲硯, 當在端溪下巖之次, 龍

---

174 허한양(許漢陽):?~?. 중국 당(唐)나라 때 인물.《태평광기(太平廣記)》에 그가 붓을 만든 일화가 남아 있다.

175 벽옥(碧玉):산화철로 된 불순물을 함유한 불투명한 석영. 조직이 치밀하며, 그 안에 섞인 불순물에 따라 색깔이 달라진다. 산화철을 함유한 것은 녹색 또는 붉은색이며, 수산화철을 함유한 것은 누런 녹색이다. 도장 재료나 가락지 같은 장신구를 만드는 데 쓰인다.

176 《硯譜》〈碧玉硯〉(《文淵閣四庫全書》843, 93쪽).

177 형양(荊襄):후한(後漢) 시기 중남부 지역의 별칭으로 지금의 중국 호북성(湖北省)·호남성(湖南省) 일대.

178 악저(鄂渚):지금의 중국 호북성 무한시(武漢市) 일대.

26 雖:《洞天淸錄集·古硯辯》에는 "惟".

27 硬拒:《洞天淸錄集·古硯辯》에는 "恐梗".

를 만든다면, 이 벼루는 마땅히 단계 하암에서 나온 벼루의 다음 등급이고, 흡주 용미계의 옛 갱도에서 나온 벼루보다는 윗 등급이다. 《동천청록》[179]

尾舊坑之上.《洞天淸錄》

내가 이전에 어떤 옥 벼루를 보니, 창옥(蒼玉)[180]이 한 덩어리가 섞였으며 풍(風) 자 같은 모양이었다. 사방의 너비는 0.7척, 두께는 0.2척이었다. 벼루의 윗면은 평평하고 아래는 기와처럼 비어 솟아올라 있어 손을 넣을 수 있고, 먹을 가는 부분은 조금 패여 있었다. 비록 뛰어난 장인이 돌을 다듬었다 해도 이처럼 정교한 벼루가 없으니, 사람들이 더러는 그 벼루에 인공적으로 만든 곳이 있다고 의심한다. 그러나 이 벼루를 보면 샘솟는 듯한 물 표면의 색과 무늬가 한 치의 오차도 없으며, 가운데에는 분총(粉蔥)[181] 같

余曾見一玉硯，混成蒼玉一塊如風字形，方廣七寸，厚二寸，上平下瓦空起，揷手磨處微凹．雖巧匠琢磨，無此周緻，人或疑其假借處有之．然出水皮色紋理，毫忽不破，中含粉蔥美玉，豈人工可與力哉？

분총(粉蔥)

---

179 《洞天淸錄集》〈古硯辯〉《叢書集成初編》1552, 10쪽).
180 창옥(蒼玉) : 청록색의 옥.
181 분총(粉蔥) : 파의 일종. 계호총(溪湖蔥)이라고도 한다.

벽옥 홀 모양 벼루(《준생팔전》)

은 아름다운 옥을 머금고 있으니, 어찌 사람의 솜씨
로 여기에 힘을 보탤 수 있겠는가.

또 하나의 벼루를 보니, 벽옥(碧玉)으로 된 홀 모
양이었고, 길이는 0.7척 정도, 두께는 0.1척이었다.
벼루의 사면이 흙으로 수놓은 듯 누렇고 얇은 층이
틈마다 가득 얽혀 있으며, 아울러 뒤로 드러난 벼루
의 절반은 바로 시금치[波菜]의 녹색으로 빼어난 품
등이다. 벽옥 위에는 연지(硯池)가 있어 사면에서 광
택이 나고 영롱했으므로 진실로 진(秦)·한(漢) 시대의
물건이었다. 《준생팔전》[182]

又見一硯, 碧玉圭形, 長七
寸許, 厚一寸, 四面土綉黃
剝, 纏滿隙處, 竝後露半
體, 乃波菜綠色爲絕品, 碧
玉上有水池, 四面光瑩, 誠
秦, 漢物也. 《遵生八牋》

동작대 벼루는 물에 잠긴 지 천 년이 되었으며 원
래 재질 또한 곱다. 그러므로 발묵이 쉽게 되고 심하
게 마르지 않지만 붓을 망가뜨리지도 않는다. 《준생
팔전》[183]

銅雀硯沈水千年, 原質亦
細, 故易發墨而不甚燥, 然
不壞筆. 同上

---

182 《遵生八牋》 卷15 〈燕閑淸賞牋〉 中 "奇硯圖二十方"(《遵生八牋校注》, 565~566쪽).
183 《遵生八牋》 卷15 〈燕閑淸賞牋〉 中 "論硯"(《遵生八牋校注》, 561~562쪽).

수정벼루는 신주(信州)[184]에서 나는데, 다른 벼루에서 간 먹물을 여기에 부어 사용한다. 《연사》[185]

水晶硯出信州, 於他硯磨墨傾入用.《硯史》

정서(丁恕)[186]에게 수정벼루[水精硯]가 있었는데, 크기는 겨우 0.4척 정도였고, 풍(風) 자 모양이었다. 먹을 쓸 때는 광택이 나지 않았으며, 발묵은 흡주석과 같았다. 이욱 《연보》[187]

丁恕有水精硯, 大纔四寸許, 爲風字樣, 用墨卽不出光, 發墨如歙石.《李氏硯譜》

은벼루는 은으로 벼루를 만들고, 구리벼루는 구리로 벼루를 만든다. 이들은 모두 벼루재료가 변화한 것이다. 또 숙철(熟鐵, 시우쇠)벼루·생철(生鐵, 무쇠)

銀硯以銀爲研, 銅硯以銅爲硯, 皆硯材之變也. 又有熟鐵硯、生鐵硯,《硯譜》

수정벼루

은벼루

184 신주(信州): 지금의 중국 강서성(江西省) 상요시(上饒市) 일대.
185 《硯史》〈信州水晶硯〉《文淵閣四庫全書》 843, 70쪽).
186 정서(丁恕): ?~?. 중국 명(明)나라의 관료. 남을 잘 도와 조정에서 상을 받았으며 형부(刑部) 좌시랑(左侍郞)까지 지냈다.
187 《硯譜》〈水精硯〉《叢書集成初編》 1498, 4쪽).

벼루가 있다. 《연보》에 "청주(靑州)의 숙철벼루는 발묵이 매우 잘되고 자루가 있어 잡을 수 있다. 후진(後晉)[188] 상유한(桑維翰)[189]은 생철을 주조하여 벼루를 만들었다."[190]라 한 말이 이것이다.

우리나라의 사관[起居注]은 경연에서 반드시 구리벼루를 잡았고, 이 벼루에는 반드시 손잡이가 있었다. 이는 대개 중국 청주(靑州)의 철벼루 제도를 모방한 것이다. 《금화경독기》[191]

《진의주(晉儀注)》[192]에 "태자가 태자비를 들일 때 옻칠벼루가 있었다.[193]"라 했다. 《이물지(異物志)》에 "인도차이나에서는 대나무로 벼루를 만든다."라 했다.[194]

云 : "靑州熟鐵硯甚發墨, 有柄可執, 晉 桑維翰鑄生鐵硯" 是也.

我東起居注, 登筵必執銅硯, 而硯必有柄. 蓋倣靑州鐵硯之制也. 《金華耕讀記》

《晉儀注》, "太子納妃, 有漆硯." 《異物志》云 : "廣南以竹爲硯."

구리벼루

철벼루

---

188 후진(後晉) : 936~947. 중국 5대(五代)의 3번째 국가. 고조(高祖) 석경당(石敬瑭)이 거란의 지원을 받아 후당(後唐)을 멸망시키고 세운 나라. 2대 출제(出帝) 석중귀(石重貴) 때 거란과의 전쟁에서 수도인 개봉(開封)이 함락되어 멸망했다.

189 상유한(桑維翰) : 898~946. 중국 후진(後晉)의 관료. 과거에 계속 낙방하여 다른 일을 권유받자 철벼루가 뚫어질 때까지 쓰면 그러겠다고 하고 공부를 계속해서 결국 급제했다. 중서령(中書令) 겸 추밀사(樞密使)에 이르렀으나, 거란과의 전쟁에서 성이 함락되자 목을 매 자살했다.

190 청주(靑州)의……만들었다 : 《硯譜》 〈鐵硯〉 《叢書集成初編》 1498, 4쪽).

191 출전 확인 안 됨.

192 진의주(晉儀注) : 진(晉)나라 때 《의례(儀禮)》를 주석한 책.

193 진의주(晉儀注)……있었다 : 《硯譜》 〈漆硯〉 《叢書集成初編》 1498, 5쪽).

194 이물지(異物志)에……했다 : 《硯譜》 〈竹硯〉 《叢書集成初編》 1498, 5쪽).

대나무벼루

옻칠벼루

백자벼루

중주(中州)195·우리나라에는 모두 구운 자기벼루가 있다. 이 벼루들은 모두 벼루 가운데 특이한 물품이다.《금화경독기》196

中州·我東俱有燔磁硯, 皆硯之異品也. 同上

## 9) 모양

동진(東晉)197의 벼루는 동진 시대에 활동한 고개지(顧愷之)198의 그림에 보인다. 자연히 층이 생긴 돌 위에 사람의 얼굴을 새긴 것이 있고, 10개의 발굽이 달린 둥근 구리벼루로 가운데는 번철(燔鐵)199 모양

## 樣式

晉硯, 見於晉 顧愷之畫者, 有於天生疊石上刊人面者, 有十蹄圓銅硯中如鏊者, 余嘗以紫石作之.

---

195 중주(中州): 지금의 중국 하남성 일대. 중국의 가운데에 있다 하여 중주라 불렸다.

196 출전 확인 안 됨.

197 동진(東晉): 서진(西晉) 황실의 후예인 사마예(司馬睿)가 북방민족의 침입으로 서진이 멸망한 뒤, 건강(健康)에 세운 나라. 중국 남조(南朝)의 첫 왕조이다.

198 고개지(顧愷之): 344~405. 중국 동진의 화가. 오직 그림에만 몰두하고 다른 일은 돌아보지 않았다 하여 광화사(狂畫師)라 불렸다. 그림은 대상의 외형보다 정신을 드러내야 한다는 관점으로 중국 미술사의 큰 초석을 마련했다.

199 번철(燔鐵): 전을 부치거나 고기 따위를 볶을 때 쓰는, 솥뚜껑처럼 생긴 무쇠 그릇. 전철(煎鐵)이라고도 한다.

을 한 것이 있는데, 나는 이전에 자색 돌로 이런 형 태의 벼루를 만든 적이 있다.[200]

위가 둥글고 아래가 네모지며, 둥근 테두리 가에 붓을 꽂을 수 있는 2개의 구멍을 파서 붓을 두는 벼 루가 있다. 또 봉(鳳) 자 모양에 다리가 2개인 벼루 [201]가 있는데, 유독 이런 벼루가 매우 많았으니, 이 른바 '봉황지(鳳凰池)'라는 것이다. 대개 위에서 말한 모든 동진의 제품은 동진 사람들의 그림에 보인다. 민간에서 이를 '풍자(風字)'라 부른다. 대개 2개의 다 리를 만든 것이 아니라도 '봉황다리'라 하는데, 지금 은 단주(端州)의 석공이 2개의 눈을 다리 옆에서 마 주보게 한 모양을 '봉황다리'라 한다. 봉황의 뜻은 벼루의 오색 영롱한 무늬와 그 모양이 찬란하여 아 름다운 광채를 이룬 데에서 뜻을 취했다.

有上圓下方, 於圓純上刊兩 竅置筆者, 有如鳳字兩足 者, 獨此甚多, 所謂"鳳凰 池"也. 蓋以上竝晉製, 見 于晉人圖畫, 世俗呼爲"風 字", 蓋不原兩足之製, 謂 之"鳳足", 至今端州石工, 以兩眼相對於足傍者, 謂之 "鳳足". 鳳之義, 取五色英 文, 燦然成章也.

동진의 왕희지 글씨가 새겨진 벼루

---

200 나는……있다: 여기서 '나'는 이 기사의 출전인 《연사》의 저자 미불(1051~1107)을 가리킨다.
201 봉(鳳) 자……벼루: 이 벼루의 모양은 대체로 다음과 같다.

봉(鳳) 자 모양 벼루

키

지금 어떤 사람이 왕희지(王羲之)[202]의 벼루를 수집하여 가지고 있는데, 그 제원(諸元)이 동진의 그림과 같다. 그 머리는 좁아 4촌 정도이고, 아래는 넓어 6촌 정도이며, 꼭대기의 양쪽 테두리는 모두 느슨하고 아래 부분도 자연의 흔적을 깎아내지 않았다. 벼루의 외형도 내부처럼 만들어 다리는 좁고 길고, 색은 자주색을 띠고, 따뜻한 바위를 닮았으며, 가운데가 오목하여 절구 모양이 된다.

今人有收得右軍硯, 其製與晉圖畫同, 頭狹四寸許, 下闊六寸許, 頂兩純皆綽慢, 下不勒成痕, 外如內之製, 足狹長, 色紫, 類溫巖, 中凹成臼.

또 지영(智永)[203]의 벼루를 수집하여 가지고 있는데, 머리는 조금 둥글고, 또 키 모양과 유사하고 가운데는 또한 절구 모양이었다.

又有收得智永硯, 頭微圓, 又類箕象, 中亦成臼矣.

또 옛날 구리벼루를 수집한 사람이 있는데, 그 모양은 1마리 거북이 연잎과 같은 벼루 1개를 물고 있고, 2개의 다리가 있고, 거북의 배처럼 둥글어 먹

又有人收古銅硯, 一龜銜一硯如蓮葉, 兩足, 龜腹圓, 墨水不可出, 以筆頭就

---

202 왕희지(王羲之) : 307~365. 중국 동진의 서예가. 관직에서 물러나 산야에 은거하며 많은 글씨를 남겼다. 아들 왕헌지(王獻之)와 함께 2왕으로 불렸고, 당(唐) 태종(太宗)이 그의 글씨를 좋아하면서부터 서체가 더욱 유행하여 주류가 되었다.

203 지영(智永) : ?~?. 중국 남조의 승려 및 서예가. 왕희지의 7대손이며 여러 서체에 능통했고 특히 초서의 대가였다. 영자팔법(永字八法)을 후세에 전했다. 영자팔법은 《유예지》권3 〈글씨(서벌)〉 "해서와 초서" '永(영)'자의 8가지 필세'에 자세히 보인다. 서유구 지음, 임원경제연구소(심영환·조송식·고연희·정명현) 옮김, 《임원경제지 유예지(林園經濟志 遊藝志)》2, 풍석문화재단, 2017, 71~77쪽.

물이 빠져나오지 않지만 붓끝으로 밀면 먹물이 나온다.

또 참지정사(參知政事)[204] 소문간(蘇文簡)[205]의 가문이 당나라 그림을 수집했다.《당태종장손후납간도(唐 太宗長孫后納諫圖, 당(唐) 태종(太宗)[206]이 문덕황후(文德皇后)[207]의 간언을 받아들이는 그림)》에서 궁인이 마노 쟁반 속에 1개의 둥근머리봉황연못벼루를 두었는데 동진 벼루의 제원과 비슷하여 머리의 테두리는 곧고 조금 볼록하여 봉(鳳) 자를 쓴 것 같고, 좌우의 테두리도 비스듬히 새겼다. 연지의 아래쪽에는 본래의 흔적을 깎아내지 않고, 벼루 꼭대기쪽도 역시 그러하여, 먹물이 고이지 않는다. 그 외형도 내부의 형세를 따라 간단하고 평이하다.

그 뒤에 수(隋)·당(唐)에 이르면 기술이 점점 공교해져서 머리는 둥글고, 몸통은 조금 가늘고, 아래가 넓어지고, 발은 둥근 모양으로 기둥을 삼았으니, 이미 옛날 모양을 뒤쫓지 않았다.

之則出.

又參政蘇文簡家收唐畫,《唐 太宗 長孫后納諫圖》, 宮人於瑪瑙盤中托一圓頭鳳池硯, 似晉製, 頭純直微凸, 如書鳳字, 左右純斜[28]刊, 下不勒痕摺, 向頂亦然, 不滯墨, 其外隨內勢簡易.

其後至隋、唐, 工稍巧, 頭圓, 身微瘦, 下闊而足或圓爲柱, 已不逮古.

---

204 참지정사(參知政事): 중국 당(唐)·송(宋) 시기 최고관직 중 하나. 재상의 지위였으나 실권은 없는 허직(虛職)이었다.

205 소문간(蘇文簡): 중국 북송의 관리·문장가인 소이간(蘇易簡, 958~997)으로 추정된다. 소이간의 자는 태간(太簡), 시호는 문헌(文憲)이다. 980년에 장원급제했고 한림학사승지(翰林學士承旨)·급사중(給事中)·참지정사(參知政事) 등을 역임했다. 아들은 소기(蘇耆, 987~1035). 글씨를 잘 써서 손자인 소순원(蘇舜元, 1006~1054)·소순흠(蘇舜欽, 1009~1049)과 더불어 '동산삼소(銅山三蘇)'로 불렸다. 저서로《문방사보(文房四譜)》·《속한림지(續翰林志)》등이 있다.

206 태종(太宗): 599~649(재위 626~649). 중국 당(唐)나라의 2대 황제. 이름은 이세민(李世民)이다. 아버지인 고조(高祖)를 도와 나라를 세우는 데 주요한 공을 세웠으며, 형인 이건성(李建成)을 죽이고 태자가 된 뒤, 황제가 되었다. 주변 이민족국가를 정벌하고《오경정의(五經正義)》등을 편찬하는 등 국내제도를 정비하여, 문무 양면으로 업적을 남겼기 때문에 그의 재위기간을 정관(貞觀)의 치세라고 한다.

207 문덕황후(文德皇后): 601~636. 당 태종의 황후이자 고종(高宗)의 어머니. 장손성(長孫晟)의 딸이다. 검소하고 겸손하여 태종에게 간언을 많이 했으며, 외척이 권력을 가지는 것을 경계하여 유언으로 오빠인 장손무기(長孫無忌)를 중용하지 말라고 했다.

28 斜: 저본에는 "料".《硯史·樣品》에 근거하여 수정.

지금 본조(本朝) 송(宋)나라에 이르러서도 벼루 모양이 변하여 크고 높아졌으며, 가늘고 얇아졌고, 벼룻날의 너비가 도끼의 모양 같다. 인종(仁宗)[208] 이전의 벼루는 대부분 이 모양으로 만들었으나 뒤에는 조금 차이가 생겼다. 인종 이전에 사원(史院)[209]의 관리에게 하사한 벼루는 모두 단계(端溪)벼루인데, 테두리가 얇고 위가 좁으며 아래는 넓어 모양이 가파르고 곧아 발이 나오지 않았으며, 벼루의 가운데는 평평하고 커서 봉황지의 모양과 같았다. 더러는 사방의 가장자리에 꽃을 새겨두고서, 그 가운데에는 물고기와 거북을 새긴 모양이 있었다. 일반적으로 이 모양의 벼루는 대부분 단계의 하암으로 만들었으며, 품질이 특별히 좋았다.

그러다 인종 치세 말기인 가우(嘉祐) 연간(1056~1063) 말기에는 벼루 모양이 이미 엄지손가락 같으면서 거

至本朝, 變成穹高腰瘦, 刃闊如鉞斧之狀. 仁廟已前硯, 多作此製, 後差少. 仁宗已前賜史院官硯, 皆端溪石, 純薄上狹下闊, 峻直不出足, 中坦夷, 猶有鳳池之象, 或有四邊刊花, 中爲魚爲龜者, 凡此形製多端下巖, 奇品也.

嘉祐末, 硯樣已如大指麤, 心甚凸, 意求渾厚, 而氣象

당나라 벼루

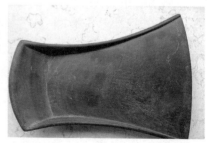

송나라 벼루

---

208 인종(仁宗): 1010~1063(재위 1022~1063). 중국 북송(北宋)의 4대 황제. 3대 진종(眞宗)의 6번째 아들이다. 재위기간 중 서하(西夏)와의 전쟁에서 패배하여 매년 세폐(歲幣, 매년 외국에 바치는 공물)를 바치게 되었다.

209 사원(史院): 역사 기록을 편찬하고 관리하던 관청.

칠고 중심이 매우 볼록하여 질박하고 두텁게 만들
려는 뜻이 있었으나, 그 기상은 대개 옛날과 닮지 않
아 테두리가 튀어나왔기 때문에 내부는 깊게 파내
어져 먹이 엉기고 씻기가 어렵다. 또 중심이 볼록하
기 때문에 붓을 옆으로 굴리기 불편하여 붓끝이 항
상 세모난 화살촉 모양 같다. 대개 옛날 벼루는 모
두 중심부가 오목했고, 뒤로 가서 점점 곧고 평평해
졌지만 볼록한 벼루는 없었다.

중심부가 볼록한 벼루는 한림시독학사(翰林侍讀
學士)[210] 당순(唐詢)[211]이 붉은 실무늬가 있는 벽옹(辟
雍)[212] 모양 벼루를 만들면서 시작되었다. 그 벼루의
중심은 높고 볼록했다. 말발굽모양 벼루를 만들었
을 때에 이르러서도 중심이 볼록하여 먹을 갈면 먹
물이 가운데에서 몸 쪽으로 빠져나왔다. 그 먹물이
담긴 곳을 보면 오목하고 높이 솟아 떠오르는 형세
여서 붓으로 먹물을 묻힐 때면 편리하지 않았다. 이
에 비해 동진(東晉)의 구리벼루는 비록 세 발 달린 번
철 같은 모양이지만 꼭대기가 유달리 평평하여 붓으
로 먹물을 묻히기에 편하다.

지금 항주(杭州)[213] 용화사(龍華寺)[214]에서는 가의(賈

蓋不古, 純斗故勒深, 滯墨
難滌, 心凸故點筆不圓, 常
如三角簇. 蓋古硯皆心凹,
後稍正平, 未有凸者.

始自侍讀學士唐彦猷作紅
絲辟雍硯, 心高凸, 至作馬
蹄樣, 亦心凸, 至磨墨, 溜
向身出, 觀墨色則凸高增
浮泛之勢, 援毫則非便也.
其晉銅硯雖如鏊, 然頂殊
平以便援毫.

今杭州 龍華寺, 收梁傅大

---

210 한림시독학사(翰林侍讀學士): 중국 북송 때 생긴 중앙관직으로, 한림원(翰林院)에 소속되어 경연과 역사
편찬을 담당했다. 명(明)·청(淸)시기에도 시독학사(侍讀學士)라는 관직이 계속 남아 있었다.
211 당순(唐詢): 1005~1064. 중국 북송의 관리. 자(字)는 언유(彦猷)이다. 벼루에 관심이 많아 《연록(硯錄)》
을 지었으나 소실되어 전해지지 않는다.
212 벽옹(辟雍): 중국 주(周)나라 때 왕이 도성에 세운 대학으로, 원형 못 중앙에 네모난 기단을 만들고 그 위
에 핵심 건물을 올려 둘레에 물이 흐르며 문 앞에는 다리가 있었다.
213 항주(杭州): 지금의 중국 절강성(浙江省) 항주시(杭州市)와 상해시(上海市) 일부 지역.
214 용화사(龍華寺): 중국 삼국시대 손권(孫權)이 부모님을 모시기 위해 세운 절로, 현재 남아있는 건물은 청
(淸)나라 때 다시 지은 것이다.

誼)[215]대부의 자기벼루 1개를 소장하고 있는데, 크기가 매우 크다. 자기벼루는 갈색이고, 중심이 세 발 달린 번철 같은 모양이며, 둥근 테두리 안쪽에 물로 빙 둘러 있는 모양이 벽옹의 제도와 같다. 벼루의 아래쪽은 물보라무늬를 양각으로 새겨 발 가까이까지 둘렀고, 먹을 가는 곳에는 유약이 없다. 하지만 먹이 매우 잘 달라붙는다.

夫瓷硯一枚, 甚大, 磁褐色, 心如鏊, 環水如辟雍之製, 下作浪花擢環近足處, 而磨墨處無磁油, 然殊著墨.

붉은 실무늬 벼루

세 발굽모양 자기벼루

오래 묵은 먹을 '라(螺)'라 했는데, 또한 아마도 요즘의 단단한 먹만 못했을 듯하다. 그렇지 않다면 거의 먹을 갈 수 없었다. 또한 단양(丹陽)[216] 사람들은 옛 무덤에서 구리벼루를 얻은 일이 많았다. 이 벼루는 3개의 발굽모양 발이 있고, 덮개가 있으며, 꽃이 새겨져 있지는 않았고, 한 조각으로 된 도기처럼 가운데가 함몰되어 있다. 지금 사람들은 종종 그 가운

古墨稱"螺", 亦恐不若近世堅, 不然殆不可磨也. 又丹陽人多於古塚得銅硯, 三足蹄, 有蓋, 不鏤花, 中陷一片陶. 今人往往作硯於其中, 翻以爲匣也.

---

215 가의(賈誼): BC 200~BC 168. 중국 전한(前漢)의 정치가. 문제(文帝)의 막내아들 양회왕(梁懷王)의 태부(太傅)가 된 적이 있어 양회태부라 불렸다. 시문과 제자백가에 정통하여 최연소 박사가 되었다. 〈복조부(鵬鳥賦)〉·〈조굴원부(弔屈原賦)〉 등의 작품을 지었다.
216 단양(丹陽): 중국 강소성(江蘇省) 남부에 있는 시(市).

데 부분을 벼루로 쓰고, 물건을 넣어 두는 갑으로 응용하기도 한다.

당나라 때의 무덤에서 간간이 연잎 모양의 벼루를 얻었는데, 가운데가 움푹하고, 다리는 2개로, 봉황지의 제도와 같으나 매우 얇고 다리는 간혹 대추 모양과 같다. 이 벼루가 지금 흡주(歙州) 사람들이 가장 많이 만드는 형태이나, 토박이들은 단계벼루의 양식을 더욱 귀중하게 여겼기 때문에 평평하고 곧은 되처럼 생긴 모양을 귀하게 여긴다. 이들은 흠이 없는 아름다운 돌을 얻으면 반드시 먼저 단계벼루의 양식으로 만드니, 먹물이 고여 매우 애석하다. 대체로 흠이 없는 아름다운 돌이라야 가공할 수 있고, 가공하지 않은 채로 두터운 돌은, 토박이들이 그 감춰진 흠을 많이 알기 때문에 다시 공들여 만들려 하지 않는다. 그런데 어떤 사람들은 간혹 그 돌의 온화하고 부드러운 질감 때문에 아름답게 여긴다.

唐墓中間有得如蓮葉, 中凹兩足, 如鳳池之製, 甚薄, 足或如棗也. 今歙人最多作形製, 土人尤重端[29]樣, 以平直斗樣爲貴, 得美石無瑕, 必先作此樣, 滯墨甚可惜也. 大抵石美無瑕, 方可施工, 璞而厚者土人多識其藏疾, 不復巧製, 人或因其渾厚而美之.

되

---

[29] 端: 저본에는 "而端".《硯史·樣品》에 근거하여 수정.

나는 이전에 흡주에서 만드는 모양처럼 속된 벼루를 싫어했다. 10개 남짓의 벼루들을 깎거나 고쳐 보았는데, 겨우 손가락 두께의 반 정도만 깎으면 벼룻돌의 흠이 드러났기 때문에 사람으로 하여금 갑자기 그 벼루를 아끼는 마음이 줄어들게 했다. 단계(端溪) 사람이 돌을 깎지 않고 가공하지 않은 채로 돌의 모양을 유지하여 판매하는 이유는 역시 대부분 이와 같다.

승상(丞相)을 지낸 진요좌(陳堯佐)²¹⁷ 가문에서 촉왕(蜀王)²¹⁸이 순행할 때 사용했다는 황태자의 도기 벼루를 수집했다. 그 모양은 뚜껑이 벼루와 이어져 있고, 뚜껑 위에는 봉황이 앉은 1개의 누대 모양이 있다. 다른 부분에는 꽃과 풀 모양을 섞어 조각한 뒤 파낸 그 속을 이금(泥金)²¹⁹·붉은 칠로 메웠으며, '봉황대(鳳凰臺)'라는 글자가 있다. 이 벼루의 제도는 네모지고 곧으며, 위는 좁고, 벼루 위에 죽순 모양이 있으며, 가운데가 깊고 평평하다.

내가 푸른 비취색의 겹겹이 무늬가 있는 벼루 1개를 수집했는데, 단단하고 두드리면 소리가 나며, 3층으로 되어 있다. 1층 옆의 한 곳이 오목하여 먹을 갈 수 있었으며, 그 위로는 1개의 봉우리가 솟아나왔는데, 높이가 1척 남짓이다. 그 산 정상에 다시 수평

余嘗惡歙樣俗者, 凡刊改十餘硯, 纔半指許, 便有病見, 頓令人減愛. 其端人不斲成, 祇持璞賣者, 亦多如是.

陳文惠丞相家收一蜀王衍時皇太子陶硯, 連蓋, 蓋上有鳳坐一臺³⁰, 餘雕雜花草, 涅之以金泥·紅漆, 有字曰"鳳凰臺". 此製方直, 上狹, 筍在硯上, 中甚平也.

吾收一靑翠疊石, 堅響, 三層. 傍一嵌磨墨, 上出一峯, 高尺餘, 頂復平嵌巖如亂雲, 四垂以覆硯, 以水澤頂, 則隨葉垂珠滴硯心. 上

---

217 진요좌(陳堯佐): 963~1044. 중국 북송(北宋)의 관리 및 서예가로 시호(諡號)는 문혜(文惠)이다. 인종(仁宗) 때 재상을 지냈다.
218 촉왕(蜀王): 중국 오대시기 촉나라 고조(高祖) 왕건(王建, 847~918)을 말한다. 진요좌의 고조부인 진상(陳翔)이 왕건의 장서기(掌書記)를 역임했으므로 집안과 인연이 깊다.
219 이금(泥金): 금박가루를 아교에 갠 것으로, 그림을 그리거나 글씨를 쓸 때 사용한다.
③⁰ 臺: 저본에는 "毫". 오사카본·규장각본·《硯史·樣品》에 근거하여 수정.

면에 암석을 깎아 놓았는데 마치 바람에 나는 구름 같았다. 이 암석이 사면으로 내려와 벼루 전체를 덮었다. 그리고 산 정상의 연못 물은 나뭇잎을 따라서 구슬처럼 알알이 연지(硯池) 가운데로 떨어진다. 벼루 상단에는 글을 새겨 놓았다. 이 일이 당나라 장남걸(莊南傑)[220]의 부(賦)[221]에 보이니, 바로 역대로 보물로 여겨왔던 벼루이다.

有銘識, 事見唐 莊南傑賦, 乃歷代所寶也.

또 진한 자주색 벼루를 1개 수집했는데, 4겹으로 되어 있다. 아래에는 좌대와 발이 있는데, 혹이 있는 사발보다 더 교묘하다. 발 위에는 1개의 가늘고 좁은 가지가 솟아 있고, 가지 위에는 쟁반 모양의 홈이 이중으로 있다. 그 길이는 0.7척 남짓이고 너비는 0.4척 남짓이며, 모양은 영지버섯과 같아서 머리는 좁고 아래는 넓으니, 자연스럽게 봉(鳳) 자 모양의 봉황지(鳳凰池) 형상이 된다. 가운데는 조금 우묵하기에 물을 떨어뜨려 먹을 갈면 10폭의 종이에 글을 쓸 수 있으며, 돌의 결이 방성(方城)[222]의 돌보다 낫다. 이 벼루들은 사람의 힘으로 만들 수 있는 것이 아니니, 진실로 천하의 아름다운 보배이다. 《연사》[223]

又收一正紫石, 四疊. 下有坐有足, 巧於癭盂[31], 足上起一枝細狹, 枝上盤兩疊, 長七寸餘, 闊四寸餘, 如靈芝首銳下闊, 天然鳳池之象. 中微凹, 點水磨墨, 可書十幅紙, 石理在方城之右. 此非人力所成, 信天下之瓌寶也. 《硯史》

벼루의 모양으로는 다음과 같은 것들이 있다, '바닥이 평평한 풍(風) 자 모양', '다리가 있는 풍(風) 자

硯之形製 : 曰"平底風字", 曰"有脚風字", "曰垂裙風

---

220 장남걸(莊南傑) : ?~?. 중국 당(唐)나라 때의 문인. 《전당시(全唐詩)》에 그의 작품이 남아 있다.
221 부(賦) : 한문학의 한 갈래로, 《시경(詩經)》에서 경치나 사실 등을 있는 그대로 묘사하는 방법에서 유래했고, 과거시험의 과목으로도 채택되었다.
222 방성(方城) : 지금의 중국 하남성(河南省) 남양시(南陽市) 일대.
[31] 盂 : 저본에는 "孟". 오사카본·《硯史·樣品》에 근거하여 수정.
223 《硯史》〈樣品〉(《文淵閣四庫全書》 843, 70~72쪽).

모양', '치맛자락을 드리운 풍(風) 자 모양', '옛날 양식의 풍(風) 자 모양', '봉지(鳳池) 모양', '사방이 곧은 모양', '옛날 양식의 사방이 곧은 모양', '2줄로 된 비단 무늬가 있고 4면이 곧은 모양', '좌우로 대칭이 되는 무늬가 있고 4면이 곧은 모양', '키 모양', '도끼 모양', '오이 모양', '알 모양', '벽옹 모양', '사람얼굴 모양', '연꽃 모양', '연잎 모양', '선도복숭아 모양', '바가지 모양', '정(鼎)224 모양', '옥대(玉臺)225 모양', '천연(天研, 본래 벼루처럼 생긴 돌) 모양'【소식(蘇軾)이 예전에 돌을 얻어 도끼와 끌을 대지 않고 벼루로 만들었는데, 후대 사람들이 자연 상태에서 평평하고 가지런한 돌을 찾아 그 벼루를 본떴다.】, '두꺼비 모양', '거북 모양', '구불구불한 냇물 모양', '종 모양', '규(圭)226 모양', '홀

字", 曰"古樣風字", 曰"鳳池", 曰"四直", 曰"古樣四直", 曰"雙錦四直", 曰"合歡四直", 曰"箕樣", 曰"斧樣", 曰"瓜樣", 曰"卵樣", 曰"壁樣", 曰"人面", 曰"蓮", 曰"荷葉", 曰"仙桃", 曰"瓢樣", 曰"鼎樣", 曰"玉臺", 曰"天研"【東坡嘗得石, 不加斧鑿, 以爲硯, 後人尋巖石自然平整者, 倣之.】, 曰"蟾樣", 曰"龜樣", 曰"曲水", 曰"鍾樣", 曰"圭樣",

북(국립민속박물관)

---

224 정(鼎): 옛날의 발이 셋 있고 귀가 둘 달린, 음식을 익히는 데 쓰인 솥.
225 옥대(玉臺): 옥으로 만든 집이라는 뜻으로, 임금이 있는 곳을 높여 이르는 말.
226 규(圭): 옥으로 만든 홀(笏). 신하가 임금을 만날 때 손에 쥐던 물건.

모양', '북[227] 모양', '금(琴) 모양', '번철 모양', '2마리의 물고기 모양', '둥근 모양', '모서리가 8개 있고 뿔 모양 자루가 달린 벼루', '모서리가 8개 있고 자루가 달린 벼루', '대나무 마디 모양의 자루가 달린 벼루', '벽돌 모양 벼루', '널빤지 모양 벼루', '방 모양', '비파 모양', '달 모양', '장구 모양', '말발굽 모양', '월지(月池)[228] 모양', '월금(月琴)[229] 모양', '흡주 벼루 모양', '여(呂) 자 모양', '금(琴) 다리의 풍(風) 자 모양', '봉래산(蓬萊山)[230] 모양'이 있다.

선화(宣和) 연간(1119~1125) 초기에 황실에서 지급된 벼루 모양은 풍(風) 자 형태로 만든 것이 있고, 봉지(鳳池) 모양이 있었는데, 다만 이 벼루들은 바닥이 평평할 뿐이었다. 4개의 고리가 달린 모양·바닷물 무늬를 새긴 모양·물고기나 용 모양·삼신(三神)[231]

曰"笏樣", 曰"梭樣", 曰"琴樣", 曰"鼇樣", 曰"雙魚樣", 曰"團樣", 曰"八稜角柄秉硯", 曰"八稜秉硯", 曰"竹節秉硯", 曰"硯磚", 曰"硯板", 曰"房相樣", 曰"琵琶樣", 曰"月樣", 曰"腰鼓", 曰"馬蹄", 曰"月池", 曰"阮樣", 曰"歙樣", 曰"呂樣", 曰"琴足風字", 曰"蓬萊樣".

宣和初御府降樣, 造形若風字, 如鳳池樣, 但平底耳. 有四環、刻海水、魚龍、三神、山水, 池作崑崙狀,

월금

---

227 북: 베틀을 구성하는 물건으로, 날실 사이를 오가며 씨실을 풀어주는 도구이다.

228 월지(月池): 지금의 중국 하북성(河北省) 탁현(涿縣) 서남쪽에 있는 호수. 달 모양과 닮았다.

229 월금(月琴): 4줄로 구성된 중국의 현악기로, 우리나라에는 4세기경 고구려 때 들어와 구한말까지 사용되었다. 서진(西晉)시대 문인인 완함(阮咸, 229~?)이 잘 연주하여 완함이라 불리다가, 명(明)나라 때부터 월금이라 불렸다.

230 봉래산(蓬萊山): 중국 전설 속의 산으로, 황해 가운데에 있으며 신선이 산다고 알려졌다.

231 삼신(三神): 하늘의 신·땅의 신·산신.

연잎 모양 벼루

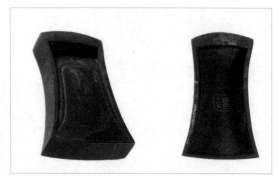

바닥이 평평한 풍 자 모양 벼루

모양·산수 모양·연지를 곤륜산(崑崙山)²³² 모양으로 만든 벼루·왼쪽에 해가 있고 오른쪽에 달이 있는 모양·별이 나열되어 있는 모양의 벼루들이 있는데, 휘종의 서실에서 쓰일 용도로 진상되었다. 《단계석보(端溪石譜)²³³》²³⁴

단계벼루 모양·사인(舍人)²³⁵ 모양·도관(都官) 모양·옥당(玉堂)²³⁶ 모양·달 모양·네모난 달 모양·용의 눈 모양·규(圭) 모양·네모난 용의 눈 모양·오이 모양·네모난 호리병박 모양·8각형 벽옹(辟雍) 모양·네모난 벽옹 모양·말발굽 모양·초승달 모양·번철 모양·두 눈썹 사이 모양·석심(石心, 돌의 중심) 모양·

左日右月, 星斗羅列, 以供太上皇書府之用. 《端溪石譜》

端樣、舍人樣、都官樣、玉堂樣、月樣、方月樣、龍眼樣、圭樣、方龍眼樣、瓜樣、方葫蘆樣、八角辟雍樣、方辟雍樣、馬蹄樣、新月樣、鏊樣、眉心樣、石心樣、瓢

---

232 곤륜산(崑崙山): 중국 전설 속의 산으로, 황하 근원에 있으며 보옥이 나고 여신 서왕모(西王母)가 산다고 알려졌다. 티벳 지역 곤륜산맥의 이름이 여기에서 유래되었다.

233 단계석보(端溪石譜): '단계연보(端溪硯譜)'의 오기인 듯하다.

234 《端溪硯譜》(《文淵閣四庫全書》 843, 89~90쪽).

235 사인(舍人): 중국 주나라 때 재물을 관리하던 관리. 《주례(周禮)·지관(地官)·사인(舍人)》에 나온다. 여기에서는 문신(文臣)의 모습으로 추정된다.

236 옥당(玉堂): 역대 왕조에서 국왕을 보좌하는 기관의 별칭으로, 중국 한(漢)나라 때 시중(侍中)이 소속된 관청 이름에서 유래했다.

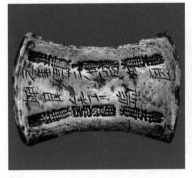
은정

격구(국립민속박물관)

바가지 모양·천지(天池, 산 정상에 있는 못) 모양·올챙이 모양·은정(銀鋌)[237] 모양·연잎 모양·사람얼굴 모양·격구(擊毬)[238]하는 사람 모양·진귀한 물병 모양·홀의 끝부분 모양·풍(風) 자 모양·옛 동전 모양·겉은 네모나고 안은 둥근 모양·대통벼루 모양·두꺼비 모양·벽옹 모양·네모난 옥당 모양·윤씨 벼루 모양 [尹氏樣][239]·개구리 모양·무소 모양·앵무새 모양·금(琴) 모양·거북 모양. 이상의 벼루는 모두 제작 양식이 고풍스럽고 우아하다. 이 밖의 나머지 모양은 모두 속되다.《흡주연보(歙州硯譜)[240]》[241]

樣、天池樣、科斗樣、銀鋌樣、蓮葉樣、人面樣、毬頭樣、寶瓶樣、笏頭樣、風字樣、古錢樣、外方裏圓樣、筒硯樣、蟾蜍樣、辟雍樣、方玉堂樣、尹氏樣、蝦蟆樣、犀牛樣、鸚鵡樣、琴樣、龜樣. 以上竝樣製古雅, 餘樣都俗.《歙硯譜》

소이간(蘇易簡)이 "벼루 가운데 종이처럼 얇은 것     蘇易簡云"硯有薄如紙者",

---

237 은정(銀鋌) : 중국 송(宋)대에서 청(淸)대까지 통용되던 화폐의 일종. 은으로 만들었으며 좌우 대칭된 부채꼴 모양이다.
238 격구(擊毬) : 말을 타고 도구로 공을 쳐서 상대의 문에 넣는 경기. 페르시아에서 시작되었고 중국을 통하여 우리나라에도 들어왔다.
239 윤 씨 벼루 모양[尹氏樣] : 미상.
240 흡주연보(歙州硯譜) : 중국 북송(北宋)의 당적(唐積, ?~?)이 편찬한 연보로, 당(唐)나라 때의 벼루부터 기록되어 있다.
241 《歙州硯譜》〈名狀〉6(《文淵閣四庫全書》843, 75~76쪽).

이 있다."라 했는데, 대개 얇은 특성으로 쓰기에 편리하다고 한다. 《흡연설》[242]

벼루의 모양은 일정하지 않다. 옛날 사람들이 조개로 벼루를 만든 것은 쓰기에 적합한 점을 취했을 뿐이다. 옛날에 오래된 단계벼루 모양이 있었는데, 모두 동진(東晉) 우군장군 왕희지의 대대로 전해져 오는 단계벼루 모양이다. 이 벼루들은 모두 밖은 네모나고 안은 가파른 언덕 같은 모양으로, 먹물이 아래의 물속으로 들어가면 글씨를 쓸 때에 다시 먹을 가는 수고를 들이지 않게 된다. 지금의 단계벼루 모양은 대개 왕희지가 남긴 방법이다.

간혹 널빤지 모양 벼루·거울 모양 벼루 종류가 있어 그 머리가 조금 우묵할 뿐이다. 간혹 바로 평평한 돌 1조각을 쓰고, 별도로 그릇에 물을 담았다가 필요할 때 물을 돌에 떨어뜨려 먹을 갈기도 했다. 이것으로 지금 사람들이 옛날 사람들만큼 글씨를 많이 쓰지 못했다는 점을 알 수 있다. 《흡연설》[243]

조열지(晁說之)는 벼루를 소장할 때, 반드시 옥으로 만든 되 모양을 한 벼루를 고르는데, 먹물을 많이 담는 것을 좋아하기 때문이다. 그는 매번 "벼루에 만약 먹물을 담을 연지가 없으면, 먹을 굳이 갈 필요도 없고, 붓도 필요한 만큼 먹물을 적시지 못하

蓋以薄爲利用云.《歙硯說》

硯之形制不一, 古人有以蚌爲之者, 取其適用而已. 舊有古端樣, 并世傳晉右軍將軍王逸少端樣, 皆外方內若峻坂然, 使墨下入水中, 至寫字時, 更不費硏磨之工. 今之端樣蓋其遺法也.

或有爲硯板、硯鏡之類, 微坳其首而已. 或直用平石一片, 別以器盛水, 旋滴入硏墨, 以此知今人不如古人書字之多耳. 同上

晁以道藏硯, 必取玉斗樣, 喜其受墨瀋多也, 每曰: "硯若無池受墨, 則墨亦不必磨, 筆亦不須墨, 惟可作枕耳."《老學庵筆記》

242《歙硯說》(《文淵閣四庫全書》843, 80쪽).
243《歙硯說》(《文淵閣四庫全書》843, 82쪽).

니, 오직 베게로만 쓸 수 있을 뿐이다."라 했다. 《노
학암필기(老學庵筆記)》244

## 10) 손질하는 법

벼루를 깎아 처음 만들 때 먼저 밀랍을 벼루의
안팎에 바르면 대개 벼룻돌과 서로 보탬이 된다. 반
드시 밀랍에 의지해야 벼루가 따뜻하고 윤택하며
광택이 돌고 깨끗하여 아낄 만해지니, 돌에 전혀 손
상이 없고, 세척하기에 편리하며, 먹물이 배어들지
않는다.

처음에 생강즙을 먹 가는 부분에 바르고 즉시 먹
을 간다. 지금 사람들은 대부분 이를 알지 못하고
'이것이 벼루의 하자이다.'라 하며, 먹과 밀랍으로 이
하자를 덮어 없애고서는, 다시 '먹의 광택이 나지 않
는다.'라 한다. 이는 처음 먹을 갈 때 남아 있던 밀랍
이 조금 섞이면 엉겨서 어두운 먹색이 되기 때문이
다. 이 과정을 3~5번 반복하면 이러한 하자가 없어
질 것이다. 또 먹색이 나오면 곧바로 더욱 좋게 하려
고 먹물을 많이 적시는데, 그러면 소중히 보호하기
가 어렵다. 또 억지로 손때를 묻히려 하면 반드시 흔
적이 남는다. 그러므로 사람들이 밀랍으로 덮는 방
법을 많이 사용하여 이러한 근심을 면했던 것이다.
《흡주연보》245

## 治法

硯斲初成, 先以蠟塗內外,
蓋與石相益, 須借此則溫
潤光潔可愛, 於石殊無損,
而便於洗濯, 不惹墨漬.

初便以生薑汁塗研處, 卽
着墨. 今人多不知此, 云
"是瑕病", 以墨蠟蓋滅痕
纍, 又云"不發墨光". 始初
磨墨兼帶少蠟, 滯暗墨色
故也. 使三、五度, 則無此
病矣. 又出墨色者, 便使益
好多漬, 難愛護, 欲着手
氣, 必成痕迹. 故人多用蠟
蓋, 免此患也.《歙硯譜》

---

244《老學庵筆記》卷8(《叢書集成初編》2766, 75쪽).
245《歙州硯譜》〈修斲〉5(《文淵閣四庫全書》843, 75쪽).

다듬어서 가공할 때는 정밀함이 중요하다. 벼루를 손질할 때 솜씨를 다하지 않으면 비록 좋은 벼룻돌이 있더라도 평범한 벼루가 될 뿐이다. 하나의 벼룻돌을 얻을 때마다 쇠끌로 두드려 맑고 원만한 소리가 난 다음에야 비로소 가공할 수 있다. 다듬어야 할 곳을 헤아린 뒤에야 모양을 재단하되, 다른 사람에게 받치고 있게 하거나 그렇지 않을 경우 겨 속에 넣고 작업한다. 이는 벼루의 상태가 약해질까 해서이다. 《흡연설》246

攻琢貴精, 治之不盡工, 雖有佳石, 亦常硯而已. 每得一石, 以鐵鑿擊之, 候其聲淸圓, 乃可攻治. 度其所宜, 然後制樣, 須令人捧, 不然內諸稻穀中, 欲其不實也.《歙硯說》

## 11) 잘 간수하는 법

벼루를 간수할 때는 무늬가 있고 매끄러운 비단을 덮어서 먼지를 멀리하는 것이 중요하다. 《문방보식(文房寶飾)247》248

### 養法

養硯以文綾蓋[32]貴乎隔塵. 《文房寶飾》

일반적으로 벼루는 반드시 아침마다 씻어야 한다. 비록 씻지 못했더라도 또한 매일 그 물을 바꿔줘야 한다. 벼루를 씻을 때는 작은 모직물 조각이나 종이를 사용하는데, 만약 오랫동안 사용하면 벼룻돌의 표면색이 먹물에 의하여 더러워진다. 이때는 곧바로 밀기울·숯으로 표면을 문질러 씻으면 다시 새 것처럼 될 것이다. 몹시 추울 때는 좋은 벼루를 사용해

凡硯須朝朝滌之. 縱未能滌[33], 亦須日易其水. 洗宜用小氈片或紙, 若久用, 石色爲墨漬汚. 卽以麩、炭磨洗, 復如新矣. 苦寒不宜用佳硯, 石理旣凍, 墨亦少光.《李氏硯譜》

---

246《歙硯說》(《文淵閣四庫全書》843, 80쪽).
247 문방보식(文房寶飾) : 붓·먹·벼루·종이 등의 제조법과 관리법에 관한 책으로, 관련 서적에서 몇몇 단편을 인용하고 있으나 저자나 자세한 내용은 전하지 않는다.
248 출전 확인 안 됨 ; 《格致鏡原》卷40〈文具類〉4 "硯匣"(《文淵閣四庫全書》1031, 620쪽).
[32] 蓋 : 저본에는 없음.《格致鏡原·文具類·硯匣》에 근거하여 보충.
[33] 滌 : 저본에는 없음.《居家必用·文房適用·洗硯》에 근거하여 보충.

서는 안 된다. 벼룻돌의 결이 이미 얼어버린 데다가 먹물도 광택이 덜 나기 때문이다. 이욱《연보》[249]

사륜(謝倫)[250]의 벼루 씻는 법:촉(蜀) 지역에서는 공납을 바치고 남은 종이로 먼저 먹물을 제거하고 천천히 수세미[絲瓜][251]로 문질러 씻으면 나머지 먹물 찌꺼기도 모두 제거되고 벼루도 손상되지 않는다. 《노학암필기》[252]

봄과 여름에 찌는 듯이 덥고 따뜻할 때 먹물을 오랫동안 벼루에 두면 아교의 접착력으로 먹물이 응체되어 사용할 수 없게 된다. 이때는 더욱 자주 씻어 먹물을 제거해야 한다. 벼루를 씻을 때는 뜨거운

謝倫[34]滌硯法:用蜀中貢
餘[35]紙先去墨, 徐以絲瓜
磨洗, 餘漬皆盡而不損硯.
《老學庵筆記》

春夏蒸溫之時, 墨久留其
間, 則膠力滯而不可用, 尤
要頻滌去之. 洗硯不得使
熱湯、亦不得用氈片、故

수세미의 섬유질(임원경제연구소)

---

249 출전 확인 안 됨.
250 사륜(謝倫): ?~?. 중국 송(宋)나라 때 사람으로 추정된다. 자는 경어(景魚).《노학암필기》권6에는 그가 가난해서 진사도(陳師道, 1053~1101)의 편지 10여 첩(帖)을 팔아 술을 샀다는 기록이 보인다.
251 수세미[絲瓜]: 녹색의 줄기를 가진 덩굴성 1년초이다. 15cm 정도로 뻗어나가 다른 물체를 감으며 자란다. 《본초강목(本草綱目)》에서는 "사과락(絲瓜絡)"이라 했다.
252《老學庵筆記》卷1(《叢書集成初編》2766, 9쪽).
[34] 倫: 저본에는 "淪".《老學庵筆記》에 근거하여 수정.
[35] 餘:《老學庵筆記》에는 "魚".

물을 사용해서는 안 되고, 모직물 조각·오래된 종이를 사용해서도 안 된다. 오직 가시연밥송이·메마른 숯으로 씻는 것이 가장 좋다. 단계(端溪)에는 원래부터 벼룻돌을 씻는 돌이 있었는데, 간혹 조각자 우린 물로 축여 가면서 비벼 씻어 낸다. 또한 반하(半夏)253를 평평하게 썰어 벼루를 씻어 내면 응고된 먹물이 거의 다 제거된다. 또 황랍(黃蠟)을 발라 벼루를 보호해줘도 매우 좋다. 《거가필용》254

紙. 惟以蓮房、枯炭洗之最佳. 端溪自有洗硯石, 或按皁角水洗之. 亦得半夏切平洗硯, 大去滯墨. 又黃蠟補硯極佳.《居家必用》

품질이 좋은 벼루는 연지(硯池)의 물이 마르게 해서는 안 되기에 매일 맑은 물로 바꿔주어 벼룻돌을 윤기가 나도록 간수하고, 하루라도 씻지 않아서는 안 된다. 만약 2~3일 동안 씻지 않고 사용하면 먹빛이 조금 빠진다. 벼루를 씻는 사람은 벼루에 스며든 먹물 얼룩을 갈아 없애서는 안 된다. 이는 오래된 벼루의 징표이기 때문이다. 벼루를 씻을 때는 조각자를 우린 맑은 물로 씻는 것이 좋고, 끓는 물로 씻어서는 안 된다. 반하(半夏)를 평평하게 썰어 벼루를 문지르면 묵은 먹 찌꺼기를 아주 잘 제거할 수 있다. 수세미 속살로 씻어 내기도 한다.

佳硯, 池水不可令乾, 每日易以淸水, 以養石潤, 不可一日不滌. 若用二三日不滌, 墨色差減. 滌者不可磨去墨銹, 此爲古硯之徵. 滌以皁角淸水爲妙, 滾水不可滌硯. 以半夏切平擦硯, 極去宿墨. 以絲瓜穰滌洗.

그러나 이러한 방법들은 모두 가시연밥껍질을 거두어 물에 담가 벼루를 부드럽게 씻어 내며 때를 제거하면서, 또한 벼루를 손상시키지 않게 하는 것만 못하다. 모직물 조각·오래된 종이로 닦거나 문질러

總不如蓮房殼收起, 以水浸軟滌硯, 去垢起滯, 又不傷硯. 不可以氈片、故紙揩抹, 恐氈毛、紙屑以混墨

253 반하(半夏): 천남성과의 여러해살이풀. 6~7월에 누런 흰색 꽃이 피고 알줄기는 약으로 쓴다.
254《居家必用》戊集〈文房適用〉"洗硯"《居家必用事類全集》, 199쪽).

서는 안 되니, 이는 모직물 털·종이가루가 먹빛을 혼탁하게 할 염려가 있기 때문이다. 끓는 물로 먹을 갈면 절대 안 되며, 찻물로도 갈아서는 안 된다.

새 먹을 처음 사용할 때는 아교의 성질과 먹의 뾰족한 모서리가 아직 무뎌지지 않아서 힘주어 갈아서는 안 된다. 벼루의 재질을 상하게 할 염려가 있기 때문이다. 겨울에는 품질이 좋은 벼루를 미리 보관해서 쓰지 않고 거친 벼루를 쓰면 추위에 대비할 수 있다. 날씨가 추울 때는 불로 벼루의 언 기운을 녹이는데, 마땅히 다리 4개짜리 화로를 벼루 위에 놓고 은은하게 데우거나 연로(硯爐)255를 사용해도 괜찮다. 또한 청주(靑州)256의 숙철벼루를 얻어서 사용하는 것이 가장 좋다.

봄과 여름 두 계절에는 장마로 습기가 찌는 듯하여 먹을 오랫동안 벼루에 두면 아교가 둥둥 떠서 붓에 엉겨 붙고, 또 벼루의 정채(精采, 아름다운 빛깔)를 손상시킬 수도 있다. 그렇기 때문에 반드시 벼루를 자주 씻어 주고, 무늬가 있고 매끄러운 비단으로 주머니를 만들어 먼지나 때를 묻히지 않고 상자257에 보관해야 한다. 이때는 벼루로 벼루를 눌러서 벼루가 손상되게 해서는 안 된다. 《준생팔전》258

色. 大忌滾水磨墨, 茶亦不可.

新墨初用, 膠性竝稜角未伏, 不可重磨, 恐傷硯質. 冬月當預藏佳硯, 以粗硯用之, 可以敵凍. 寒時以火炙氷, 當用四脚撑爐, 架火硯上, 微煖逼之, 或用硯爐亦可. 得靑州熟鐵硯, 用之甚宜.

春、夏二時, 霉溽蒸濕, 使墨積久則膠泛滯筆, 又能損硯精采. 須頻滌之, 以文綾爲囊, 韜避塵垢, 藏之筍匣, 不可以硏壓硏, 以致傷損.《遵生八牋》

---

255 연로(硯爐) : 연상(硯床) 옆에 놓고 벼루를 데우는 작은 화로.
256 청주(靑州) : 중국을 9지역으로 나눈 '구주(九州)' 중 하나로, 태산(泰山) 동쪽에서 발해에 이르는 지역이다. 지금의 산동성(山東省) 유방시(濰坊市) 일대.
257 상자 : 원문의 '筍匣'으로, 벼루를 보관하는 작은 상자이다.
258《遵生八牋》卷15〈燕閑淸賞牋〉中"論硏"滌藏硏法(《遵生八牋校注》, 562~563쪽).

칠기 벼루상자(국립중앙박물관)

일반적으로 연지(硯池)의 물이 마르게 해서는 안 되고, 매일 맑은 물로 바꿔주어 벼룻돌을 윤기가 나도록 간수해야 한다. 먹을 가는 부분에 물을 담아뒀서는 안 되고, 벼루를 사용하고 나면 먹 가는 부분을 말려야 한다. 오랫동안 물에 잠기면 발묵(發墨)이 되지 않기 때문이다. 《동천청록》259

凡硯池水不可令乾, 每日易以淸水, 以養石潤. 磨墨處不可貯水, 用過則乾之, 久浸則不發墨.《洞天淸錄》

아주까리씨260로 벼루를 문지르면 더욱 윤기가 흐른다. 《동천청록》261

以蓖麻子擦硯, 滋潤. 同上

연지(硯池)가에 얼룩진 먹물 자국 중에서 오래 스며들어 벼룻돌 표면에 뜨지 않는 것을 '묵수(墨繡)'라 한다. 이는 오래된 먹의 징표로, 가장 얻기 어려우니, 먹 자국을 갈아 제거해서는 안 된다. 네모난 대나무를 둥근 자를 사용해 억지로 둥글게 다듬고[規

硯池邊, 斑駁墨跡, 久浸不浮者曰"墨繡". 爲古硯之徵, 最難得者, 不可磨去, 致規杖漆琴之誚. 同上

---

259 출전 확인 안 됨.
260 아주까리씨: 대극과의 한해살이풀. 설사약·포마드·도장밥·공업용 윤활유 등으로 사용한다.
261 출전 확인 안 됨.

杖], 오래되어 칠에 금이 가서 골동품의 풍모를 내는 금(琴)에 억지로 옻칠을 하여[漆琴] 그 가치를 떨어뜨렸다는 비판을 초래하기 때문이다.[262] 《동천청록》[263]

벼루 위에 남아 있는 오래 묵은 먹은 이미 붓을 손상시켰을 수도 있고, 또한 벼루를 손상시킬 수도 있다. 또 글자를 쓸 때 붓털이 엉겨서 쓰고 싶은 대로 둥글게 붓을 돌릴 수 없다. 따라서 반드시 매일 벼루를 한 번 씻어 먹물 한 방울도 남지 않도록 힘써야 한다. 단계벼루 중에 좋은 제품은 더욱 주의해야 한다. 《고금비원》[264]

硯上宿墨, 旣能損筆, 亦能損硯. 又作字凝滯, 不能圓轉如意. 須每日洗滌一遍, 務使點墨不留. 端石之佳者, 尤當加意. 《古今秘苑》

벼룻돌은 뜨거운 물을 꺼리고, 보통의 물을 좋아한다. 그러나 물을 꼭 새로 길어 올 필요는 없다. 매일 새벽에 일어나 세수하고 양치질하고 난 다음에 뜨거운 물이 보통의 물처럼 식기를 기다렸다가 즉시 벼루를 가져다 씻는 것이 가장 간편하다. 게다가 벼루는 사람의 정기(精氣)를 얻으면 더욱 윤택해지고 광채가 나기 때문이다. 《고금비원》[265]

硯石忌湯而喜水, 然水不必新汲. 每日晨起盥漱後, 俟湯冷如水, 卽取硯滌之, 最爲簡便. 且硯得人精氣, 益潤澤光彩. 同上

---

262 네모난……때문이다: 원문의 '致規杖漆琴之誚'를 풀이한 것으로, 중국 명(明)나라 말기 소설가였던 능몽초(凌濛初, 1580~1644)의 단편소설집 《이각박안경기(二刻拍案驚奇)》에 실려 있다. 원문은 "모난 대나무를 둥근 자로 둥글게 다듬고, 금이 간 거문고 옻칠에 옻칠을 덧칠하다(規圓方竹杖, 漆卻斷紋琴)."이다. 주애(朱崖)라는 사람이 네모난 대나무지팡이를 얻었는데, 이를 보물로 여겨 친한 벗에게 주었다. 몇 년 뒤 친구와 다시 만났을 때, 친구는 네모난 지팡이를 깎아 둥글게 만들어버렸다. 이에 주애는 한없이 탄식했다. 여기서는 오래된 골동품의 진가를 알아보지 못하고 원형을 해치는 폐단을 지적하고 있다.
263 출전 확인 안 됨.
264 《古今秘苑》 2集 卷2 〈滌硯法〉, 1쪽.
265 《古今秘苑》, 위와 같은 곳.

벼루를 씻을 때는 손톱으로 긁어내며 씻는 것을 매우 꺼리며, 또 쓰고 난 종이로 문질러서도 안 된다. 이 두 가지는 모두 벼루를 손상시킬 수 있으니, 수세미 섬유질로 씻는 것이 제일이고, 가시연밥껍질이 그 다음이다. 이것들을 물속에 살짝 담갔다가 부드러워지면 곧바로 사용할 수 있으며, 사용하고 나서는 물기를 머금은 수세미나 가시연밥껍질을 걸어두었다가 다음번에 사용한다. 《고금비원》[266]

滌硯, 切[36]忌用指甲洗剔, 亦不可用廢紙揩磨. 二者皆能損硯, 當以絲瓜瓤爲第一, 蓮房殼次之. 水中略浸軟, 卽可用, 用過, 瀝乾挂起, 留下次用. 同上

## 12) 깨진 벼루 보수하는 법

벼루의 바닥을 칼로 긁어내어 곱게 가루 낸 뒤, 황랍(黃蠟)을 발라 불 속에서 두드려 균등하게 하는데, 불 속에서 알맞게 맞춰서 손상된 부분을 보충해주어야 한 덩이로 붙는 데다가 단단해진다. 《속사방》[267]

**補破硯法**

就硯底以刀刮細末, 用黃蠟火中搵令均, 須火中安排, 以補損處, 一色且牢. 《俗事方》

땅에 심어 놓은 파잎 안에 흰 목을 가진 큰 지렁이 1마리를 넣고 파잎 끝을 밀봉한다. 1일 뒤에 살펴보면 지렁이가 모두 녹아 물이 된다. 여기서 맑은 물만 가져다 벼룻돌의 파손되고 부서진 곳에 묻히면 파손된 흔적이 없어지는 데다가 단단해진다. 《고금비원》[268]

地種蔥葉內, 納白頸大蚯蚓一枚, 封蔥葉端. 一日見之, 則盡化爲水. 取其淸者, 粘硏石破碎, 無痕且牢. 《古今秘苑》

---

266 《古今秘苑》, 위와 같은 곳.
267 출전 확인 안 됨.
268 출전 확인 안 됨.
[36] 切 : 저본에는 "初". 《古今秘苑·滌硯法》에 근거하여 수정.

## 13) 벼룻집(연갑)[269]

일반적으로 돌벼루를 은으로 만든 벼룻집 안에 두면 곧 미처 마르지 못한 먹 기운이 증발하여 위로 올라가서 그 먹이 마침내 벼룻집 덮개 위에 달라붙는다. 이러한 현상이 오래되어 덮개 위에 달라붙은 먹이 다시 벼루에 떨어지면 며칠이 지나도 마르지 않는다. 이런 현상은 구리와 주석이 모두 그렇지만 은이 더욱 심하다. 비록 옻칠한 벼룻집이라도 때때로 이러한 일이 있지만, 그 빈도가 적을 뿐이다.《노학암필기》[270]

## 硯匣

凡石硯置銀匣中, 卽未乾之墨氣蒸上騰, 其墨乃著蓋上. 久之, 蓋上之墨, 復滴硯中, 數日不乾[37]. 銅、錫皆然, 而銀尤甚. 雖漆匣亦時有之, 但少耳.《老學庵筆記》

벼룻집(국립중앙박물관)

연상(硯床)(국립중앙박물관)

벼룻집을 만들 때는 오금(五金, 금·은·동·주석·철)을 써서는 안 된다. 대개 돌은 바로 쇠가 나오는 곳

硯匣不當用五金. 蓋石乃金之所自出, 金爲石之精華.

---

269 벼룻집(연갑) : 벼루를 넣어 보관하는 상자. 벼루 외에 문방사우나 작은 소품 따위를 함께 보관할 수 있는 것은 연상(硯床)이라 한다.
270《老學庵筆記》卷8(《叢書集成初編》2766, 76쪽).
[37] 數日不乾 :《老學庵筆記》에는 "亦不必經夜也".

이므로 쇠가 돌의 정화(精華)가 된다. 새끼 격인 쇠와 어미 격인 벼룻돌을 한곳에 두면 새끼가 어미의 기운을 빼앗아 도리어 돌을 건조하게 할 수 있는 데다가 빼앗는 것을 부추기기까지 하니, 품질이 좋은 옻을 칠해서 벼룻집을 만들어야 한다.

子母同處, 則子盜母氣, 反能燥石而又誨盜, 當用佳漆爲之.

벼루가 비록 낮더라도 벼룻집 덮개는 반드시 높이가 0.1척 정도 높아야만 우아하여 볼만하다. 다만 금(琴) 빛깔처럼 바탕 옻칠하고, 꽃무늬나 무소 가죽271을 재료로 하는 나전칠기(螺鈿漆器) 장식 따위는 절대 쓰지 않아야 한다. 4개의 모서리는 반드시 베로 몹시 견고하게 해야 하지, 비단을 사용하는 것은 좋지 않다. 벼룻집의 크기는 벼루 1개를 넣을 만큼으로 하고, 주위에 손가락 3개가 들어갈 만큼 여유를 둔다. 간혹 검은 비단으로 벼루를 감싸놓으면 더욱 좋다.

硯雖低, 匣蓋必令高過寸許, 方雅觀然. 只用琴光素漆, 切忌用鈿花、犀毗[38]之屬. 四角須用布令極牢, 不宜用紗. 匣取其容硯, 而周圍寬三指[39]. 或作皁絹襯, 尤妙.

지금 사람들은 벼루의 바닥에 작은 구멍을 뚫는데, 작은 구멍에 손가락 1개가 들어가도록 만든다. 본래는 이 구멍에 손을 끼워 벼루를 꺼내기 위한 용도였다. 그런데 구멍으로 인해 윤기가 많이 새기 때문에 벼룻집을 조금 여유 있게 만들면 굳이 구멍을 만들 필요는 없다. 간혹 먹물이 벼룻집 아래로 흘러내려 점점이 궤안(几案)을 더럽힌다.

今人於硯底作小穴, 小竅容指. 本以之出硯, 而多泄潤氣, 令匣稍寬, 不必留竅. 或有墨汁流下, 點[40]污几案.

---

271 무소 가죽: 원문의 '犀毗'는 곧 서피(犀皮)이다. 무소 가죽은 단단하고 무늬가 있어 서양 사람들이 가죽을 잘라 허리띠를 장식할 때 사용했다. 이 때문에 후대에 칠기 공예를 하는 사람들이 칠기 공예를 '서비(犀毗)'라 했다.

[38] 毗: 저본에는 "皮". 《洞天淸祿集·古硯辯》에 근거하여 수정.
[39] 指: 《洞天淸祿集·古硯辯》에는 "紙".
[40] 點: 《洞天淸祿集·古硯辯》에는 "多".

또 더러는 벼룻집의 바닥 아래쪽에 표범 무늬 다리를 만들고 손가락이 들어가기 좋게 하여 무거운 벼루를 옮기는데, 이는 더욱 좋은 방법이 아니다. 대개 벼루가 튼튼하면 쉽게 발묵이 되고, 부실하면 발묵이 안 된다. 그러므로 옛사람들이 벼루를 만들 때 대부분 그 벼루의 받침을 튼튼하게 만들고, 거기에 비단요를 더한 것은 바로 이 때문이다. 《동천청록》[272]

又或匣底之下作豹脚, 取其可入手指, 以移重硯, 此尤非所宜. 蓋硯實則易發墨, 虛則否. 故古人作硯, 多實其趺, 又加以絎褥, 正爲是也.《洞天淸錄》

두판남(豆瓣楠)[273]·자단(紫壇)으로 벼룻집을 만든다. 더러는 화리(花梨)[274]를 사용해도 좋다. 《준생팔전》[275]

以豆瓣楠、紫檀爲匣. 或用花梨亦可.《遵生八牋》

우리나라의 벼룻집 제도는 벼룻돌·붓·먹을 한 그릇 안에 함께 두고, 덮개를 만들어 여닫는다. 일본의 벼룻집도 대부분 이 제도를 쓴다. 《고사십이집》[276]

我東硯室之制, 以硯石、筆、墨同處一器之中而有蓋以開閉. 倭硯匣亦多用此製.《攷事十二集》

## 14) 벼루산(연산, 硯山)[277]

벼루산은 처음에 미불이 남당(南唐)[278]의 보석(寶石)으로 만들었는데, 후대 사람들이 대부분 이를 본

### 硯山

始自米南宮以南唐寶石爲之, 後多效之. 大率硏山之

---

272 《洞天淸祿集》〈古硯辯〉《叢書集成初編》1552, 10쪽).
273 두판남(豆瓣楠): 녹나무과의 나무. 고급 가구재로 많이 사용되었다.
274 화리(花梨): 자단(紫檀)나무의 목재. 붉은빛을 띠고 결이 곱고 단단하여 건축·가구재로 많이 사용되었다.
275 《遵生八牋》卷15〈燕閑淸賞牋〉中 "論墨"《遵生八牋校注》, 574쪽).
276 《保晩齋叢書》卷57〈攷事十二集〉卷10 "硯室匣屛"《保晩齋叢書》10, 376쪽).
277 벼루산(연산, 硯山): 벼루 측면에 만들어 세운 벼루 장식품.
278 남당(南唐): 중국 오대십국의 하나로, 이변[李昪, 888~943(재위 937~943)]이 금릉(金陵)에 세운 나라이다.

받았다. 대체로 벼루산의 돌은 영벽(靈壁)[279]의 응석(應石)[280]을 최고로 친다. 다른 돌은 돌 표면에 있는 무늬나 조각이 조악하거나 크고, 작은 형상들이 구불구불하거나 우뚝 솟거나 빽빽이 솟거나 뾰족뾰족하게 솟은 모습이 전혀 없다.

내가 송나라 사람이 영벽석(靈壁石)으로 만든 벼루산을 보니, 황공망(黃公望)[281]이 준법(皴法)[282]으로 만들어 놓은 듯이 봉우리의 꼭대기 부분이 주름졌다. 중앙에는 동전 크기의 못이 있는데, 깊이가 0.05척 정도이다. 그 아래 산기슭에서는 물 한줄기가 샘솟는 모양인데, 마치 파도가 치는 듯 색이 희고 솟아올라 겹쳐 있다. 이는 애당초 사람의 힘으로는 꾸며서 만들 수 있는 모습이 아니다. 이 장식품은 참으로 보배라 할 만하다.

또 장락(將樂)[283]에서 채취한 돌로 만든 벼루산 하나를 보니, 길이는 0.8척 정도이고 높이는 0.2척이며, 사면이 눈싸라기 모양으로 뒤덮여 산봉우리의 높고 낮은 모양이 경치를 이루고 있었다. 이는 다시 얻기 어려운 벼루 장식품이다.

石, 以靈壁應石爲佳. 他石紋片粗大, 絕無小樣曲折、屺峐、森鬯、峯巒狀者.

余見宋人靈壁研山, 峯頭片段, 如黃子久皴法. 中有水池錢大, 深半寸許. 其下山脚生水一帶, 色白而起磔砢若波浪然. 初非人力僞爲. 此眞可寶.

又見一將樂石研山, 長八寸許, 高二寸, 四面米糝包裹, 而巒頭起伏作狀, 此更難得.

279 영벽(靈壁): 지금의 안휘성(安徽省) 숙주시(宿州市) 영벽현(靈壁縣) 일대. 이곳의 특산물인 영벽석(靈壁石)은 태호석(太湖石)·곤석(昆石)·영석(英石)과 함께 중국 4대 명석의 하나로, 이 중에서도 가장 으뜸으로 평가되고 있다.

280 응석(應石): 미상. 영벽석의 별칭 또는 영벽석의 종류 중 한 가지로 추정된다.

281 황공망(黃公望): 1269~1354. 중국 원나라 말기의 화가. 자는 자구(子久), 호는 대치(大痴)·대치도인(大痴道人)·일봉도인(一峯道人). 초기 문인화의 대표자이다. 작품으로 〈부춘산거도권(富春山居圖卷)〉·〈추산무진도권(秋山無盡圖卷)〉 등이 있으며, 저서로 《산수결(山水訣)》·《대치산인집(大痴山人集)》이 있다.

282 준법(皴法): 동양화에서 산과 바위 표면의 질감과 입체감을 나타내기 위해 주름을 그려 입체감을 나타내는 표현 기법. 자세한 내용은 《임원경제지 유예지》 2, 372~388쪽.

283 장락(將樂): 지금의 복건성(福建省) 삼명시(三明市) 장락현(將樂縣) 일대.

영벽에서 채취한 응석과 같은 다른 벼루산 중에 근래에도 아름다운 벼루산이 있는데, 본래 생길 때부터 사면에 도끼와 끌 같은 연장을 대지 않았는데도 투루(透漏)[284]와 화준(花皴)[285]이 모두 좋다. 다만 첩첩이 쌓인 산봉우리가 적고 못이 깊고 그윽하며, 멀리서 바라보면 주먹만 한 돌 한 덩이 같다.

또 연중(燕中)[286]의 서산(西山)[287]에서 채취한 흑석(黑石)과 같은 경우에는 모양이 장엄하여 응석과 비슷한 데다가 우뚝 솟아 깎아지른 듯이 높고, 돌 표면에 있는 문양이나 조각의 주름지거나 갈라진 부분이 많아서 산 모양의 벼루 장식품을 만들 만한 것이 상당히 많다. 다만 돌의 성질이 푸석푸석하고 물러서 격심한 가공을 감당하지 못한다. 많은 사람이 이 돌을 응석과 혼동한다.

벼루산을 위조하는 사람들이 있는데, 오래된 벽돌에 미불이 만드는 형식대로 조각한 뒤 송곳으로 파서 본래 생길 때부터 있었던 듯한 무늬와 조각을 만든다. 이를 가시연밥과 함께 물에 담가 먹색을 띨 때까지 달이면 특히 어리석은 사람들이 늘 비싼 값으로 구입한다. 그러나 벼루산의 바닥을 칼로 긁어내 보면 벽돌 재질이 곧 드러난다. 《준생팔전》[288]

他如應石, 近有佳者, 天生四面不加斧鑿, 透漏、花皴俱好. 但少層疊巒頭, 水池深邃, 望之一拳石也.

又若燕中 西山黑石, 狀儼肖應石, 而崒屼巉巖, 紋片皴裂過之, 可作研山者頗多. 但石性鬆脆, 不受激觸, 多以此亂應石.

有僞爲者, 將舊磚雕鏤如寶晉齋式, 用錐鑿成天生紋片, 用芡實浸水, 煮如墨色, 特[41]以愚人每得重價. 然以刀刮山底, 磚質卽露. 《遵生八牋》

---

284 투루(透漏) : 연산을 만들 때, 사용하는 돌의 표면이 물이 졸졸 흐를 수 있게 구불구불한 굴곡이 많은 모양을 말하는 것으로 추정된다.

285 화준(花皴) : 연산을 만들 때, 사용하는 돌의 표면에 화초무늬가 새겨져 쭈글쭈글한 주름이 많은 모양을 말하는 것으로 추정된다.

286 연중(燕中) : 북경시(北京市)의 옛 지명이자 별칭. 연경(燕京)이라고도 한다.

287 서산(西山) : 지금의 북경시(北京市) 서쪽 교외에 있는 산. 태항산맥(太行山脈)의 산줄기 중 하나이다.

288 《遵生八牋》卷15 〈燕閑淸賞牋〉 中 "研山"(《遵生八牋校注》, 584쪽).

41 特 : 《遵生八牋·燕閑淸賞牋·硏山》에는 "持".

영벽석 연산도(《준생팔전》)

장락석 연산도(《준생팔전》)

## 15) 벼루병풍(연병, 硏屏)[289]

옛사람들은 벼루에 글자나 무늬를 새길 때 대부분 벼루의 바닥과 옆면에 새겼다. 소식(蘇軾)·황정견(黃庭堅)[290]으로부터 비로소 벼루병풍이 만들어졌는데, 이때 이미 벼루에 문자를 새겼지만 다시 병풍에 새겨 이를 드러내어 표현했다. 황정견에게 오석(烏石)[291]으로 만든 벼루병풍이 있었는데, 대개 오석은 단단하고 내구성이 좋아서 벼루병풍이 되지만, 다른 돌은 사용할 수 없다. 《동천청록》[292]

### 硏屏

古人[42]銘硯, 多鐫於硯之底與側. 自東坡·山谷, 始作硏屏, 旣勒銘於硯, 又刻於屏, 以表而出之. 山谷有烏石硏屏. 蓋烏石堅耐, 他石不可用也. 《洞天清錄》

---

289 벼루병풍(연병, 硏屏) : 먼지나 먹이 튀는 것을 방지하기 위해 벼루 머리 부분을 두르는 작은 폭의 병풍. 옥이나 쇠 또는 도자기로 만들며, 붓을 꽂아 두는 필가(筆架)를 겸한 것도 있다.

290 황정견(黃庭堅) : 1045~1105. 중국 북송의 시인. 자는 노직(魯直), 호는 산곡(山谷)·부옹(涪翁). 1067년에 진사에 급제한 뒤 비서승·국사편수관 외 여러 곳의 지방관을 지냈다. 편수관으로 있을 때 실록을 편찬하는 중에 사실을 왜곡한 부분이 많았다는 탄핵을 받아 사천성(四川省) 부주(涪州)로 유배당했다. 저서로 《산곡집(山谷集)》이 있다.

291 오석(烏石) : 유문암질(流紋巖質) 또는 안산암질(安山巖質) 따위의 마그마가 급격히 식으면서 굳어져 이루어진 화산암. 회색 또는 검은색을 띤다. 아름다운 것은 장식품으로 사용하고, 비석·도장·단열재 등의 재료로 쓰인다. 흑요암(黑曜巖)·흑석(黑石)·흑요석이라고도 한다.

292 《洞天清祿集》〈硏硯辯〉(《叢書集成初編》1552, 16쪽).

42 人 : 《洞天清祿集·硏硯辯》에는 "無硏屏或銘硯".

촉(蜀) 지방에는 송림석(松林石)[293]이 있는데, 자연스럽게 생긴 작은 소나무 문양이 있다. 간혹 3·5·10그루가 줄지어 소나무길을 이룬다. 이를 본떠서 그리더라도 실물에 미치지 못한다. 소나무는 겨우 높이 0.2척이지만, 바로 벼루병풍을 만들 만하다. 《동천청록》[294]

蜀中有松林石, 自然有小松形. 或三、五、十株行列成逕. 描畫所不及. 松止高二寸, 正堪作硏屛. 同上

벼루병풍 만드는 방식은 다만 반드시 받침대에 홈을 파서 연결해야 하니[295], 받침대의 높이는 1.1~1.2척 정도, 너비는 1.5~1.6척 정도가 되어야만 비로소 조그마한 벼루와 잘 어울린다. 만약 벼루병풍이 이보다 높거나 크면 알맞은 크기가 아니다. 《동천청록》[296]

硏屛之式, 止須連腔脚, 高尺一、二寸許, 闊尺五、六寸許, 方與小硏相稱. 若高大非所宜. 同上

그 받침대의 구멍에는 검은 옻칠을 하거나 오목(烏木)을 써야 좋고, 꽃무늬나 무소 가죽을 재료로 하는 나전칠기 장식 따위를 써서는 안 된다. 《동천청록》[297]

其[43]腔, 宜用黑漆或[44]烏木, 不宜用鈿花、犀毗[45]之屬. 同上

---

293 송림석(松林石): 돌의 한 종류로, 지금의 중국 사천성(四川省) 부릉현(涪陵縣) 송병산(松屛山)에서 생산된다. 돌의 표면에 소나무 문양이 있으므로 송림석이라고 부른다.
294 《洞天淸祿集》, 위와 같은 곳.
295 다만……하니: 벼루병풍을 만들 때 가장 중요한 받침대를 만드는 방법을 설명하고 있다. 병풍은 혼자서는 설 수 없으므로 받침대를 만들어 병풍을 꽂아 만드는 형식을 취하고 있다.
296 《洞天淸祿集》, 위와 같은 곳.
297 《洞天淸祿集》〈硏硯辯〉(《叢書集成初編》1552, 16~17쪽).
[43] 其: 저본에는 없음. 《洞天淸祿集·硏硯辯》에 근거하여 보충.
[44] 或: 저본에는 "幷". 《洞天淸祿集·硏硯辯》에 근거하여 수정.
[45] 毗: 저본에는 "牛". 《洞天淸祿集·硏硯辯》에 근거하여 수정.

화폭이 몹시 좁거나 크기가 작은 명화(名畫)를 가져다 병풍 받침대에 새겨 넣어도 좋지만 얻기 어려울 따름이다. 옛사람들은 대부분 주의를 기울여 작은 주발 크기의 감상할 만한 면을 만들었는데, 이를 또한 벼루병풍 뒷면에 새기면 좋다. 그러나 만약 명필이 아니면 새길 수 없으니, 더러는 옛사람의 필적을 새겨 넣기도 하는데 그래도 빼어나다. 《동천청록》298

取名畫極低小者, 嵌屏腔亦佳, 但難得耳. 古人多留意作玩面大如小盌者, 亦宜嵌背. 苟非名筆則不可, 或用古人墨跡亦妙. 同上

## 16) 수적(水滴)299

구리는 성질이 맹렬하므로 물에 오랫동안 두면 독이 생겨 붓털을 대부분 무르게 한다. 또 수적 위에 있는 구멍으로 먼지가 들어와서 물이 이 때문에 맑지 않으므로 구리그릇은 사용하지 않는다.

**水滴**

銅性猛烈, 貯水久則有毒, 多脆筆毫. 又滴上有孔受塵, 水所以不淸, 故銅器不用.

물소를 탄 아동 모양 청백자 연적[靑白磁水牛童子形硯滴](국립중앙박물관)

---

298 《洞天淸祿集》〈硏硯辯〉《叢書集成初編》1552, 17쪽).
299 수적(水滴): 벼루에 물을 붓는 용기로, 조그마한 주입구가 있고 공기구멍이 열려 있다. 모양에 따라 수승(水丞)·수주(水注) 등으로 구분하며, 한국에서는 연적(硯滴)이라고도 한다.

금·은·주석으로 만든 수적은 더욱 속되다. 오늘
날 볼 수 있는, 구리로 만든 무소·천록(天祿)300·두
꺼비 등의 입에 작은 주발을 물고 있는 모양의 수적
은 모두 옛사람들이 기름을 저장하여 등심지에 불
을 붙이던 것인데, 지금 수적으로 잘못 알고 있을
따름이다.《동천청록》301

金、銀、錫者, 尤猥俗. 今所
見銅犀牛、天祿、蟾蜍之屬
口銜小盂者, 皆古人以之貯
油點燈, 今誤以爲水滴耳.
《洞天淸錄》

수주(水注)302에는 옥으로 만든 둥근 주전자·네
모난 주전자 모양이 있는데, 그 꽃무늬가 매우 정교
하다.

水注有玉爲圓壺、方壺者,
其花紋甚工.

육자강(陸子岡)303이 만든, 백옥색을 띤 벽사(辟
邪)304 모양 주전자가 있는데, 가운데 빈 곳에 물을

有陸子岡製白玉辟邪, 中
空貯水, 上嵌靑綠石片, 法

청자로 만든 참외 모양 수주[靑磁瓜形水注](국립중앙박물관)

---

300 천록(天祿): 고대 중국의 상상 속의 동물. 머리는 용, 몸통은 짐승과 비슷한 형태로, 긴 꼬리와 외뿔을 가지고 있다.
301 《洞天淸祿集》〈水滴辯〉《叢書集成初編》1552, 17쪽).
302 수주(水注): 벼루에 물을 붓는 용기로, 긴 주입구와 손잡이가 있다. 중국에서는 다호(茶壺)라 부르는 손잡이가 있는 형태의 수주가 보급되었는데, 붉은색을 띤 것이 유명하다.
303 육자강(陸子岡): ?~?. 중국 명나라 말기의 탁옥(琢玉)에 뛰어났던 인물. 이밖의 정보는 전해지지 않는다.
304 벽사(辟邪): 중국 고대의 전설 중에 요괴와 사귀(邪鬼)를 물리친다는 신령스러운 짐승이다.
46 熟: 저본에는 "熱".《遵生八牋·燕閑淸賞牋·水注》에 근거하여 수정.

담아두고, 위로는 청록색 돌 조각을 새겨 넣어 옛
형태를 본받았다. 매우 숙련된 솜씨이므로, 아낄 만
하다.

옥으로 만든 두꺼비 모양 수주는 미불의 옛 방식
을 본받았다. 옛날에 구리로 만든, 청록색을 띤 천
계(天鷄)305 모양 주전자가 있는데, 금·은 조각으로
천록을 새겨 넣어 몹시 빼어나다. 가마우지 상반신
이 그려진 술구기306 모양의 주전자도 있고, 무쇠 그
릇에 기러기를 새겨 넣은 주전자도 있고, 강가에서
자는 소에 목동이 걸터앉아 있는 모양으로 귀때307
를 만든 수주도 있다.

자기로 만든 수주에는 관요(官窯)308·가요(哥窯)309
의 둥글거나 네모난 주전자, 똑바로 서 있는 참외·
누워 있는 참외 모양 주전자, 복숭아 한 쌍 모양 수
주, 가시연밥송이 한 쌍 모양 수주가 있으며, 필격
(筆格)310 안에 물을 담아 2가지 용도로 쓰는 수주도
있다.

古舊形. 滑熟46可愛.

有玉蟾蜍注, 擬寶晉齋舊
式者. 古銅有青綠天鷄壺,
有金, 銀片嵌天祿, 妙甚.
有半身鸕鷀杓, 有鏒金雁
壺, 有江鑄眼牛以牧童騎
跨作注管者.

磁者有官·哥方圓水壺、立
瓜·臥瓜壺、雙桃注、雙蓮
房注, 有筆格內貯水兩用
者.

---

305 천계(天鷄): 중국 신화 속에 나오는, 천상에 사는 닭. 《술이기(述異記)》에 "중국 동남쪽에 도도산(桃都山)
  이 있는데, 그 위에 큰 나무가 있어 이를 '도도(桃都)'라고 한다. 가지와 가지 사이의 거리가 3천 리나 된다.
  그 위에 천계(天鷄)라는 닭이 사는데, 해가 떠오르면서 이 나무를 비추면 천계가 바로 울고, 그러면 천하의
  닭들이 모두 뒤따라 운다.(東南有桃都山, 上有大樹, 名曰"桃都". 枝相去三千裏. 上有天鷄, 日初出照此木,
  天鷄則鳴, 天下鷄皆隨之鳴.)"라 했다.
306 술구기: 독이나 항아리 따위에서 술을 풀 때 쓰는 도구. 바닥이 오목하고 자루가 달렸으며 국자보다 작다.
307 귀때: 그릇의 한쪽에 바깥쪽으로 내밀어 만든 구멍으로, 액체를 따르는 데 편리하도록 만들었다.
308 관요(官窯): 궁정용 사기를 굽는 관영(官營)의 가마. 대표적인 관요로는 북송 시기 하남성(河南城) 보풍현
  (寶豊縣) 청량사(淸凉寺) 부근의 여관요(汝官窯), 휘종이 개봉(開封)에 설치한 변경관요(卞京官窯), 남송
  시기 항주(杭州)에 설치된 수내사요(修內司窯)가 있고, 원대(元代)의 추부요(樞府窯), 명대(明代)의 경덕진
  요(景德鎭窯) 등이 있다. 여기서는 휘종이 개봉(開封)에 설치한 변경관요를 가리킨다.
309 가요(哥窯): 중국 절강성(浙江省) 용천현(龍泉縣) 화류산(華琉山) 아래에 있던 가마 또는 그곳에서 제작된
  도자기. 이 가마에서 장생일(章生一)과 장생이(章生二) 형제가 도자기를 구웠는데, 장생일의 도자기가 품질
  이 더 우수해서 그가 구운 도자기를 가요라 했다. 송나라의 5대 명요(名窯)에 속한다.
310 필격(筆格): 붓을 걸어두거나 꽂아서 보관하도록 만든 문방구.

정요(定窯)311에서 만든 수주로서 가지와 잎이 참외를 얽어맨 모양 주전자·참외나 가지의 꼭지가 달린 듯한 주전자·낙타 모양 주전자도 있는데, 또한 붓을 올려 둘 수도 있다. 두꺼비 모양 수주도 있고, 청동색 자기로 만든 천계(天鷄) 모양 주전자도 있는데, 주전자 바닥에 구멍 하나가 있다.

선요(宣窯)312에서 만든 수주로서 5가지 빛깔을 띤 복숭아 모양의 수주·석류 모양의 수주·참외 한 쌍 모양의 수주가 있는데, 색감이 살아 있는 듯하다. 원앙 한 쌍 모양의 수주·거위 모양의 수주도 있는데, 매우 공교롭고 정밀하여 모두 일정한 수준에 들어갈 만하다. 《준생팔전》313

우리나라 성천(成川)314의 옥돌로 만든 연적(硯滴)은 반드시 두꺼비 모양으로 만든다. 평소에는 그 의미를 알지 못했었다. 훗날 《서경잡기(西京雜記)》315를 보니, 거기에 "광천왕(廣川王) 거질(去疾)316이 진(晉)나

有定窯枝葉纏繞[47]瓜壺·蔕葉茄壺·駝壺, 兼可格筆. 有[48]蟾注, 有靑東磁天鷄壺, 底有一竅者.

有宣窯五采桃注、石榴注、雙瓜注, 采色類生. 有雙鴛注·鵝注, 工緻精極, 俱可入格.《遵生八牋》

我國成川玉石硯滴, 必作蟾蜍形. 尋常未曉其意. 後見《西京雜記》, 云"廣川[49]王 去疾, 發晉 靈公塚, 得

---

311 정요(定窯) : 중국 하북성 곡양현(曲陽縣) 간자촌(澗磁村) 일대에 있던 가마 또는 그곳에서 제작된 도자기. 곡양현이 송대에는 정주(定州)에 속했기에 '정요'·'정주요'라는 이름으로 불렸다. 중국 송(宋)나라 5대 명요(名窯)에 속한다.

312 선요(宣窯) : 명나라 선덕 연간(1426~1435)에 강서성 경덕진(景德鎭)에 설치된 관요이다. 이곳에서 만든 자기는 재료와 제작 방식이 모두 정밀하였다. 선덕요(宣德窯)라고도 한다.

313 《遵生八牋》卷15 〈燕閑淸賞牋〉 中 "水注"《遵生八牋校注》, 582~583쪽).

314 성천(成川) : 평안남도 성천군(成川郡) 일대.

315 서경잡기(西京雜記) : 중국 한(漢)나라 유흠(劉歆, ?~23)이 짓고, 진(晉)나라 갈홍(葛洪, 284~364)이 모은 것으로 알려진, 잡록식의 필기저작이다. 총 6권 132조의 고사로 이루어져 있다.

316 거질(去疾) : ?~BC.71. 《한서(漢書)》에는 '유거(劉去)'로 기록되어 있다. 한(漢)나라 경제(景帝)의 증손자이고, 광천무왕(廣川繆王) 유제(劉齊, ?~BC.92)의 아들이다. 《서경잡기》를 살펴보면, 광천무왕은 진나라 영공의 무덤뿐만 아니라 여러 사람의 무덤을 파헤쳤다고 한다.

[47] 繞 : 저본에는 "擾". 《遵生八牋·燕閑淸賞牋·水注》에 근거하여 수정.

[48] 有 : 저본에는 없음. 《遵生八牋·燕閑淸賞牋·水注》에 근거하여 보충.

[49] 川 : 저본에는 "陵". 《古今事文類聚·文房四友部·硯》에 근거하여 수정.

라 영공(靈公)[317]의 무덤을 파헤쳐 옥으로 만든 두꺼비 1마리를 얻었다. 그 크기가 물 5홉을 담을 수 있어 광천왕이 가져다 연적으로 썼다."[318]라 했다. 또 두보(杜甫) 시(詩)의 "왕궁의 연적은 옥으로 만든 두꺼비 모양이라네."[319]라는 구절을 참고해 보고서야 마침내 두꺼비 모양으로 연적을 만드는 제도에 근원이 있다는 사실을 알게 되었다. 《고사십이집》[320]

연적을 만들 때, 구리는 성질이 맹렬하므로 물에 오랫동안 두면 독이 생긴다. 자기로 만든 연적도 본래 좋지만, 대나무로 만든 연적만 한 것이 없다. 길이가 0.2촌 정도 되는 대나무 1마디를 가져다 여기에 길이가 짧은 대나무를 꽂아 연적 부리를 만든다. 기품이 높고 운치가 맑으니, 참으로 은자(隱者)에게 어울릴 만한 물건이다. 《거가필용》[321]

## 17) 수중승(水中丞)[322]

구리로 만든 수중승에는 오래된 작은 술그릇 모양이 있다. 그 모양은 넓은 입구·둥그런 배·가느다란 다리가 달렸고, 높이는 0.3척 정도이다. 원래는 무덤 속의 부장물이었으나, 오늘날 수중승이 되었다.

玉蟾蜍一枚. 大容水五合, 王取以爲硯滴". 又參之以杜詩"宮硯玉蟾蜍"之句, 乃知蟾蜍之制有所本原也. 《攷事十二集》

硯滴, 銅性猛烈, 水久貯則有毒. 磁者本好, 而莫若竹. 取一節長二寸許, 以少竹揷作觜. 標格淸致, 眞野人之物也.《居家必用》

水中丞

銅有古小尊罍. 其製敞口、圓腹、細足, 高三寸許. 墓中葬物, 今用作中丞者.

---

317 영공(靈公) : ?~BC.607. 춘추시대 진(晉)나라의 국군(國君). 이름은 이고(夷皐), 양공(襄公)의 아들이다. 어린 나이로 즉위하여 장성하자, 사치하고 난폭해져 마구 사람을 죽였다.

318 광천왕(廣川王)……썼다: 출전 확인 안 됨.

319 왕궁의……모양이라네:《補注杜詩》卷29〈贈李八秘書別〉.

320《保晚齋叢書》卷57〈攷事十二集〉卷10 "水龜金錯"(《保晚齋叢書》10, 377쪽).

321 출전 확인 안 됨.

322 수중승(水中丞) : 벼루에 물을 붓는 용기로, 수주에는 있는 주둥이와 손잡이가 없는 형태이다. 수승(水丞)·필우(筆盂)라고도 한다. 도자·금동·옥기 등으로 많이 만든다.

짐승 얼굴을 조각한 뢰

내게 옥으로 만든 오래된 수중승이 있었는데, 절반은 붉은 핏빛을 띠며 둥그런 입구와 항아리 배에 아래로 다리 3개가 있으며, 크기가 주먹 하나만 했다. 그 솜씨가 몹시도 정교하고 아름다웠으나, 옛사람들은 무슨 용도인지 알지 못하였다.

근래에 육자강(陸子岡)이 옥으로 수중승을 만들었는데, 그 짐승 얼굴을 돌려 깎고 다듬어 화려하고 아름다운 점이 옛 술그릇인 뢰(罍)323와 같으니, 또한 좋은 그릇이다. 자기로 만든 수중승에는 관요·가요에서 만든 항아리 배처럼 둥그런 모양도 있고, 바리때의 작은 입구처럼 만든 방식도 있고, 참외처럼 생긴 배 모양도 있다.

余有古玉中丞, 半受血侵, 圓口甕腹, 下有三足, 大如一拳. 精美50特甚, 古人不知何用.

近有陸子岡製玉水中丞, 其碾獸面錦地, 與古尊罍同, 亦佳器也. 磁有官、哥甕肚圓者, 有鉢盂小口式者, 有瓜稜肚者.

---

323 뢰(罍) : 고대에 사용했던 일종의 술그릇. 일반적으로 작은 입구와 넓은 어깨에 배 부분이 깊고 발은 둥글며, 덮개가 있다. 그러나 육자강이 만든 수중승 모양처럼 짐승 얼굴을 조각하여 화려한 형태의 뢰 모양도 있다. 위 사진은 짐승 얼굴을 조각한 뢰 모양이다.

50 美 : 저본에는 "微". 《遵生八牋·燕閑淸賞牋·水中丞》에 근거하여 수정.

청동색 자기로 만든 수중승에는 국화 송이가 그려지고 항아리 배에 둥그런 발이 달린 모양도 있고, 정요에서 만든 수중승에는 병처럼 긴 모양을 눌러 찍어 무늬를 만든 모양도 있다. 다만 입구가 넓어 물을 담을 수 있는 수중승은 둥그런 배에 입구를 묶은 모양이고 다리 3개가 있다. 옛날에 용천(龍泉)[324]에서 항아리 배 모양이면서 표면 전체에 자잘한 꽃무늬를 새겨 구워낸 수중승도 있다. 선요에서 만든 수중승으로서 구리에 빗방울이나 눈꽃 모양의 사금(沙金)을 넣어 오래된 구리로 된 부(瓴)[325]와 같은 모양으로 만든 것이 있으니, 형식이 아주 아름답다.

青東磁有菊瓣甕肚圓足者, 定有印花長樣如瓶, 但口敞可以貯水者, 有圓肚束口三足者. 有古龍泉窯甕肚周身細花紋者. 有宣銅雨雪沙金製法古銅瓿者, 樣式美甚.

도철 무늬가 새겨진 부

---

324 용천(龍泉): 송대 6대 도요지 중 한 곳인 용천요(龍泉窯)이다. 주요 생산지가 남송 시기 절강성(浙江省) 처주부(處州府) 용천현(龍泉縣, 지금의 절강성 용천시)에 있었기 때문에 용천요라 이름했다.
325 부(瓴): 고대에 사용했던 항아리의 일종. 일반적으로 입구가 둥글고 배 부분은 깊으며 발이 둥글다. 술이나 물을 담는 데 사용하였다.

근래에 균요(均窯)326에서 새로 구워 만든 수중승들이 있는데, 모두 이 방식을 본받은 것이니 어찌 쓸 수 없겠는가. 《준생팔전》327

近有新燒均窯, 俱法此式, 奈不堪用?《遵生八牋》

## 18) 수우(水盂)328

예전에 장사(長沙)329에 사는 동관(同官)330의 집에 있는 작은 구리그릇을 보니, 모양은 통(桶)과 같고 물 1홉을 담을 수 있어서 '왕희지 벼루의 수우[右軍硯水盂]'라 불렀다. 그 구리그릇 바닥 안쪽에 '영화(永和)'331라는 글자가 있는데, 이는 반드시 동진(東晉) 사람이 물을 저장해 연지(硯池)에 부어 사용했던 수우일 것이다. 옛사람들은 수적(水滴)을 사용하지 않았으니, 새벽에 일어나면 먹을 갈아 먹물을 연지에 가득 채웠다가 이 먹물로 1일 동안 사용했다. 먹물을 다 쓰면 다시 갈았기 때문에 수우가 있었던 것이다. 《동천청록》332

水盂

嘗見長沙同[51]官家有小銅器, 形如桶, 可容一合, 號 "右軍硯水盂". 其底內有 "永和"字, 此必晉人貯水以 添硯池者也. 古人無水滴, 晨起則磨墨, 汁盈硯池, 以 供一日用. 墨盡復磨, 故有 水盂.《洞天清錄》

---

326 균요(均窯) : 하남성(河南省) 우현(禹縣) 일대로, 송나라 때 지명이 균주(均州)였기 때문에 균요(均窯)라 이름했다. 균요(鈞窯) 또는 균주요(鈞州窯)라고도 하며, 당나라 때부터 만들기 시작하여 북송 시기에 성행했다.
327《遵生八牋》卷15〈燕閑淸賞牋〉中 "水中丞"(《遵生八牋校注》, 583~584쪽).
328 수우(水盂) : 벼루에 물을 붓는 용기로, 수중승보다 더 납작한 그릇 형태이다. '물그릇'이라고 하기도 한다.
329 장사(長沙) : 중국 호남성 동정호 남쪽의 상강(湘江) 하류에 있는 도시.
330 동관(同官) : 한 관아에서 일하는 같은 등급의 관리.
331 영화(永和) : 중국 동진(東晉) 목제[穆帝, 343~361(재위 344~361)]의 첫 번째 연호로, 345~356년까지 12년 동안 사용했다.
332《洞天淸祿集》〈水滴辯〉(《叢書集成初編》1552, 17쪽).
[51] 同 : 저본에는 "故".《洞天淸祿集·水滴辯》에 근거하여 수정.

## 2. 종이

紙[1]

### 1) 옛날과 지금의 종이 품등

옛날에는 종이가 없어서 한청(汗靑)[1]을 사용했다. 한청은 불로 대나무를 구워 진액[汗]을 빼내고 맑은 부분[靑]만 취한 액으로, 글씨를 쓰기 쉬웠다. 후한 (後漢)시대에 채륜(蔡倫)[2]이 비로소 종이를 제작하자 이는 끝없는 이익이 되었다. 처음에는 고기잡이 그물[漁網]을 찢어 종이를 만들었기 때문에 '망지(網紙)' 라 했다. 베를 찢어 만든 종이는 '마지(麻紙)'라 했고, 곡식 껍질을 찢어 만든 종이는 '곡지(穀紙)'라 했다.

촉(蜀) 지방에는 응광지(凝光紙)[3]·운람전(雲藍牋)[4]·

### 古今紙品

古者無紙, 用汗靑者. 以火灸竹, 令汗出取靑, 易于作書. 至漢 蔡倫始製紙, 爲萬世利也. 初搗漁網爲紙, 曰"網紙". 以布作者曰"麻紙", 用穀皮作者曰"穀紙".

蜀有凝光紙、雲藍牋[2]、花

---

1 한청(汗靑) : 대나무의 마디 사이 부분을 잘라내고 세로로 쪼갠 다음 벌레가 좀먹는 일을 막기 위해 죽간을 구워 기름을 내는 일을 가리키거나 기름을 뺀 대나무 조각을 말한다.

2 채륜(蔡倫) : 50~121. 중국 후한(後漢)의 환관. 중국 황실의 집기(什器)를 제조하고 관리하는 직책인 상방령(尙方令)을 맡고 있을 시기에 나무껍질·베·고기잡이 그물 등을 분쇄하여 종이를 만드는 방법을 발명하여, 기존의 제지법을 한층 발달시켰다. 채륜이 발전시킨 제지법은 동아시아에 퍼져 학문이나 예술의 발달에 큰 영향을 끼쳤다는 평가를 받고 있다.

3 응광지(凝光紙) : 중국 안휘성(安徽省) 이현(黟縣)과 흡현(歙縣)에서 생산된 종이로, 종이의 재질이 이슬이 엉긴 듯이 은빛을 발하며, 희고 윤택하다. 은광지(銀光紙)라고도 한다.

4 운람전(雲藍牋) : 삼베로 만든 마지(麻紙)를 가공한 종이로, 중국 당대(唐代)에 크게 유행했다. 옅은 쪽색을 띤 염료로, 종이를 물들이고 염료가 움직이면서 자연스럽게 이루어진 무늬를 띠는 것이 특징이다.

① 紙 : 저본에는 없음. 오사카본·규장각본에 근거하여 보충.

② 牋 : 저본에는 "□". 《遵生八牋·燕閑淸賞牋·論紙》에 근거하여 보충. 저본에는 해당 원문의 윗 여백에 "다른 판본을 살펴보라(考他本)"라는 서유구의 두주(頭注)가 적혀 있다.

화엽지(花葉紙)⁵·십색설도전(十色薛濤箋)⁶이 있는데, 이 를 '촉전(蜀牋)'이라 한다. 이 밖에 측리지(側理紙)⁷·송 화지(松花紙)⁸·유사지(流沙紙)⁹·채하금분용봉지(彩霞金 粉龍鳳紙)¹⁰·능문지(綾紋紙)¹¹·단렴백지(短簾白紙)¹²·경 황지(硬黃紙)¹³·포지(布紙)¹⁴·표홍지(縹紅紙)¹⁵·청적록 도화전(青赤綠桃花牋)¹⁶·등각지(藤角紙)¹⁷·표홍마지(縹 紅麻紙)¹⁸·상근지(桑根紙)¹⁹·육합전(六合箋)²⁰·어자전 (魚子箋)²¹·태지(苔紙)²²가 있다.

葉紙、十色薛濤箋, 名曰 "蜀牋". 有側理紙、松花紙、 流沙紙、彩霞金粉龍鳳紙、 綾紋③紙、短簾白紙、硬黃 紙、布紙、縹紅紙、青赤綠 桃花牋, 藤④角紙、縹紅麻 紙、桑根紙、六合箋、魚子 箋、苔紙.

---

5　화엽지(花葉紙): 미상. 꽃잎 문양이 그려진 종이로 추정된다.
6　십색설도전(十色薛濤箋): 중국 당(唐)대의 기생이자 여류시인인 설도(薛濤, 768~832)가 발명한, 다양한 색깔을 띤 종이. 그녀는 위고(韋皋, 746~805)·원진(元稹, 779~831) 등의 문인들과 연정(戀情) 관계를 맺 었는데, 이들에게 시(詩)를 적어 보낼 때, 일반적인 종이가 아닌 꽃물을 넣어 염색한 색색의 종이에 시를 적어 보내곤 했다. 이 종이가 무척 아름다워 '설도전'이라 불리게 되었으며, 훗날에는 황실에서도 사들이는 명품 이 되었다. '촉전(蜀牋)'이라고도 한다.
7　측리지(側理紙): 이끼를 원료로 만든 종이로, 일명 '수태지(水苔紙)'라 한다.
8　송화지(松花紙): 송화(松花)가루를 탄 염료로 물들인 종이로, 설도전보다 약간 작으며, 시를 적는 데 많이 사용되었다. 종이가 담황색(淡黃色)을 띤다.
9　유사지(流沙紙): 미상.
10　채하금분용봉지(彩霞金粉龍鳳紙): 미상.
11　능문지(綾紋紙): 미상. 비단무늬가 수놓아진 종이로 추정된다.
12　단렴백지(短簾白紙): 미상.
13　경황지(硬黃紙): 중국 당대에 만든 종이로, 경전이나 고첩(古帖)을 모사하는 종이로 사용되었다. 이전 시 대에 사용되었던, 종이를 물들이는 방법을 토대로 밀랍을 고루 펴 바르는 방법으로 만들어 종이에 광택이 돌며 곱고 아름다웠다.
14　포지(布紙): 미상. 베를 원료로 만든 종이로 추정되나, 확인되지 않는다.
15　표홍지(縹紅紙): 미상. 중국 전한(前漢)시대의 관리인 장창(張敞, ?~47)이 지은《동궁구사(東宮舊事)》에 다음과 같은 내용이 실려 있다. "황태자를 처음 알현했을 때, 표홍지를 각각 100장을 내리셨다(皇太子初 拜, 給縹紅紙各一百枚)"
16　청적록도화전(青赤綠桃花牋): 미상.
17　등각지(藤角紙): 등나무껍질을 원료로 만든 종이로, 중국 절강성(浙江省) 섬계현(剡溪縣)·여항현(餘杭縣) 등의 지역에서 생산되었다.
18　표홍마지(縹紅麻紙): 미상.
19　상근지(桑根紙): 뽕나무껍질을 원료로 만든 종이로, 재질이 질기고 견고하여 내구성이 좋았다.
20　육합전(六合箋): 미상.
21　어자전(魚子箋): 중국 사천성(四川省) 일대에서 만든 종이로, 천으로 눌린 무늬가 새겨져 있다.
22　태지(苔紙): 물이끼를 첨가하여 만든 종이.
③　紋: 저본에는 "□".《遵生八牋·燕閑清賞牋·論紙》에 근거하여 보충.
④　藤: 저본에는 "簾".《遵生八牋·燕閑清賞牋·論紙》에 근거하여 수정.

중국 당(唐)나라 건중(建中) 연간(780~783)에는 여아청지(女兒靑紙)[23]·난지(卵紙)[24]가 있다.

송(宋)나라에는 징심당지(澄心堂紙)[25]·납황장경전(蠟黃藏經牋)[26]·백경전(白經牋)[27]·벽운춘수전(碧雲春樹箋)[28], 용봉인변삼색내지(龍鳳印邊三色內紙)[29], 금단화(金團花)[30] 문양이 새겨져 각각의 색깔을 띤 금화전지(金花牋紙), 등백지(藤白紙)[31]·연광소본지(研光小本紙)[32]가 있다.

남당(南唐) 후주(後主) 때 만든 회부지(會府紙)는 길이 20척, 너비 10척으로, 비단 몇 겹을 겹쳐놓은 듯이 두텁다. 도곡(陶穀)[33]의 집에 파양백(鄱陽白)[34] 몇 폭을 수장하고 있었는데, 종이의 길이는 비단 1필과

建中年有女兒靑紙、卵[5]紙.

宋有澄心堂紙·蠟黃藏經牋·白經牋·碧雲春樹牋、龍鳳印邊三色內紙、印金團花并各色金花牋紙、藤白紙·研光小本紙.

李僞主造會府紙, 長二丈, 闊一丈, 厚如繒帛數重. 陶穀家藏有鄱陽白數幅, 長如匹練. 西山觀音簾紙、鵠

---

23 여아청지(女兒靑紙) : 미상.

24 난지(卵紙) : 미상. 계란의 표면처럼 종이 재질이 매끄러운 종이로 추정된다.《淸秘藏·論紙》에는 난지에 대해 다음과 같은 주석이 첨부되어 있다. "일명 난품(卵品)이다. 거울의 표면처럼 빛나고 매끄러워 붓이 종이에 닿으면 대부분 미끄러지기 때문에, 글씨를 잘 쓰는 사람이 아니면 사용할 수가 없다(一名卵品. 光滑如鏡面, 筆至紙多退, 非善書者不能用)"

25 징심당지(澄心堂紙) : 중국 남당(南唐)의 황실에서 뽕나무껍질을 원료로 만든 종이. 남당의 마지막 황제인 이욱(李煜, 937~978)은 궁중에 감독관을 두어 좋은 품질의 종이를 만들게 했는데, 이렇게 만들어진 종이는 윤택하면서도 광택이 돌고, 곱고 가늘어 명품으로 손꼽혔다.

26 납황장경전(蠟黃藏經牋) : 중국 송대(宋代)에 삼베를 원료로 만든 종이. 절강성(浙江省) 해염현(海鹽縣) 서남쪽에 있는 금속산(金粟山) 아래에 있는 금속사(金粟寺)에 수장된 대량의 불교 경전에 사용된 종이가 바로 이것이다.

27 백경전(白經牋) : 삼베와 비슷한 직물을 원료로 만든 종이로, 흰색을 띤다.

28 벽운춘수전(碧雲春樹箋) : 미상.

29 용봉인변삼색내지(龍鳳印邊三色內紙) : 미상. 용이나 봉황 모양의 문양이 가장자리에 새겨져 있고, 3가지 색상을 띤 종이로 추정된다.

30 금단화(金團花) : 종이를 오려 만드는 둥그런 꽃무늬 양식.

31 등백지(藤白紙) : 미상.

32 연광소본지(研光小本紙) : 미상.

33 도곡(陶穀) : 903~970. 중국 북송의 관리. 시문(詩文)에 능했으며, 여러 관직을 역임했다. 저서로《청이록(淸異錄)》6권이 있다.

34 파양백(鄱陽白) : 미상. 다만 도곡이 지은《청이록(淸異錄)》에 다음과 같은 구절이 실려 있다. "선친께서 종이 100폭을 소장하셨는데, 길이는 비단 1필과 같고 광택이 돌고 질기며 두껍고 하얗다. 이 종이를 '파양백'이라 한다(先君子蓄紙百幅, 長如一匹絹, 光緊厚白, 謂之鄱陽白)"

[5] 卵 : 저본·《遵生八牋·燕閑淸賞牋·論紙》에는 "卯".《淸秘藏·論紙》에 근거하여 수정.

같았다. 이 밖에 서산관음렴지(西山觀音簾紙)35·곡백지(鵠白紙)36·잠견지(蠶繭紙)37·죽지(竹紙)38·대전지(大牋紙)39가 있다.

원(元)나라에는 황마지(黃麻紙)40·연산지(鉛山紙)41·상산지(常山紙)42·영산지(英山紙)43·임천소전지(臨川小牋紙)44·상우지(上虞紙)45가 있다. 또 좌백(左伯)46이 만든 종이와 같은 경우는 재질이 곱고 광택이 돌아서 모든 사람이 좋은 종이라 불렀다.

지금 초중(楚中)47의 분전(粉牋)48과 송강(松江)49의 분전은 종이 가운데 매우 하품으로, 한 번이라도 곰팡이가 피면 곧바로 종이가 벗겨진다. 도곡이 말한 화화전(化化牋)50이 이것이다. 이런 종이는 먼저 다만 화장실에 갖다 놓으니, 이것이 화화전의 첫 번째 화

白紙、蠶繭紙、竹紙、大牋紙.

元有黃麻紙、鉛山紙、常山紙、英山紙、臨川小牋紙、上虞紙. 又若子邑之紙, 姸妙輝光, 皆世稱也.

今之楚中粉牋、松江粉牋, 爲紙至下品也, 一黴卽脫. 陶穀所謂"化化牋"此爾. 止可用供溷材, 一化也；貨之店中包麵、藥、菓之類, 二

---

35 서산관음렴지(西山觀音簾紙) : 미상.

36 곡백지(鵠白紙) : 송대에 만들어진 종이로, 광택이 돌고 매끄러우며 깨끗한 재질의 종이.

37 잠견지(蠶繭紙) : 누에고치 껍질을 원료로 하여 만든 종이로, 색이 희고 치밀하다.

38 죽지(竹紙) : 어린 대나무 껍질을 원료로 만든 종이.

39 대전지(大牋紙) : 미상.《절강통지(浙江通志)》에는 "중국 절강성(浙江省) 소흥시(紹興市) 상우현(上虞縣)에 대전지가 있는데, 한 종류는 몹시 두껍고, 한 종류는 다소 얇다(上虞縣有大牋紙, 一種至厚, 一種稍薄)"는 내용이 실려 있다.

40 황마지(黃麻紙) : 중국 동진시대의 사상가이자 의학자인 갈홍(葛洪, 284~364)이 발명한 종이로, 삼베로 만든 마지(麻紙)를 황벽즙(黃蘗汁)으로 물들여 만들었다. 종이의 재질이 두껍고 내구성이 좋아 좀먹지 않기 때문에 경전을 초사(抄寫)하는 데에 사용되었다.

41 연산지(鉛山紙) : 중국 강서성(江西省) 연산현(鉛山縣)에서 생산된 종이로, 재질이 곱고 치밀하며, 좀이 슬지 않고 열에 잘 견디며 좀처럼 변색이 되지 않는다.

42 상산지(常山紙) : 미상. 중국 절강성(浙江省) 소흥시(紹興市) 상산현(常山縣)에서 생산된 종이로 추정된다.

43 영산지(英山紙) : 미상.

44 임천소전지(臨川小牋紙) : 미상.

45 상우지(上虞紙) : 미상. 중국 절강성(浙江省) 소흥시(紹興市) 상우현(上虞縣)에서 생산된 종이로 추정된다.

46 좌백(左伯) : ?~?. 중국 동한 말기의 서법가. 자는 자읍(子邑). 팔분(八分)을 잘 썼다. 채륜(蔡倫)의 제지법을 계승하고 발전시켜 품질이 뛰어난 종이를 만들었다. 그가 만든 종이는 '좌백지(左伯紙)'라 불렸다.

47 초중(楚中) : 중국 호남성(湖南省) 일대.

48 분전(粉牋) : 쌀가루를 입혀 만든 종이.

49 송강(松江) : 중국 호남성(湖南省) 형양시(衡陽市) 형남현(衡南縣)을 관통하며 흐르는 송강(松江) 일대.

50 화화전(化化牋) : 거칠고 더러워 글씨를 쓰는 데 사용할 수 없고, 잡다한 용도로밖에 사용될 수 없는 종이.

(化, 변화)이다. 가게에서 밀가루·약재·과일과 같은 종류를 포장하니, 이것이 두 번째 화이다.[51] 쓸모없는 종이를 심하게 말하면 이와 같다.

化也. 甚言紙之不堪用者, 類此.

지금의 황실에서 쓰는, 곱고 촘촘하게 금을 바르고, 오색 빛깔을 띤 가루로 만든 종이와 같은 경우는, 오색대렴지(五色大簾紙)[52]와 쇄금전(洒金箋)[53]이 있다.

若今之大內細[6]密洒金五色粉箋, 五色大簾紙、洒金箋.

또 흰색을 띠는 종이[白牋]가 있는데, 판자처럼 단단하면서 두껍고, 종이의 양면을 문질러 광택을 냈기 때문에 옥처럼 깨끗하고 희다. 또 인금화오색전지(印金花五色牋紙)[54]가 있다.

有等白牋, 堅厚如板, 兩面砑光, 如玉潔白. 有印金花五色牋紙[7].

또 자청지(磁靑紙)[55]와 같은 종이는 마치 비단처럼 견고하고 질겨 보배라 할 만하니, 대부분 이금자경

又若磁靑紙, 如段素堅靭可寶, 多用寫泥金字經.

---

51 다만……화이다 : 도곡이 지은 《청이록(淸異錄)·문용(文用)》에 다음과 같은 내용이 실려 있다. "내가 관직에 나아가기 전에 용문산(龍門山)에 있는 절에 갔다가, 시를 남겨두기 위해 종이를 구하였다. 그러자 그 절의 중이 구겨진 종이를 가져다주었다. 내가 큰 글씨로 '화화전(化化牋)'이라 적어놓고 돌아왔다. 중이 겸연쩍어하며 그 까닭을 물어보았다. 이에 내가 다음과 같이 답했다. '종이의 질이 나쁘면 화장실에 갖다 놓으니, 이것이 첫 번째 화(化)이다. 이 종이를 빌어먹는 자들은 화장실에서 가져다가 집에 쌓아두고, 장사꾼들은 별도로 밀가루를 거르고, 가게를 보는 이들은 과일과 약재를 포장해서 마침내 이 종이처럼 구겨졌으니, 이것이 두 번째 화이다. 그러므로 화화전이라 한다. 잡다한 쓰임에 대비하기에는 괜찮지만, 글자를 적는 일은 할 수 없다. 그런데 이 종이를 주다니, 매우 잘못된 일이다'(記余未冠時, 遊龍門山寺. 欲留詩求紙, 僧以皺紙進. 余題大字曰'化化牋', 還之. 僧慚懼躬揖, 請其故, 答曰:'紙之麤惡則供溷材, 一化也;丐徒取諸圊厠, 積之家, 匠買別抄麫麨, 店肆收苞果藥, 遂成此紙, 二化也, 故曰化化牋. 備雜用, 可也;載字畫, 不可也. 擧以與人, 不可之甚也')"

52 오색대렴지(五色大簾紙) : 미상.

53 쇄금전(洒金箋) : 미상. 화려한 금박을 덧씌운 종이로 추정된다.

54 인금화오색전지(印金花五色牋紙) : 미상. 금색 꽃무늬를 찍은 다섯 빛깔의 종이로 추정된다.

55 자청지(磁靑紙) : 염료로 종이를 물들여 만드는 종이로, 명나라 선덕(宣德, 1426~1435) 연간에 처음 만들어졌다. 종이의 색이 당시에 유행했던 청화(靑花) 자기와 비슷하여 이처럼 불렸다. 시간이 오래 지나도록 색이 바래지 않고 광채가 더해지는 특징이 있다.

[6] 細 : 저본에는 "細細". 《遵生八牋·燕閑淸賞牋·論紙》에 근거하여 수정.

[7] 紙 : 저본에는 없음. 《遵生八牋·燕閑淸賞牋·論紙》에 근거하여 보충. 오사카본에는 해당 원문은 공란으로 되어 있고, 그 윗 여백에 "글자가 빠진 이하의 여러 곳은 상고해 보라(以下缺字諸處, 俟考)"라는 서유구의 두주(頭注)가 적혀 있다. 하지만 이 두주는 앞 [2]번 교감기를 단 곳에 있어야 할 듯하다. 그곳부터 빠진 글자가 있기 때문이다.

(泥金字經)⁵⁶을 초사하는 데 사용한다.

쪽빛을 띠는 종이가 있는데, 얇고 좋지 않다. 고창국(高昌國)⁵⁷의 금화전(金花箋)⁵⁸도 5가지 색깔을 띠고 있으며, 금박가루로 산수화를 그려 넣은 종이가 있다.

有等⑧藍色者, 薄而不佳. 高昌國金花牋, 亦有五色, 有描金山水圖者.

고려에 면견지(綿繭紙)⁵⁹가 있는데, 색이 능(綾)⁶⁰처럼 희고, 재질이 백(帛)⁶¹처럼 단단하고 질겨 글씨를 쓰는 데 사용하며, 종이에 발묵이 잘되어 아낄 만하다. 또 피지(皮紙)⁶²가 있는데, 발[簾]을 짜거나, 우모(雨帽)⁶³를 만들거나, 서협(書夾)⁶⁴을 만드는 데 사용한다. 단단하고 두꺼워 종이에 기름을 먹여 만드는데, 중국에도 없는 종이이므로 또한 기이 한 물건이다.

高麗有綿繭紙, 色白如綾, 堅紉如帛, 用以書寫, 發墨可愛. 有等皮紙, 用以爲簾, 爲雨帽, 爲書夾. 堅厚若油爲之, 中國所無, 亦奇品也.

근래에 글씨를 쓸 때 사용하면 좋은 종이로는 오중(吳中)⁶⁵의 무문쇄금전지(無紋洒金箋紙)⁶⁶가 좋다. 송강(松江)⁶⁷에는 근래에 만든 담전(譚牋)⁶⁸이 있는데, 가

近日可用作書者, 吳中無紋洒金箋紙爲佳. 松江近日譚牋, 不用粉造. 以荊川

---

56 이금자경(泥金字經): 금박을 아교풀에 개어 만든 금가루로 글자를 입혀 작성한 경전.

57 고창국(高昌國): 중국 신강유오이(新疆維吾爾)자치구 천산(天山)산맥 동쪽에 있는 토로번(吐魯番, Turpan) 동쪽에 인접해 있던 고대 국가.

58 금화전(金花箋): 미상. 앞에서 언급한 금화전지(金花牋紙)처럼 금단화 문양이 새겨진 종이로 추정된다.

59 면견지(綿繭紙): 허드레 고치에서 뽑아낸 풀솜을 원료로 만든 종이.

60 능(綾): 곱고 얇은 비단에 꽃무늬가 새겨진 직물로, 한쪽 면에는 광택이 돈다.

61 백(帛): 누에고치에서 뽑은 가는 실로 만든 비단.

62 피지(皮紙): 종이를 여러 장 겹쳐서 가죽처럼 두껍게 만든 질긴 종이로 추정된다.

63 우모(雨帽): 비가 올 때 갓 위에 덮어쓰는 모자. 입모(笠帽)라고도 한다.

64 서협(書夾): 꽂아놓은 책이 쓰러지지 않게 지탱하는 역할을 하는 간이용 책꽂이.

65 오중(吳中): 지금의 중국 강소성(江蘇省) 오현(吳縣) 일대.

66 무문쇄금전지(無紋洒金箋紙): 미상. 특정한 무늬가 없고 금박을 입힌 종이로 추정된다.

67 송강(松江): 지금의 중국 상해시(上海市) 서남부에 있는 송강현(松江縣) 일대.

68 담전(譚牋): 중국 송강현(宋江縣) 일대에서 만들어진 종이로, 밀랍으로 문질러 광택을 내기 때문에 견고하고 매끄럽다.

⑧ 等: 저본에는 "□". 《遵生八牋·燕閑淸賞牋·論紙》에 근거하여 보충.

루를 사용하지 않고 제조한다. 형천(荊川)69의 염지(簾紙)70를 두껍게 덧대고 문질러서 광택을 냈으며, 밀랍으로 두드려서 각각의 색을 띤 꽃과 새 문양을 만들어 내는데, 단단함과 매끄러움이 송나라 때의 종이와 필적할 만하다.

簾紙褙厚砑光, 用蠟打各色花鳥, 堅滑可類宋紙.

또 신안(新安)71에서 송나라의 장경전지(藏經箋紙)72를 모방하여 새로 만든 종이도 좋은데, 오중(吳中)에서는 근래에도 만든다. 다만 이 종이는, 글씨를 초사(抄寫, 필요한 부분을 뽑아 베껴 적는 것)하면 단단하고 질겨 마치 비단처럼 고유한 성질을 지니고, 수백 년이 지나도록 여전히 꺼내어 쓸 수 있는 송나라의 장경전지(藏經箋紙)보다는 못하다. 지금 이를 모방하여 만든 종이는 성질이 결국 연약해서 시간이 오래 지나 곰팡이가 피면 점성이 약해져 틀림없이 풀어진다.

又新安新造倣宋藏經箋紙亦佳, 吳中近亦爲之. 但不如宋箋抄成堅靭, 如段帛有性, 數百載流傳, 尚有揭開受用. 若今倣效者, 紙性終脆, 久黴, 糊懈必⑨鬆.

당시에는 화변격자(花邊格子)73 문양이 새겨진 백록전(白鹿牋)74을 높이 쳤는데, 이 종이에 편지를 쓰거나 시를 적으면 매우 편리했다. 다만 백록지(白鹿紙)는 녹자수(綠子水)75와 괴황수(槐黃水)76를 타서 약간

時尚花邊格子白鹿牋, 用以作柬寫詩, 甚便. 但白鹿紙以綠子水幷槐黃水微煎印者雅甚⑩. 以靑以⑪紅,

---

69 형천(荊川): 미상.

70 염지(簾紙): 대나무를 원료로 하여 만든 종이로, 얇으면서도 속이 약간 비치는 특징이 있다. 도화지(桃花紙)와 비슷하다. 형천지(荊川紙)라고도 한다.

71 신안(新安): 지금의 중국 하남성(河南省) 낙양시(洛陽市) 서부에 있는 신안현(新安縣) 일대.

72 장경전지(藏經箋紙): 위에 언급된 송대의 종이인 납황장경전(蠟黃藏經牋)을 말하는 것으로 추정된다.

73 화변격자(花邊格子): 꽃무늬가 종이에 대칭성의 규칙에 따라 반복적으로 배열된 무늬.

74 백록전(白鹿牋): 본래는 중국 강서성(江西省)의 용호산(龍虎山)에 거처하던 도사가 글씨를 적고 부적을 쓸 때 사용했던 종이로, 푸른색·황색·백색을 띤 3종류의 종이가 있었다. 품질이 뛰어나 주로 궁중에서 사용되었으며, 재질이 옥처럼 영롱하면서 윤택하고 두터우며 질긴 성질을 지닌 데다 먹도 부드럽게 받아들여 많은 문인이 애호하였다.

75 녹자수(綠子水): 미상.

76 괴황수(槐黃水): 괴황(槐黃)을 희석한 물. 괴황은 회화나무 열매의 씨를 원료로 만든 노란색을 띤 안료이다.

⑨ 必: 저본에는 "瑟".《遵生八牋·燕閑淸賞牋·論紙》에 근거하여 수정.

달인 다음 찍어낸 종이가 몹시 우아하다. 청색이나 홍색으로 만든 종이는 모두 좋지 않다.

또 납아오색전(蠟砑五色箋)[77]과 같은 종이는 또한 흰색·송화색·월하백색(月下白色)[78]의 나문전(羅紋箋, 그물 무늬가 새겨진 종이)이 좋고, 그 밖에 다른 색을 띤 종이는 완상할 수준에 들지 않는다.

종이를 제조할 때는 두 사람이 문지른 종이가 정교하고 아름다우며, 또 종이를 올려둔 판을 손상시키지 않는다. 물에 젖은 종이 1장으로 종이 10장을 축축하게 문질러 만들면 질이 좋지 않다. 그러나 백랍(白蠟)으로 문지른 종이에 먹을 대면 종이 표면에 들러붙은 밀랍에 먹이 닿아 구슬 모양을 이루기 때문에 그림이나 글씨를 묘사하거나 쓸 수 없으니, 몹시 한스러운 일이다. 《준생팔전》[79]

옛날에는 남지(南紙)와 북지(北紙)가 있었다. 북지(北紙)는 가로발[橫簾]을 사용하여 만들기 때문에 종이의 무늬가 가로 방향으로 있다. 그 재질이 꺼끌꺼끌하면서 두텁다. 이를 '측리지(側理紙)'라 한다.

俱不佳也.

又如蠟砑五色[12]箋, 亦以白色、松花色、月下白色羅紋箋爲佳, 餘色不入淸賞.

兩人砑者精美, 又不壞板. 若用水濕一紙, 以潤十紙砑者不佳. 然以白蠟砑者受墨, 蜜蠟者遇墨成珠, 描寫不上, 深可恨也.《遵生八牋》

古有南、北紙. 北紙用橫簾造, 其紋橫, 其質鬆而厚, 謂之"側理[13]紙".

---

77 납아오색전(蠟砑五色箋): 미상. 밀랍으로 종이 표면을 문질러 광택이 돌게 만드는 공정을 거친, 5가지 빛깔의 종이로 추정된다.

78 월하백색(月下白色): 옅은 쪽빛을 띤 종이로, 달빛의 색깔과 비슷하여 이처럼 불렸다.

79 《遵生八牋》卷15〈燕閑淸賞牋〉中 "論紙"(《遵生八牋校注》, 575~576쪽);《淸秘藏》卷上〈論紙〉(《文淵閣四庫全書》872, 15쪽).

[10] 甚: 저본에는 "□".《遵生八牋·燕閑淸賞牋·論紙》에 근거하여 보충.

[11] 以: 저본에는 "□".《遵生八牋·燕閑淸賞牋·論紙》에 근거하여 보충.

[12] 佳也……五色: 저본에는 "□□□□□□□□".《遵生八牋·燕閑淸賞牋·論紙》에 근거하여 보충.

[13] 理: 저본에는 "面".《洞天淸錄集·古翰墨眞蹟辯》에 근거하여 수정.

남지(南紙)는 세로발[竪簾]을 사용하여 만들기 때문에 종이의 무늬가 세로 방향으로 있다. 진(晉)나라 이왕(二王)[80]의 친필이 있는 종이는 대부분 회계(會稽)[81]의 수문죽지(竪紋竹紙, 대나무로 만든 세로 무늬 종이)이다. 《동천청록》[82]

中국 당나라 종이 가운데 경황지(硬黃紙)가 있는데, 이는 황벽나무로 물들여 종이가 좀먹는 일을 피했다.[83] 종이의 재질이 마치 장수(漿水, 좁쌀죽 웃물)와 같이 광택이 나면서 밝고 매끄럽기 때문에 경서(經書)를 베끼는 데에 사용한다. 지금 비각(秘閣)[84]에 소장되어 있는 이왕(二王)의 글씨는 모두 당나라 사람들이 글씨를 베껴 모방한 것들인데, 이때 사용한 종이가 모두 경황지이다.

또 당나라 원화(元和)[85] 연간 초기에 촉(蜀) 지방의 기생인 설도(薛濤)[86]가 종이 만들기를 업으로 삼아 10가지 색깔을 띤 작은 종이를 만들었는데, 이를 '설도전(薛濤箋)'이라 불렀고, '촉전(蜀牋)'이라고도 불렀다.

南紙用竪簾, 其紋竪. 晉[14] 二王眞跡, 多是會稽竪紋竹紙. 《洞天淸錄》

唐紙有硬黃紙, 以黃蘗染之, 取其辟蠹. 其質如漿, 光澤瑩滑, 用以書經. 今秘閣所藏二王書, 皆唐人臨倣, 紙皆硬黃.

又元和初蜀妓薛洪度以紙爲業, 製小箋十色, 名"薛濤箋", 亦名"蜀牋". 同上

---

80 이왕(二王) : 중국 동진(東晉)의 서예가 왕희지(王羲之, 307~365)와 그의 7번째 아들인 왕헌지(王獻之, 344~386)를 아울러 부르는 말.

81 회계(會稽) : 중국 절강성(浙江省) 소흥현(紹興縣) 일대.

82 《洞天淸錄集》〈古翰墨眞蹟辯〉 《叢書集成初編》 1552, 18쪽).

83 황벽나무로……피했다 : 황벽나무의 속껍질은 은은한 향내가 나면서 좀을 예방하는 효과가 있고, 색깔이 아름답기 때문에 염료로 많이 사용된다.

84 비각(秘閣) : 황실에서 책을 보관하는 서고(書庫)의 별칭.

85 원화(元和) : 중국 당(唐)나라 헌종(憲宗)의 연호(806~820).

86 설도(薛濤) : 768~832. 중국 당나라의 기생이자 여류시인. 자는 홍도(洪度). 지인(知人)들에게 시(詩)를 적어 보낼 때, 꽃물을 넣어 염색한 색종이에 시를 적어 보내곤 했다. 이 종이가 무척 아름다워 '설도전'이라 불리게 되었다. "종이"조 첫 기사의 '십색설도전(十色薛濤箋)' 각주 참고.

14 晉 : 《洞天淸錄集·古翰墨眞蹟辯》에는 "若".

《동천청록》[87]

중국 송나라의 종이 가운데 징심당지(澄心堂紙)가 있는데, 매우 아름답다. 송나라의 여러 명사들이 이 종이에 글자를 썼고 이공린(李公麟)[88]도 이 종이를 많이 사용했다.

박주(亳州)[89] 일대에 종이가 있는데, 이 종이를 만들 때는 계선[界道][90]을 넣었다. 이 계선을 '오사란(烏

宋紙有澄心堂紙, 極佳. 宋諸名公寫字及李伯時亦多用此紙.

亳[15]間有紙, 織成界道, 謂之"烏絲欄".

오사란(《이운지》 오사카본 목차 첫 면)

주사란(청대 내부 《역경》 정사본)

---

87 《洞天淸錄集》〈古翰墨眞蹟辯〉(《叢書集成初編》 1552, 18~19쪽); 《格致鏡原》 卷37 〈紙〉(《文淵閣四庫全書》 1031, 572쪽).

88 이공린(李公麟): 1049~1106. 중국 북송 후기의 관리이자 서예가·화가. 자는 백시(伯時). 글씨는 진서(眞書)·행서(行書)·초서(草書)에 뛰어났다. 그림은 고개지(顧愷之, 344~405)·육탐미(陸探微, ?~?)·장승요(張僧繇, ?~?) 및 전대의 유명 화가들을 연구하여, 화가로서 일가를 이루었다. 대표작으로 〈오마도권(五馬圖卷)〉이 있다.

89 박주(亳州): 중국 안휘성(安徽省) 박주시(亳州市) 일대.

90 계선[界道]: 종이 판면에서 글자의 열을 맞추기 위해 경계를 그은 줄. 일반적으로 '계선(界線)'으로 표기한다.

15 亳: 저본에는 "毫". 《洞天後錄·宋紙》에 근거하여 수정.

絲欄)'91이라 한다.

또 흡지(歙紙)가 있다. 지금 휘주부(徽州府) 흡현(歙縣)92에 지명이 '용수(龍鬚)'라는 곳이 있는데, 그 일대에서 이 종이가 난다. 광택이 나면서 매끄럽고 밝으며 백색을 띠어 아낄 만하다.

【안】 섭몽득(葉夢得)의 《피서록화(避暑錄話)》에 다음과 같이 말했다. "세상 사람들이 흡주(歙州)는 문방사보(文房四寶)를 모두 갖추었다고 말하니, 문방사보란 붓·먹·종이·벼루를 말한다. 그러나 근래에 만든 흡지(歙紙)를 보면, 대부분 좋은 품질의 종이가 다시는 생산되지 않는다. 대개 흡지가 먹을 받아들이지 않으니 이는 성질이 바로 먹을 잘 받아들이는 마지(麻紙, 삼으로 만든 종이)의 특성과 상반된다. 비록 매우 진한 먹을 쓰더라도 흡지로는 끝내 검은 글자를 쓸 수 없다."93 이것에 근거하면 흡지가 그 명성에 부합하지 못한 상황은 송나라가 도읍을 남쪽으로 옮겨온 뒤에 이미 그러했던 것으로 보인다.94】

또 채색분전(彩色粉箋)이란 종이가 있는데, 그 색깔은 광택이 나면서 매끄럽다. 소식(蘇軾)과 황정견(黃庭堅)은 대부분 이 종이를 사용하여 그림을 그리

有歙紙, 今徽州府 歙縣地名龍鬚者, 紙出其間, 光滑瑩白, 可愛.

【案】 葉夢得《避暑錄話》云: "世言歙州具文房四寶, 謂筆·墨·紙·硯也. 然歙紙近歲取之者, 多無復佳品. 蓋不受墨, 正與麻紙相反, 雖用極濃墨, 終不能作黑字." 據此則歙紙之不副其名, 自宋南渡後, 已然矣.】

有彩色粉箋, 其色光滑, 東坡、山谷多用之作畫寫字. 同上

---

91  오사란(烏絲欄): 종이 판면을 둘러싸고 있는 사변(四邊)의 굵은 줄을 변란(邊欄)이라 하는데, 변란과 계선을 검은색으로 넣는 경우에는 오사란(烏絲欄), 붉은색으로 넣는 경우에는 주사란(朱絲欄)이라 부른다.

92  휘주부(徽州府) 흡현(歙縣): 중국 안휘성 동남부에 위치한 흡현(歙縣) 일대.

93  세상……없다: 《避暑錄話》卷上.

94  이것에……보인다: 송나라는 960년 개국한 이후에 개봉(開封)을 167년간 도읍지로 삼았으나, 여진족이 세운 금나라에 밀려 1126년에 남쪽으로 내려가 지금의 항주(杭州) 일대인 임안(臨安)으로 도읍을 옮겼다. 흡주(歙州)는 임안의 서쪽 가까운 위치에 있었는데, 종이의 품질은 삼을 원료로 만든 마지(麻紙)보다는 월등히 좋았지만, 먹이 잘 스며들지 않는 단점이 있었다. 이 단점 때문에 문인들이 그 명성에 비해 그다지 선호하지 않았으며, 이 기조가 송나라가 도읍을 옮긴 뒤로도 계속 이어졌다는 의미이다.

고 글씨를 썼다. 《동천청록》[95]

원(元)나라 종이는 채색분전(彩色粉箋)·납전(蠟箋)·황전(黃箋)·화전(花箋)·나문전(羅紋箋)이 있는데, 모두 소흥(紹興)[96]에서 난다.

백록지(白籙紙)[97]·관음지(觀音紙)[98]·청강지(淸江紙)[99]는 모두 강서(江西)[100]에서 난다. 조맹부(趙孟頫)[101]·강리기기(康里巙巙)[102]·장우(張雨)[103]·선우추(鮮于樞)[104]는 글씨를 쓸 때 대부분 이 종이를 사용했다. 《동천청록》[105]

명(明)나라 종이는 영락(永樂)[106] 연간에 강서(江西)

元紙有彩色粉箋、蠟箋、黃箋、花箋、羅紋箋, 皆出紹興.

有白籙[16]紙、觀音紙、淸江紙, 皆出江西. 趙松雪[17]、巙巙[18]子山、張伯雨、鮮于樞書多用此紙. 同上

明紙永樂中, 江西 西山,

---

95 《洞天後錄》〈宋紙〉《居家必備》, 879쪽) ;《格致鏡原》卷37〈紙〉《文淵閣四庫全書》1031, 572쪽).

96 소흥(紹興) : 중국 절강성(浙江省) 중북부에 위치한 소흥시(紹興市) 일대.

97 백록지(白籙紙) : 중국 강서성(江西省) 용호산(龍虎山)에 살던 도사(道士)들이 주로 부적으로 쓰던 종이. 후대에는 글씨를 쓰는 용지로도 사용되었고, 명칭은 백록지(白鹿紙)로 바뀌었다.

98 관음지(觀音紙) : 중국 강서성 서산(西山) 일대에서 만든 종이. 아래 기사 참고.

99 청강지(淸江紙) : 중국 강서성 금계현(金谿縣) 일대에서 만든 종이.

100 강서(江西) : 중국 중남부 양자강(揚子江) 남쪽에 있는 강서성(江西省) 일대.

101 조맹부(趙孟頫) : 1254~1322. 중국 원(元)나라의 화가·서예가. 자는 자앙(子昂), 호는 송설도인(松雪道人). 서예에서는 왕희지(王羲之)의 전형으로 되돌아갈 것을 주장했고, 그림에서는 당·북송의 화풍으로 되돌아갈 것을 주장했다. 그림은 산수·화훼 등에 모두 뛰어났고, 서예는 해서·행서·초서에서 품격이 높았으며, 당시 복고주의를 선도하는 입장에 있었다.

102 강리기기(康里巙巙) : 1295~1345. 중국 원나라의 문인·서예가. 자는 자산(子山). 원나라의 대표적 서예가로, 조맹부의 복고주의에 큰 영향을 받아 남당(南唐)시대의 글씨로 되돌아가자는 주장을 계승했다.

103 장우(張雨) : 1283~1350. 중국 원나라의 문인·서예가. 자는 백우(伯雨), 호는 구곡외사(句曲外史). 시와 그림이 모두 훌륭했고 특히 인물·산수화에 능했다. 저서로 《구곡외사집(句曲外史集)》이 있다.

104 선우추(鮮于樞) : 1246~1302. 중국 원나라의 서예가. 자는 백기(伯機). 시문과 서예에 능통했는데, 특히 초서(草書)에 뛰어났다. 술에 취해 시를 짓고 글씨를 쓰면 기이한 모양새가 자유롭게 쏟아져 나와 조맹부(趙孟頫)에게 칭송을 받았다. 저서로 《곤학재집(困學齋集)》·《곤학재잡록(困學齋雜錄)》등이 있다.

105 《洞天後錄》〈元紙〉《居家必備》, 879쪽) ;《格致鏡原》卷37〈紙〉《文淵閣四庫全書》1031, 572쪽).

[16] 籙 : 저본·《洞天後錄·宋紙》에는 "藤".《格致鏡原·紙》에 근거하여 수정.

[17] 雪 : 저본·《洞天後錄·宋紙》에는 "有".《格致鏡原·紙》에 근거하여 수정.

[18] 巙巙 : 저본·《洞天後錄·元紙》에는 "枝".《格致鏡原·紙》에 근거하여 수정.

106 영락(永樂) : 중국 명(明)나라 성조(成祖)의 연호(1402~1424).

서산(西山)[107]에 관청을 설치하여 종이를 만들었다. 그 중에 가장 두껍고 크면서 좋은 종이를 '연칠(連七)'이라고 하고 '관음지(觀音紙)'라고도 한다.

주본지(奏本紙)는 강서(江西) 연산(鉛山)[108]에서 난다. 방지(榜紙)는 절강(浙江)의 상산(常山)[109]·직예(直隸)[110]·여주(廬州)[111]·영산(英山)[112]에서 난다.

소전지(小箋紙)는 강서(江西) 임천(臨川)[113]에서 난다. 대전지(大箋紙)는 절강의 상우(上虞)[114]에서 난다. 《동천청록》[115]

## 2) 죽지(竹紙, 대나무종이) 만드는 법

일반적으로 죽지를 제조하는 일은 남방에서 나타났으나 오로지 복건성(福建省)[116]에서만 단독으로 성행하고 있다. 죽순이 돋은 후가 되어 산골짜기의 깊고 얕은 곳을 살펴보았을 때, 대나무 중에 가지와 잎이 막 돋아나는 대나무가 가장 좋은 원료이다. 절기가 망종(양력 6월 6일경)이 되면 산에 올라가 대나무를 벤다. 대나무를 5~7척 길이로 자른 뒤, 그 산에

置官局造紙. 最厚大而好者曰"連七", 曰"觀音紙".

有奏本紙, 出江西 鉛山. 有榜紙, 出浙之常山、直隸、廬州、英山.

有小箋紙, 出江西 臨川;有大箋紙, 出浙之上虞. 同上

## 造竹紙法

凡造竹紙事出南方, 而閩省獨專其盛. 當筍生之後, 看視山窩深淺, 其竹以將生枝葉者爲上料. 節屆芒種, 則登山斫伐. 截斷五、七尺長, 就于本山開塘一口, 注水其中漂浸. 恐塘水

---

107 강서(江西) 서산(西山) : 중국 강서성(江西省) 신건현(新建縣) 서쪽에 위치한 산. 소요산(逍遙山)이라고도 한다.
108 연산(鉛山) : 중국 강서성 북동부에 위치한 연산현(鉛山縣) 일대.
109 절강(浙江)의 상산(常山) : 중국 절강성(浙江省) 서부에 위치한 상산현(常山縣) 일대.
110 직예(直隸) : 중국 하북성(河北省) 일대의 옛 지명.
111 여주(廬州) : 중국 안휘성 합비시(合肥市) 일대의 옛 지명.
112 영산(英山) : 중국 호북성(湖北省) 황강시(黃岡市) 영산현(英山縣) 일대.
113 임천(臨川) : 중국 강서성 무주시(撫州市) 일대의 옛 지명.
114 상우(上虞) : 중국 절강성(浙江省) 상우구(上虞區) 일대.
115 《洞天後錄》〈國朝紙〉《居家必備》, 879~880쪽);《格致鏡原》卷37〈紙〉《文淵閣四庫全書》1031, 572쪽).
116 복건성(福建省) : 중국의 남동부, 대만(臺灣) 해협에 면하는 성(省). 민(閩) 종족이 주로 절강성(浙江省) 남부와 복건성 일대에서 살았으므로, 복건성을 민성(閩省)이라고도 한다.

만들어 놓은 연못 한 곳으로 가서 물을 채우고 그 안에 자른 대나무를 담궈 둔다. 연못물이 마를 때가 있을까 염려되면 대나무로 만든 홈통을 연결하여 쉴 새 없이 물을 끌어넣어야 한다.

有涸時, 則用竹筒引, 不斷瀑流注入.

대나무 잘라 연못에 담그기(《천공개물(天工開物)》)

대나무를 담근 지 100일이 지나면, 두드려 씻는 공정을 더하여 죽순을 싸고 있던 거친 껍질과 줄기의 푸른 껍질을 씻어 버린다【이를 '살청(殺靑)'이라 한다】. 이렇게 하면 그 가운데의 대나무 줄기 모양은 모시풀 모양과 같다. 질이 좋은 석회를 물에 섞어 진흙처럼 만든 다음 황통(榿桶)[117]에 넣고 삶는데, 불을 8주야(晝夜) 동안을 기준으로 지핀다.

浸至百日之外, 加功搥洗, 洗去粗殼與靑皮【是名"殺靑"】, 其中竹穰形同苧麻樣. 用上好石灰化汁塗漿, 入榿桶下煮, 火以八日八夜爲率.

---

117 황통(榿桶): 종이의 재료인 나무나 삼 등을 삶는 통.

일반적으로 대나무를 삶을 때 불을 때는 아래의 가마는 지름 4척짜리를 쓰는데, 가마 위는 진흙과 석회를 반죽하여 가장자리를 봉한다. 높이와 너비는 광동 지역에서 소금 끓이는 뇌분(牢盆)[118]의 그것들과 같고, 안에는 10섬 남짓의 물을 넣을 수 있다. 가마 위는 황통으로 덮는데 그 둘레는 15척, 지름은 4척 남짓이다. 대를 가마에 넣고 단단히 덮은 후 8일 동안 충분히 삶는다.

불을 끄고 하루가 지나면 통을 들고 대나무 섬유를 꺼내어 맑은 물을 채운 연못에 넣어 깨끗이 씻는다. 연못의 바닥과 사면은 모두 목판으로 잘 맞춰 봉해서 오물로 더럽혀지지 않도록 한다【거친 종이

凡煮竹, 下鍋用徑四[19]尺者, 鍋上泥與石灰捏弦, 高闊如廣中煮鹽牢盆樣, 中可載水十餘石. 上蓋楻桶, 其圍丈五尺, 其徑四尺餘. 蓋定受煮, 八日已足.

歇火一日, 揭楻取出竹麻, 入淸水漂塘之內洗淨. 其塘底面, 四維, 皆用木板合縫砌完, 以防泥汚[20]【造粗

황통에 넣고 충분히 삶기《천공개물》

뇌분《천공개물》

118 뇌분(牢盆): 소금 끓이는 가마.
[19] 四: 저본에는 "二".《天工開物·殺靑·造竹紙》에 근거하여 수정.
[20] 汚: 저본에는 "圬". 오사카본에 근거하여 수정.

를 만들 때는 이렇게 하지 않아도 된다】.

대나무 섬유를 깨끗이 씻고 나면 나무의 잿물에 담궜다가 다시 가마에 넣고, 위를 판판하게 해 두고 그 위에 볏짚의 재를 0.1척 정도 두께로 고르게 깐다. 통 안의 물이 끓어오르면 다른 통 속으로 옮겨 넣고, 이어서 잿물을 부어 넣는다. 잿물이 식으면 끓여서 다시 부어 넣는다.

이렇게 10여 일이 지나면 대나무 섬유는 자연히 썩어서 냄새를 풍긴다. 그러면 꺼내어 절구통에 넣어 찧는다【산간 지역에는 모두 물방아가 있다】. 대나무 섬유를 찧어서 모양이 진흙반죽 같이 되면 종이를 뜨는 지통(紙桶)에 쏟아 넣는다. 일반적으로 종이를 뜨는 지통의 위쪽 모양은 네모진 말박과 같으며, 그 크기의 치수는 그 속에서 종이를 뜨는 발의 크기를 고려하여 넉넉하게 정하고, 발은 또 종이의 크기를 고려하여 정한다.

대나무 섬유가 만들어졌으면 지통 안에 맑은 물을 넣어 수면(水面)을 대나무 섬유보다 0.3척 정도 높게 한다. 지약즙(紙藥汁, 닥풀)을 그 안에 넣으면【지약(紙藥)의 모양은 도죽(桃竹)[119]의 잎과 같고 방언은 정해진 이름이 없다】, 떠낸 종이가 마른 후에는 저절로 희게 된다. 일반적으로 종이를 뜨는 발은 가늘게 잘라 다듬은 대오리를 엮어 만든다. 발을 말아 올리거나 펼칠 때는 그 밑에 가로세로의 격자가 있는 발

紙者, 不須爲此.】.

洗淨, 用柴炭漿過, 再入釜中, 其上按平, 平鋪稻艸灰寸許. 桶內水滾沸, 卽取出別桶之中, 仍以灰汁淋下. 倘水冷, 燒滾再淋.

如是十餘日, 自然臭爛. 取出入臼受舂【山國皆有水碓】, 舂至形同泥麵, 傾入槽內. 凡抄紙槽, 上合方斗, 尺寸狹闊, 槽視簾, 簾視紙.

竹麻已成, 槽內淸水浸浮其面三寸許, 入紙藥水汁于其中【形同桃竹葉, 方語無定名.】, 則水乾自成潔白. 凡抄紙簾, 用刮磨絕細竹絲編成. 展卷張開時, 下有縱橫架匡. 兩手持簾入水, 蕩起竹麻入于簾內.

---

119 도죽(桃竹) : 대나무의 일종. 질이 견고해서 화살·지팡이·발·명석 등을 만드는 데 좋은 재료이다.

대나무 섬유를 발틀로 뜨기(《천공개물》)    발[簾]을 뒤집어 종이를 쌓고 누르기(《천공개물》)

틀을 이용한다. 두 손으로 발틀을 잡아 물 속에 넣고 휘저으면서 대나무 섬유를 떠올려 섬유가 발 속으로 들어오게 한다.

종이의 두께는 사람의 손 놀리는 법에 달려 있으니, 조금 휘저으면 섬유가 발틀로 적게 들어와서 종이가 얇고, 많이 휘저으면 많이 들어와서 두껍게 된다. 대나무 섬유물이 발틀에 떠 있을 때에 발틀을 사방으로 기울이면서 물을 지통으로 흘려보낸다.[120] 그런 다음에 발을 뒤집어 종이를 널빤지 위에 떼어놓아 몇천 장이 되도록 첩첩이 쌓아 올린다.

厚薄由人手法, 輕蕩則薄, 重蕩則厚. 竹料浮簾之頃, 水從四際淋下槽內. 然後覆簾, 落紙于板上, 疊積千萬張.

---

120 대나무……흘려보낸다: 발틀로 대나무 섬유가 섞인 물이 들어오게 한 뒤, 발틀을 다시 기울여 물의 일부를 좌우로 흔들면서 지통으로 흘려보내는 과정을 말한다. 이때 대나무 섬유가 발틀에 조금씩 쌓이게 된다. 이 과정을 몇 차례 반복하느냐에 따라 종이의 두께가 결정된다.

수량이 차면 그 위를 널빤지로 누르고 줄을 종이 높이와 비슷한 높이로 묶은 다음 밧줄에 막대를 끼운 뒤, 술 짜는 방법처럼 수분을 말끔히 짜내어 말린다. 다음에 가볍고 가는 구리 족집게로 종이를 한 장씩 들어올려 불에 쬐어 말린다.

일반적으로 종이를 불에 쬐어 말리려면 먼저 흙벽돌을 쌓아 좁은 갱도를 내고, 갱도의 바닥을 벽돌로 덮는다. 갱도 바닥은 벽돌 몇 장마다 벽돌 한 장씩의 공간을 비워 둔다. 장작을 때면 아궁이에서 타기 시작해서 불기운은 벽돌 틈을 통하여 갱도 밖으로 빠져나온다. 벽돌이 충분히 데워지면 젖은 종이를 한 장씩 담 위에다 붙여 말린 다음 떼어내서 한 질(帙)을 만든다.

數滿則上以板壓, 俏繩入棍, 如榨酒法, 使水氣淨盡流乾. 然後以輕細銅鑷逐張揭起, 焙乾.

凡焙紙, 先磚砌成夾巷, 下以磚蓋. 巷地面數塊以往, 卽空一磚. 火薪從頭穴燒發, 火氣從磚透巷外. 磚盡熱, 濕紙逐張貼上, 焙乾, 揭起成帙.

불에 달군 흙벽돌에 종이를 쬐어 말리기(《천공개물》)

근래의 폭이 넓은 종이를 '대사련(大四連)121'이라 하는데, 한때 글 쓰는 데 귀중한 역할을 한다. 다 쓴 폐지는 붉은색과 먹색 및 오염된 것을 씻어내고, 물에 잘 담궈 불려서 지통에 넣고 재생시킨다. 이렇게 하면 삶아서 담궈 두는 앞 단계의 공정을 생략하여도 전과 다름없이 종이를 만들 수 있으며, 손실되는 양도 많지 않다.

그러나 대가 흔한 남방 지역에서는 이런 일을 하지 않는다. 북방에서는 한 마디나 한 조각의 종이 부스러기라도 땅에 떨어져 있으면 바로 주워서 종이를 재생시키는데, 이런 종이를 '환혼지(還魂紙, 생명이 돌아온 종이)'라 한다. 재료가 대나무이든 다른 나무이든, 섬유의 재질이 정밀하든 거칠든 간에 모두 같은 방법으로 재생한다.

화지(火紙)나 거친 종이 등도 대나무를 자르고 삶아서 대나무 섬유를 얻고, 석회를 물과 섞어 부어넣는 것은 이전의 방법과 같다. 단지 종이를 발에서 떼어 낸 뒤에 이를 불에 말리지 않고, 눌러서 물기를 빼고, 햇볕을 쐬어 말릴 뿐이다.

당(唐)나라 때는 귀신을 섬기는 제사가 빈번하여 지전(紙錢)으로 비단 태우는 의식을 대신했으며【북방에서는 잘게 자른 종이를 썼는데, 이를 '판전(板錢)'이라 한다.】, 이 때문에 이렇게 만들어진 종이를 '화지(火紙)'라 불렀다. 그중에서 가장 거칠고 두꺼운 종

近世闊幅者, 名"大四連", 一時書文貴重, 其廢紙洗去朱墨汚穢, 浸瀾入槽再造. 全省從前煮浸之力, 依然成紙, 耗亦不多.

南方竹賤之國, 不以爲然. 北方卽寸條片角在地, 隨手拾取再造, 名曰"還魂紙". 竹與皮, 精與粗, 皆同之也.

若火紙、糙紙, 斬竹煮麻, 灰漿水淋, 皆同前法. 唯脫簾之後, 不用烘焙, 壓水去濕, 日曬成乾而已.

唐時, 鬼神事繁, 以紙錢代焚帛【北方用切條, 名曰"板錢".】, 故造此者, 名曰"火紙". 其最粗而厚者, 名曰"包裹㉑紙", 則竹麻和宿

---

121 대사련(大四連): 중국 원(元)·명(明)대에 생산된 종이로, 대나무로 만들었으며 폭이 넓고 질겨서 공문서용으로 공급되었기 때문에 공독지(公牘紙)라고도 한다.

이를 '포과지(包裹紙, 포장지)'라 부르는데, 이 종이는 대나무 섬유와 해를 걸러 재배한 늦벼의 짚을 섞어 만든 것이다.

강서성(江西省)[122] 연산현(鉛山縣)의 여러 고을에서 나는 편지지[束紙] 같은 종이들은 모두 가느다란 대나무 원료를 두껍게 떠서 만든 것으로, 비싼 값을 요구한다. 그 가운데 가장 좋은 것은 관간지(官束紙)로, 부귀한 집에서는 명함으로 사용한다. 이런 종이는 두툼하면서도 거친 섬유질이 없다. 홍색(紅色)으로 물들여 길사(吉事)에 쓰는 길첩(吉帖)으로 만들 때면 우선 백반물에 물들인 다음 홍화즙(紅花汁)을 더한다고 한다. 《천공개물(天工開物)[123]》[124]

田晚稻藁所爲也.

若鉛山諸邑[22]束紙則全用細竹料厚質蕩成, 以射重價. 最上者官束, 富貴之家, 通刺用之. 其紙敦厚而無筋膜, 染紅爲吉束, 則先白礬水染過, 後上紅花汁云.《天工開物》

## 3) 주본지(奏本紙)[125] 만드는 법

남방에서는 죽순이 소뿔처럼 생기게 자랄 때를 기다려 껍질째 베어낸 뒤, 마디마디를 자른다. 물에다 석회를 타서 통 속에 넣고 5~6일이 지난 다음 대광주리에 담고 삶아서 익힌다. 이어서 석회를 말끔히 씻어내고 문드러지도록 찧어 고운 포대(布帒)에 담은 다음 다시 씻어 낸 후, 활척(滑滌)[126]즙 넣은 물

## 造奏本紙法

南方待竹筍如牛角時, 刌取連皮, 寸寸截之. 用水和石灰納桶中, 經五六日後, 煮熟盛於筐. 洗淨去灰, 爛擣盛細布帒, 復洗後, 和滑滌水造之.【案

---

122 강서성(江西省): 중국 중남부 양자강(揚子江) 남쪽에 있는 성.
123 천공개물(天工開物): 중국 명나라 말기의 학자 송응성(宋應星, 1587~1648?)이 지은 경험론적 산업기술서. 1637년 간행. 방적(紡績)·제지(製紙)·조선(造船)·야금(冶金) 등 여러 가지 제조기술을 그림을 곁들여 해설하고 있다.
124 《天工開物》〈殺青第十三〉 "造竹紙", 325~328쪽.
125 주본지(奏本紙): 왕에게 올리는 글을 쓰는 종이.
126 활척(滑滌): 닥풀을 가리킨 듯하다. 한지를 만들 때는 황촉규(黃蜀葵)의 뿌리즙을 사용하는데, 이를 '닥풀'이라고도 한다.
[21] 裹: 저본에는 "果".《天工開物·殺青·造竹紙》에 근거하여 수정.
[22] 邑: 저본에는 "色".《天工開物·殺青·造竹紙》에 근거하여 수정.

과 섞어 만든다. 【[안] 활척은 풀 이름이다. 뿌리와 가지를 잘게 되도록 두드린 다음 이를 물에 담가서 그 물로 아교를 만든다.】《청장관만록》[127]

滑滌, 艸名. 用根榦椎碎沈水, 以其水爲膠也.】《靑莊館漫錄》

## 4) 분지(粉牋, 쌀가루종이) 만드는 법

벗짚 고갱이 약간을 섞는데, 볏짚 약 1,000장(丈)마다 쌀가루[粉] 1근을 섞어서 만들어 내면 색이 흰 눈과 같다. 다듬이질을 하면 매끄럽고 좋다.《청장관만록》[128]

### 造粉牋法

雜用稻稭少許, 約一千丈, 用粉一斤和調造出, 則色如白雪, 擣之則滑好.《靑莊館漫錄》

## 5) 상용지(常用牋) 만드는 법

생 삼과 생 뽕나무껍질을 참나무잿물·석회수에 섞어서 김이 나도록 찐 다음 나무로 두드려 거친 껍질과 석회를 제거한다. 이를 가는 대로 엮은 광주리에 담아 깨끗이 씻어내고 곱게[129] 간 다음 활척즙 넣은 물과 섞어서 종이를 만든다.《청장관만록》[130]

### 造常用牋法

用生麻及生桑皮, 眞木灰[23]水、石灰水雜熟蒸, 就以木搥去麤皮及石灰, 盛于細竹筐, 洗淨磨[24], 和滑滌水造之.《靑莊館漫錄》

## 6) 마지(麻牋, 삼종이) 만드는 법

생 삼을 잘게 잘라서 담수(淡水)와 석회 섞은 물에 넣어 푹 찐 다음 자루에 넣어 뒤집고 문지르며 깨끗이 씻어 석회를 제거한다. 이를 맷돌에 곱게 간 후에

### 造麻牋法

用生麻細截, 淡水和石灰爛蒸, 盛於袋翻搵[25], 淨洗去灰. 以石磑細磨後, 盛

---

127 출전 확인 안 됨;《五洲衍文長箋散稿》〈人事篇〉"器用類"'文具'.
128 출전 확인 안 됨;《研經齋全集外集》卷59〈筆記類〉"蘭室譚叢"製紙法'.
129 곱게: 원문에는 없으나《五洲衍文長箋散稿·人事篇·器用類·文具》에 있는 "細"를 살려 옮겼다.
130 출전 확인 안 됨;《五洲衍文長箋散稿》〈人事篇〉"器用類"'文具'.
[23] 灰: 저본에는 "炭".《五洲衍文長箋散稿·人事篇·器用類·文具》에 근거하여 수정.
[24] 磨:《五洲衍文長箋散稿·人事篇·器用類·文具》에는 "細磨".
[25] 袋翻搵: 저본에는 "紙翻攔".《五洲衍文長箋散稿·人事篇·器用類·文具》에 근거하여 수정.

촘촘한 대광주리에 넣어 다시 깨끗하게 씻고 건져내서 나무통에 넣는다. 그런 다음 맑은 물과 섞어 종이를 만드는데, 아교는 사용하지 않는다. 《청장관만록》[131]

於比密竹筐, 更洗淨撈出, 置於木桶, 和淸水造之, 不用膠.《靑莊館漫錄》

## 7) 고경지(古經紙, 배접용종이) 만드는 법

造古經紙法

종이 100장마다 넣는 재료들의 비율로는, 찹쌀풀 5사발,

每紙百張爲率, 用漿五椀、

【풀 쑤는 법:찹쌀 5되를 하룻밤 담가서 곱게 간 다음 물 2말을 섞고 휘저어서 명주로 걸러 맑게 한다. 여기에 콩가루 1근을 넣어 다시 휘저어 고르게 한 뒤, 솥에 넣고 약한 불로 달인다. 이때 자주 휘저어 섞어주고, 풀이 끓으면 황랍(黃蠟) 0.5냥을 넣고 다시 휘젓는다. 풀이 익은 뒤에 백반(白礬) 1냥을 넣어 빨리 휘젓고, 풀이 걸쭉해지면 바로 물을 넣고 휘젓다가 농도를 잘 헤아려 거둔다. 혹여라도 솥이 작으면 나누어서 두 번에 걸쳐 달인다.】[132]

【煮漿法 : 糯米五升浸一宿 硏爛, 用水二斗調攪絹濾淨. 入豆粉一斤, 再調攪均, 下鍋慢火煎. 攪頻動, 候漿滾, 入黃蠟半兩再攪. 候熟, 入白礬一兩急攪, 如漿濃, 旋入水攪, 量稀稠收之. 恐鍋小, 分作二次煎.】

회화나무꽃즙[槐花汁] 1사발,

槐花汁一椀、

【회화나무꽃 달이는 법:꽃 0.5되씩을 그을린 황색이 되도록 볶은 다음 여기에 물 3사발을 넣고 여러 번 끓어오르도록 달인다. 색이 진해지면 백반 0.5냥을 넣는다. 조개가루 1냥을 곱게 갈아 먼저 동이에 넣고, 명주로 즙을 거르고 백반가루를 넣어 함

【煎槐花法 : 每用花半升[26]炒令焦黃色, 用水三椀煎數沸. 候色濃, 用白礬半兩. 蚌粉一兩硏碎, 先入盆內, 用絹濾汁, 入礬粉同攪

---

131 출전 확인 안 됨 ;《五洲衍文長箋散稿》〈人事篇〉 "器用類" '文具'.
132 《居家必用》戊集〈文房適用〉 "煮漿"(《居家必用事類全集》, 202~203쪽).
26 升 : 저본에는 "斤".《居家必用·文房適用·煎槐花》에 근거하여 수정.

께 휘저어 고르게 한다.】[133]

均.】

소목즙(蘇木汁) 2사발,

蘇木汁二椀,

【소목(蘇木)[134]을 양에 상관없이 두드려 부순 다음 끓는 물에 4~6시간을 담궈서 진한 색으로 달인다. 그 다음 백반을 넣고 걸러서 동이에 넣은 후 휘젓는다.】[135]

【蘇木不拘多少搥碎, 用沸湯浸三兩時, 煎濃色, 次加白礬濾入盆攪.】

먹물 0.5사발을 쓴다. 쑤어 놓은 풀 색의 농도와 조화를 이룰 수 있도록 용량을 잘 가감하여 사용한다. 이 종이는 빛이 돌게 두드려 만들어도 단지 문서를 배접하고 꾸미는 데만 사용할 수 있을 뿐이다. 《거가필용》[136]

墨水半椀[27], 調和顏色深淺, 加減用之. 此紙造就搥光, 只可裝褙文書. 《居家必用》

## 8) 송전(宋箋)[137]에 물들이는 법

造宋箋色法

황백(黃柏) 1근을 잘게 두드려 물 4되를 넣고 하루 밤낮을 담그어 둔다. 이 물을 달이다가 2되가 되면 그친다. 상두자(橡斗子, 상수리) 1되를 쓸 때는 위의 방법과 같이 물에 달인다. 붉은 염료인 연지 5전을 쓸 때는 색이 깊어야 빼어난다. 끓인 물 4사발에 연지를 담갔다가 짜서 홍색을 만들어 낸다.

黃柏一斤搥碎, 用水四升浸一伏時, 煎熬至二升止. 聽用橡斗子一升, 如上法煎水. 聽用胭脂五錢, 深者方妙. 用湯四碗, 浸榨出紅.

위의 3가지 약미를 각각 짙은 즙으로 만들고 각

三味各成濃汁, 用大盆盛

---

133 《居家必用》戊集〈文房適用〉"煎槐花"《居家必用事類全集》, 203쪽).

134 소목(蘇木): 콩과에 속하는 상록 교목. 행혈(行血)·지혈(止血)·소종(消腫) 등의 효능이 있어서 한방에서는 심재(心材)를 약재로 사용했으며, 염료로도 쓰였다.

135 《居家必用》戊集〈文房適用〉"煎蘇木"《居家必用事類全集》, 203쪽).

136 《居家必用》戊集〈文房適用〉"造古經紙法"《居家必用事類全集》, 202쪽).

137 송전(宋箋): 송나라의 전지(箋紙). 전지는 비교적 작은 종이에 여러 가지 색을 물들이고 식물·동물·곤충·괴석 등의 문양을 넣어 편지나 시문을 기록하는 용도로 사용했다. 징심당지(澄心堂紙)가 유명하다.

[27] 椀: 저본에는 없음. 규장각본·《居家必用·文房適用·造古經紙法》에 근거하여 보충.

각 큰 동이에 즙을 담는다. 관음발[觀音簾][138] 1개마다 질기고 두꺼운 종이 1장씩 올린 다음 먼저 황백즙을 1번 통과시키고, 그 뒤에는 상두자즙을 1번 통과시키며, 다시 연지즙을 1번 통과시킨다. 다시 색의 농담을 보아가며 앞의 즙을 가감한 뒤에, 1장씩 햇볕에 쪼여 말린다. 《쾌설당만록(快雪堂漫錄)[139]》[140]

汁. 每用觀音簾堅厚紙, 先用黃柏汁拖過一次, 後以橡斗汁拖一次, 再以胭脂汁拖一次, 更看深淺加減, 逐張晾乾. 《快雪堂漫錄》

## 9) 여러 색종이 만드는 법

造諸色牋法

오색종이(오색전) 만드는 법 : 반드시 두텁고 실하여 옮기거나 뒤집어도 견딜 수 있는 종이를 고른다. 만약 흰 종이를 만들려면 반드시 색이 밝은 종이를 골라야 한다. 30장마다 앞의 방법대로 풀을 쑨 다음【안 풀을 쑤는 법은 위의 '고경지(古經紙, 배접용종이) 만드는 법'에 보인다.】 연분(鉛粉)·은분(銀粉)·백석분(白石粉)을 넣고 곱게 가루 내어 고루 간다. 그런 뒤에 먼저 겉면에 색을 바르고 다 마르면 안쪽 면에 색을 바른다. 종이가 모두 마르면 굴대 위에 놓고 두드려서【안 두드리는 법은 아래의 다음 항목에 보인다】 그물무늬를 만들거나, 문질러서 꽃 모양을 만든다. 《거가필용》[141]

造五色牋法 : 須揀厚實柰騰倒紙, 如白牋須揀白者. 每三十張用前法煮漿,【案 煮漿法見上古經紙法】入鉛粉、銀粉、白石粉, 爲細末, 研均, 先刷表面, 候乾刷裏面. 乾則上軸搥【案 搥法見下】羅紋, 或研[28]花樣. 《居家必用》

138 관음발[觀音簾] : 종이를 올려놓고 물을 들이는 발의 일종으로 보이나, 자세한 사항은 확인되지 않는다.

139 쾌설당만록(快雪堂漫錄) : 중국 명(明)나라 풍몽정(馮夢禎, 1548~1605)이 지은 책으로, 보고 들은 다양한 이야기, 술과 차를 만들고 보관하는 법, 인주·색종이 만드는 법 등을 기록했다.

140 출전 확인 안 됨 ; 《遵生八箋》卷15 〈燕閑清賞箋〉 "論紙" '染宋箋色法'(《遵生八箋校注》, 577쪽).

141 《居家必用》〈戊集〉 "文房適用" '造五色牋法'(《居家必用事類全集》, 203쪽).

[28] 研 : 저본에는 "砑". 《居家必用·戊集·文房適用》에 근거하여 수정.

육홍(肉紅)[142]색종이(육홍전) : 소목즙에, 자줏빛을 띠는 꽃 조금, 황단 1줌을 더한 다음 은분을 넣고 풀을 쑤어 고루 섞는다. 이때 색이 연해야 좋다. 종이에 색을 바르고 두드리는 법은 앞의 오색전(五色牋) 만드는 법과 같다. 《거가필용》[143]

아황(鵝黃)색종이(아황전) : 회화나무꽃 1냥을 검붉은 색을 띨 때까지 볶고, 찬물 1주발에 달여 즙을 낸다. 여기에 은분을 넣고 풀을 쑤어 고루 섞는다. 이때 종이의 색이 옅어야 좋다. 앞의 방법처럼 바르고 두드린다. 《거가필용》[144]

분청(粉靑)색종이(분청전) : 천수벽(天水碧)색[145]과 같다. 청대[146] 1근을 깨끗하게 일고 맑게 가라앉혀 재

肉紅牋 : 用蘇木汁加紫花少許、黃丹一捻, 入銀粉, 煮漿調均, 色淡爲佳, 刷紙搥法同前. 同上

鵝黃牋 : 槐花一兩炒焦赤色, 以冷水一椀烹汁, 入銀粉, 煮漿調均, 色淺爲佳. 刷搥如法. 同上

粉靑牋 : 與天水碧顏色同. 用靛一斤淘淨, 澄去灰. 入

청대

---

142 육홍(肉紅) : 살색과 비슷한 홍색.
143 《居家必用》 〈戊集〉 "文房適用" '肉紅牋'(《居家必用事類全集》, 203쪽).
144 《居家必用》 〈戊集〉 "文房適用" '鵝黃牋'(《居家必用事類全集》, 203~204쪽).
145 천수벽(天水碧)색 : 엷은 청색으로, 중국 남당(南唐) 후주가 궁녀들의 옷을 이 색으로 염색했다고 전해진다.
146 청대 : 쪽잎을 발효시켜 만든 가루. 푸른 물감의 원료이다.

를 제거한다. 여기에 은분을 넣어 풀을 쑤고 고루 섞는데, 이때 색이 연해야 좋다. 앞의 방법처럼 바르고 두드린다. 《거가필용》[147]

銀粉, 煮漿調均, 色淡爲佳. 刷搋如法. 同上

옅은구름색종이(천운전):회화나무꽃즙·청대즙을 고루 섞고 안료의 농도를 보아가며 은분을 넣고 풀을 쑤어 고루 섞는다. 이를 앞의 방법처럼 바르고 두드린다. 《거가필용》[148]

淺雲牋:用槐花汁, 靛汁調均, 看顔色淺深, 入銀粉, 煮漿調均, 刷搋如法. 同上

종이에 금색 꽃무늬 만드는 법:운모(雲母)[149]【1냥】·염초(焰硝)[150]【2돈. 이상의 재료를 모두 함께 갈아 가루 낸 뒤, 비단주머니에 담아 풀물 안에서 주무르고, 가루는 따로 둔다.】·울금【3개】·치자【10개】·회화나무꽃【3돈을 붉은색을 띠도록 볶은 것】. 이상의 재료들을 함께 갈아 가루 낸 뒤, 물 1주발에 넣고 진하게 달인다. 여기에 백반·명교(明膠, 투명한 아교) 약간을 넣고 운모·염초가루와 자황·웅황가루 1냥을 섞는다. 이 물감을 꽃모양틀에 묻혀서 꽃 모양을 종이에 찍어낸 다음 광택이 날 때까지 종이를 문지른다. 《거가필용》[151]

造牋上金花法:雲母【一兩】、焰硝【二錢. 竝上件同研爲末, 絹袋盛漿水內揉, 爲粉另置.】、鬱金【三箇】、梔子【十箇】、槐花【三錢炒赤色】. 右件同研爲末, 以水一椀煎令濃, 入白礬、明膠少許, 調雲母、焰硝粉, 并雌黃、雄黃末一兩, 印作花樣, 研[29]光爲度. 同上

147 《居家必用》〈戊集〉 "文房適用" '粉靑牋', 《居家必用事類全集》, 204쪽).
148 《居家必用》〈戊集〉 "文房適用" 淺雲牋, 《居家必用事類全集》, 204쪽).
149 운모(雲母):석영·장석과 함께 화강암을 구성하는 조암광물로, 돌비늘이라고도 한다. 층상 구조를 가지며, 보통은 육각판상의 결정형이다. 완전한 쪼개짐이 있어서 아주 얇게 벗겨진다.
150 염초(焰硝):질산칼륨의 옛말.
151 《居家必用》〈戊集〉 "文房適用" '造牋上金花法'《居家必用事類全集》, 204쪽).
29 硏:저본에는 "砑". 《居家必用·戊集·文房適用》에 근거하여 수정.

직청(直靑)[152]색종이(직청지) 만드는 법 : 아아청(鵝兒靑)[153]【2냥】, 요사(硇砂)[154]·담반(膽礬)[155]·연분(鉛粉)[156]【각 1돈】. 이상의 재료들을 가루 낸 뒤, 조각·명교를 섞은 즙으로 종이를 염색한다.《거가필용》[157]

造直靑紙法 : 鵝兒靑【二兩】、硇砂·膽礬·鉛粉【各一錢】. 右件爲末, 以皁角、明膠調汁染之. 同上

접시꽃색종이(규전) 만드는 법 : 5~6월에 접시꽃 이파리를 이슬과 합하여 딴 다음 흐물흐물하게 찧어 즙을 낸다. 여기에 어린 백록지(白鹿紙) 가운데 튼튼하고 두꺼운 것을 층층이 접시꽃즙에 넣은 뒤, 운모【고운 가루】·명반【아주 조금】을 약간 넣어 고루 섞고, 큰 동이 속에 담는다. 종이를 여기에 넣고 염색한 다음 걸어놓고 말린다. 간혹 이 종이를 문질러 꽃무늬를 만들기도 하고, 무늬 없이 쓰기도 한다. 종이의 색은 녹색을 띠어 사람의 마음에 드는 데다가 접시꽃이 해를 향하려 하듯이 은자가 해를 향하려 하는 은미한 뜻까지 품고 있다.《쾌설당만록》[158]

造葵箋法 : 五、六月, 戎葵葉和露摘下, 擣爛取汁, 用孩兒白鹿堅厚者, 裁段葵汁內, 稍投雲母【細粉】、明礬【些少】和均, 盛大盆中, 用紙拖染, 挂乾. 或用以硏花, 或就素用. 其色綠可人, 且抱野人傾葵, 微意.《快雪堂漫錄》

금·은의 꽃무늬 찍어낸 종이(금인화전·은인화전) 만드는 법 : 운모가루를 창출(蒼朮)[159]·생강·등초와 함께 1일 동안 달인 다음 이를 베로 감싸서 주물러 씻고, 다시 비단으로 감싸서 주무르면서 씻는다. 이때

造金、銀印花牋法 : 用雲母粉, 同蒼朮、生薑、燈草煮一日, 用布包揉洗, 用絹包揉洗, 愈揉愈細, 以絕細

---

152 직청(直靑) : 검정색에 가까운 청색
153 아아청(鵝兒靑) : 미상. 검푸른 색을 띠는 염료로 추정된다.
154 요사(硇砂) : 염화암모늄을 주성분으로 하는 광석이다. 맛은 맵고 시고 짜며 성질은 따뜻하고 독이 있다.
155 담반(膽礬) : 황산동을 주성분으로 하는 광석. 맛은 시고 매우며 성질은 차다.
156 연분(鉛粉) : 납을 가공하여 만든 염기성 탄산연으로, 맛은 맵고 성질은 차며 독이 있다.
157《居家必用》〈戊集〉"文房適用"'造直靑紙法'(《居家必用事類全集》, 204쪽).
158 출전 확인 안 됨 ;《遵生八牋》卷15〈燕閑淸賞牋〉中 "論紙"'造葵牋法'(《遵生八牋校注》, 577쪽).
159 창출(蒼朮) : 국화과에 속하는 여러해살이 초본식물인 삽주의 뿌리줄기.

더욱 많이 문지를수록 입자가 더욱 곱게 되는데, 입자가 아주 고와야 좋다. 염료를 모을 때는 면지(綿紙)160를 여러 층으로 겹쳐 재 항아리 위에 두고서, 운모가루와 즙을 이 종이에 부어 가루가 종이 위에 남게 되면 햇볕을 쪼여 말린다.

오색종이를 준비해두고, 각 종류의 꽃판을 평평하게 놓은 다음 백급(白芨)161을 말린 가루와 섞어 꽃판에 바른다. 이어서 이 꽃판에 종이를 뒤집어 엎고 꽃무늬를 종이에 찍는다. 이때 거듭 인쇄하면 안 되니, 꽃이 일어나려 하기 때문이다.162 이렇게 인쇄하면 은을 녹여 만든 듯한 꽃무늬가 된다.

爲佳. 收時以綿紙數層, 置灰缸30上, 傾粉汁在上, 晾乾.

用五色箋, 將各色花板平放, 次用白芨調粉31, 刷上花板, 覆紙印花紙上, 不可重搨, 欲其花起故耳. 印成花如銷銀.

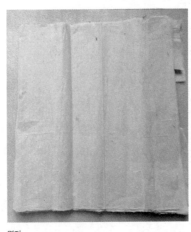

면지

---

160 면지(綿紙) : 닥나무 껍질과 죽마를 넣고 만든 종이. 세로로 찢으면 실처럼 가느다란 가닥이 되어 면지라 했다.
161 백급(白芨) : 자란의 뿌리줄기를 말린 것. 한약재로도 쓰였다.
162 꽃이……때문이다 : 꽃판에 묻은 염료가 적어서 종이에 인쇄가 선명하게 되지 않는다는 의미인 듯하다.
30 缸 : 저본에는 "矼". 《遵生八牋·燕閑淸賞牋·論紙》에 근거하여 수정.
31 粉 : 저본에는 "均". 《遵生八牋·燕閑淸賞牋·論紙》에 근거하여 수정.

만약 강황 달인 즙을 써서 백급과 함께 물에 염료가루를 섞고 이를 꽃판에 발라 무늬를 종이에 찍으면 금을 녹여 만든 듯한 꽃무늬가 된다. 이 2가지 방법을 쓰면 또한 대부분 우아한 풍취가 난다.《쾌설당만록》[163]

若用薑黃煎汁, 同白芨水調粉, 刷板印之, 花如銷金. 二法亦多雅趣. 同上

송화색종이(송화전) 만드는 법: 회화나무꽃 0.5승을 붉은색이 되도록 볶은 다음 찬물 3사발에 달여 즙을 낸다. 운모가루 1냥과 명반 5돈을 곱게 갈아 먼저 동이 안에 넣어둔다. 회화나무꽃즙이 누렇게 끓어오르면 비단으로 거른 다음 동이 속에 넣고 고루 젓는다. 여기에 종이를 물들였을 때 색이 연하고 좋다.

문방구로 쓰는 종이는 이 외에도 여러 색이 있지만, 모두 갖추어 둘 만한 품질은 아니다.《쾌설당만록》[164]

造松花牋法：槐花半升炒焦赤, 冷水三碗煎汁. 用銀母粉一兩, 礬五錢研細, 先入盆內. 將黃汁煎起, 用絹濾過, 方入盆中攪均, 拖紙以淡爲佳.

文房用牋, 外此數色, 皆不足備. 同上

주사(硃砂)색종이(주사전) 만드는 법: 질 좋은 종이 1필을 고른 다음 6/10은 아교를, 4/10는 명반을 섞은 즙을 종이 위에 1번 바른다. 주사를 맑은 물에서 매우 곱게 갈아 앙금을 깨끗하게 가라앉힌 다음 수면 위의 황색 부유물을 제거하면 주사의 현탁액(懸濁液)이 된다. 이 주사 현탁액을 건조시켜 주사 가루로 만든 뒤에 맑은 명반물을 1번 더한다.【이때 명반은 조금을 강물로 거품을 내면서 녹인다.】. 그런

造硃砂箋法：選上好疋紙, 用六分膠, 四分礬, 上過一道. 將硃砂研極細於淸水內, 淀淨, 去水面上黃色者, 爲標倣脚地. 乾後, 上淸礬水一道【礬用少許, 滾水泡化】, 後將硃砂紫脚罩上一層, 又上淸礬水一道

---

163 출전 확인 안 됨 ;《遵生八牋》卷15〈燕閒淸賞牋〉中"論紙"'造金銀印花牋法'(《遵生八牋校注》, 578쪽).
164 출전 확인 안 됨 ;《遵生八牋》卷15〈燕閒淸賞牋〉中"論紙"'造松花牋法'(《遵生八牋校注》, 578쪽).

뒤에 자줏빛을 띠는 주사 현탁액을 종이에 한 층 바른다. 또 다른 주사 가루에는 맑은 명반물을 앞의 방법처럼 1번 더한다. 종이가 마르면 다시 매우 붉은빛을 띠는 주사 현탁액을 종이에 한 층 바른다. 주사 현탁액이 마르면 맑은 명반물을 앞의 방법처럼 1번 더한다. 매번 작업할 때 대략 주사 1냥 남짓씩 사용하는데, 이때 주사의 자줏빛이 연지처럼 연한 색을 띠도록 해야 한다. 《고금비원》165

홍주(紅朱)색종이(홍주전) 만드는 법:질 좋고 깨끗한 흰 면지를 골라 바닥에 깔고, 먼저 그 위에 아교와 명반 섞은 즙을 1번 바르는데, 그 비율은 아교는 7/10, 명반은 3/10으로 한다. 다시 그 위에 긴병꽃풀166을 1번 바르고【긴병꽃풀은 반드시 자흑색을 띤 것을 매우 곱게 간 다음 아교물에 넣고 다시 매우 곱게 간다.】, 또 그 위에 깨끗한 명반물을 1번 바른다【이때 명반은 조금을 강물로 거품을 내면서 녹인다.】. 그런 뒤에 그 위에 은주를 1번 바른다【은주는 반드시 소리가 나지 않을 정도로 매우 곱게 갈아야 비로소 쓸 수 있다.】.

바른 은주가 조금 눅눅한 기운을 띨 때, 금박 적은 양을 체로 쳐서 은주에 골고루 뿌려지게 하고 잠

如前, 候乾, 再將硃砂極紅者罩上一層, 候乾, 上清礬水一道如前, 每對約用砂一兩餘, 要紫色淡淡如胭脂. 《古今秘苑》

造紅朱箋法:選上好潔白綿紙作底, 先上膠、礬一道, 膠七分、礬三分. 再上血丹一道.【丹須紫黑色研極細, 入膠水, 再研極細.】又上清礬水一道.【礬用少許, 滾水泡化.】然後上銀硃一道.【硃須32研極細無聲, 方可用.】

帶微潤33, 篩金箔34少, 候片刻, 隔紙將金壓平, 仍蓋

---

165 《古今秘苑》 2集 卷2 〈造硃砂箋法〉(《古今秘苑》, 2쪽).

166 긴병꽃풀: 동북아시아 지역에 사는 여러해살이풀. 꽃은 자주색이며, 잎의 뒷면이 자흑색을 띤다. 전체를 한약재로 쓴다. 금전초(金錢草)·혈단(血丹)이라고도 한다.

32 須:저본에는 "雖".《古今秘苑·造紅朱箋法》에 근거하여 수정.

33 潤:《古今秘苑·造紅朱箋法》에는 "潮".

34 箔:《古今秘苑·造紅朱箋法》에는 "泊".

긴병꽃풀(국립수목원)

깐 동안 기다린다. 그 뒤에는 뿌려진 금박 위에 종이를 대고 금박을 평평하게 누른 다음 댄 종이를 제거하고 곧바로 맑은 명반물을 1번 발라 덮는다【이때 물은 반드시 강물 가운데 색이 밝고 깨끗한 것을 써야 하며, 우물물은 쓰면 안 된다.】. 종이 위에 명반물을 1번 바를 때마다 반드시 완전히 마른 뒤에 조금을 발라야 하고, 다 바른 뒤에는 그늘진 땅 위에 잠시 동안 놓아두면 종이가 물러지거나 갈라지지 않는다. 《고금비원》167

금색종이(금전) 만드는 법:질 좋은, 부채 만드는 종이를 골라 종이 위에 아교와 명반 섞은 즙을 앞의

淸礬水一道.【水須河水, 顔色明淨, 井水不可用.】每上一道, 須俟乾透纏上, 上畢置陰處土地上片刻, 則紙不脆裂. 同上

造金箋法:選上好扇料紙, 上膠、礬一道如前法. 然後

---

167 《古今秘苑》 2集 卷2 〈造紅朱箋法〉(《古今秘苑》, 2쪽).

금색종이 부채

방법대로 1번 바른다. 그런 뒤에 그 위에 질 좋고 수비한 금박을 한 곳에 얄팍하게 쌓아 놓고, 금박을 하나하나 뒤집은 다음 금박이 습기를 머금어 눅눅한 기운을 띠면, 종이 위에서 종이의 본래 색이 보이지 않을 때까지 여러 차례 체로 친다. 그 위에 종이를 대고 금박을 평평해지도록 누른 다음 댄 종이를 제거하고 맑은 명반물을 1번 발라 덮는다. 《고금비원》[168]

분전(粉箋, 쌀가루 입힌 종이) 만드는 법:먼저 종이 위에 아교와 명반 섞은 즙을 1번 바르는데, 이는 어느 색종이를 만들 때나 하는 일정한 방법이다. 그런 뒤에 어떤 색을 쓸지 색을 배정하고 매우 곱게 간 쌀가루를 염료에 넣은 다음 진한 아교를 섞어 다시 갈고, 이를 붓에 찍어 종이에 발라서 문지른다. 다 마르면

以上好飛金輕輕堆在一處, 將金箇倒轉, 用氣吸入, 帶潤, 頻頻篩之, 以不見紙色爲度. 隔紙將金壓平, 蓋淸礬水一道. 同上

造粉箋法：先上膠、礬一道, 此一定之理也. 然後配定顏色, 入粉研極細, 和濃膠重研, 蘸刷. 俟乾, 蓋淸礬水一道, 以蠟打光, 以綿揩擦. 同上

---

168《古今秘苑》2集 卷2 〈造金箋法〉(《古今秘苑》, 2쪽).

맑은 명반물을 1번 발라 덮은 다음 밀랍으로 광택
을 내고 솜으로 닦아 문지른다. 《고금비원》[169]

분전을 두드리면 모두 화려하고 아름답지만, 쌀
가루가 성글면 글씨를 쓸 때 붓이 꺼끌꺼끌해지고
매끄러우면 먹물이 마를 수 없다. 분전을 오랫동안
보관하면 쌀가루가 변질되어 글씨를 써 놓은 먹이
떨어져 나간다. 또 종이를 거두어 접어두기 불편하
니, 접어둔 지 오래되면 가로로 찢어지기 때문이다.
근래에는 점차 분전 대신 질기면서 순백색을 띤 깨
끗한 종이를 긴요하게 사용한다.

捶粉箋儘華美, 然粉疏則
澁筆, 滑則不能燥墨. 藏
久則粉渝而墨脫, 不便收
摺, 摺久衡裂. 近稍用緊白
純淨者.

무릇 분전은 옛날에는 질박했지만 지금은 화려
하다. 근래에 세속에서 좋아하는 종이는 대부분 화
려하니, 오직 흰 비단을 사용하는 사람만이 조금이
나마 옛날의 질박함으로 돌아갈 수 있다. 《청서필담
(淸暑筆談)[170]》[171]

夫物古質而今媚, 近來俗
好多媚, 惟所用縑素稍還
古質. 《淸暑筆談[35]》

탄호전(彈毫箋)[172]은 옛날에는 그 제도가 없었고,
나로부터 새로 시작되었다. 대개 예로부터 사람들은
가루를 묻힌 붓을 튕겨서 흰 눈을 그리는 방법에 마
음을 두었다. 분지나 기타 깨끗하면서도 빳아서 만

彈毫箋, 古無其制, 自余創
之, 而蓋從古人彈粉筆畫
雪之遺意也. 用粉帋, 或
他潔淨不硾帋, 裁作小箋.

---

169 《古今秘苑》 2集 卷2 〈造粉箋法〉 (《古今秘苑》, 2쪽).

170 청서필담(淸暑筆談) : 중국 명나라의 문인 육수성(陸樹聲, 1509~1605)이 지은 수필집.

171 《淸暑筆談》 (《叢書集成初編》 2915, 4쪽).

172 탄호전(彈毫箋) : 이덕무가 만든 종이로, 분전이나 기름종이의 바탕에 그림을 그려두고, 그 안에 시(詩)나
편지를 적기 위해 사용한 종이. 이름에는 붓털을 튕겨[彈毫] 만들었다는 의미가 담겨 있다.

[35] 筆談 : 저본에는 "錄話". 대본 출전에 근거하여 수정. 《청서록화》라는 책은 조사해도 찾을 수 없고, 본문의
내용은 《청서필담》에 나온다. "淸暑錄話"는 섭몽득(葉夢得)의 《피서록화(避暑錄話)》와 혼동한 결과로 추
정되므로 출전을 수정한다.

들지 않은 종이를 잘라서 작은 종이로 만든다. 또 두꺼운 기름종이를 쓰기도 하는데, 이 종이는 민간에서 말하는 '유둔(油芚)[173]'이다. 유둔에 마음먹은 대로 난초·대나무를 그린다. 난초는 전체 줄기를 그리고 대나무는 잎을 따서 줄기만 남은 모양을 그린다. 그림을 양각으로 볼록하게 올라오게도 하고, 음각으로 우묵하게 들어가게도 한다. 이런 그림을 지면에 흩어서 배치할 때는 올바른 방위를 잃지 않도록 하고 우아하게 배치되기를 기약한다.

又以厚油紙, 俗所謂"油芚", 隨意畫蘭、竹, 蘭則全莖, 竹則摘葉. 陽陰刻, 散置紙面, 不失方位, 期於爾雅.

채색 염료로는 연지·진주(眞硃)[174]·웅황·청대·녹색을 쓴다. 녹색은 청대와 등황(藤黃)[175]을 섞어서 색을 낸다. 등황은 곧 민간에서 말하는 '추황(槌黃)[176]'이다.

彩用臙脂、眞硃、雄黃、靛、綠, 綠則和靛與藤黃, 卽俗所謂"槌黃"也.

망가져 못쓰는 붓을 뾰족하게 다듬어 채색 염료에 조금만 담그는데, 농도가 진한 즙에 담그는 것을 가장 금한다. 이때 왼손으로는 작은 칼을 잡고 오른손으로는 붓을 잡은 다음, 기름종이에 대고 붓을 칼등으로 두드린다. 위아래와 사방으로 옮기면서 알맞은 곳을 따라 붓을 튕기면 잎·꽃·줄기·가지가 음각이나 양각으로 모양이 뚜렷이 드러나니, 감상할 만하다. 간혹 종이를 잘라 붙여서 구름이 비늘처럼 차례차례 이어진 모양을 만든 뒤에, 앞의 방법대로 붓을 튕기면 채색 염료가 중첩되어서 구름이 뭉게뭉

敗筆截尖, 醮彩汁略些, 最忌濃醮. 左手持刀子, 右手持筆, 臨于油紙, 筆扣刀背. 上下四方隨宜彈之, 則葉、華、莖、枝, 或陰或陽, 較然可玩. 或剪紙, 作雲頭鱗次, 依前法彈之, 層疊蓬勃蓊然, 有萬重之勢. 《寒竹堂涉筆》

---

173 유둔(油芚): 비를 막으려고 이어붙인 두꺼운 기름종이.
174 진주(眞硃): 여러 차례 수비하여 입자가 매우 고운 주사.
175 등황(藤黃): 등황나무 줄기에서 추출한 덩어리. 물에 넣어 으깨면 노란색 염료가 된다.
176 추황(槌黃): 미상.

게 피어오르는 모양이 되니, 수많은 겹의 형세가 생
기는 것이다. 《한죽당섭필(寒竹堂涉筆)177》178

## 10) 종이 두드리는 법

종이 100장마다 1석으로 삼아 두드린다. 이때 말
린 종이 10장 단위마다 물을 뿌려 축축해진 종이 1
장을 그 위에 겹친다. 이와 같이 거듭 겹쳐서 올라
가면 100장을 1타(垜, 더미)로 만들고, 평평하고 네모
난 탁자 위에 놓는다. 다시 평평한 널빤지를 종이 더
미 위에 두어 누르고 다시 큰 돌로 널빤지를 눌러놓
는다. 24시간이 지나면 위아래의 습도가 모두 균일
해질 것이다. 이어서 이 종이를 다듬잇돌 위에 올리
고 200~300번 고루 두드리면 종이가 모두 튼실해
진다.

종이 100장을 두드린 다음에는 그 가운데에서
종이 50장을 햇볕을 쏘여 말린다. 그리고 바로 축축
한 종이 50장과 함께 마른 종이를 서로 교차하여 겹
쳐놓고서 다시 종이를 200~300번 고루 두드린다.
이 100장 중에서 위와 같이 다시 50장을 햇볕을 쏘
이고 마르면 또 마른 종이와 축축한 종이를 겹친다.
이와 같이 3~4번 하여 1장도 서로 달라붙지 않을

### 搥紙法

每紙百張作一石搥之, 每
乾紙十張, 水[36]灑濕一張
杳上. 如此重疊杳起, 以百
張作一垜, 放平正卓案上,
又以平面板壓在上, 以大
石壓之. 經一伏時, 上下乾
濕皆均矣. 於搥帛石上均
搥二、三百下, 皆着實.

於百張內將五十張曬乾,
却與濕者五十張, 乾濕相
間杳了, 再均搥三、二百下,
依上再[37]曬一半, 候乾, 又
乾濕杳了. 如此三、四次,
直至無一張沾粘爲度, 再
以五、七張一[38]次到下搥

---

177 한죽당섭필(寒竹堂涉筆) : 이덕무(李德懋)가 함양군(咸陽郡) 사근역(沙斤驛) 찰방(察訪)으로 부임했을 때
　　경상도 지역의 명승·인물·풍속 등을 기록한 책. 《청장관전서(靑莊館全書)》에 수록되어 있으나 《청장관전
　　서》에는 본문의 내용이 확인되지 않는다.

178 출전 확인 안 됨.

[36] 水 : 《居家必用·戊集·文房適用》에는 "外".

[37] 再 : 저본에는 "止". 《居家必用·戊集·文房適用》에 근거하여 수정.

[38] 五七張一 : 저본에는 "石碾三五". 《居家必用·戊集·文房適用》에 근거하여 수정.

때까지 한다. 다시 5~7장씩을 한 차례 고루 두드려서 아래로 내리고 기름종이처럼 광택이 나고 매끄러워지고서야 그친다. 이 방법은 오로지 종이를 두드린 뒤 들추어내어 마른 종이와 축축한 종이를 바꾸는 기술에 달려 있기 때문에, 손으로 균등하게 다루는 법에 힘써야 한다. 《거가필용》[179]

추백지(搥白紙)[180] 만드는 법 : 황규화(黃葵花)[181] 뿌리를 찧어 즙을 내고, 물 1큰사발마다 이 즙을 1~2술씩 넣고 고루 젓는다. 이 액체를 쓰면 종이가 달라붙지 않고 매끄럽다. 하지만 만약 뿌리즙을 많이 쓰면 도리어 달라붙어 좋지 않다.

종이 10폭(장)을 겹쳐놓고는 맨 위의 1폭 종이에 축축하게 황규화 즙을 바른 다음 그 위에 다시 마른 종이 10폭을 더한다. 이런 식으로 겹친 종이가 100폭이 되어도 지장이 없다. 종이가 두꺼우면 7~8장마다 서로 간격을 두고, 얇으면 10장보다 많이 겹쳐도 무방하다.

그 위에 두꺼운 널빤지나 돌로 종이를 눌러둔 다음 하룻밤 지나 겹쳐둔 종이를 하나하나 들어내면 모두 습기가 배어들어 있을 것이다. 이때 종이가 축축하면 햇볕에 말리고, 그렇지 않으면 돌 위에 평평

均, 直至光滑如油紙方止[39].
此法全在搥擣揭換工夫,
務要手均爲法.《居家必用》

搥白紙法 : 取黃葵花根擣
汁, 每水一大碗, 入汁一二
匙攪均, 用此令紙不粘而
滑也, 如根汁用多, 則反粘
不妙.

用紙十幅, 將上一幅刷濕,
又加乾紙十幅, 累至百幅
無礙. 紙厚, 以七八張相
隔, 薄則多用不妨.

用厚板、石壓紙, 過一宿揭
起, 俱潤透矣. 濕則晾乾,
否則平鋪石上, 用打紙鎚[40]
敲千餘下, 揭開晾十分乾.

---

179 《居家必用》〈戊集〉 "文房適用" '搥紙法'(《居家必用事類全集》, 203쪽).
180 추백지(搥白紙) : 황규화(黃葵花)의 즙을 바르고 두드려 만든, 매끄럽고 광택이 있는 종이.
181 황규화(黃葵花) : 금규(錦葵, 당아욱)과 식물. 여름에 꽃이 피는데, 연노랑색이며 접시꽃과 비슷한 모양이다. 난산이나 소변이 잘 통하지 않는 데 약으로 쓰인다.
[39] 方止 : 저본에는 "一樣".《居家必用·戊集·文房適用》에 근거하여 수정.
[40] 鎚 :《遵生八牋·燕閑淸賞牋·論紙》에는 "槌".

하게 펼쳐 놓고 1,000여 번 망치로 두드린 다음 낱장을 걷어내서 햇볕에 완전히 말린다. 그런 다음 다시 종이를 겹쳐서 하룻밤 눌러 놓고 또 1,000여 번 두드려 광택이 나게 하되, 납전(蠟牋)[182]과 서로 비슷해져야 비로소 빼어난 종이가 된다. 《쾌설당만록》[183]

再疊壓一宿, 又搥千餘搥, 令發光, 與蠟牋相似方妙. 《快雪堂漫錄》

## 11) 우리나라 종이의 품등

東國紙品

송(宋)나라 사람이 여러 나라의 종이 품등을 논할 때 반드시 고려(高麗)의 종이를 상품으로 쳤다. 이는 단지 당시에 조공한 종이를 보고 그렇게 여긴 것이다. 지금 조지서(造紙署)[184]의 자문지(咨文紙)[185], 평강(平康)[186]의 설화지(雪花紙)[187], 전주와 남원의 선자지(扇子紙)[188]·간장지(簡壯紙)[189]·기름먹인 종이·유둔(油芚)[190] 같은 종이는 진실로 천하의 희귀한 것이고, 태지(苔紙)[191]·죽청지(竹淸紙)[192]는 더욱 좋고 빼어나다. 다만 우리나라의 풍속은 질박한 것을 숭상하여 종이의 외관이 중국 종이의 화려함만 못하다. 《고사

宋人論諸國紙品, 必以高麗紙爲上, 此特見當時貢幣之紙而云然也. 若今造紙署之咨文紙、平康之雪花紙、全州·南原之扇子紙·簡壯紙·注油紙·油芚, 實天下之所稀, 有苔紙、竹淸紙, 尤爲佳絶. 但東俗尙質, 紙名不若中華之文飾. 《攷事十二集》

---

182 납전(蠟牋): 벌집을 끓여 짜낸 기름을 바른 종이. 서예가들이 글씨를 쓸 때 많이 사용했다.

183 《遵生八牋》卷15〈燕閑淸賞牋〉中 "論紙"'造槌白紙法'(《遵生八牋校注》, 577~578쪽).

184 조지서(造紙署): 조선시대에 종이 제작을 담당했던 종6품 아문으로, 태종 15년(1415)에 설치되어 고종 19년(1882)에 폐지되었다.

185 자문지(咨文紙): 중국에 보내는 외교문서에 쓰는 종이로, 두껍고 단단했다.

186 평강(平康): 북한의 강원도 평강군 일대.

187 설화지(雪花紙): 강원도 평강에서 나던 종이로, 색이 눈처럼 하얘서 붙여진 이름. 원재료는 뽕나무이고 이를 표백하여 만든다. 사료(史料)에 그림을 모사할 때 쓰인 기록이 있는 것으로 보아 매우 얇은 종이임을 알 수 있다.

188 선자지(扇子紙): 부채나 연을 만드는 데 쓰는 종이로, 질기고 단단하다.

189 간장지(簡壯紙): 편지를 보낼 때 쓰는 종이로, 두껍고 질기다.

190 유둔(油芚): 비 올 때 쓰기 위하여 기름을 먹여 두껍게 이어 붙인 종이.

191 태지(苔紙): 가는 털과 같은 이끼를 섞어서 뜬 종이로, 매우 질기다.

192 죽청지(竹淸紙): 얇고 질긴 종이로, 색이 푸르스름하다.

종이는 먹빛을 잘 받고 붓의 움직임을 잘 받아들이는 것을 귀하게 여기고, 단단하고 질겨서 찢어지지 않는 성질을 굳이 덕목으로 여기지는 않는다. 서위(徐渭)194가 "고려의 종이는 그림에 적합하지 않고, 오직 전후지(錢厚紙)195만 조금 좋다."라 했으니, 좋다고 보지 않은 것이 이와 같다.

종이를 찧지 않으면 붓의 털이 거칠어져 글씨를 쓰기 어렵다. 지나치게 많이 찧으면 지면이 매우 단단해지기 때문에 미끄러워 붓이 머무르지 못하며 단단해서 먹을 받아들이지 못한다. 그러므로 고려의 종이는 품질이 좋은 중국 종이만 못하다. 《열하일기(熱河日記)196》197

중국 사람들은 우리나라 종이를 매우 귀중하게 여긴다. 예전에 주밀(周密)198의 《사릉서화기(思陵書畫記)199》를 보니, 소흥(紹興) 연간(1131~1162)에 황실 창고에 소장된 법첩·명화를 장식하고 표구한 제도에,

紙以冾受墨光, 善容筆態爲貴, 不必以堅靭不裂爲德. 徐渭謂:"高麗紙不宜畫, 惟錢厚者稍佳." 其不見可如此.

不硾則毛荒難寫, 擣練則紙面大硬, 滑不留筆, 堅不受墨, 故不如中國之佳也. 《熱河日記》

中州人最重東紙, 嘗見周密《思陵書畫記》, 紹興內府所藏法書、名畫裝褾裁制具有品第, 其上等兩漢、

---

193《保晚齋叢書》卷57〈攷事十二集〉卷10 "紙品高下"(《保晚齋叢書》10, 368~369쪽).

194 서위(徐渭) : 1521~1593. 중국 명(明)나라의 관리 및 문인으로, 학문과 예술에 능통하였고 서예가 특히 뛰어났다. 아내를 때려죽여 사형을 선고받고 7년 동안 갇혀 있다가, 같은 시기의 관리이자 학자인 장원변(張元忭, 1538~1588년)의 도움으로 살아났다.

195 전후지(錢厚紙) : 기름을 먹인 동전 두께의 두꺼운 종이.

196 열하일기(熱河日記) : 조선 정조(正祖) 때 박지원(朴趾源, 1737~1805)이 청나라를 다녀온 연행일기(燕行日記).

197《熱河日記》〈關內程史〉"二十五日辛丑"(《국역 열하일기》1, 585~586쪽).

198 주밀(周密) : 1232~1308. 중국 남송(南宋) 말기의 문인 및 화가. 남송이 멸망한 뒤에는 벼슬하지 않고 항주(杭州)에서 시문을 짓고 그림을 그렸다. 조맹부(趙孟頫) 등과 교제를 하였으며, 그림과 글씨를 많이 소장했다. 저서로《계신잡지(癸辛雜識)》·《제동야어(齊東野語)》등이 있으며, 모두 학술적 가치가 있다고 평가받는다.

199 사릉서화기(思陵書畫記) : 미상.

모두 품등이 있었다. 그중의 상등인 양한(兩漢, 전한·후한)·삼국(三國)·이왕(二王, 서진·동진)·6조(六朝)[200]·수(隋)·당(唐) 시대 군신들의 친필과 당나라 사람들의 상·중·하 등급 친필은 모두 고려의 종이로 표지를 꾸몄다. 그 다음 등급 이하로는 간혹 견지(蠲紙)[201]로 표지를 꾸미거나, 해광지(楷光紙)[202]로 표지를 꾸몄다.[203] 송(宋)나라 사람들이 고려의 종이를 보물처럼 여긴 점은 고려 종이가 천하제일이라고 인정한 것임을 여기에서 알 수 있다.

그러나 지금 우리나라의 종이는 진실로 매우 거칠고 질이 떨어진다. 전라도의 전주·남원·남평(南平)[204]에서 나는 종이는 본래 국내 제일로 불렸지만, 또한 꺼끄럽고 단단하며 거친 점이 염려된다. 이 종이로 그림을 그리거나 서적을 인쇄하면 권축(卷軸)[205]이 너무 무거워진다. 이 종이로 그림이나 글씨의 표지를 배접하여 꾸미면 거칠고 단단하여 말거나 펼치기에 불편하다.

그렇다면 이 종이는 곧 흡주(歙州) 종이나 촉(蜀)의 견지(繭紙, 누에고치 실로 만든 종이)는 논할 것도 없고,

三國、二王、六朝、隋、唐君臣眞跡及上中下等唐人眞跡, 皆用高麗紙贉. 次等以下, 或用蠲紙贉, 或用楷光紙贉. 宋人之寶重高麗紙, 認爲天下第一, 此可知[41]矣.

然今東紙實甚麤劣. 湖南之全州、南原、南平産者, 素號國中第一, 而亦患積硬[42]麤滑[43]. 以之摹印圖籍, 則卷軸太重；以之褾[44]贉書畫則勁悍, 不便卷舒.

即毋論歙紙、蜀繭, 視諸日本紙品, 亦無異碔砆之於

---

200 6조(六朝) : 중국 위진남북조(魏晉南北朝) 시대에 장강 남쪽에 있던 6나라로, 손오(孫吳)·동진(東晉)·유송(劉宋)·남제(南齊)·남양(南梁)·진(陳)이다.
201 견지(蠲紙) : 중국 당(唐)~송(宋) 시대에 항주(杭州)·온주(溫州) 등지에서 만든 종이로, 희고 매끄러웠다.
202 해광지(楷光紙) : 미상.
203 소흥(紹興)……꾸몄다 : 《齊東野語》卷6〈紹興御府書畫式〉《叢書集成初編》2780, 63~65쪽).
204 남평(南平) : 전라남도 나주시 남평읍 일대.
205 권축(卷軸) : 글씨나 그림 따위를 표장(表裝)하여 말아 놓은 축
[41] 知 : 저본에는 "徵". 《金華耕讀記·東紙》에 근거하여 수정.
[42] 硬 : 저본에는 "悍". 《金華耕讀記·東紙》에 근거하여 수정.
[43] 滑 : 저본에는 "硬". 《金華耕讀記·東紙》에 근거하여 수정.
[44] 褾 : 저본에는 "禪". 《金華耕讀記·東紙》에 근거하여 수정.

일본의 종이 품질과 비교해 보아도 또한 옥과 비슷한 무부(碔砆) 같은 돌을 좋은 옥과 비교하는 것과 다름이 없다. 어찌 장인이 종이를 만들 때 지금이 옛날만 못해서 그렇겠는가? 아니면 중국인들이 귀하게 여기는 종이가 단지 외국의 산물이라서 귀하게 여기는 것인가?《금화경독기》[206]

良玉. 豈匠造之, 今不如古而然耶? 抑華人之貴之者, 特以外國之産而貴之耶?《金華耕讀記》

　　전겸익(錢謙益)[207]의 발문(跋文)에 "고려에서 판각한 유종원(柳宗元)[208]의 시문집은 견지(繭紙)가 단단하고 치밀하다."[209]라 했다. 그러나 우리나라 사람들은 실제로 견지가 어떤 물건인지 모르고, 무엇 때문에 서적을 인쇄하는 데에 견지를 쓰는지도 모른다. 고렴(高濂)[210]의《준생팔전(遵生八牋)》에도 '고려에 금견지(錦繭紙)[211]가 있다.'[212]라 했다. 나는 고렴이 어떤 등급의 종이를 보았는지 모르지만, 그 종이를 견지로 잘못 알고 그렇게 부른 듯하다.《금화경독기》[213]

錢牧齋跋"東刻柳文, 有繭紙堅緻"之語. 然東人實不知繭紙爲何物, 何由得搨印書籍, 高深甫《遵生八牋》亦云"高麗有綿繭紙", 未知見吾何等紙品, 而誤以繭紙稱之也. 同上

---

206 《金華耕讀記》卷7〈東紙〉, 1쪽.

207 전겸익(錢謙益) : 1582~1664. 중국 명말청초의 관리 및 문인. 호(號)는 목재(牧齋)이다. 시문에 뛰어났고 불경에도 조예가 깊어 이름을 날렸으나 변절이 문제되어 그의 저작은 여러 번 금서(禁書)로 지정되었다. 저서로《초학집(初學集)》·《열조시집(列朝詩集)》등이 있다.

208 유종원(柳宗元) : 773~819. 중국 당(唐)나라의 관리 및 문인. 한유(韓愈)와 함께 고문(古文)을 제창했다. 시와 문장에서 뛰어난 경지에 이르러 당송8대가(唐宋八大家)의 한 사람으로 꼽힌다.

209 전겸익(錢謙益)의……치밀하다 :《燕巖集》卷15〈別集〉"熱河日記"'銅蘭涉筆'(《국역열하일기》2권, 576쪽).

210 고렴(高濂) : ?~?. 중국 명(明)나라의 문인. 자(字)는 심보(深甫). 저서로《임원경제지》에 거의 대부분이 반영된《준생팔전(遵生八牋)》등이 있다.

211 금견지(錦繭紙) : 미상.

212 고려에……있다 :《遵生八牋》卷15〈燕閑淸賞牋〉中"論紙"(《遵生八牋校注》, 576쪽).

213 출전 확인 안 됨.

## 12) 북지(北紙)[214] 만드는 법

귀릿짚을 돌돌 말아 조그만 덩어리로 만들고 솥 안에 가득 채운다. 여기에 석회를 체질하며 넣은 뒤, 그 짚 가운데를 손으로 뒤집어가며 석회가 귀릿짚과 잘 섞이도록 한다.

그런 뒤에 다시 잿물을 조금씩 붓다가 가득 차면 이틀 밤과 이틀 낮 동안 삶는다. 잿물이 점점 줄어들면 다시 귀릿짚을 뒤집어 위에 떠 있는 짚은 가라앉히고 가라앉은 짚은 위로 떠오르게 한다. 푹 삶아 귀릿짚이 문드러지면 김을 빼내고 짚을 광주리에 담는다. 이를 찬 물에 담가 잿물이 다 빠지고 물이 맑아질 때까지 씻는다.

양손으로 귀릿짚을 둥글게 만들었다가 꽉 짜서 물기를 제거한 뒤, 절구에 넣고 3~4일 동안 찧어 가루처럼 곱고 부드럽게 만든다. 대통 하나에 귀릿짚 가루 3두(斗)를 넣는다. 또 이에 앞서 오래된 종이 1.5근을 가져다 미리 물에 담가 문드러지도록 찧어 놓는다. 이 종이를 대통 속에 함께 넣는다. 여기에 닥풀[楮膠][215] 1동이를 부어 넣는다. 또 닥풀 1동이를 별도로 옆에 두었다가 종이를 뜰 때[216] 수시로 빼거나 더한다. 이렇게 하면 대통 하나에서 종이 20권

## 造北紙法

雀麥藁捲作小塊, 塡滿鍋內, 以石灰篩下, 其中用手翻覆, 令灰與藁相間雜.

又用少灰汁灌滿, 煮二晝夜, 候灰汁漸減, 又翻覆之, 令上者, 下下者上. 候煮熟藁爛, 蒸出盛筐, 浸冷水中, 蕩洗以灰盡水淸爲度.

兩手取藁作團, 緊壓去水, 杵擣三、四日, 令細軟如末. 一篰可入藁屑三斗, 又取故紙一斤五兩, 預浸爛擣, 同入篰中. 以楮膠一盆灌注, 又以膠一盆別置于傍, 浮紙時, 隨減隨添, 一篰可得紙二十卷.

---

214 북지(北紙): 볏짚·보릿짚·귀릿짚 등의 단섬유(短纖維)로 만드는 고정지(藁精紙)의 일종으로, 주로 북부 지방에서 귀릿짚으로 만든 한지를 가리킨다. 섬유가 짧아 이들 재료만으로는 한지를 만들지 못하고 닥·삼·뽕나무 등 장섬유(長纖維)의 재료와 섞어 만들었다. 북황지(北黃紙)·황지(黃紙)라고도 한다. 횡목(橫木)으로 된 발을 쓰기 때문에 무늬가 종(縱)으로 나 있는 남지(南紙)와 달리 무늬가 횡(橫)으로 나 있다.

215 닥풀[楮膠]: 황촉규(黃蜀葵)로 만든 풀. 닥나무로 한지를 제조할 때 쓰는 풀이므로 '닥풀'이라 부른다.

216 종이를……때: 원문의 '浮紙'를 옮긴 것으로, 종이뜨기는 한지를 만드는 과정 중 하나이다. 흘림뜨기와 가 둠뜨기 방법이 있다. 초지(抄紙)라고도 한다.

(卷)<sup>217</sup>을 얻을 수 있다.

또 다른 법:볏짚이나 귀릿짚에서 마디를 제거하고 잘게 썬 뒤, 질 좋은 잿물과 섞어 2~3일 동안 삶는다. 이것을 연자맷돌<sup>218</sup>에 물을 적셔가며 곱게 간 다음 가루로 만들고 체질해서 닥나무와 함께 섞은 뒤 종이를 뜬다. 닥나무 1근에 짚 2근을 쓴다. 이때 생 닥나무를 쓰면 종이가 힘이 있어서 질기고, 오래 된 닥나무를 쓰면 종이에 힘이 없다.

一法:稻藁或雀麥藁去節, 細剉, 以好灰水和煮三、兩日, 碾磑淋水, 磨細作屑, 篩下和楮浮紙, 楮一斤、藁二斤, 用生楮則有力, 用故楮則無力.

또 다른 법:조개껍질 태운 재나 석회를, 잘게 썬 짚에 섞고 물을 뿌려가며 그릇에 담는다. 이를 덮어서 10~20일 둔 뒤에 꺼내 잿물 조금을 붓고 반나절 동안 삶으면 짚이 문드러진다. 이를 절구에 넣고 반나절 동안 잘 찧으면 사용할 수 있는데, 이는 종이 만드는 공력을 크게 줄인다. 짚은 굳이 마디를 제거할 필요는 없고 잘게 썰어야만 쓸 수 있다. 《산림경제보(山林經濟補)<sup>219</sup>》<sup>220</sup>

又法:用蛤灰或石灰和剉藁, 灑水盛器. 掩置一、兩旬, 取出, 用少灰水煮之半日, 便爛, 下臼擣半日, 便合用, 大省功力. 藁不必去節, 只細剉可也.《山林經濟補》

## 13) 일본 종이의 품등

일본 종이는 모두 닥나무를 쓰는데, 조자지(鳥子紙)·생록지(生漉紙)<sup>221</sup>만은 안피나무<sup>222</sup>를 쓴다. 닥나

### 倭紙品

日本紙皆用楮, 惟鳥子紙、生漉紙用雁皮木也. 并採

---

217 권(卷):종이를 셀 때의 단위로, 1권은 20장이다. 즉, 한 통에서 종이 400장을 얻을 수 있다는 말이다.

218 연자맷돌:소나 나귀의 힘을 이용해 돌리는 맷돌.

219 산림경제보(山林經濟補):농업과 일상생활에 관한 내용을 싣고 있는 우리나라 최초의 종합적인 농가경제서인 《산림경제(山林經濟)》를 보완한 책. 저자가 홍만종(洪萬鍾, 1643~1715)인지 다른 사람인지는 확인되지 않았다.

220 출전 확인 안 됨.

221 조자지(鳥子紙)·생록지(生漉紙):설명이 아래에 보인다.

222 안피나무:서향과에 속하는 인피 섬유 식물. 섬유는 종이의 원료로 사용된다. 일본에서 서식하며 한반도에는 없다.

무의 가지와 뿌리를 함께 채취하여 살짝 쪄서 익혔다가 껍질을 벗겨 이를 햇볕에 말린다. 이를 다시 물에 담가 거친 껍질을 제거하고 나무잿물로 삶는다. 이를 건져내어 흐르는 물에 던져놓고 씻은 다음 다듬잇돌에다 12~13번을 내려친다.

이어서 큰 주발 하나 정도의 양을 종이 뜨는 큰 구유[槽]에 담고 긴 막대로 잘 풀어지도록 휘저은 다음 표목즙(鰾木汁)223 1홉과 섞어 몇 차례 다시 휘저으면 끈적끈적하면서 미끌거리게 된다. 이때 발[簀]을 들고 가벼운 손놀림으로 이 물을 2~3차례 뜬다.【종이를 두껍게 하려면 손놀림을 더 많이 하여 뜬다.】

발에 걸러진 얇은 종이를 판자 위에 얹어 놓고 볏짚을 사이에 끼워 층층이 수백 장을 겹쳐 놓은 다음 판자를 그 위에 덮고 그 판자 위에 돌을 올려 누른다. 물기가 다 빠지면 종이 1장씩을 볏짚을 쓸어내고서 판자에 펼쳐 두고 햇볕에 말린다.【겨울철에는 표목즙을 닥풀 대신 사용해도 좋다.】

봉서지(奉書紙)224 · 삼원지(杉原紙)225에는 쌀가루 조금을 섞어 희게 만든다.《화한삼재도회》226

枝及根, 略蒸煮剝皮, 曬乾. 再浸水, 去麤皮, 用木灰汁再煮, 投流水洗之, 攢於砧也, 十二、三遍.

盛一大盌許於槽中, 以櫂攪解, 和鰾、木汁一合, 數攪則能稠滑, 以簀輕手扱之二、三度【要紙厚則重手扱之】.

洩滴放于板上, 隔用薰秆, 層層數百枚重紙, 覆板壓石於上. 絞汁盡, 取一枚, 以秆帚, 張于板, 日乾.【如冬月則鰾木汁代用黃蜀葵汁, 亦良.】

奉書·杉原紙, 和米粉少許, 令色白.《和漢三才圖會》

---

223 표목즙(鰾木汁) : 물고기의 부레와 돼지 껍질 등을 끓여 만든 아교로 점성이 강하여 목기를 붙이는 데에도 사용한다.
224 봉서지(奉書紙) : 두텁고 농밀하여 주름지지 않는 일본 종이.《청장관전서(靑莊館全書)》卷65〈청령국지(蜻蛉國志)〉2. 아래에 설명이 보인다.
225 삼원지(杉原紙) : 얇고 부드러운 일본 종이. 아래에 설명이 보인다.
226《和漢三才圖會》卷15〈技藝〉"紙"《倭漢三才圖會》3, 32쪽).

단지(檀紙)[227] : 【대고인합견지(大高引合繭紙)[228]·송피지(松皮紙)[229] 등의 여러 명칭이 있다.】두껍고 희며, 돌이 쌓인 듯이 쭈글쭈글해서 소나무속껍질·고치껍질과 비슷하지만 먹빛을 띤다. 좋은 종이는 빗츄[備中][230]에서 생산된다.【대고(大高)·중고(中高)·소고(小高) 3종류가 있다.】《신당서(新唐書)》에 "후지와라노 카다노마로[藤原葛野麻呂][231]가 당(唐)나라에 들어왔는데, 글씨를 잘 썼다. 그가 쓴 종이는 견지와 비슷했으나, 사람들이 아무도 알지 못했다."[232]라 했으니, 곧 이것이 단지(檀紙)이다.

봉서지(奉書紙) : 곧 단지의 종류로, 종잇결이 진하고 주름이 없다. 크기와 두께에 차이가 있다. 에치젠[越前][233]·후추[府中][234]에서 생산되는 종이를 최상으로 친다. 이즈모[出雲][235]·노기[能義][236]·빈고[備後][237]·미요시[三好][238]에서 생산되는 종이가 그 다음

檀紙 :【有大高引合繭紙、松皮紙等諸名.】厚白有皺紋礌礌硪, 似松皮、繭之肌而墨色, 好出備中.【有大高、中高、小高三種.】《新唐書》云"藤原葛野麻呂入唐[45]善書. 其紙似繭, 而人莫識者"即此也.

奉書紙 : 即檀紙之屬, 肌濃不皺. 有大小、厚薄, 出於越前、府中爲上, 出雲、能義、備後、三好次之, 筑後、伊豫、加賀、備中、丹後、但

---

227 단지(檀紙) : 참빗살나무껍질로 만든 두껍고 쭈글쭈글한 일본 종이.
228 대고인합견지(大高引合繭紙) : 가로로 오글쪼글하게 주름이 진 두꺼운 고급 종이인 대고지(大高紙, 대고단지(大高檀紙)의 준말)에 견지(繭紙)를 합한 종이라는 뜻으로 보인다.
229 송피지(松皮紙) : 닥나무에 소나무껍질을 섞어 만든 종이.
230 빗츄[備中] : 산요도[山陽道] 빗츄[備中]로, 지금의 일본 오카야마현[岡山縣] 서부 일대.
231 후지와라노 카다노마로[藤原葛野麻呂] : 755~818. 일본의 나라시대부터 헤이안시대 초기까지 활동했던 귀족이다. 관직은 정3품 중납언(中納言)에 이르렀다.
232 후지와라노……못했다 :《신당서(新唐書)》卷220〈열전(列傳)〉145 "일본(日本)"에 "건중 원년에 사신 진인(眞人) 흥능(興能)이 온갖 물건을 바쳤다. 진인은 대개 관에 따라 붙여진 씨이다. 흥능은 글씨를 잘 썼는데 그 종이가 견지와 비슷했으나 사람들이 알지 못했다.(建中元年, 使者眞人 興能獻百物, 眞人蓋因官而氏者也. 興能善書, 其紙似繭, 而澤人莫識.)"라 했다. 진인 흥능이 후지와라노 카다노마로다.
233 에치젠[越前] : 호쿠리쿠도[北陸道] 에치젠[越前]으로, 지금의 일본 후쿠이현[福井縣] 북부 일대.
234 후추[府中] : 호쿠리쿠도 에치젠 지역의 부(府)가 있었던 곳으로 추정된다.
235 이즈모[出雲] : 산인도[山陰道] 이즈모[出雲]로, 지금의 일본 시마네현 동부 일대.
236 노기[能義] : 이즈모노쿠니[出雲國]에 부속된 도시. 지금의 시마네현[島根縣] 야스기시[安來市] 일대.
237 빈고[備後] : 산요도[山陽道] 빈고[備後]로, 지금의 일본 히로시마현[廣島縣] 동부 일대.
238 미요시[三好] : 아와노쿠니[阿波國]에 속한 도시. 지금의 시코쿠[四國] 지방 도쿠시마현[德島縣] 미요시군 일대.
45 藤原葛野麻呂入唐 :《新唐書·列傳·日本》에는 "興能".

이고, 지쿠고[筑後]239·이요[伊豫]240·가가[加賀]241·빗
츄·탄고[丹後]242·다지마[但馬]243·죠오자[上佐]244에
서 생산되는 종이가 또 그 다음이며, 반슈[播州]245·
게이슈[藝州]246에서 생산되는 종이가 하품이다.

삼원지(杉原紙): 봉서지의 종류로, 조금 얇고 부드
럽다. 처음에 반슈 스기하라[杉原] 마을247에서 생산
됐기 때문에 삼원지라 했다.

척장지(尺長紙): 봉서지의 종류로, 폭이 긴 것은 머
리를 묶을 만하다.

연지(延紙): 곧 삼원지 중에서 작은 종이다. 큰 종
이는 가로 0.7척, 세로 0.9척이다. 만드는 법은 쌀가
루를 섞고 잘 걸러내어 흰색을 띠게 한다. 더러는 합
분(蛤粉, 조개껍질가루)·석회 등을 쓰는 경우가 있는데,
그렇게 만들면 비록 아름답고 희지만 종잇결이 좋지
않다.

삼서지(三棲紙): 곧 연지 중에 가장 아름다운 종이
로, 연지보다 크지만 조금 얇다.

소국지(小菊紙): 크기가 연지와 같으나 그보다 질기
면서도 부드럽고 색이 짙어 아름답다. 완전히 장자

馬、上佐又次之, 播州、藝
州爲下.

杉原紙: 奉書紙之屬而稍
薄軟, 始出播州 杉原村,
故名.

尺長紙: 奉書紙之屬, 幅長
者, 堪爲鬐結.

延紙: 卽杉原紙之小者也,
其大者, 縱七寸, 橫九寸.
造法, 和米粉漉之, 令色
白. 或有用蛤粉·石灰等者,
雖美白而肌理[46]不佳[47].

三棲紙: 卽延紙之極美者,
大於延紙而稍薄.

小菊紙: 大如延紙, 而剛柔
艶美, 全類障子紙

---

239 지쿠고[築後]: 사이카이도[西海道] 지쿠고[築後]로, 지금의 일본 후쿠오카현[福岡縣] 남부 일대.
240 이요[伊豫]: 지금의 난카이도[南海道] 에히메현[愛媛縣] 일대.
241 가가[加賀]: 호쿠리쿠도[北陸道] 가가[加賀]로, 지금의 일본 이시카와현[石川縣] 남부 일대.
242 탄고[丹後]: 산인도[山陰道] 탄고[丹後]로, 지금의 일본 교토부[京都市] 북부 일대.
243 다지마[但馬]: 산인도 다지마[但馬]로, 지금의 일본 효고현[兵庫縣] 북부 일대.
244 죠오자[上佐]: 미상.
245 반슈[播州]: 산요도[山陽道] 반슈[播州]로, 지금의 일본 효고현 남서부 일대.
246 게이슈[藝州]: 산요도 아키[阿岐]로, 지금의 일본 히로시마현 서부 일대.
247 스기하라[杉原] 마을: 지금의 일본 긴키[近畿] 효고현 관내.
[46] 理:《和漢三才圖會·技藝·紙》에는 "膚".
[47] 佳:《和漢三才圖會·技藝·紙》에는 "宜".

지(障子紙)와 같다.

칠록지(漆漉紙) : 연지와 같으나 그보다 매우 가볍고 얇아 옻[漆]과 기름을 거를[漉] 수 있다.

장자지(障子紙) :【일명 '미농지(美濃紙)'이다.】 노슈[濃州] 테라오[寺尾]248에서 생산되는 종이가 가장 아름답기 때문에 '미농(美濃)'이라 했다. 서적을 베끼거나 문서를 싸거나 장자(障子)249와 등롱(燈籠)250을 꾸미는 데 더할 나위 없다.

후지(厚紙) : 몇 가지 품등이 있다. 노슈·기슈[紀州]251의 대장지(大帳紙), 기슈·와슈[和州]252의 삼하지

漆漉紙 : 似延紙, 而甚輕薄, 可以漉漆及油.

障子紙 :【一名"美濃紙"】出濃州 寺尾者最佳, 故名"美濃". 以寫書籍, 裹48書翰, 糚49障子及燈籠, 無加之者.

厚紙 : 有數品. 濃州·紀州之大帳紙、紀州·和州之森

장자

248 노슈[濃州] 테라오[寺尾] : 지금의 일본 기후현[岐阜縣] 세키시[関市] 옆에 미노시[美濃市]가 붙어 있다.

249 장자(障子) : 방의 아랫간이나 방과 마루 사이를 막아 끼우는 제구.

250 등롱(燈籠) : 등불을 켜서 어두운 곳을 밝히는 데 쓰는 기구. 등 바깥쪽에 가는 대쪽이나 철사 등으로 골격을 만들고 종이나 비단 등을 붙여 꾸몄다.

251 기슈[紀州] : 난카이도[南海道] 기이[紀伊]로, 지금의 일본 와카야마현[和歌山縣] 남부 일대.

252 와슈[和州] : 기나이[畿內] 야마토[大和]로, 지금의 일본 나라현[奈良縣] 일대.

48 裹 : 저본에는 "裏". 일반적인 용례에 근거하여 수정.

49 糚 :《和漢三才圖會·技藝·紙》에는 "張".

(森下紙)[253], 이요·빈고의 선과지(仙過紙)는 매우 두껍고 견고하다. 기슈의 조포지(鳥包紙)는 비단을 쌀 만하다.

숙지(宿紙):【일명 '주지(湊紙)'이다.】 창회색(蒼灰色)을 띠고 부드러워 벽의 허리 부분[壁腰][254]을 장식할 만하다.

석목지(石目紙):반슈에서 생산되고, 돌의 결과 같이 흰색을 띤다. 또 나무무늬와 같은 목목지(木目紙)가 있다.

조자지(鳥子紙):담황색(淡黃色)을 띠고, 새알[鳥卵] 속처럼 무늬가 있으며, 부드럽고 매끄럽기 때문에 조자지라 했다. 그중에 견고하고 매끄러운 것을 '생록지(生漉紙)'라 한다. 또 폭이 넓은 것이 있는데, 이 종이로는 병풍을 꾸밀 수 있다. 대개 이 종이의 결은 매끄러워서 글씨가 쉽게 써지고 성질이 견고하고 내구성이 좋아 '종이왕[紙王]'이라 할 만하다.

또 다른 종인 천자조자지(天子鳥子紙):진흙을 섞어 만들기 때문에 두껍고 무겁지만 쉽게 찢어진다.

또 다른 종인 운지(雲紙)[255]:곧 조자지의 종류로, 구름무늬가 있다. 《화한삼재도회》[256]

下紙、伊豫·備後之仙過紙, 甚厚堅. 紀州之島包紙, 可以包綿帛.

宿紙:【一名"湊紙"】蒼灰色而軟, 可以飾壁腰.

石目紙:出播州, 白色如石理. 又有木目紙如木檟.

鳥子紙:淡黃色, 似鳥卵, 而柔滑故名. 其堅而滑者, 稱"生漉紙". 又有幅廣者, 可以粧[50]屏風. 蓋此紙肌滑易書, 性堅耐久, 可謂"紙王"也.

一種天子鳥子:和泥土造之, 故厚重而易裂.
一種雲紙:卽鳥子之屬, 有雲紋. 上同

---

253 삼하지(森下紙):기후현[岐阜縣] 삼하(森下)가 원산지이고, 닥나무로 만들며 두껍고 질긴 종이.
254 벽의 허리 부분[壁腰]:벽면에서 사람의 인체 구조상 허리쯤 되는 부분을 가리키는 것으로 추정된다.
255 운지(雲紙):위쪽에는 푸른 구름무늬, 아래쪽에는 보랏빛 구름무늬를 넣은 일본 종이.
256《和漢三才圖會》卷15〈技藝〉"紙"(《倭漢三才圖會》3, 27~31쪽).
50 粧:《和漢三才圖會·技藝·紙》에는 "張".

천남성(국립수목원)

## 14) 다루는 법

대나무 가지 끝에 맺힌 이슬에 천남성(天南星)[257]을 섞어 종이를 담그고, 하룻밤을 재운 뒤에 재단해보면, 칼날이 나는 듯이 지나간다. 《문방보식(文房寶飾)[258]》[259]

종이 다루기가 어렵고 먹물이 스며들지 않는 경우에는 빗방울 자국이 있는 소라껍데기로 종이를 좌우로 3,000번 문지르면 그 하자가 제거될 것이다. 《문방보식》[260]

종이의 주름자국 제거하는 법 : 긴 머리카락을 도톰한 조각자 우린 물에 넣고 깨끗이 씻은 뒤, 바짝

## 治法

以竹梢甘露, 和天南星漬紙, 一宿裁之, 刀去如飛. 《文房寶飾》

治紙之昏而不染墨者, 用雨點螺磨紙左右三千下, 其病去矣. 上同

去紙縐痕法 : 長頭髮入肥[51]皁水, 洗淨晾, 極乾作團,

---

257 천남성(天南星) : 천남성과의 여러해살이풀. 높이 15~50cm 크기로 산지의 습지에서 자란다.
258 문방보식(文房寶飾) : 미상.
259 출전 확인 안 됨.
260 출전 확인 안 됨.
[51] 肥 : 저본에는 "肌". 《古今秘苑·去紙縐紋》에 근거하여 수정.

말려 공처럼 둥글게 만든다. 이것으로 구겨진 종이를 두드리고 문지르면 종이가 빳빳해지는 데다가 광택이 돈다. 《고금비원》²⁶¹

종이를 바람에 말리는 법:질 좋은 연사지(連四紙)²⁶²를 1장씩 말아 올려서 바람이 잘 통하는 곳에 걸어 두는데, 시간이 오래 지나면 저절로 견고해진다. 서화가(書畫家)라면 연사지를 많이 저장해 두어야 한다. 《고금비원》²⁶³

用以打磨縺紙⑮², 直而且光.《古今秘苑》

風紙法:取上好連四紙, 逐張捲起, 掛在透風處, 久則自堅. 書畫家宜⑮³多藏之. 上同

연사지 제작하는 모습

---

²⁶¹《古今秘苑》2集 卷2〈去紙縐紋〉, 3쪽.

²⁶² 연사지(連四紙):중국 강서성(江西省) 연산현(鉛山縣) 지역에서 생산되는 종이. 대나무의 어린 죽순을 원료로 하여 자연 표백시켜 만든 종이로, 품질이 깨끗하고 희며 광택이 돈다. 오랫동안 변색되지 않아 수명이 1,000년이라 한다. 2006년에 연사지를 생산하는 연산 지역과 연사지 제작 방법이 무형문화재로 등록되었다. 연산연사지(鉛山連四紙)라고도 한다.

²⁶³《古今秘苑》2集 卷2〈風紙法〉, 2쪽.

⑮² 紙:《古今秘苑·去紙縐紋》에는 "紋".

⑮³ 宜:저본에는 "直".《古今秘苑·風紙法》에 근거하여 수정.

그림 그리는 종이 염색할 때 아교 사용하지 않는 법:종이에 아교와 백반을 넣으면 그림을 그릴 때 문인화다운 기운이 전혀 느껴지지 않는다. 그렇지만 아교와 백반을 넣지 않으면 채색할 수가 없다.

염색하는 법:조각자를 잘게 찧어, 맑은 물에 하루 동안 담갔다가 이를 오지솥에 넣고 향 1심지가 다 탈 동안 중탕으로 삶는다. 이를 깨끗이 거르고 고르게 섞은 다음 종이에 1번 바르고 걸어서 말린다. 다시 그 위에 백반 끓인 물을 1번 더 바르고 걸어서 말린다. 이 종이에 그림을 그리면 흡사 생 종이와 같다. 2~3개월 동안 잘 보관하였다가 사용하면 더욱 빼어나다.《준생팔전》264

染紙作畫不用膠法:紙用膠、礬, 作畫殊無士氣, 否則不可着色.

開染法:以皂角擣碎, 浸淸水中一日, 用砂罐重湯煮一炷香, 濾淨調均, 刷紙一次, 掛乾. 復以明礬泡湯, 加刷一次, 掛乾. 用以作畫, 儼若生紙. 若安藏三、二月用, 更妙.《遵生八牋》

### 15) 보관법

종이를 잘 간수하려면 연꽃가루로 그 색을 유지한다.《문방보식》265

### 藏法

養紙, 以芙蓉粉借其色.《文房寶飾》

### 16) 수간(手簡, 편지)

왕안석(王安石)266이 반산원(半山園)267에 거처할 때에 불교 서적 읽기를 좋아해서 매번 오래된 금칠판

### 手簡

王荊公居半山, 好觀佛書, 每以故金漆版書藏經名,

---

264《遵生八牋》卷15〈燕閑淸賞牋〉中“論紙”‘染紙作畫不用膠法’(《遵生八牋校注》, 577쪽).

265 출전 확인 안 됨.

266 왕안석(王安石): 1020~1086. 중국 북송의 문필가·정치가. 자는 개보(介甫), 호는 반산(半山). 신법당(新法黨)의 영수이다. 저서에《왕임천선생집(王臨川先生集)》·《주관신의(周官新義)》·《상서신의(尚書新義)》·《시경신의(詩經新義)》·《시의구침(詩義鉤沈)》·《도덕경주(道德經注)》등이 있다.

267 반산원(半山園): 중국 남경(南京)의 강녕부(江寧府) 종산(鍾山) 인근에 위치한 저택. 지금의 남경시(南京市) 중산문(中山門) 북쪽 백당(白塘) 청계로(淸溪路) 부근에 있다. 본래 '진사공돈(晉謝公墩)'으로 사안(謝安, 320~385)의 고택이었다. 강녕부 동쪽으로 7리, 자금성과도 역시 7리 떨어져 있었기에 '반산(半山)'이라고 이름 지었다고 한다.

반산원

(金漆版)268에 대장경(大藏經)269의 서명을 적고, 장산사 (蔣山寺)270에 사람을 보내어 대장경을 빌려다 보았다. 당시의 선비들이 이 때문에 금칠판으로 서첩을 대신하여 벗들과 편지를 왕래하는 경우가 있었다. 얼마 뒤에는 그 편지의 내용이 누설되는 것을 꺼려 금칠판 2개를 서로 합치고, 작은 종이로 그 틈을 봉했다. 시간이 오래되어 그 제작법이 점점 정밀해졌고, 더러는 비단주머니에 넣고 봉하기도 했다.

이를 남쪽 사람들은 '간판(簡版)'이라 했고, 북쪽 사람들은 '패자(牌子)'라 했다가 후대에는 또한 이 2가지를 통틀어 '간판'이라 했다. 남송(南宋) 순희(淳熙) 연간

遺人就蔣山寺取之. 人士因有用金漆版代書帖, 與朋儕往來者. 已而苦其露泄, 作兩版相合, 以片紙封其際. 久之, 其製漸精, 或以縑囊盛而封之.

南人謂之"簡版", 北人謂之"牌子54". 後又通謂之"簡版". 淳熙末, 朝士以小紙

---

268 오래된 금칠판(金漆版): 옻칠한 판에 금으로 사경(寫經)한 판을 가리키는 것으로 추정된다. 이는 편지를 전달하기 위해 만든 것이 아니라, 본래 별도의 용도로 만들어져 있던 것을 오래되어 사용하지 않자, 서명이나 짧은 구문을 전달할 때 사용했을 것으로 추정된다.

269 대장경(大藏經): 불경을 집대성한 경전.

270 장산사(蔣山寺): 지금의 중국 남경시(南京市) 동북쪽에 있는 종산(鍾山) 아래 있던 절. 1381년에 장산사를 동남쪽으로 이건하여 영곡사(靈谷寺)를 만들고, 장산사 자리에 명(明)나라 태조(太祖)의 묘를 만들었다.

54 子: 저본에는 없음. 《老學庵筆記》에 근거하여 보충.

(1174~1189) 말기에 조정의 벼슬아치들이 높이 0.4~0.5척, 너비 1척 남짓의 작은 종이를 주고받으면서 '수간(手簡)'이라 했다. 간판이 거의 없어져서 시장에서도 마침내 파는 사람이 없어졌고, 종이 가게에서 수간 종이를 만들어 판매하자 잘 팔렸다.《노학암필기》[271]

예전에 중국 사람의 수간을 보았더니, 뒷면에 두꺼운 종이를 덧대서 봉투를 만들었는데, 길이는 겨우 0.6~0.7척이고, 너비도 겨우 0.4~0.5척이었다. 별도로 매홍지(梅紅紙)[272]나 다른 색종이나 분지(粉紙)[273]를 마름질하고 가는 글씨로 글을 써서 적당히 접고 봉투 안에 넣는다.

수간의 내용이 간단하면 1장[葉][274]에 그치고, 내용이 번잡하면 더러는 2~3장에 이르기도 한다. 보통 입구에 풀칠한 뒤, 붉은색의 조그만 찌지에 성(姓)·호(號)·지명(地名)을 써서 봉투 위에 붙인다. 찌지만 바꾸면 보관했다가 다음에 다시 사용할 수 있기 때문에 버리는 일이 없다.

우리나라의 간지(簡紙)는 대체로 빳빳하고 두꺼운 백추지(白硾紙)[275]를 사용한다. 간지 1장마다 봉투 1

高四、五寸, 闊尺餘相往來, 謂之"手簡". 簡版幾廢, 市中遂無賣[55]者, 而紙肆作手簡紙賣之, 甚售.《老學庵筆記》

嘗見華人手簡, 用裱褙厚紙作囊, 長董六、七寸, 廣纔四、五寸. 另裁梅紅紙或他色牋或粉紙, 細書成文, 摺疊入囊內.

辭簡者止一葉, 文繁者或累數三葉. 糊囊頭, 以紅色小籤書姓、號、地名, 付囊上. 易籤則可留作他用, 故無抛.

我東簡紙, 率用白硾堅厚紙, 每一幅輒作一皮. 長者

---

271 《老學庵筆記》 卷3（《叢書集成初編》 2766, 28쪽).

272 매홍지(梅紅紙): 중국에서 생산되던 붉은 빛깔의 종이.

273 분지(粉紙): 무리풀을 먹이고 다듬어서 만든 흰색의 종이.

274 장[葉]: 종이를 세는 단위.

275 백추지(白硾紙): 신라시대에 생산되던 종이의 일종. 종이 품질이 매우 좋고 광택이 난다. 손목(孫穆, ?~?)의 《계림유사(鷄林類事)》에 "고려의 닥종이는 밝은 빛을 내므로 모두들 좋아하며 이를 일러 '백추지(白硾紙)'라 한다."라 했다. 신라시대에 제조된 무구정광다라니경(無垢淨光陀羅尼經)이 바로 이 백추지로 만든 불경이다. 이후로 조선시대에도 일상적으로 많이 사용되었다.

[55] 賣: 저본에는 "買".《老學庵筆記》에 근거하여 수정.

장을 만든다. 긴 간지는 거의 1.5척이나 되며, 비록 평소에 안부를 물을 때 글자가 수십 자에 불과하더라도 굳이 모두 진한 먹을 묻히고 초서로 휘갈겨 써서 여전히 공백을 많이 남겨두니, 모두 금세 써버리게 된다. 문방에 고아한 취미를 가지고 있는 자라면 유념하여 절약해야 할 것이다. 《금화경독기》[276]

幾尺五寸, 雖尋常寒暄問訊, 字不過數十者, 必皆濃墨蕩草, 而尚多空白, 盡歸暴殄. 雅意文房者, 宜念所以節省也. 《金華耕讀記》

쌀가루 바른 수간(분간) 만드는 법:

쌀가루를 종이에 바르는 것은 능호(凌壺) 이인상(李麟祥)[277]에서 시작되었다. 그 방법은 다음과 같다. 종이의 양에 따라 좋은 쌀 몇 되를 가려 놓고, 쌀을 충분히 찧은 뒤, 충분히 깨끗하게 일은 다음 깨끗한 그릇에 물을 부어 담근다. 1일 밤이 지나면 맷돌로 곱게 갈고 곱디고운 헝겊으로 거르고 짜서 거른 물을 조용한 방에 둔다.

造粉簡法:米粉刷帋創於李凌壺 麟祥. 其法:揀好米幾升, 隨帋多少分劑, 米數十分精鑿, 十分淨淘, 浸水潔器, 經一宿, 用石磑細研, 以細細巾濾絞, 置于靜室.

가루가 그릇 밑으로 가라앉으면 위에 뜬 물을 버리고, 거기에 돼지털로 만든 풀 빗자루에 가루를 가볍게 묻혀 종이에 고루 바른다. 평강(平康) 마곡사(磨谷寺)에서 만든 백지(白紙)[278]를 쓰면 매우 좋은데, 종이의 길이에 따라 자르고 이를 줄에 매달아 햇볕에 말린다. 더러는 잔디밭에 펼쳐 두기도 한다.

俟其墜下器底, 潑棄浮水, 以猪毛糊帚, 輕輕醮粉, 均刷于帋. 用平康 磨谷寺白紙甚好, 而隨紙長短剪之, 挂曬絙上, 或舖張莎坡.

다 마르면 3장마다 1번, 4번째 종이마다 깨끗한 물을 입에 머금었다가 안개가 피어오르듯 종이에 내

俟其乾, 隔三葉一噴淨水, 濛濛如霧, 期均沾而不至

---

276 출전 확인 안 됨.

277 이인상(李麟祥): 1710~1760. 조선 후기의 서화가. 자는 원령(元靈), 호는 능호(凌壺)·보산자(寶山子). 시문과 글씨 및 그림에 뛰어나 삼절(三絶)이라 했다. 저서에 《능호집(凌壺集)》이 있다.

278 백지(白紙): 설화지. 생산지명에 따라 '평강지(平康紙)'라고도 한다. 위의 주석 187번 참조.

뿜어 골고루 적시되 푹 젖지 않을 정도까지 한다. 그런 다음 100장 정도를 모아서 발로 밟아 준 다음 옮기면 곧장 횡도목(橫擣木)[279]으로 마를 때까지 두드린다. 점차 튀어나가는 게 줄고 계란껍질처럼 매끄러워지면 붙여서 간첩(簡帖)을 만든다.【만약 색종이를 만들려면 이름 있는 염색물을 쌀가루와 고르게 섞어 종이에 바른다.】《한죽당섭필(寒竹堂涉筆)》[280]

濃濕. 統百許葉踏之, 移時直被橫擣木擣之, 以至于乾, 次次減脫, 滑如鷄子, 搨作簡帖.【如製色牋, 用名染彩水, 均和米粉刷之.】《寒竹堂涉筆》

## 17) 진지(鎭紙)[281]

옛날에 구리로 만든 청록색을 띤 청개구리 모양으로 속이 빈 구리 좌상(坐像)이 있었는데, 무게는 1근 남짓이었다. 또 웅크린 호랑이 모양의 구리 좌상으로 한 번에 빚어 주조한 것이 있었다. 이 2가지는 바로 상고시대의 물건이다. 종이를 누르면 매우 좋다.

아기가 눕거나 앉은 모양의 오래된 구리 진지들도 있었는데, 역시 좋다. 웅크린 교룡 모양과 자는 용 모양의 오래된 구리 진지도 있고, 순도 높은 황금으로 만든 벽사수(辟邪獸)[282]와 누운 말 모양도 있고, 온몸이 청록색이면서 무게가 2~3근 되고 구리로 만든 큰 호랑이 모양도 있는데, 모두 책을 누를 때 사용한다.

### 鎭紙

有古銅靑綠蝦蟆虛置銅坐, 重有斤餘. 又有虎蹲銅坐, 一塑鑄者, 乃上古物也. 壓紙妙甚.

有古銅坐臥哇哇, 亦佳. 有古銅蹲螭、眠龍[56], 有鎏金辟邪、臥馬, 有大銅虎, 遍身靑綠, 重三、二斤者, 用以壓書.

---

[279] 횡도목(橫擣木) : 너비가 널따란 나무판. 종이를 건조시킬 때, 위에 덮어두고 두드리거나 밟을 때 사용한 것으로 추정된다.

[280] 출전 확인 안 됨.

[281] 진지(鎭紙) : 붓글씨를 쓰거나 그림을 그릴 때, 종이를 눌러 바람에 날리거나 종이가 울지 않도록 눌러 놓는 도구. 서진(書鎭)·문진(文鎭)이라고도 한다.

[282] 벽사수(辟邪獸) : 중국의 전설 속 동물로, 사슴과 비슷하며 신을 도와준다고 한다.

[56] 龍 : 저본에는 "龐".《古今圖書集成·字學典·鎭紙》에 근거하여 수정.

거북이형 진지(국립민속박물관)

옥으로 만든 진지에는 오래된 돼지 모양이 있었
는데, 옛사람들은 이것으로 순장자의 갈빗대를 받
치게 하였다. 흰 옥으로 만든 사냥개 모양도 있고,
누운 교룡 모양도 있고, 아기가 앉거나 누운 모양의
큰 진지가 있고, 옥토끼·옥소·옥말·옥사슴·옥양·
옥두꺼비 모양이 있고, 해와 달 문양의 마노 돌북
283·백지(柏枝) 문양 마노로 된 웅크린 호랑이284·수
정 돌북·해황수정(海黃水晶)285 눈 소·페르시아[波斯]
병 등의 모양이 있는데 그 제조법이 그림처럼 정밀하
고 오묘한 진지는 모두 송(宋)나라 때의 물건이다.

玉有古彘, 古人用以挣肋
殉葬者. 有白玉獵狗, 有臥
螭, 有大樣坐臥哇哇, 有玉
兔、玉牛、玉馬、玉鹿、玉羊、
蟾蜍、日月瑪瑙石鼓、柏枝
瑪瑙蹲虎、水晶石鼓、海⑤⑦
黃水晶眼⑤⑧牛、捧瓶波⑤⑨斯,
其做法精妙如畫, 皆宋物
也.

---

283 돌북: 원문의 '石鼓'를 옮긴 말로, 중국 고대의 돌비석이다. 그 모양이 북과 흡사하므로 석고라고 하였는
데, 여기서는 북 모양을 가리키는 듯하다.

284 백지(柏枝)……호랑이: 장수(漿水)와 같은 색이 돌고 속에 측백나무 가지와 같은 무늬가 있는 마노로 된 호
랑이.

285 해황수정(海黃水晶): 중국 청(淸)나라 해남(海南) 지역에서 나는 황화리목(黃花梨木) 문양이 있는 수정. 황
화리목(黃花梨木)은 칠을 하지 않아도 밝은 광택이 나서 궁정가구와 황제의 일상용구를 만드는 데 쓰였다.

⑤⑦ 海: 저본에는 "酒". 《考槃餘事·文房器具箋》에 근거하여 "수정".

⑤⑧ 眼: 저본에는 "抵". 《遵生八牋·燕閑淸賞牋·鎭紙》에 근거하여 수정.

⑤⑨ 波: 저본에는 "玻". 《遵生八牋·燕閑淸賞牋·書燈》·《考槃餘事·文房器具箋》에 근거하여 수정.

가요(哥窯) 자기로 만든 교룡 모양도 있고, 청동(靑東)[286] 자기로 만든 사자·북 모양도 있고, 백정(白定)[287] 자기로 만든 아기·울부짖는 사자 모양도 있다.

내가 연경(燕京)에서 옥두꺼비 모양 2개를 얻었는데, 그 뒷부분에 먹물을 뿌린 듯한 얼룩얼룩한 점은 대모(玳瑁)[288]와 같았지만 누르스름한 띠가 없어서 흡사 두꺼비 등 모양 같고, 배 아래는 순백색이었다. 그 제작법이 고풍스럽고 우아하여 살아 있는 듯했다. 이를 진지로 쓰면 애호하며 아낄 만하다. 또 홍록색 마노 대게 2마리 모양을 보았는데, 매우 기이하다고 할 만하다. 길이 0.3~0.4척의 흰 옥이나 마노로 만든 벽사수(辟邪獸) 모양도 있는데, 모두 진지로 쓰기에 좋은 품등이다. 《준생팔전》[289]

### 18) 압척(壓尺)[290]

옥을 돌려 깎아 다듬은 교룡 한 쌍 모양 압척이 있다.

자단(紫檀)·오목(烏木)으로 만들고, 그 위에 웅크린 교룡을 옛 방식대로 새긴 옥대(玉帶)나 달을 껴안고 있는 옥토끼나 달리는 짐승 모양으로 꼭지를 만

有哥窯蟠螭, 有靑東磁獅、鼓, 白定哇哇、狻猊.

余自燕中得玉蟾蜍二枚, 其背斑點如灑墨色同玳瑁, 無黃暈, 儼若蝦蟆背狀, 肚下純白. 其製古雅可[60]生, 用爲鎭紙, 摩弄可愛. 又見紅綠瑪瑙二大蟹, 可爲絕奇. 有白玉、瑪瑙辟邪, 長三、四寸者, 皆鎭紙佳品. 《遵生八牋》

### 壓尺

有玉碾雙螭尺.

有以紫檀、烏木爲之, 上用古做蹲螭玉帶、抱月玉兔[61]、走獸爲鈕者.

---

286 청동(靑東) : 용천요(龍泉窯)로 추정된다. 《준생팔전(遵生八牋)》 권8 〈기거안락전(起居安樂箋)〉 "향연반탁(香櫞盤槖)"을 살펴보면 청동자용천반(靑東磁龍泉盤)이 하나의 물명으로 나온다.

287 백정(白定) : 중국의 정주요(定州窯)에서 만들어 내는 순백색의 자기.

288 대모(玳瑁) : 바다거북과에 속하는 동물. 등껍질과 온몸에 얼룩얼룩한 반점이 있다.

289 《遵生八牋》 卷15 〈燕閑淸賞牋〉 中 "鎭紙"(《遵生八牋校注》, 587~588쪽) ; 《考槃餘事》 卷15 〈文房器具箋〉, 332쪽.

290 압척(壓尺) : 진지(鎭紙)의 일종으로, 자처럼 길쭉한 모양을 하고 있다. 주로 우리나라에서 애용했다.

[60] 可 : 《遵生八牋·燕閑淸賞牋·鎭紙》에는 "背".

[61] 兔 : 《遵生八牋·燕閑淸賞牋·壓尺》에는 없음.

든 압척이 있다.

일본 사람들이 금과 은을 입힌 압척이 있는데, 옛날에는 없던 제도이다. 자[尺] 모양은 평범하지만 그 위에 금을 입혀 복숭아 한 쌍의 무늬를 만들고, 은엽(銀葉, 얇은 은조각)으로 꼭지를 만들며, 표면에는 금과 은을 입혀 꽃무늬를 만들었다. 모든 가지를 둥글고 세밀하게 상감하여 그 기술의 정교하고 치밀함이 놀랄 만하다.

또 가운데에 구멍 1개가 뚫려 있는데 그 안에 작은 서랍이 붙어 있다. 서랍 안에는 칼·송곳·족집게·손발톱줄·이쑤시개·귀이개·가위가 있는데 이 서랍은 닫으면 일(一) 자 모양 막대가 되고 열면 반으로 잘린 모양이 된다. 이를 '팔면매복(八面埋伏, 팔면에 숨겨두었다)'이라 한다. 이 물건들은 모두 서랍 속에 들어 있다. 《준생팔전》291

有倭人鏒金、銀壓尺, 古所未有. 尺狀如常, 上以金鏒雙桃, 銀葉爲鈕, 面以金、銀鏒花, 皆條62環細嵌, 工緻動色.

更有一竅透開, 內藏抽斗. 中有刀、錐、鑷刀、指鉎、刮齒、消息笐耳、剪子, 收則一條, 挣開成剪, 謂之"八面埋伏", 盡于斗中收藏. 《遵生八牋》

압척(국립민속박물관)

청대(淸代) 옥으로 만든 교룡 한 쌍 모양 압척

---

291 《遵生八牋》 卷15 〈燕閑淸賞牋〉 中 "壓尺"(《遵生八牋校注》, 588쪽).

62 皆條 : 저본에는 "緣皆".《遵生八牋·燕閑淸賞牋·壓尺》에 근거하여 수정.

돼지 형상의 비각

## 19) 비각(秘閣)[292]

옛날에 길쭉한 모양으로 옥돼지를 만든 비각이 있었다.

근래에는 옥에 교룡무늬·엎드린 누에·매화 등의 모양을 새겨 넣고 길이는 0.6~0.7척 되는 비각도 있으며, 자단(紫檀)에 꽃무늬를 조각한 비각도 있고, 대나무에 꽃무늬를 조각하고 인물도 정교하게 새긴 비각도 있다.

일본 사람들이 만든 흑칠한 비각이 있는데, 홀처럼 윗부분은 둥글고 아랫부분은 모난 모양이며, 그 너비는 0.2척 남짓이고 배 부분이 약간 비워진 채로 위로 올라왔으니, 이는 행여 글자의 먹물이 묻을까 염려해서이다. 길이는 0.7척으로, 그 위에는 아교에 갠 금박가루로 꽃 모양을 묘사하였으며, 그 재질이

秘閣

有以長樣古玉彘爲之者.

近以玉碾螭文、臥蠶、梅花
等樣, 長六、七寸者, 有以
紫檀雕花者, 有以竹雕花
巧人物爲之者.

有倭造黑漆秘閣, 如圭圓
首方下. 闊二寸餘, 肚稍虛
起, 恐惹字黑. 長七寸, 上
描金泥花樣, 其質輕如紙,
此爲秘閣上品. 《遵生八
牋》

---

292 비각(秘閣): 붓글씨를 쓸 때 팔꿈치를 올려놓는 받침대.

종잇장처럼 가벼우니, 이는 비각 중의 상품(上品)이
다.《준생팔전》293

## 20) 패광(貝光)294

조개·소라로 만든 것이 많고, 그 모양이 또한 우
아하다. 다만 손에 쥐었을 때 조금 크면, 사용하기
에 불편하다.

오래된 옥으로 만든 기물 중에 가운데가 큰 동전
크기로 둥근 거품이 0.05척 정도 높이로 솟아 있는
모양인데, 옆에 3개의 귀가 달려 있어서 꿸 수 있게
되어 있는 기물이 있었다. 이것이 어떤 물건인지 알
지 못하겠지만, 패광으로 사용하기에 매우 우아하
다고 여겼다.

붉은 마노로 복숭아 모양 1개를 만든 물건이 있
는데, 조금 납작하다. 아래는 반질반질해서 종이를
문지를 수 있고, 위는 복숭아잎·줄기·가지 모양이
있으니, 이 또한 종이를 문지르기 위해 만들었다.
수정(水晶)이나 옥돌로도 이를 모방하여 만들어야
할 것이다.《준생팔전》295

## 21) 재도(裁刀, 재단칼)

요도(姚刀)296 외에는 쓸 만한 칼이 없다. 나에게

**貝光**

多以貝、螺爲之，形狀亦
雅，但手把稍大，不便用
使.

有一古玉物，中如大錢，圓
泡高起半寸許，傍有三耳可
貫，不知何物，以爲貝光雅
甚.

有以紅瑪瑙製爲一桃，稍
扁，下光硏紙，上有桃葉、
枝、梗，此亦爲硏而設. 水
晶、玉石當倣爲之.《遵生
八牋》

**裁刀**

姚62刀之外，無可入格. 余

---

293《遵生八牋》卷15〈燕閑淸賞牋〉中"祕閣"(《遵生八牋校注》, 589쪽).
294 패광(貝光) : 옥이나 나무로 밑면이 평평한 소라나 동물 모양을 만들어 종이의 면을 살살 갈아서 광택이 나
게 하는 기물.
295《遵生八牋》卷15〈燕閑淸賞牋〉中"貝光"(《遵生八牋校注》, 589쪽).
296 요도(姚刀) : 미상.
62 姚 : 저본에는 "桃".《遵生八牋·燕閑淸賞牋·裁刀》에 근거하여 수정.

오래된 도필(刀筆)²⁹⁷ 한 자루가 있는데, 청록색이 칼 전체를 싸고 있으며, 위는 뾰족하고 아래는 둥근 고리 모양이다. 길이는 겨우 1척 정도인데, 옛 사람들은 이것으로 살청(殺靑)²⁹⁸하여 글씨를 썼다. 요즘에는 문구(文具)에 넣는데, 도필이란 이름이 몹시 우아한 명칭인 듯하다. 근래에는 숭명(崇明)²⁹⁹ 지역의 재단칼이 있는데, 역시 좋다. 《준생팔전》³⁰⁰

有古刀筆一把, 靑綠裹身, 上尖下環. 長僅盈尺, 古人用以殺靑爲書. 今入文具, 似極雅稱. 近有崇明裁刀, 亦佳. 《遵生八牋》

칼자루는 서강(西羌)³⁰¹에서 나는 계칙목(鸂鶒木)³⁰²만이 가장 구하기 어려운데, 기름때가 잘 묻지 않기 때문이다. 이 나무는 절반은 자갈(紫褐)이며 속에 게발 무늬가 있고, 절반은 오목(烏木)과 같이 순흑색

刀靶, 惟西番鸂鶒[63]木, 最爲難得取, 其不染肥膩. 其木一半紫褐色, 內有蟹爪紋, 一半純黑色如烏木,

도필

---

297 도필(刀筆) : 옛날 중국에서 죽간(竹簡)을 사용할 때, 죽간에 문자를 새기거나 잘못된 글씨를 깎아내는 데 사용한 칼.

298 살청(殺靑) : 앞의 〈서재의 고상한 벗들〉하 '종이' '죽지(대나무 종이) 만드는 법'에 자세히 나온다.

299 숭명(崇明) : 지금의 중국 상해시(上海市) 숭명현(崇明縣) 일대.

300 《遵生八牋》 卷15 〈燕閑淸賞牋〉 中 "裁刀"(《遵生八牋校注》, 589쪽).

301 서강(西羌) : 2세기 중엽 티베트[西藏] 고원에 있었던 부족 및 국가명.

302 계칙목(鸂鶒木) : 서번(西蕃, 티베트)에서 산출되는 나무로, 부채살부터 큰 탁자까지 여러 용도로 쓰였다. 본문의 설명과 같이 무늬가 있는 부분과 없는 부분이 섞여 있고 무늬가 있으면 비쌌다.

[63] 鶒 : 저본에는 "鷘". 일반적인 용례에 근거하여 수정.

이며, 게 며느리발톱[303]이 있으면 값이 비쌌다. 산서(山西)[304]의 택주(澤州)[305]·노주(潞州)[306]에서 나는 불회목(不灰木)[307]으로 칼자루를 만들어도 빼어나다.《동천청록》[308]

有距者價高. 山西 澤、潞省不灰木作靶亦妙.《洞天清錄》

## 22) 가위

빈철(賓鐵)[309]로 만든 가위가 있는데, 만드는 법이 몹시 정교하다. 표면에는 양각의 꽃문양이 있고 도금을 했으며, 안쪽에는 회회자(回回字)[310]를 상감하였다. 반철(潘鐵)[311]이 남긴 일본제 접이식 가위는 옛날에 없었으므로 가지고 있다면 보물로 여길 만하다. 후세에 반드시 좋아하고 숭상하는 자들이 있을 것이다.《동천청록》[312]

### 剪刀

有賓鐵剪刀, 製作極巧. 外面起花鍍[64]金, 裡面嵌回回字者, 如潘鐵所遺倭製摺疊剪刀, 古所未有, 有則寶之. 後世必有好尙之者.《洞天清錄》

## 23) 호두(糊斗, 풀통)

구리로 만든 호두가 좋고, 세척하기도 편리하다. 옛날에 구리로 만들었고 작은 손잡이가 달린 한주

### 糊斗

用銅者爲佳, 以便出洗. 有古銅小提卣如一拳大者,

---

303 며느리발톱 : 조류의 다리 뒤쪽으로 향해 있는 돌기나 곤충 다리의 제4발 마디인 경절에 있는 돌기로, 발톱과는 다른데 부척골이 돌출한 것이다. 공격용으로 쓰인다.

304 산서(山西) : 지금의 중국 산서성(山西省) 일대.

305 택주(澤州) : 지금의 중국 산서성(山西省) 진성현(晉城縣) 일대.

306 노주(潞州) : 지금의 중국 산서성(山西省) 장치현(長治縣) 일대.

307 불회목(不灰木) : 불에 타도 재가 되지 않고 본래 모양대로 남는 나무.

308 출전 확인 안 됨.

309 빈철(賓鐵) : 빈철(鑌鐵)이라고도 한다. 잘 정련된 철. 표면에 나선무늬나 깨알 같은 흰 무늬가 있다.

310 회회자(回回字) : 아라비아문자.

311 반철(潘鐵) : 반(潘)씨 성을 가진 금공(金工). 반동(潘銅)으로도 불렸다. 《준생팔전(遵生八牋)》권15 〈연한청상전(燕閑淸賞牋)〉 "청상제론(淸賞諸論)" '논선동왜동로병기명(論宣銅倭銅爐瓶器皿)'을 보면 이 사람이 어려서 일본에 잡혀갔다가 10년 만에 돌아오는데 일본에서 금속세공기술을 배워 와서 훌륭한 문구·화병 등을 만들었다고 한다.

312 출전 확인 안 됨 ;《長物志》卷6〈器具〉"剪刀".

[64] 鍍 : 저본에는 "度".《長物志·剪刀》에 근거하여 수정.

중국 서주(西周)시대 청동기로 만든 유(卣)

먹 크기의 유(卣)³¹³ 모양 호두가 있는데, 그 위에 손
잡이가 달려 있고 뚜껑이 있어서 풀을 담아두면 쥐
가 풀을 훔쳐가는 것을 면할 수 있다.

　또 옛날에 구리로 만든 둥근 독 모양이 있었는
데, 배가 술잔 모양과 같고 아랫부분은 모난 대좌에
올려 있고, 게다가 몸체는 무겁고 두껍게 생겼다.
옛사람들이 어떤 용도로 사용했는지 알 수 없지만,
지금 호두로 사용하니 그럴싸하다.

　도기로는 건요(建窯)³¹⁴에서 나는 제품으로, 바깥
쪽은 검고 안은 희며, 기다란 물동이 모양이 있고,
정요(定窯)에서 나는 제품으로, 둥근 배 모양에 마늘
이나 부들이 그려져 있으며, 기다란 물동이 모양이
있는데, 모두 호두로 만들 만하다. 또 가요(哥窯)에
서 나는 제품으로, 곡(斛)³¹⁵과 같은 네모난 말박에

上有提梁索股, 有蓋, 盛
糊可免鼠竊.

又有古銅圓甕, 肚如酒杯
式, 下乘方座, 且體厚重,
不知古人何用, 今以爲糊斗
似宜.

有建窯外黑內白長罐, 定窯
圓肚幷蒜蒲長罐, 俱可作
糊斗. 又見哥窯方斗如斛,
中置一梁, 亦可充此.

---

313 유(卣) : 고대 중국의 술을 담는 기구 중 하나이다. 입구는 작고 배는 넓으며, 뚜껑과 손잡이가 달려 있다.
314 건요(建窯) : 중국 복건성(福建省) 건양현(建陽縣) 수길진(水吉鎭)에 있던 가마 또는 그곳에서 제작된 도자기.
315 곡(斛) : 1섬에 해당되는 부피 단위이자 이 부피를 되는 됫박을 가리킨다.

가운데는 대들보 1개를 설치한 모양을 보았는데, 이
또한 호두로 사용하기에 충분하다.

또 옛날에 구리로 만들었으며, 테가 3개 있는 기
다란 통 모양을 보았는데, 아랫부분에 다리 3개가
있고, 높이는 0.2척 정도여서 풀을 담아두기에 몹시
좋다.《준생팔전》316

又見古銅三箍⑥⑤長桶, 下
有三足, 高二寸許, 甚宜盛
糊.《遵生八牋》

### 24) 납두(蠟斗, 밀랍통)

옛사람들은 밀랍을 구워서 편지를 봉할 때에 사
용했다. 구리로 만든 것 중에 상당히 좋은 납두가
있었는데, 모두 송(宋)나라와 원(元)나라 때의 기물이
다. 지금은 비록 풀을 사용하지만 밀랍을 거두어서
납두 몇 개를 구비해두어야 한다.《준생팔전》317

**蠟斗**

古人用以炙蠟緘啓. 銅製
頗有佳者, 皆宋、元物也.
今雖用糊, 當收以備數.
《遵生八牋》

---

316《遵生八牋》卷15〈燕閑淸賞牋〉中 "糊斗"(《遵生八牋校注》, 587쪽).
317《遵生八牋》卷15〈燕閑淸賞牋〉中 "蠟斗"(《遵生八牋校注》, 590쪽).
⑥⑤ 箍: 저본에는 "哥".《遵生八牋·燕閑淸賞牋·糊斗》에 근거하여 수정.

# 3. 도장(圖章)

圖章

## 1) 도장의 품등

印品

옛날에는 삼금(鑠金)[1]·도금(塗金)[2]·곱게 연마한 금과 은(銀) 및 상(商)나라의 금과 청록색을 띤 구리로 만든 도장이 있었다. 근래에는 금이나 옥(玉)으로 만든 도장, 마노(瑪瑙)·호박(琥珀)·보석(寶石)으로 만든 도장이 있고, 가요(哥窯)·관요(官窯)·청동요(靑冬窯)[3]에서 만든 도장이 있다. 도장을 만드는 솜씨의 정교함과 유식(鈕式, 도장 손잡이의 형태)의 빼어남은 이루 다

有古之鑠金、塗金、細錯金銀及商金、靑綠銅, 辛有金者·玉者、瑪瑙·琥珀·寶石者, 有哥窯·官窯·靑冬窯者. 其製作之巧、鈕式之妙, 不可盡述.《洞天淸錄》

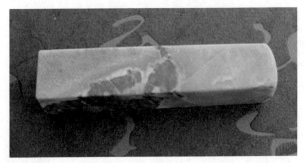

청전석 전각돌

---

1 삼금(鑠金): 금을 녹여 표면에 3~4차례 바르고 붉은색을 띠도록 불에 구워 만드는 금속 공예 기술.
2 도금(塗金): 금속의 표면에 부식을 막거나, 미관상 보기 좋게 하기 위해 다른 금속 재질을 표면 위에 덧입히는 금속 공예 기술.
3 청동요(靑冬窯): 중국 하남성(河南省) 변경(汴京) 동쪽 진류현(陳留縣)에 있던 동요(董窯) 또는 이곳에서 제작한 도자기. 청동(靑冬)은 동청(冬靑)으로 쓰기도 한다.

말할 수가 없다.《동천청록》[4]

청전석(靑田石)[5] 중에 등광석(燈光石)[6]이 있는데, 옥처럼 영롱하고 깨끗하며, 빛을 비추면 참으로 등불이 빛나는 듯이 환하다. 근래에는 다시 얻기 어려워서 값도 치솟아 귀해졌다. 속이 점(點)으로 얼룩져 있으면 좋지 않다.

이 밖에 흰색을 띤 백석(白石)이 있고, 홍석(紅石)·황석(黃石)·청석(靑石)·흑석(黑石) 등이 있다. 또 흑색과 백색이 섞여 있는 돌이 있고, 홍색과 황색이 섞

青田石中有燈光石, 瑩潔如玉, 炤之眞若燈輝, 近更難得, 價亦踊貴. 內有點汚者不佳.

外此有白石, 有紅、黃、靑、黑等石, 又有黑白間色、紅黃間色, 溫潤堅細, 可作圖

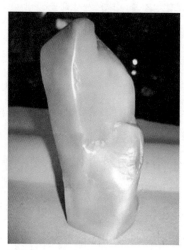

등광석

---

4　출전 확인 안 됨 ;《格致鏡原》卷40〈印章〉(사고전서전자판).

5　청전석(靑田石) : 중국 절강성(浙江省) 청전현(靑田縣)에서 나는 돌. 주로 청색을 띠며, 홍색·황색·백색을 띠는 종류도 있다. 청전석은 석질이 따뜻하고 윤택하며, 광채가 돌고 꽃문양에 특색이 있다. 등광동(燈光凍)·어뇌동(魚腦凍)·장유동(醬油凍)·봉문청(封門靑)·불경동(不景凍)·박하동(薄荷凍)·전묵(田墨)·전백(田白) 등이 명품으로 손꼽힌다.

6　등광석(燈光石) : 청전석의 일종으로, 석질이 곱고 깨끗하고 윤택하고 부드러우며, 약간 황색을 띤다. 등광동(燈光凍)이라고도 한다. 조각 공예품을 만드는 돌재료로 널리 사용되었다.

여 있는 돌이 있다. 이 돌들은 따뜻하고 윤택하고
단단하고 고와서 그림을 그리거나 글씨를 쓸 수 있
다. 《준생팔전》[7]

옛사람이 옥도장을 새기는 방법은, 힘을 써서 정
밀한 데 이르러 전문(篆文, 도장에 새긴 전서체 문자)의 필
의(筆意, 도장에 새겨진 글자의 형세)가 머리터럭만큼도 어
긋나지 않았다. 이는 틀림없이 곤오도(昆吾刀)[8]로 새겼
을 것이다. 이 방법은 곧 한(漢)나라 사람들이 사용
한 쌍구년법(雙鉤碾法)[9]으로 옥을 갈아내는 법이므로,
또한 후대의 사람들이 흉내낼 수 있는 경지가 아니
다. 그러므로 옥으로 만든 도장은 다시 감상가들에
게 진귀하게 여겨지는 물품이 되었다. 《준생팔전》[10]

## 2) 인뉴(印鈕, 도장손잡이)

일반적으로 도장의 코 부분을 '뉴(鈕, 손잡이)'라 한
다.[11] 진(秦)·한(漢)의 인뉴 모양에는 거북·교룡·벽
사수(辟邪獸)·호랑이·사자·짐승형상[獸]·낙타·물고
기·오리·토끼·동전[錢]·제단[壇]·기와·코[鼻]가 있는
데, 그 뉴(鈕)는 별도의 등급을 매겨 사용된다. 근래
에는 상아로 영롱(玲瓏)한 인물의 형상을 새겨 인뉴

書.《遵生八牋》

古人鐫玉之法, 用力精到,
篆文筆意不爽絲髮, 此必
昆吾刀刻也. 卽漢人雙鉤
碾玉之法, 亦非後人可擬.
故玉章, 更爲鑑家珍重. 同
上

## 印鈕

凡印鼻曰'鈕'. 秦、漢印鈕
有龜, 有螭, 有辟邪, 有
虎, 有獅, 有獸, 有駱駝,
有魚, 有鳧, 有兎, 有錢,
有壇, 有瓦, 有鼻, 有其[1]
鈕用以別品級. 近有以牙

---

7　《遵生八牋》卷14〈燕閑淸賞牋〉上 "論漢唐銅章"(《遵生八牋校注》, 529쪽).

8　곤오도(昆吾刀) : 중국 곤오산(昆吾山)에서 채취한 광물을 제련해서 만든 보검으로, 옥(玉)을 자를 수 있을
　　정도로 단단하고 날카롭다. '곤오할옥도(昆吾割玉刀)'라고도 한다.

9　쌍구년법(雙鉤碾法) : 옥도장에 글자를 새길 때, 글자의 획 주위를 두르는 가는 줄을 그어서 돌에 새기는 기법.

10　《遵生八牋》卷14〈燕閑淸賞牋〉上 "論漢唐銅章"(《遵生八牋校注》, 529쪽).

11　일반적으로……한다 : 크기나 형태에 따라 차이가 있지만, 도장 손잡이에 해당하는 코 부분에 양쪽으로 구
　　멍이 뚫려 있는 모양을 '뉴(鈕)'라 한다.

[1]　其 : 저본에는 "有".《印章集說·印鈕》에 근거하여 수정.

뉴(鈕)가 달린 여러 도장의 형태

를 만들었는데, 비록 정교한 솜씨로 사람의 마음에
들지만 애호품에 불과할 뿐이다. 인뉴의 전아(典雅)
하고 예스럽고 질박한 멋은 옛 인뉴만 못하다. 《집고
인보(集古印譜)12》13

石, 作玲瓏人物爲鈕者, 雖
奇巧可人, 不過翫好, 其典
雅古朴則非如古也. 《集古
印譜》

### 3) 전서(篆書) 쓰는 법

한인(漢印, 한나라의 도장)은 대부분 5글자를 사용했
고, 벽과전(擘窠篆)14은 사용하지 않았지만 위에서 (아
래로) 옮겨가는 전서의 필획은 고르게 놓여졌다. 그
러므로 좌변에 3자가 있고 우변에 2자가 있거나, 좌
변에 2자가 있고 우변에 3자가 있다.15 그중에 4글자

### 篆法

漢印多用五字, 不用擘窠
篆, 上移篆劃停均. 故左有
三字, 右有二字者；或左二
字, 右三字者. 其四字印,
則劃多者占地多, 少者占地

---

12 집고인보(集古印譜): 중국 명나라의 문인 왕상(王常, ?~?)이 16세기에 6권으로 편찬한 인보(印譜). 고금
(古今)의 인장(印章)을 계통별로 수집하고 주석을 추가한 서적이다.

13 출전 확인 안 됨；《印章集說》〈印鈕〉《續修四庫全書》1091, 617쪽).

14 벽과전(擘窠篆): 인장 표면에 가로와 세로로 격자 줄을 그어 글자 크기와 형태를 일정하게 해서 새기는 전
각(篆刻).

15 그러므로……있다: 본문의 내용과 달리 남아 있는 한(漢)나라 도장에는 좌변에 3자 우변에 2자 또는 좌변
에 2자 우변에 3자를 새긴 도장이 거의 사용되지 않았다. 4자인이 가장 많고, 5자 이상의 경우에도 3부분
으로 나뉘어 좌변부터 1·2·2의 순으로 인장이 새겨져 있다. 본문에서 말한 도장의 경우에는 아래와 같은
도장에서 찾아볼 수 있다.

가 새겨진 도장의 경우 획이 많은 글자는 면적을 많이 차지하고, 획이 적은 글자는 면적을 적게 차지한다. 5대10국(五代十國)[16] 이전에는 오히려 이와 같았지만 지금은 그렇지 않다. 《동천청록》[17]

少, 五②代以前尙如此, 今則否.《洞天淸錄》

## 4) 도장 새기는 법

지금 한(漢)나라의 도장을 본떠 새기는 사람들은 '한전도필(漢篆刀筆, 한나라의 도장을 전각하는 전문가)'이라 자부한다. 사람들이 좋아할 만한 기이한 모양을 내는 데에 이르러서는 글자의 변방(邊傍)[18]을 줄여서 새기고 자획(字劃)을 없애거나 덜어내고는 '고의(古意, 고풍스러운 느낌)가 있다'라 하니, 몹시 웃을 만한 일이다.

## 刻法

今之刻擬漢章者, 以漢篆刀筆自負. 至有好奇, 刻損邊傍, 殘缺字劃, 謂"有古意", 可發大噱.

전국시대의 도장

한나라의 도장

---

16  5대10국(五代十國): 중국의 역사에서 당나라가 멸망한 907년부터 송나라가 건립된 960년까지의 시기. 황하 유역을 중심으로 화북을 통치했던 5개의 왕조(오대)와 화중(華中)·화남(華南)과 화북(華北)의 일부를 지배했던 여러 지방정권(십국)이 흥망을 거듭한 정치적 격변기를 가리킨다.

17  《洞天淸錄集》〈古鍾鼎彝器辨〉《叢書集成初編》1552, 13쪽).

18  변방(邊傍): 글자의 왼쪽에 있는 부수를 변(邊), 오른쪽에 있는 부수를 방(傍)이라 한다.

②  五:《洞天淸錄集·古鍾鼎彝器辨》에는 "三".

무슨 말이냐면 《인수(印藪)》[19] 6질(秩) 안에는 손상된 인문(印文, 도장 문양)이 십몇 개 밖에 없다. 그런데 지금 사람들은 도장에 손상된 흔적이 있으면 곧바로 흙속에 오랫동안 넣어두기 때문에 도장의 표면이 부식되어[水銹][20] 깎여먹고, 또는 진흙이나 모래가 도장에 끼면 깎아내어 씻느라고 손상되지만, 옛 글자에는 이런 손상이 있지 않다.

고의(古意)를 구하려 한다면 어찌 옛 전서 쓰는 법과 칼 쓰는 법을 본받지 않고, 후대의 사람들이 도장을 손상시키며 겉모양만 따라하는 법을 본받는단 말인가? 이러한 점은 더욱 지금 시점에 바로 잡아야 한다. 여러 명가(名家)들이 남긴 도장과 같은 경우에는 이러한 잘못이 본래 없었다. 《준생팔전》[21]

옥도장을 새기는 법 : 왕심노(王心魯)[22]는 "옥(玉)을 새기는 법에는 별도로 약물(藥物)을 사용하거나 불에 쬐는 괴이한 방법이 없다."라 했다. 이와 함께 도

卽《印藪》六秩內, 無十數傷損印文, 卽有傷痕, 乃入土久遠, 水銹剝蝕, 或貫泥沙, 剔洗損傷, 非古文有此.

欲求古意, 何不法古篆法、刀法, 而乃法後人損傷形似? 此又近日所當辨正. 若諸名家, 自無此等. 《遵生八牋》

刻玉章法:王心魯云:"刻玉之法, 別無藥[3]物烘炙詭異." 并引用陶隱居〈蟾酥

---

19 인수(印藪) : 여러 도장을 망라한 인보(印譜)를 모아놓은 책. 중국 명대(明代)의 왕상(王常, ?~?)이 편집한 것으로, 6권으로 구성되어 있다.

20 부식되어[水銹] : 여기서는 도장이 오랫동안 흙속에 매장되어 수분에 의해 침식되었기 때문에 회황색(灰黃色)·철홍색(鐵紅色)·동록색(銅綠色)을 띤 산화물질이 도장의 표면에 들러붙는 현상을 말한다.

21 《遵生八牋》 卷14 〈燕閑淸賞牋〉上 「論漢唐銅章」(《遵生八牋校注》, 529쪽).

22 왕심노(王心魯) : ?~?. 중국 명나라의 전각가(篆刻家). 솜씨가 빼어나 한(漢)나라의 도장처럼 정교한 도장을 만들었다.

③ 別無藥 : 오사카본에는 "□□□". 오사카본 두주에는 "빠진 글자는 이후에 상고하라[缺字後考]"고 적혀 있다. 오사카본에는 채워넣지 못했던 글자가 저본·규장각본에는 두주의 지시대로 채워져 있다는 사실에서 오사카본 이후의 정리본(가장본)이 있었고, 이 정리본을 저본·규장각본에 옮겼음을 알 수 있다.

홍경(陶弘景)23의 섬수곤오도설(蟾酥昆吾刀說)24을 인용했다. 이어서 다음과 같이 말했다.

"내가 전수받은 내용은 오직 진국화강(眞菊花鋼)25을 단련하여 칼을 만드는 것이다. 칼의 너비는 5푼이고 두께는 0.03척이며, 칼끝을 수평으로 갈고 수평으로 날이 선 끝[鋒頭]을 사용한다.

새것이든 헌것이든 옥(玉)으로 된 도장에 전문(篆文)을 새길 때는 나무로 가금(架鈐)26을 만들어 고정시키고, 칼을 사용하여 글자를 따라가며 새긴다. 1번 칼을 댈 때는 옥돌에 들이지 말고, 다시 새길 때는 1번 새긴 곳을 새겨 파내며, 많으면 3번에 걸쳐 새겨서 파낸다. 그러면 옥가루[玉屑]가 떨어져 나온다. 이때 다만 칼에 너무 힘을 주면 안 된다. 힘을 너무 주면 미끄러져 도장을 새기기 어렵다. 칼은 팔뚝으로 움직여야 한다. 다시 옆에 숫돌을 놓고, 때때로 칼을 갈아가며 칼날 끝을 견고하고 예리하게 하면 더없이 좋다."《준생팔전》27

昆吾刀說〉.

"余之所受, 惟用眞菊④花鋼, 煅而爲刀, 闊五分, 厚三分, 刀口平磨, 取其平尖鋒頭爲用.

將新舊玉章篆文, 以木製架鈐定, 用刀隨文鑴之, 一刀勿入, 再鍥一刀, 多則三鍥, 玉屑起矣. 但不可以力勝, 勝則滑而難刻, 運刀以腕. 更置礪石於傍, 時時磨刀, 使鋒鋩堅利, 無不勝也."同上

---

23 도홍경(陶弘景) : 456~536. 중국 남조(南朝) 양(梁)나라의 학자이자 도인. 자(字)는 통명(通明), 호는 화양은거(華陽隱居). 양나라 무제(武帝)의 신임이 두터웠으며, 국가의 길흉(吉凶)·정토(征討) 등의 대사(大事)에 자문역할을 하여 산중재상(山中宰相)이라고 불리었다. 저서로 《진고(眞誥)》·《등진은결(登眞隱訣)》·《본초경집주(本草經集注)》등이 있다. 《이운지》의 "이운"이 그의 시에서 유래했음을 "이운지 서문"에서 밝힌 바 있다.

24 섬수곤오도설(蟾酥昆吾刀說) : 두꺼비 진액인 섬수에는 도장의 재료인 옥(玉)을 무르게 하는 성질이 있고, 곤오도는 옥(玉)에 글씨를 새길 수 있을 만큼 날카로운 칼이므로, 도장을 새길 때에 먼저 섬수와 명반(明礬)을 조금 넣어 옥(玉)의 성질을 무르게 하고 날카로운 곤오도로 글씨를 새겨야 한다는 주장이다.

25 진국화강(眞菊花鋼) : 강철의 일종으로 추정되나 미상.

26 가금(架鈐) : 도장을 새길 때에 움직이지 않도록 고정시키는 역할을 하는 거치대. 인상(印床)·전각대(篆刻臺)라고도 한다.

27 《遵生八牋》卷14〈燕閑淸賞牋〉上"論漢唐銅章"《遵生八牋校注》, 530쪽).

④ 菊 : 저본에는 "正". 《遵生八牋·燕閑淸賞牋·論漢唐銅章》에 근거하여 수정.

가금(架鈐)으로 도장을 고정시킨 모습

칼을 운용하는 법은 마음과 손이 서로 호응해야 만 각각이 그 오묘함을 터득할 수 있다. 그러나 인 문(印文)에는 주문(朱文)[28]과 백문(白文)[29]이 있고, 인장 (印章, 도장)에는 크기가 크고 작은 것이 있고, 글자의 형태에는 성글고 촘촘한 것이 있고, 글자의 획(劃)에 도 굽고 곧은 것이 있기 때문에 경솔하게 일률적으 로 새길 수는 없다.

마땅히 글자의 기세와 깊이와 굽거나 곧은 정도 와 크기를 살펴야 한다. 그렇다면 칼을 운용하는 데 에 날카로움과 무딤은 만약 글자가 크면 팔뚝의 힘 을 무겁게 해야 한다. 그리고 작으면 손가락의 힘을 가볍게 해야 하며, 글자의 간격이 성글면 침법(沈法, 글자를 깊게 새기는 법)을 써야 하고 세밀하면 부법(浮法, 글자를 얕게 새기는 법)을 써야 한다. 또 곡획(曲劃, 굽은

運刀之法, 宜心手相應, 自 各得其妙. 然文有朱、白, 印有大小, 字有稀密, 劃有 曲直, 不可一槩率意.

當審去住、浮沈, 宛轉、高 下, 則運刀之利鈍, 如大則 肱力宜重, 小則指力宜輕, 粗則宜沈, 細則宜浮, 曲則 宛轉而有肋脈, 直則剛健 而有精神, 勿涉死板軟俗.

---

28 주문(朱文): 도장에 새긴 글자가 붉은색으로 찍히는 전각. 곧 양각을 말한다.
29 백문(白文): 도장에 새긴 글자가 흰색으로 찍히는 전각. 곧 음각을 말한다.

획)은 부드럽게 돌리면서 근맥(觔脈)이 있게 하고, 직
획(直劃, 곧은 획)은 강건하게 그으면서도 정신(精神)이
담기도록 한다. 이렇게 하여 전각에 속된 기운이 스
며들지 않게 한다.

전각할 글씨를 쓸 때에 묵(墨, 글자 자체)과 의(意, 장
인의 마음자세)는 모두 지극히 발휘되어야 하니, 만약
묵(墨)을 잃고 나서 제멋대로 의(意)를 발휘하여 도장
을 새기면, 비록 다시 수식(修飾, 기교)을 더하더라도
도법(刀法, 새기는 법)을 잃는 경우는 어찌할 것인가?
《집고인보》[30]

墨意則宜兩盡, 失墨而任
意, 雖更加修飾, 如失刀法
何哉?《集古印譜》

도장 새기는 도법(刀法) 14가지는 다음과 같다.[31]

刻印十四刀法:

### 평도법(平刀法)[32]

平刀法

【평도법은 글자의 획이 바르고 곧아 칼을 잡는
기법이 근엄하고, 획마다 바르게 새겨 전각하는 획
의 간격을 굳세고 화려하게 한다. 주문(朱文)에 알맞
고, 백문(白文)에는 알맞지 않다.】

【平刀者, 字劃正直, 操刀
謹嚴, 逐劃正刻, 使篆劃
間架遒麗, 宜乎朱文, 不宜
白文.】

### 쌍입정도법(雙入正刀法)[33]

雙入正刀法

【도장을 새기는 기법은 글자를 조금 두껍게 파서
글자의 획이 원만하다. 백문에 매우 알맞다.】

【刻法稍濃, 字劃圓滿, 極
宜白文.】

---

30 《印章集說》〈刀法〉(《續修四庫全書》1091, 615쪽).
31 도장……같다: 이 문단의 출전인 《곡원인보(谷園印譜)》의 국립중앙도서관본(위창古433-56)과 일본국립국
   회도서관본(청구기호 む-22)의 판본을 확인해 보았지만, 원문의 내용을 찾을 수 없어 교감을 하지 못했음
   을 밝혀둔다.
32 평도법(平刀法): 칼을 평탄하게 잡은 자세에서 도장을 새기는 방법.
33 쌍입정도법(雙入正刀法): 정도법을 운용하면서 자획의 양쪽에서 칼을 넣어서 글자를 새기는 방법.

## 정도법(正刀法)[34]

【칼을 잡는 기법이 바르고 곧으며, 새길 때는 깊고 세밀하게 해야 한다. 백문에 알맞다.】

## 삽도법(澁刀法)[35]

【칼을 부리는 기법이 쭉쭉 뻗지 못하고 막힌[滯澁] 느낌이지만 글자가 비쩍 마르면서도 바르다. 주문과 백문에 알맞다.】

## 절도법(切刀法)[36]

【칼을 부리는 기법이 흔들림이 없고 반듯하며 획을 바르고 반듯하게 가른다. 획의 간격에도 법도가 있다. 주문과 백문에 알맞다.】

## 무도법(舞刀法)[37]

【각법(刻法)으로 칼을 재빨리 부리며 새길 때는 신룡(神龍, 신령스러운 용)이 바다를 뒤집는 듯한 방법을 사용하여 여기저기에 발톱이나 뿔처럼 뾰족한 획들을 내키는 대로 만들지만 저절로 법도를 이룬다. 그러나 요란스럽게 새겨서는 안 된다. 백문에 알맞다.】

正刀法

【操刀正直, 刻宜深細, 宜白文.】

澁刀法

【把刀滯澁, 枯槁正, 宜朱、白文.】

切刀法

【把刀緊正, 切割正直, 間架而有法, 宜朱、白.】

舞刀法

【刻法揮霍時, 用神龍翻海之法, 東爪西角, 率意而作, 自成規度, 不可亂作, 宜白文.】

---

34 정도법(正刀法): 자획을 깊고 곧게 새기는 방법. 도장 표면이 부드럽고 매끄러울 때 주로 사용한다.
35 삽도법(澁刀法): 자획을 약간 거칠게 새기는 방법. 도장 표면이 껄끄러울 때 주로 사용한다.
36 절도법(切刀法): 칼을 표면과 수직으로 해서 급한 각도로 새기는 방법. 도장 표면의 재질이 우수한 경우에 사용한다.
37 무도법(舞刀法): 글자의 초안을 미리 써놓지 않고 바로 새기는 방법.

매도법(埋刀法)[38]

【칼의 뾰족한 끝을 돌 속에 넣었다가 돋워 올리듯이 새기며, 삽도법처럼 약간 막힌 느낌이 있다. 주문에 알맞다.】

埋刀法

【使刀鋒揷入挑起, 微有澁意, 宜朱文.】

충도법(衝刀法)[39]

【칼을 부릴 때 섬세하고 날카롭게 들어올리듯이 새기며, 전서의 획이 반듯하고 세밀하다. 자획이 더러는 가늘기도 하고 크기도 하여 살아 있는 듯이 움직인다. 백문에 알맞다.】

衝刀法

【把刀纖利挑起, 篆劃方正細密, 或細或大, 生意流動, 宜白文.】

유도법(留刀法)[40]

【칼을 잡는 기법이 경쾌하고 날카롭지만 칼날은 머뭇거리듯이 움직인다. 충도법(衝刀法)에 비해 글자의 간격이 조금 빽빽하면서 막힌 느낌이 드는 듯하다. 백문에 알맞다.】

留刀法

【操刀輕利, 而刃則遲疑, 比衝少濃而澁, 宜白文.】

창상륵하이도법(搶上泐下二刀法)[41]

【도법(刀法)이 깊고 세밀하다. 주문에 알맞다.】

搶上泐下二刀法

【刀法深細, 宜朱文.】

단입정도법(單入正刀法)[42]

【쌍입정도법(雙入正刀法)과 같지만, 전서의 획이 조

單入正刀法

【如雙入正刀法, 篆劃稍

---

38 매도법(埋刀法) : 도장 표면 재질이 고르지 않을 때 양변에서 약간씩 파는 식으로 새기는 방법.
39 충도법(衝刀法) : 도장 표면 재질이 매우 단단할 때 힘을 세게 주면서 생기는 충격으로 새기는 방법.
40 유도법(留刀法) : 칼날이 들어갈 때 비교적 속도를 늦추면서 새기는 방법.
41 창상륵하이도법(搶上泐下二刀法) : 도장 표면의 결[泐]에 따라 칼날을 깊게 넣어 자획의 각 부위를 새겨나가는 방법.
42 단입정도법(單入正刀法) : 정도법을 운용하면서 자획의 한쪽으로만 칼을 넣어서 글자를 새기는 방법.

금 가늘다. 백문에 알맞다.】

細, 宜白文.】

## 경도법(輕刀法)[43]

【지도법(遲刀法)과 같다. 손을 가볍게 놀려[輕] 새
긴다. 주문과 백문에 모두 알맞다.】

輕刀法

【如遲刀法, 輕手刻之, 朱、
白俱宜.】

## 지도법(遲刀法)[44]

【칼을 잡는 기법이 회초리로 매질하는 듯하며,
획(劃)을 깊고 가늘게 새겨야 한다. 충도법(衝刀法)의
느낌을 약간 띤다. 백문에 알맞다.】

遲刀法

【操刀棰, 劃宜深細, 微帶
衝意, 宜白文.】

## 지삽이도법(遲澁二刀法)[45]

【도법은 획이 가늘고 둥근 모양을 띤다. 주문에
가장 알맞다.】《곡원인보(谷園印譜)[46]》[47]

遲澁二刀法

【刀法, 劃細而帶圓, 最宜
朱文.】《谷園印譜》

## 5) 도장 씻는 법

도장의 그림이나 글자가 오래되어 기름과 주사가
엉겨 붙으면 먼저 등잔 안에 1일 밤 동안 담가 둔다.
다음날 꺼내어 향로 안의 재를 묻힌 뒤에 단단한 종
려털[48]로 털어내고 말린 뒤에 씻는다. 만약 주사가

洗印法

圖書久爲油硃所漬⑤者,
先于燈盞內浸一宿, 次日
取出, 蘸香爐內灰, 用硬
椶刷乾洗之. 若硃未盡,

---

43 경도법(輕刀法) : 칼을 경쾌하게 운용하면서 새기는 방법.
44 지도법(遲刀法) : 칼을 천천히 놀리면서 새기는 방법.
45 지삽이도법(遲澁二刀法) : 지도법과 삽도법을 동시에 운용해서 새기는 방법.
46 곡원인보(谷園印譜) : 중국 청나라의 전각가(篆刻家) 허용(許容, 1635~1696)이 편찬한 인보(印譜). 역대로
   내려오는 도장 및 도법을 수집하여 정리하였다.
47 출전 확인 안 됨.
48 종려털 : 종려(椶櫚)의 잎자루나 껍질에 붙어 있는 갈색 섬유질로 이루어진 털. 갈가리 찢어진 모양이 짐승
   의 털과 비슷하여 솔·빗자루의 털로 사용된다.
⑤ 漬 : 저본에는 "燍".《學古編·附錄·洗印法》에 근거하여 수정.

아직 다 빠지지 않았으면 다시 향로의 재에 묻혀 주사가 다 빠질 때까지 털어낸다. 이와 같이 하면 도장에 새겨진 그림이나 글자를 손상시키지 않으면서도 새것처럼 깨끗하고 고와진다. 일반적으로 도장을 씻고 털어내려면 먼저 줄로 묶고 고정시켜 미끄러짐

更蘸刷以盡爲度. 不損印文而淸麗若新. 凡欲洗刷, 先當用繩約定以防其滑, 此法最良.《學古編》

평도법으로 새긴
진(秦)나라의 도장(《곡원인보》)

쌍입정도법으로 새긴
한(漢)나라의 도장(《곡원인보》)

정도법으로 새긴
한(漢)나라의 도장(《곡원인보》)

삽도법으로 새긴
조적문(鳥迹文)(《곡원인보》)

절도법으로 새긴
한(漢)나라의 도장(《곡원인보》)

무도법으로 새긴 도장
(《곡원인보》)

매도법으로 새긴 도장
(《곡원인보》)

충도법으로 새긴 도장
(《곡원인보》)

유도법으로 새긴 도장
(《곡원인보》)

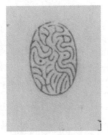
창상륵하이도법으로 새긴 도장
(《곡원인보》)

경도법으로 새긴 도장
(《곡원인보》)

지도법으로 새긴 도장
(《곡원인보》)

을 방지해야 하니, 이 방법이 가장 좋다. 《학고편》[49]

## 6) 인주(印朱) 만드는 방법

향유(香油, 참기름)에 조각(皂角)을 담그고 자기 그릇에 삶았다가 식도록 둔다. 여기에 익힌 쑥을 섞어 반죽을 만든 다음 색이 붉어질 때까지 은주(銀硃)[50]를 더한다. 명주로 만든 자루에 이 반죽을 넣고 자기 그릇이나 옥그릇에 담아 두었다가 며칠에 1번 뒤집어준다. 이때 구리나 주석 그릇에 담는 일은 피한다.

만약 날이 오래되어 향유가 마르면 졸인 향유방울을 다시 그릇 안에 담고 인주를 그 위에 올려 기름이 저절로 스며들게 해야지 위에서 아래로 기름을 부어서는 안 된다. 이 법은 찌지도 않고 기름을 사용하지도 않으면서도 시간이 지날수록 더욱 좋아지는 방법이다. 일을 좋아하는 이와 더불어 이 방법을 공유하고자 한다. 《학고편》[51]

마유(麻油, 참기름)【2근】, 아조각(牙皂角)[52]【3개】, 아주까리씨【0.5근. 껍질을 제거하고 씨를 흐물흐물해지도록 찧은 것】, 화초(花椒)【40알. 색이 변하지 않은 것】, 등황(藤黃)【1돈. 색이 빠지지 않은 것】, 명반【5푼. 빛이 나는 것】, 황백(黃柏)[53]【5푼. 발색

### 印色方

香油浸皂角, 于瓷器內煎過放冷, 和熟艾成劑, 次加銀硃, 以紅爲度. 入絹袋中, 用瓷、玉器盛之, 數日一翻, 忌銅、錫器.

若日久油乾, 復用煎下油滴取盛器內, 以印色置其上, 使自沁, 又不可自上澆下. 此法不蒸不煉, 久而益佳, 與好事者共之.《學古編》

用⑥麻油【二斤】、牙皂角【三箇】、草麻仁【半斤. 去殼, 取仁, 搗爛.】、花椒【四十粒. 取色不變.】藤黃【一錢. 取不落色.】明

---

49 《學古編》〈附錄〉 "洗印法"(《續修四庫全書》 1091, 588~589쪽).
50 은주(銀硃): 인공적으로 만든 황화수은. 주묵(朱墨)이나 약재로 사용한다.
51 《學古編》〈附錄〉 "印油法"(《續修四庫全書》 1091, 589쪽).
52 아조각(牙皂角): 조각자 나무가 노쇠하거나 손상을 받아 생긴 작은 열매. 저아조각(猪牙皂角)이라고도 한다.
53 황백(黃柏): 황벽나무의 말린 껍질. 약재 및 염료로 사용한다.
⑥ 用:《遵生八牋·燕閑清賞牋·印色方》에는 없음.

을 돕는 것], 황랍(黃蠟)[54]【5푼】, 백랍(白蠟)【5푼】, 후추【35알】, 진사(辰砂)【2냥】, 이홍(二紅)[55]【2냥】, 수화주(水花硃)[56]【4냥】을 쓴다.

이상의 약물 중에서 우선 마유(麻油)에 아주까리씨를 함께 넣고 몇 번 끓도록 졸인다. 다시 아조각·화초·후추를 넣고 수증기가 구슬처럼 떨어질 때까지 졸인 뒤에야 황랍·백랍·명반 등의 약물을 넣었다가 건더기를 들어내어 찌꺼기를 제거한다. 여기에 기애(蘄艾)[57]를 주요재료로 삼고 진사·이홍·수화주를 더하여 붉어질 때까지 뒤섞는다. 《준생팔전》[58]

아상재(雅尙齋)[59]의 인주 만드는 방법 : 북경에서 나는 아주까리기름은 채소씨기름에 비해 값이 싸다. 아주까리기름을 사다가 술 단지에 넣고 흙속에 2~3년 동안 묻었다가 쓰면, 기름의 색이 얼음처럼 희다. 사용할 때의 필요한 양마다 볕 좋은 날에 뒤집어가며 햇볕에 푹 말린다. 그런 다음에 황랍 1돈·백반가루 1돈·백급가루 2돈·금박가루(곱게 간 것) 50

攀【五分. 取其發光.】黃柏【五分. 助色.】黃蠟【五分】、白蠟【五分】、胡椒【三十五粒】、辰砂【二兩】、二紅【二兩】、水花硃【四兩】.

右件, 先將麻油同麻子熬數滾, 再下皂角、二椒, 熬至滴水成珠, 方下蠟、攀等物, 取起, 去樝, 用蘄艾爲骨, 加三朱, 拌紅爲度. 《遵生八牋》

雅尙齋印色方 : 京師蓖麻油較菜油價賤[7], 取回罎裝, 埋土內三、二年用, 色白如冰[8]. 每用斤數, 大日內翻曬至熟. 次下黃蠟一錢、白攀末一錢、白芨末二錢、金箔沙(細)五十片, 入瓶

---

54 황랍(黃蠟) : 벌집의 재료인 노란색 밀랍. 약재 및 염료로 사용한다.
55 이홍(二紅) : 홍색을 내는 염료로 주로 사용하는 홍화(紅花)와 소목(蘇木, 소방목)으로 추정된다.
56 수화주(水花硃) : 은주(銀朱)의 이칭.
57 기애(蘄艾) : 중국 호북성(湖北省) 기주(蘄州)에서 나는 쑥.
58 《遵生八牋》卷15〈燕閑淸賞牋〉中 "論文房器具" '印色方'(《遵生八牋校注》, 586쪽).
59 아상재(雅尙齋) : 《준생팔전》의 저자 고렴(高濂)의 호. 《준생팔전》을 《아상재준생팔전(雅尙齋遵生八牋)》이라 부르기도 한다.
[7] 賤 : 저본에는 "錢". 《遵生八牋·燕閑淸賞牋·雅尙齋印色方》에 근거하여 수정.
[8] 冰 : 저본에는 "水". 《遵生八牋·燕閑淸賞牋·雅尙齋印色方》에 근거하여 수정.

조각을 병에 넣어 두었다가 필요한 만큼 쓴다.

구갱(舊坑)에서 난, 두판(豆瓣) 주사를 아주 곱게 갈고 물로 3~5차례 수비하여 누렇게 뜬 물과 가루 및 바닥에 깔린 주사앙금을 제거한다. 다만 수비하여 중간에 있는 고운 주사만을 거친 주발 안에 넣고 소주를 부은 다음 향 한 심지가 다 탈 동안 약한 불로 삶는다. 그 색이 변해가면서 소주가 마르면 꺼낸다. 다시 주사를 밀가루처럼 곱게 간 뒤에야 앞의 기름에 개어 기애(蘄艾)를 섞고 작은 상자에 넣으면 오래될수록 더욱 붉어져서 검은색으로 변하지 않는다. 기름은 햇볕에 푹 말려 쓰면 오래 지나도 마르지 않는다. 이 기름을 엉기게 하는 재료로는 진품 기애를 쓰는데, 이 쑥을 100번 손으로 비빈 뒤에 여러 번 삶는다. 이때 검은 반점을 잘 제거하여 흰 솜처럼 검은 점이 하나도 남아 있지 않아야만 쓸 수 있다. 이는 몹시 빼어난 비법이니, 전각과 인주 감상을 취미로 하는 이들과 공유하고자 한다. 《준생팔전》[60]

聽用.

將舊坑豆瓣朱砂研至極細, 用水飛過三、五次, 去黃標與末後砂脚. 只用中間水飛細者, 入黸碗中, 用燒酒傾入, 微火煮一炷香. 隨其色變, 酒乾取起, 將朱又研如麵, 方和前油, 拌艾入匣, 愈久愈紅, 不變黑色. 油取曬熟, 至久不乾. 其胚用眞正蘄艾, 搓揉百次, 仍煮數遍, 務去黑星, 一點不存如綿絮然方用. 此至妙秘法, 刻同鑑家共之. 同上

인주의 주재료로 쓰이는 주사 가루

---

60 《遵生八牋》卷15〈燕閒淸賞牋〉中 "論文房器具" '雅尙齋印色方'(《遵生八牋校注》, 586~587쪽).

수비하기 직전의 주사 　　　　　　　　　　인주를 배합하는 과정

감양(甘暘)61의 인주 만드는 법 : 인주 만드는 방법으로는 수비하여 깨끗한 주사(硃砂) 7.3돈, 기름 2돈, 쑥솜털[艾綿] 7푼을 준비한다. 광채가 돌게 할 때 적금박(赤金箔) 10장, 산호가루 3푼, 진주가루 2푼을 첨가하면 오래될수록 더욱 붉어져 광채가 눈을 쏘는 듯하다. 《소창청기(小窓淸記)62》

甘暘法 : 製印色方, 飛淨硃砂七錢三分、油二錢、艾綿七分, 欲有光彩, 加赤金箔十張、珊瑚末三分、珍珠末二分, 愈久愈紅, 光彩射目.《小窓淸記》

주사 구별법 : 주사에는 구갱(舊坑)에서 난 것과 신갱(新坑)에서 난 것의 구분이 있다. 그 이름은 전두(箭頭)·두판(豆瓣)·벽사(劈砂)·말사(末砂)·화상두(和尙頭) 몇 종류가 있는데, 그 색은 홍색과 흑색의 비율이 일정하지 않다. 가장 좋은 주사는 전두이고, 그 다음은 벽사, 그 다음은 두판·화상두로, 자흑색이다. 말사·협석(夾石)은 색이 깨끗하지 않다.

辨硃砂 : 硃砂有舊坑、新坑之分. 其名有箭頭、豆瓣、劈砂、末砂、和尙頭數種, 其色紅黑不一. 最者箭頭, 次劈砂, 再次豆瓣、和尙頭, 色紫黑, 末砂、夾石不淨.

---

61 감양(甘暘) : ?~?. 중국 명나라의 전각가(篆刻家). 자는 욱보(旭甫), 호는 인동(寅東). 말릉(秣陵, 지금의 강소성 남경) 사람이다. 저서에 《인장집설(印章集說)》이 있다.

62 소창청기(小窓淸記) : 중국 명나라의 문인 오종선(吳從先, ?~?)이 편찬한 책. 옛 문헌에서 시문과 문방의 도구 등에 관한 여러 분야의 글을 뽑아 편집한 책이다. 이 책은 만력(萬曆, 1573~1620) 연간에 조선에 들어와서 많은 문인들이 읽었다고 한다. "소창청기(小窓淸紀)"로 쓰기도 한다.

그밖에 일종의 볶아낸 듯 보이는 주사가 있다. 이 주사는 색이 자주색이지만 선명하지 않고, 오래되면 검은색으로 변한다. 또 천연 유황【이를 연단(鍊丹)63하면 은홍(銀汞)64이 나온다.】에서 채취한 주사도 있다. 이 주사는 색도 뛰어나지 않아 모두 쓰기에 적당하지 않다. 써보면 토주(土硃)65와 다름없다. 《소창청기》66

外有一種炒過者, 色紫而不鮮, 久則變黑. 又有取過天硫【煉出銀汞】者, 色亦不神, 俱不宜用. 用之無異於土硃. 同上

주사 수비하는 법:붉은색을 띠며 광채가 도는 주사를 소주에 씻어내고 햇볕에 말린다. 이를 약연(藥碾)67에 넣고 곱게 간 뒤, 막자사발68에 넣고 더욱

飛硃砂法:以硃砂之紅而有光彩者, 用燒酒洗過, 曬乾, 入藥碾碾細, 用擂鉢

토주

---

63 연단(鍊丹):광물을 제련하여 단사(丹砂)를 만드는 일.
64 은홍(銀汞):수은의 이칭.
65 토주(土硃):녹슨 철이 주성분인 홍색 광물. 대자석(代赭石) 또는 수환(須丸)·혈사(血師)·철주(鐵朱)라고도 한다. 약이나 안료로 사용했다.
66 출전 확인 안 됨.
67 약연(藥碾):약재를 갈아 가루로 만드는 기구.
68 막자사발:막자와 사발을 함께 이르는 말로, 고체로 된 약재를 가루로 빻는 데 사용하는 사발모양의 기구.

약연

막자사발

곱게 간다. 그런 다음 광교(廣膠)[69] 우린 물 조금을 넣고, 다시 아주 곱게 간 뒤, 이어서 흐르는 물을 붓고 다시 10번 남짓 간다. 떠오르는 부유물들이 모두 한 곳에 모이면서 맑게 가라앉아 안정되면 누런 아교를 제거하고, 맑은 물로 일어낸다. 이 과정을 여러 번 반복하여 누런 물이 다 없어지면 햇볕에 말려 웃물과 앙금을 제거하고 쓴다. 《소창청기》[70]

아주까리기름 짜는 법[71] : 상강(霜降)[72]이 지난 뒤에, 아주까리씨를 햇볕에 말려 대그릇 안에 저장한다. 이듬해에 아주까리씨에 곰팡이가 피면 뜨겁게 볶고 절구로 찧어 부순 뒤, 기름틀에 넣고 기름을 짰다가 달여 쓴다.

細研. 入廣膠水小許, 再研極細, 仍以滾水投之, 復擂十餘下. 將浮者共逼一處, 待澄定, 去其黃膠, 以清水淘之. 待黃水旣盡, 曬乾, 去其頭脚用之. 同上

取萆麻油法 : 霜降後, 取萆麻子曬乾, 貯竹器內. 待次年黴過, 炒熱舂碎, 入榨取油煎用.

---

69 광교(廣膠) : 황소[黃牛]의 가죽을 고아 만든 아교.
70 출전 확인 안 됨 ; 《印章集說》〈飛朱砂法〉(《續修四庫全書》 1091, 618~619쪽).
71 아주까리기름……법 : 여기서부터 '오종선의 인주기름 만드는 법'까지 모두 《소창청기》를 인용한 부분이다.
72 상강(霜降) : 24절기 가운데 18번째 절기로, 양력 10월 24일 무렵.

기름 달이는 법:아주까리기름 5근, 지마유(芝麻油, 참기름) 1근, 여로(藜蘆)[73] 3냥, 저아조각 2냥, 큰 부자 2냥, 말린 생강 1.5냥, 백랍(白蠟) 5돈, 등황(藤黃)[74]【곧 민간에서는 '수도황(水桃黃)'이라 한다.】5돈, 복숭아씨 2냥, 토자(土子)【일명 '토부자(土附子)'로 곧 '오두(烏頭)[75]이다.】1돈을 그릇 1개 안에 함께 넣고 센 불로 수백 번을 끓어오르도록 끓이되 물이 마르면 그때마다 물을 더한다. 이어서 약한 불로 3일 동안 끓인 뒤 찌꺼기를 제거한다. 이를 다시 자기항아리에 담아 땅속에 3일 동안 묻었다가 꺼내어 1~2일 정도 햇볕에 말려 물기를 제거하고 쓴다. 사용하지 않을 때는 항아리 입구를 단단히 봉해두면 비록 100년이 지나도 망가지지 않는다. 재와 먼지를 가장 금한다.

쑥 다루는 법:쑥은 반드시 기주(蘄州)[76]에서 나는 것을 골라야 사용할 수 있다. 이 지방에서 나는 쑥잎은 큰 것도 좋다. 가지·꼭지를 제거하고, 석회물에 7일 동안 담갔다가 소금물 조금을 넣고 하루 밤낮 동안 삶는다. 그런 다음 짜내어 누런 물을 제거하고, 강물에 넣어 깨끗하게 씻는다. 이를 베를 햇볕에 펼쳐 놓고 말리는 법대로 말리다가 쑥이 흰색을 띠면 나무공이로 절구에 푹 찧고, 체질하여 석회가루를 제거하고 쓴다.

煎油法:蓖麻油五斤、芝麻油一斤、藜蘆三兩、猪牙皁二兩、大附子二兩、乾薑一兩五錢、白蠟五錢、藤黃【卽俗名"水桃黃".】五錢、桃仁二兩、土子【一名"土附子", 卽"烏頭"也.】一錢, 共入一器內, 以武火滾數百遍, 水乾隨時增添, 繼以文火, 三日爲度, 去渣.
復以磁罐盛之, 埋地下三日, 取出, 曬一、二日, 以去水氣用之. 如不用, 將罐口封固, 雖百年不壞. 最忌灰塵.
治艾法艾:必擇蘄州者堪用, 本地葉大者亦佳, 去其梗、蔕, 用石灰水浸七日, 加碱水少許, 煮一晝夜. 榨去黃水, 入長流水洗淨, 如曬布法, 候白, 用木杵臼熟, 篩去灰末用.

---

73 여로(藜蘆):백합과에 속하는 여러해살이풀. 독성이 있어서 농약으로 사용되며, 민간에서는 약용한다.
74 등황(藤黃):등황나무 줄기에서 채취한 황색의 수액을 굳혀 만든 약재.
75 오두(烏頭):놋젓가락나물의 덩이뿌리를 햇볕에 말린 약재. 일반적으로 초오두(草烏頭)라 부른다.
76 기주(蘄州):중국 호북성(湖北省) 기춘현(蘄春縣) 일대.

인주 배합하는 법:먼저 수비하여 깨끗하게 추출한 주사(硃砂)에 금박 등의 재료를 더하고, 기름 조금을 넣어 곱게 간다. 이어서 필요한 수량대로 기름을 넣고 몇천 번을 가는데, 많이 갈면 갈수록 더욱 붉게 된다. 인주가 건조하지도 습하지도 않을 때까지 이전에 제시한 수량대로 쑥을 첨가하며 간다.

만일 급히 쓰지 않는다면 자기항아리 안에 저장하여 5~7일 동안 햇볕에 말리면 더 좋아진다. 새로 배합한 인주는 주사와 기름이 서로 잘 섞이지 않으므로 항상 인주주걱으로 저어준다. 2~3개월 지난 뒤에 기름과 주사가 서로 섞이면 사용할 수 있을 것이다.

홍출헌(紅朮軒) 자니법(紫泥法)[77]:세상에서 말하는 인주는 반드시 선화(宣和) 연간(1119~1125)의 비법을 근본으로 한다. 이는 먹을 말할 때 역수(易水)[78]의 비법을 근본으로 하는 것과 같다. 역수의 방법은 내가 이전에 터득했지만 선화 연간의 비법은 아직 듣지 못했다. 대개 여러 책에 기록된 내용과 사방의 박식한 학자들이 소장한 방법의 경우 모두 기름을 제조하는 방법은 자세하지만 주사와 쑥을 다루는 방법은 간략하다.

合印色法:先以飛淨硃砂加金箔等料, 入油少許, 細研. 仍依數入油研數千遍, 愈多研愈紅, 如前數加艾, 不乾不濕爲度.

如不急用, 貯磁罐內, 曬五、七日更佳. 新合者, 硃、油不相混, 常用抿⑨子柄攪之. 三、二月後, 油、硃相混則可用矣.

紅朮軒紫泥法:世之言印色者必本于宣和, 猶之乎言黑者本于易水也. 易水之法, 予鄕得之;宣和之秘, 未之聞也. 蓋諸書所載及四方博雅家所藏之方, 俱詳于製油而略于砂與艾也.

---

77 홍출헌(紅朮軒) 자니법紫泥法):왕호경(汪鎬京, 1634~1701)의 인주 만드는 방법. 홍출헌은 《홍출헌자니법정본(紅朮軒紫泥法定本)》의 저자인 왕호경의 당호이다. 그는 청나라의 인주 제작 명인(名人)으로 손꼽힌다. 저서로 《황산인보(黃山印篆)》·《홍출헌인보(紅術軒印譜)》등이 있다.

78 역수(易水):중국 하북성 역현(易縣) 근처에서 시작하여 화북평야에서 대청하(大淸河)로 유입되는 강.

⑨ 抿:저본에는 "刉". 《印章集說·合印色法》에 근거하여 수정.

게다가 그 설들도 각각 일치하지 않는다. 천하의 일에는 어떤 물건이 있으면 반드시 그에 따른 법칙이 있는 법이다. 어찌 만드는 것에만 유독 일정한 법칙이 없는가? 간혹 후세 사람들의 진기한 비법으로 말미암아 〈광릉산(廣陵散)〉[79]과 같은 악곡을 복원할 수 있다고 여겨서인가?

기미(己未, 1679)년 가을, 내가 기(冀)[80] 북부에서 돌아와서 바로 홍출헌(紅朮軒)에 자리잡고 계획을 세우고 재료를 준비하여[81] 인주를 만들었는데, 그 제도가 정밀하고 좋았다. 반드시 지극히 좋음과 아름다움[82]에 이르는 방법을 모두 구하고 난 뒤에 그쳤는데, 1년이 되어서야 비로소 완성시켰다. 그 뛰어남이 일체 비교할 만한 것이 아니었다. 아울러 그 사이의 중요한 부분은 오로지 주사 물들이는 법[染砂], 쑥 물들이는 법[染艾], 기름을 햇볕에 쬐는 법[曬油]의 3가지 방법에 달려 있다. 이 방법은 진실로 이른바 '하나라도 빠지면 안 된다.'라는 것이다. 이미 그 3가지 방법을 터득하면 바로 10진(十珍, 인주의 10가지 미덕)을 이룰 것이다.

且其說, 又各不一. 天下之事, 有物必有則, 豈作者獨無一定之法則歟? 或因後人珍秘, 致成《廣陵散》歟?

己未秋, 予從冀北歸, 卽坐紅朮軒中, 經之營之, 製度精良, 必求盡善·盡美而後已, 將及一載始成, 迥非一切可以比並. 其間妙處, 全在染砂·染艾·曬油之三法, 誠所謂"闕一不可"者, 旣得三法, 便成十珍矣.

---

79  광릉산(廣陵散): 중국 서진(西晉)의 시인 혜강(嵇康, 223~262)이 죽기 직전에 연주한 금(琴) 악곡이다. 혜강 사후 실전되었으나 여러 문인들이 〈광릉산〉을 주제로 글을 지었다. 본문에서는 왕호경이 실전되었던 선화 연간의 인주 만드는 비법을 터득한 일을 마치 〈광릉산〉을 복원하는 업적에 비유하였다.

80  기(冀): 지금의 중국 하북성(河北省) 일대.

81  계획을……준비하여: 원문의 "經之營之"를 옮긴 것으로, 《시경(詩經)》〈대아(大雅)〉 "영대(靈台)"와 《맹자(孟子)》〈양혜왕 상(梁惠王 上)〉의 다음과 같은 구절에서 유래했다. "영대(靈臺)를 처음으로 세우면서 계획을 세우고 재료를 준비하니, 서민(庶民)들이 와서 일하였고 하루가 안 되어 완성되었네.(經始靈臺, 經之營之, 庶民攻之, 不日成之.)"

82  지극히……아름다움: "盡善·盡美"를 옮긴 것으로, 《논어(論語)》〈팔일(八佾)〉의 다음 고사에서 유래했다. "공자께서 소(韶)라는 순임금 시대의 음악에 대해 "지극히 아름답구나, 또 지극히 좋구나."라고 평하셨다.(子謂韶, '盡美矣, 又盡善也')"

10진이란 다음과 같다. ① 밝음, ② 시원함, ③ 윤택함, ④ 깨끗함, 이 4가지는 중요한 부분이 주사 가공하는 법과 쑥 물들이는 법에 있다. ⑤ 쉽게 마름, ⑥ 떨어지지 않음, ⑦ 질척거리지 않음, ⑧ 끈적거리지 않음, ⑨ 뿌옇지[霾] 않음, ⑩ 얼지 않음, 이 6가지는 또한 터득하는 힘이 기름을 햇볕에 쬐는 법에 있다.

비록 내가 만든 인주가 그렇다 해도 이와 같다면 오히려 의심스러운 점이 있었다. 세월이 오래 지나면 인주가 처음처럼 효과가 있지 못할까 염려되기 때문에 또한 스스로 계획을 세우고 재료를 준비하여 인주를 만들 때 고심한 것을 생각하고 나서야 마침내 차례차례 연구를 해두었다. 그 방법을 글로 써 놓고, 아울러 1개의 쪽지에 찍어 놓은 도장을 남겼다가 대략 12년이 지난 뒤에 그 효험을 보았다.

지난 몇 년 동안 바쁘다가 올해 여름에 조금 한가해지고서야 바로 이전의 문서 상자를 열어 보았다. 그랬더니 당시 쪽지에 찍힌 인장의 화려하고 아름다움이 털끝만큼도 줄어들지 않은 것이다. 또한 만든 지 17년이 지났는데, 이때에 이전의 의심이 갑자기 풀렸기 때문에 이전의 초고를 거듭 교정하고 책으로 묶어 '《홍출헌자니법정본(紅朮軒紫泥法定本)》[83]'이라 했다. 이 책이 더러는 선화 연간의 비법을 보충할 수 있을 것이다. 또한 나의 고심 때문에 다시

十珍者：一明、二爽、三潤、四潔此四者，妙處在于染砂與艾．五易乾、六不落、七不溥、八不粘、九不霾、十不凍此六者，又得力在曬油也．

雖然如是猶有疑焉，恐歲久不能如初，又自念經營苦心，遂以次第功夫，筆之于書，竝留一小箋，約過一紀而後取驗．

年來鹿鹿，今夏稍閒，乃啓前函觀之，當時箋上印章之艷麗，不減毫髮，且越十有七年矣，于是前疑頓釋，重將前藁較定成帙，名曰"《紅朮軒紫泥法[10]定本》"．或庶乎可以補宣和之秘，且不令予之苦心又成《廣陵散》也．

---

83　홍출헌자니법정본(紅朮軒紫泥法定本)：청(淸)나라 때 왕호경의 저술로, 인주를 만드는 방법이 수록되어 있다.

[10]　法：저본에는 없음.《紅朮軒紫泥法定本·染砂法》에 근거하여 보충.

주사를 수비하여 순도 높은 주사를 얻는 과정

〈광릉산〉과 같은 사례처럼 실전된 비법을 복원한 것
이 아니겠는가.

주사 물들이는 법:단사처럼 붉다면 무엇 때문에
물을 들이겠는가? 주사에 물들이기를 하는 까닭은
변하지 않는 이치가 있기 때문이다. 대개 단사는 영
기가 한데 모여 있으므로 원래부터 본래의 진기(眞
氣)를 가지고 있어 그 화려한 색을 보호한다. 하지만
인주를 만들 때는 그 진기를 제거하고 바탕의 색만
을 쓰기 때문에 세월이 점점 오래 지날수록 색이 점
점 옅어진다.

오직 화가가 주사를 쓰면 세월이 비록 오래되어
도 안색이 새것 같다. 하지만 어찌 사물에 이런저런
종류에 따라 치우친 우열이 있겠는가? 거기에 들인
공력이 같지 않을 뿐이다. 화가가 색을 칠할 때 그
공력이 쌓여 채색이 이루어지는 것이니, 이 때문에
그림을 두드러지게 하는 한 가지 방법이 있다. 이 방
법은 사람의 힘으로 주사 본연의 성질을 보전할 수
있음을 알게 한다.

내가 비로소 화가들의 방법을 모방하여 먼저 주

染砂法:赤如丹砂, 烏用染
爲? 其所以期于染者, 有
不易之理在. 蓋丹砂鍾靈,
原有本來眞炁, 護其華彩.
印色之製, 去其炁而用其
質, 所以歲漸久而色漸淡.

惟畫家用之, 歷歲雖久,
顔色如新, 豈物有偏勝于
彼此邪? 工夫不同耳. 畫家
設色, 積以成之, 所以有烘
染一法. 是知人力可以保其
天眞矣.

予乃倣之而先染砂, 雖觸

사로 염색해 보았다. 비록 이런 시도에는 비슷한 종류에 접촉하여 그 주변에까지 통하려는 의도가 있었지만, 선화 연간의 인주는 지금도 아름답고 고우니 이는 결코 이 방법을 쓰면 안 된다는 뜻은 아니다. 그러므로 내가 앞에서 "주사에 물들이기를 기약한다."라 했으니, 이는 한 번 정해져서 바뀌지 않는 방법이다.

類旁通之意, 然宣和印色, 至今艶麗, 未必不是此法, 故曰"砂期于染者", 一定不易之法也.

주사를 고를 때는 주사가 밝고 깨끗해야 한다. 깨끗하지 않으면 그 속에 철이 들어 있어 밝지 않다. 이는 방사(方士)[84]들이 연단(鍊丹)하고 남은 것으로 염려되기 때문에 가장 신중하게 골라야 한다.

選砂[11]要明淨, 不淨則夾鐵不明. 恐是方士燒鍊之餘, 最宜愼之.

주사를 갈아 즙을 내는 공정에서 처음 손으로 갈 때 만약 막자[85]를 왼쪽으로 돌렸으면 처음부터 끝까지 모두 왼쪽으로만 돌려야 한다. 만약 오른쪽으로 돌렸으면 처음부터 끝까지 모두 오른쪽으로만 돌린다. 왼쪽으로 돌리다가 오른쪽으로 돌리는 것은 절대 금한다.

乳砂, 初下手, 如左旋則自始至終俱要左, 若右旋則始終俱右, 切忌一左一右.

먼저 즙을 낸 주사를 말릴 때는 주사를 지극히 곱게 갈아야 한다. 이때 효과가 생생하게 만들어 지도록 주사가루를 수비하여 추출해내고자 한다면 소주를 넣고 주사 즙을 함께 갈되 소리가 나지 않을 때까지 간다. 여기에 다시 아교를 녹인 물 조금을 넣

先乾乳, 至細, 欲栩栩然而飛出, 則用燒酒同乳, 至無聲. 再用膠水少許, 沖河水飛之. 飛不下者粗也, 再乳, 飛紫色者脚也,

---

84 방사(方士): 중국에서 방술(方術)을 구사하던 사람. 부적을 쓰거나 약을 배합하여 불로장생 등을 추구했으며, 위진남북조(魏晉南北朝) 시대에 청담사상이 유행하면서 특히 많아졌다. 이들이 사용한 약재에는 수은·유황 등 독극물이 많았기 때문에 실제로는 사람을 중독시켜 죽음에 이르게 했다.

85 막자: 사기로 만든 작은 방망이. 덩어리 약을 갈아 가루로 만드는 용도로 사용한다.

[11] 砂: 저본에는 "妙".《紅朮軒紫泥法定本·染砂法》에 근거하여 수정.

고 강물로 수비한다. 수비했는데도 현탁액(懸濁液)86
이 가라앉지 않았으면 주사 입자가 아직 거친 상태
이다. 이때는 다시 갈아 즙을 낸다. 이를 다시 수비
하여 가라앉은 것이 자색이면, 이는 앙금[脚]이다.
앙금은 제거한다.

脚去之.

　먼저 수비하여 가라앉는 것은 현탁액[漂]이 되고,
위에 뜨는 것은 진기(眞氣)이다. 진기는 버린다.

先飛下者爲漂, 浮于漂上
者炁也. 炁棄之.

　앞뒤로 수비하여 가라앉는 현탁액은 모두 햇볕
에 말려 한 곳에서 섞고, 다시 갈아 즙을 내고 1번
수비하여 위에 뜬 진기가 없으면 바로 그친다.【일반
적으로 주사를 1번 수비할 때는 반드시 흐르는 물로
아교를 1번 추출해서 버려야 한다. 일반적으로 물은
강물을 써야 하고, 우물물을 써서는 안 된다.】

先後飛下者, 俱曬乾, 和于
一處, 再乳, 飛一次, 無炁
浮⑫即止.【凡飛砂一次,
須用滾水出膠一次, 凡水
要江河, 不宜井水.】

　수비하여 깨끗한 주사 4냥이 준비되면, 따로 북
경 연지(胭脂)87나 금화(金華)88 연지 10조각을 샘물에
담가 연지의 색과 물을 취한다. 이를 주사와 반죽하
여 물이 완전히 마를 때까지 햇볕에 말린다.

飛淨砂四兩, 用北京·金華
胭脂十片, 以天泉浸取其
色水, 拌砂曬乾, 以水完
爲度.

　잇꽃으로 쑥을 붉게 물들이는 법:쑥은 본래 붉
지 않지만 솜씨 좋은 장인이 고심하면 쑥 본래의 조
화를 빼앗아 붉은색을 낼 수 있다. 약의 5가지 맛은
각각 그 장점이 되는 약성을 가지고 있는데, 쑥은 성
질이 따뜻하고 조화로우며 잇꽃은 생생하고 새롭

紅艾法:艾本無紅, 良工苦
心, 能奪造化. 藥之五味,
各擅其長, 艾性溫和, 紅花
生新, 俱草本也. 艾之力在
絨, 紅花之精在脂, 而不

---

86 현탁액(懸濁液):액체와 미세한 입자가 골고루 혼합된 상태의 액체.
87 연지(胭脂):붉은 빛깔의 염료가 섞인 화장품.
88 금화(金華):중국 절강성(浙江省) 중부의 도시. 품질이 좋은 돼지와 약초의 생산지로 유명하다.
⑫ 浮:저본에는 "則".《紅朮軒紫泥法定本·染砂法》에 근거하여 수정.

다. 그리고 쑥과 잇꽃은 모두 초본식물[89]이다. 잇꽃을 물들이는 쑥의 효력은 솜털에 있다. 잇꽃의 정수는 기름에 있는 것이지, 식물의 모양에 있는 것이 아니다. 잇꽃의 기름은 쑥의 솜털이 아니면 합쳐지지 않으니, 반드시 공력이 들어가야 좋게 물든다. 공력이 제대로 들어가면 쑥이 곧 붉어질 것이다.

쑥은 반드시 기주(蘄州)[90] 쑥을 써야 한다. 기주 쑥은 솜털이 지나치게 많지 않을 뿐만 아니라 또한 성질이 따뜻하기도 하다.

쑥의 솜털을 쑥에서 분리해 낼 때는 쑥이 물에 닿지 않게 해야 한다. 먼저 깨끗한 쑥을 골라 햇볕에 말린 다음 절구공이로 찧고 그 가루를 체질하면 검은 점이 점점 줄어든다. 다시 햇볕에 말렸다가 간 뒤, 말총으로 엮은 촘촘한 체로 친 다음 손으로 가루를 비벼보았을 때 검은 점이 모두 없어졌으면 곧 고운 솜털이 된다.[91]

在質. 脂非絨不合, 工夫必到爲佳, 工夫一到, 艾便紅矣.

艾必蘄州, 不獨多絨, 且性又溫煖.

製絨不宜見水, 先[13]揀淨曬乾, 椎之篩之, 黑點漸少. 再曬磨之, 以馬尾羅篩, 用手搓之, 黑盡卽絨矣.

## 기름을 햇볕에 쬐는 법

기름을 햇볕에 쬔다는 말은 아주까리기름을 햇볕에 쬔다는 뜻이다. 아주까리씨를 살펴보면 껍질이 검고 속씨는 희다. 자루에 넣어 구덩이에 걸어 놓으면 금기(金氣)를 부릴 수 있으니, 이 때문에 장(腸)을

## 曬油法

曬油, 曬蓖麻油也. 按蓖麻子, 殼黑而仁白, 秉卦于坎, 得令于金, 所以有收腸拔毒之能. 昔人用之, 豈無

---

89 초본식물: 지상에 있는 부분이 연하고 목질이 아닌 식물.
90 기주(蘄州): 지금의 중국 호북성(湖北省) 기춘현(蘄春縣) 일대.
91 쑥의……된다:《紅朮軒紫泥法定本》〈紅艾法〉(《續修四庫全書》1092, 142쪽).
[13] 先: 저본에는 없음. 규장각본·《紅朮軒紫泥法定本·紅艾法》에 근거하여 보충.

수렴시키고 독을 빼내는 효능이 있다.[92] 옛날 사람들이 아주까리씨를 사용할 때 어찌 의도가 없었겠는가?

意焉?

대개 좌약(佐藥)과 사약(使藥)[93]의 여러 약미(藥味)를 끌어다 쓸 때는 그 약미의 큰 힘이 아니면 그 효과를 다 아우를 수 없다. 먼저 일반적인 불로 단련한 뒤에 태양(太陽)의 진화(眞火)를 드러내어 기름을 단련한다. 그러므로 인주의 10진(珍)에서 기름을 햇볕에 쬐는 효과가 그중 6가지나 차지하는 것이다.

蓋引用佐使諸味，非其大力，不能統攝。先以凡火煉之，後呈太陽眞火，煅就。故印色十珍，曬油功居其六也。

아주까리기름 24냥, 백급(白芨) 5돈, 창출(蒼朮) 2돈, 천부자(川附子)[94] 3돈, 육과(肉果)【곧 육두구(肉荳蔲)[95]이다】1돈, 말린 생강 2돈, 천초(川椒)[96] 3돈, 금모구척(金毛狗脊)[97] 2돈, 비상[信][98] 1돈, 반모(斑毛)【곧 반묘(斑猫)[99]이다】7마리, 조각(皂角) 1돈을 함께 사기솥에 넣어 물방울이 구슬처럼 맺히도록 졸이고 찌꺼기는 버린다. 다시 백반가루 3돈, 무명이(無名異)[100]【곧 민간에서는 '무명석(無名石)'이라 한다.】가루 3푼을 함께 자기항아리에 넣고 기름 16냥이 나

蓖麻子油二十四兩、白芨五錢、蒼朮二錢、川附子三錢、肉果【即肉荳蔲】一錢、乾薑二錢、川椒三錢、金毛狗脊二錢、信一錢、斑毛【即斑猫】七個、皂角一錢，同入砂鍋，熬至滴水成珠，去渣。再加白礬末三錢、無名異【即俗稱"無名石"】末三

---

92 자루에⋯⋯있다 : 아주까리는 그 약미가 매운맛을 띤다. 오행에서 금기(金氣)는 매운맛에 해당하니, 만물을 거두어들이고, 독기를 숙살(肅殺)시키는 효능이 있다.

93 좌약(佐藥)과 사약(使藥) : 한약은 군약(君藥)·신약(臣藥)·좌약(佐藥)·사약(使藥)으로 구성된다. 군약은 주된 약효를 내고, 신약은 군약의 효력을 보조하고, 좌약은 군약의 독성을 완화하고, 사약은 약효를 질병 부위로 인도하는 역할을 한다.

94 천부자(川附子) : 바꽃의 어린 뿌리인 부자(附子)의 이칭.

95 육두구(肉荳蔲) : 육두구나무의 과실 종자로, 주로 향신료로 사용된다.

96 천초(川椒) : 산초나무 열매의 껍질로, 주로 향신료로 사용된다.

97 금모구척(金毛狗脊) : 구척(狗脊)의 뿌리줄기로, 뼈와 근육을 튼튼하게 해주는 효능이 있다.

98 비상[信] : 비소(砒素)와 유황(硫黃)·철(鐵)로 구성된 광물인 비석을 승화시켜서 만든 약재.

99 반묘(斑猫) : 딱정벌레목 가뢰과에 속하는 곤충인 가뢰를 한방에서 약재로 부르는 명칭.

100 무명이(無名異) : 황동석과 같은 결정구조를 가지는 정방정계에 속하는 광물인 연망간광(Pyrolusite)이다.

올 때까지 햇볕에 쬔다.

분， 共入磁瓶， 曬以油至
十六兩爲度.

인주 배합법：조제한 주사 1냥, 조제한 아주까리 기름 2.4돈을 먼저 막자사발에 넣고 앞에서 언급한, 주사를 갈아서 즙내는 법대로 한다.[101] 이때 기름은 뜨지 않고 주사는 가라앉지 않을 때까지 순리대로 갈면서 배합한다. 여기에 다시 조제한 쑥솜털 5푼을 더하고, 앞의 방법에 따라 300회가 될 때까지 두루 순리대로 갈면서 배합한다.

合印色法：製砂一兩、製油二錢四分， 先入乳鉢， 照前乳砂法， 順乳至油不浮， 砂不沈， 再加製艾絨五分， 仍前順乳三百匝爲度.

인주 사용법 : 촛불 양쪽에 밝혀두고, 바람 먼저 잔잔해지면, 인주의 10진(珍), 역시 귀중한 보물이네.

옛말에 "붓과 벼루가 훌륭하면 인생의 즐거움 중 하나이다[102]."라고 했는데, 이는 훌륭한 물건이 내 안에 있다는 말이다. 인주가 나의 도장을 더욱 빛나게 해주니, 인주와 도장이 어찌 훌륭한 붓·벼루의 사이보다 더 가까운 사이가 아니겠는가?

用印色法：燒燭兩處， 風頭先完， 印色十珍， 更宜珍重. 昔云"筆硯精良， 人生一樂"， 此精良之在我也. 印色增我印章之光華， 豈不更親切于筆硯哉?

인주 사용하는 법:

① 거두어 보관하기를 신중히 하라. 【옛날 자기로 만든 인주합을 최고로 치고, 밝은 옥이 다음이다. 하지만 구리·주석은 좋지 않다. 옻그릇은 가장

作用法：

一， 愼收貯 【舊磁第一， 晶玉次之， 不宜銅、錫， 最忌漆器, 犀、象及石尤所忌

---

101 앞에서……한다: 앞의 "주사 물들이는 법"에 나온다.
102 붓과……하나이다: 중국 북송(北宋)의 시인 소순흠(蘇舜欽, 1008~1048)의 '밝은 창 옆 정결한 책상에 붓과 벼루, 종이와 먹이 모두 매우 훌륭하니, 또한 그 자체만으로 인생의 즐거움 중 하나이다.(明窓淨几, 筆硯紙墨, 皆極精良, 亦自是人生一樂.)'라는 말에서 유래한다.(《설부(說郛)》 권88 하〈학서위락(學書爲樂)〉).

금해야 하며, 코뿔소뿔이나 상아 그리고 돌도 더욱
금해야 할 물건이다.】

② 색을 윤택하게 간수하라.【인주를 인주합 중
앙[池中]에 거두어 보관하되, 불탑을 쌓듯이 끌어 모
으고, 사면에 기름기가 돌게 하면서, 항상 인주의
둘레를 잘 간수하면 색이 선명하게 유지되고 또한
오랫동안 사용할 수 있을 것이다.】

③ 부지런히 인주를 뒤집고 섞어라.【주사의 형
체는 아래로 가라앉으려 하고, 기름의 성질은 위로
뜨려 한다. 이 둘을 뒤집고 섞어 고르게 되면 각각
의 모양과 성질이 조화를 이룬다. 10~15일에 1번 섞
어주어야 한다. 그러면 종이 위에 도장을 찍었을 때
자연스레 신령스런 빛깔이 보인다.】

④ 도장 찍을 때 흔들림을 경계하라.【도장을 바
르게 잡고 종이에 찍되, 절대로 흔들리면 안 된다.
만약 도장이 한 번 흔들렸다면 백문(白文, 음각 글자)
은 가늘어지고, 주문(朱文, 양각 글자)은 거칠어진다.
흔들림이 심하면 글자 모양이 흐리고 분명하지 않아
도장을 찍는 본래의 뜻을 잃어버린다.】

⑤ 도장에 묻은 인주를 깨끗하게 닦아주어야 한
다.【도장을 사용할 때마다 다 쓰고는 바로 닦아서
청결에 힘써야 한다. 만약 도장에 묻은 인주를 닦지
않으면 인주 찌꺼기가 도장에 달라붙는다. 그러면
다음에 도장을 찍을 때 인주색을 망가뜨릴 수 있고,
도장 또한 망가뜨리게 된다.】

也.】

一, 養色澤【收貯池中, 如
攢寶塔, 油在四邊, 常令圍
養, 色則鮮明, 又能永久.】

一, 勤翻調【砂體沈下, 油
性浮上, 翻調旣均, 和其
體性, 十日, 半月, 宜調一
次. 印出紙上, 自然有神.】

一, 戒動搖【持正按下, 切
勿⑭動搖. 苟一動搖, 白文
則細, 朱文則粗. 甚至糢
糊, 失其本意.】

一, 宜拭淨【隨用隨拭,
務宜潔淨. 苟若不拭, 殘物
粘滯, 能壞印色, 更壞印
章.】

---

⑭ 勿 : 저본에는 "物". 규장각본에 근거하여 수정.

⑥ 도장 받침을 얇게 해야 한다. 【종이 받침이 얇으면 도장 자국이 평평하고 반듯하지만, 두터우면 높고 낮은 굴곡이 있다. 종이는 24~30장을 1질로 엮는 단위를 기준으로 하여 서재에 준비해 둔다. 이때 책을 도장 받침으로 사용하지 않도록 또한 삼가야 한다.】

一, 宜薄墊【薄則平正, 厚則高低. 紙以二十四及三十張, 訂成一帙, 以備文房. 不用書卷, 又爲敬愼.】

⑦ 인주를 뒤집어 햇볕에 쬐어야 한다. 【봄과 겨울에는 햇볕이 따뜻하므로, 2시간 동안 햇볕에 쬐어야 하며, 여름과 가을에는 햇볕이 뜨거우므로, 15분 동안만 햇볕을 쬐어야 한다. 이때 뚜껑을 꽉 닫아야 하니, 지저분한 먼지가 낀 채로 오래도록 고정되어 인주가 저절로 망가지지 않도록 해야 한다.】

一, 宜翻曬【春冬日煖, 宜曬一時;夏秋日烈, 宜曝曬一刻. 更宜愼密, 毋使灰落, 久而不動, 印色自壞.】

⑧ 황사(黃砂)와 습기를 조심하라. 【망종(芒種)103이 지난 뒤에 황사가 찾아오므로, 인주 보관은 대개 높은 누각이 좋다. 기주(冀州)104의 북쪽에서 불어오는 바람이 세차서 지저분한 먼지가 들어오지 않게 막아야 하며, 남쪽 지역 산의 자욱한 안개비와 염분이 많은 땅에서 올라오는 습기를 막기 위해서는 높은 곳에 보관하고 뚜껑을 꽉 닫아두며, 또 수시로 햇볕을 쬐어주어야 한다.】

一, 愼霾、濕【芒種後霾, 槪宜高閣, 冀北風高⑮, 防其灰入, 南山煙雨, 斥鹵卑濕, 高藏愼密, 又宜常曬.】

인주 휴대하고 멀리 가기:밖으로 외출할 때는 물을 건너든지 산을 오르든지 관계없이 반드시 따로

携遠:出外, 不問涉水登山, 必須另換一長磁罐盛之.

---

103 망종(芒種):24절기의 하나. 양력 6월 5일 무렵으로, 보리가 익고 모를 심기 좋은 때이다.
104 기주(冀州):중국 고대의 구주(九州)의 하나. 지금의 하북(河北)·산서(山西)의 두 성(省) 및 하남(河南)·황하(黃河) 이북(以北), 만주(滿洲) 요령성(遼寧省) 요하(遼河)의 서쪽 땅.
⑮ 高:저본에는 없음.《印學要言》에 근거하여 보충.

긴 자기병 1개에 인주를 바꾸어 담는다. 병 위쪽은 그 사방을 비워두어 인주기름이 스며드는 것을 막는데, 기름이 스며들면 인주를 망가뜨릴 뿐만 아니라 기름이 다른 물건도 오염시킬 우려가 있기 때문이다. 반드시 다시 고운 삼베 1장으로 인주병을 덮어서 보호하면 잘 정돈되어 별 탈이 없고, 수레나 말에 싣고 가거나 사람이 지고 가도 모두 걱정이 없을 것이다.

## 잘못된 상식 피하기

잘못된 상식은 터무니없는 데서 생겨나서 오래되면 낭설이 되고, 낭설은 또 다른 낭설을 전하게 되니, 장차 어디에서 그치겠는가? 여기서는 몇 가지 단서를 지적하여 그 대강을 보이고자 한다. 어떤 사람은 "산호를 첨가해야 붉은빛이 밝게 드러난다."라 했다. 그러나 산호의 색은 전혀 알지 못하고 인위적으로만 붉은빛을 내려는 것이니, 그 설은 잘못된 것이다.

또 "금박즙을 넣어야 인주가 금빛처럼 찬란하다."라 했는데, 우선 그 이치의 옳고 그름은 논하지 말고 바로 그 방법에 근거하여 말해 보자. 인주 1냥에 금박 20장을 넣는다고 할 때, 금의 무게를 모두 합쳐 계산하더라도 겨우 0.001냥 정도일 뿐이니, 어찌 오래갈 수 있겠는가? 그 설은 또한 잘못된 것이다.

---

16 謬: 저본에는 없음. 규장각본에 근거하여 보충.
17 金: 저본에는 없음. 규장각본에 근거하여 보충.

---

上虛其四防沁油也, 油沁不惟壞印色, 恐油汚他物. 須再用一錫套護之, 安頓妥帖, 載之負之, 俱無虞矣.

## 闢謬

謬16因妄生, 久而成譌, 以譌傳譌, 將安抵止? 聊摘數端以見其槪. 或曰: "宜加珊瑚, 紅光顯灼." 殊不知珊瑚之色, 人力爲之, 其說謬矣.

又曰: "宜入乳金, 金碧輝煌." 且勿論其理之可否, 卽據其方而言之. 印色一兩, 加飛金二十張, 會計金17之重, 僅釐許, 豈能久乎? 其說又謬矣.

또 "석청(石靑)을 더하여 인주를 아름답게 할 수 있다."는 말이 있다. 무릇 단사(丹砂)와 석청(石靑)[105]은 같은 팔석(八石)[106]에 속한다. 화가는 그림을 그릴 때 그 색을 사용하고, 의원은 치료할 때 그 약재의 맛(약성)을 사용한다. 그런데 이미 화가들의 비전(秘傳)에서 그런 말을 들은 적이 없고, 또 《황제내경(黃帝內經)》[107]에 그런 내용이 보이지 않는다면, 그 설은 더욱 잘못된 것이다.

대개 인주의 화려한 빛깔과 아름다움은 원래 만드는 방법의 훌륭함에 달려 있다. 소견이 좁은 사람들이 사물의 원리를 알아보지는 않고 노력을 아끼기를 바라고, 이것이 저것을 대신할 수 있다고 생각한다. 이 때문에 가끔 여러 터무니없는 말들이 생기지만, 이런 일들은 한 번이 아니라 매우 잦다. 그러므로 "잘못된 상식은 터무니없는 데서 생겨난다."고 말했던 것이다. 학식과 덕행을 겸비한 군자들이 그 거짓을 받아들이지 않기를 바란다.

更有言"加石靑, 能令印色發艷"者. 夫丹砂、石靑, 同一八石也. 畫家用其色, 醫家用其味, 旣不聞于丹、靑之秘, 又不見于岐、黃之篇, 則其說尤謬矣.

蓋印色之光華艷麗, 原在于製度精良. 庸人不究物理, 希圖省力, 意謂此可以代彼, 所以有種種諸妄, 不一而足, 故曰"謬因妄生". 博雅君子, 幸毋受其欺也.

---

105 석청(石靑) : 적동광(赤銅鑛)을 막자사발에 넣고 천천히 물을 뿌려 가며 곱게 갈아 만드는 청색 안료.

106 팔석(八石) : 고대에 도가의 연단술에서 자주 사용하던 단사(丹砂)·웅황(雄黃)·자황(雌黃)·석청(石靑)·운모(雲母)·유황(硫黃)·융염(戎鹽)·초석(硝石) 등의 8가지 광물.

107 황제내경(黃帝內經) : 가장 오래된 중국의 의학서로, 중국 신화의 인물인 황제와 그의 신하이며 천하의 명의인 기백(岐伯)과의 의술에 관한 토론을 기록한 것이라고 한다. 그러나 실은 진한(秦漢)시대에 황제의 이름을 가탁(假託)하여 저작한 것으로 보인다. 이 책은 본래 18권으로, 전반 9권은 소문(素問), 후반 9권은 영추(靈樞)로 구분된다. 소문은 천인합일설(天人合一說)·음양오행설(陰陽五行說) 등 자연학에 입각한 병리학설을 주로 다루었고 실제 치료에 대한 기록은 적다. 영추는 침구(鍼灸)와 도인(導引) 등 물리요법을 주로 다루었고 약물요법에 대해서는 언급이 별로 없다. 현존하는 내경으로는 당(唐)나라의 왕빙(王氷, 710~805)이 주석(注釋)을 첨부한 24권본이 있다. 이보다 앞서 수(隋)나라의 양상선(楊上善, 589~681)이 편집한 《황제내경태소(黃帝內經太素)》 30권이 있었지만 지금은 소실되어 전해지지 않는다.

보충:인주에는 5가지 빛깔이 있다. 자색은 자분(紫粉)[108]을 사용하고, 홍색은 단사를 사용하고, 청색은 석청을 사용하고, 녹색은 석록(石綠)을 사용하고, 흑색은 청연(靑煙)[109]을 사용한다. 꿀과 소주 같은 양을 함께 넣어 찌는데, 어떤 색이든 관계없이 다만 골고루 섞는 과정이 중요하다. 여기에 다시 쑥솜털을 넣고 반죽하여 사용한다. 내가 예전에 이 방법을 시험해 보니, 다만 필요할 때마다 인주를 만들어 쓸 수는 있었지만, 이틀 밤을 보존할 수 없었다. 어떤 사람은 이것이 옛 방법이라 하니, 참고로 여기에 기록하여 참고하도록 한다.

補遺:印色有五彩. 紫者用紫粉, 紅者用丹砂, 靑者用石靑, 綠者用石綠, 黑者用靑煙. 以蒸蜜同燒酒等分, 不拘某色, 但要調均. 再入艾絨拌用. 子曾試之, 只可隨用, 不能留信宿. 或云此古法也, 載之備考.

아주까리기름 만드는 법:좋은 땅을 고를 필요도 없고, 사람이 수고할 필요도 없다. 청명(淸明)[110]이 지난 뒤부터 하지(夏至)[111] 사이에 아주까리씨를 뿌렸다가, 중추(中秋)[112]가 지난 뒤에 거둔다. 먼저 햇볕에 쬐어 말린 뒤, 바깥 껍질[113]을 제거하여 다시 솥에 넣고 조금 볶은 다음 껍질[114]째 찧어 부순다. 이를 다시 솥에 넣고 물 조금으로 여러 번 끓어오르도록 삶는다. 기름 나오는 것이 보이면 베로 부순 씨를 싼 뒤, 나무판으로 기름을 짠다. 이를 햇볕에

草麻取油法:不擇地, 不勞人力, 淸明後夏至前布子, 中秋後收之. 先曬乾, 去外包衣, 再下鍋, 微炒, 連殼擣碎, 重下鍋, 用水少許, 煮數沸. 見油起, 以布包, 用木版榨下油. 曬澄去脚, 收油聽用【若子收多, 則往油坊打油, 最易也.】

---

108 자분(紫粉):이끼나 지의류(地衣類)로 만든 염료의 일종.
109 청연(靑煙):미상. 그을음으로 만든 먹으로 추정된다.
110 청명(淸明):24절기의 하나. 춘분(春分)과 곡우(穀雨) 사이에 들며, 양력 4월 5일 무렵이다.
111 하지(夏至):24절기의 하나. 망종(芒種)과 소서(小暑) 사이에 들며, 양력 6월 21일경으로, 북반구에서는 낮이 가장 길고 밤이 가장 짧다.
112 중추(中秋):가을이 한창인 때라는 뜻으로, 음력 8월 15일을 달리 이르는 말.
113 바깥 껍질:씨를 싸고 있는 두껍고 잔가시가 붙어 있는 껍질을 말한다.
114 껍질:속씨를 싸고 있는, 검은색의 얇은 껍질을 말한다.

쬐고 맑게 가라앉혀 앙금을 버린 다음 기름을 거두어 필요할 때 쓴다.【만약 아주까리씨를 많이 수확했으면 기름집에 가서 기름을 짜는 것이 가장 쉬운 방법이다.】

의사들의 말에 따르면, "약은 그 약의 본산지에서 나야 한다."고 하니, 본산지의 질 좋은 재료를 구할 따름이다. 다만 아주까리기름은 북방에서 나기 때문에 애초에 멀리 가서 구하기가 어려운 데다가 시장에서 파는 기름도 이런저런 기름이 섞여 순수하지 않은 것이 많다.

만약 질 좋은 아주까리기름을 얻으려면 자기가 직접 심은 아주까리씨에서 기름을 얻는 것보다 빼어난 방법이 없다. 더구나 씨를 뿌리는 곳마다 씨 1톨당 뿌리 5~7승을 수확할 수 있으며, 4승으로는 기름 1근을 얻을 수 있다. 그러니 아주까리씨는 인주 같은 문방구를 만드는 데에 도움이 될 뿐만이 아니라, 만약 넓은 땅에 심으면 기름을 짜서 등불기름을 만들 수 있고, 뿌리로는 땔감을 만들 수 있으니, 또한 범려(范蠡)[115] 같은 부자가 될 수도 있다.

위와 같이 보충하는 글 1편을 짓는다. 병자(丙子, 1636)년 단오날에 홍출헌주인(紅朮軒主人) 왕호경(汪鎬

岐、黃家有言"藥須道地", 取其眞而已. 獨蓖麻油産北方, 旣難致遠, 且市者又多雜油無純.

眞者, 莫若自種蓖麻子取油爲妙. 況隨處布子, 一粒卽可收五七升, 四升取油一觔, 不但可佐文房, 若廣樹之, 取油造燭, 以荄作薪, 又可爲陶朱公.

作一補遺之篇矣. 丙子端陽日, 紅朮軒主人汪[18]鎬京

---

115 범려(范蠡) : ?~?. 중국 춘추시대 말기의 정치가. 자는 소백(少伯). 월나라 왕 구천을 도와서 오나라를 멸망시켰다. 나중에 제나라에 가서 재상에 오르기도 했으며, 자리에서 물러나서는 당시 교통과 상업의 중심지였던 도[陶, 산동성(山東省) 정도현(定陶縣)]로 가서 도주공(陶朱公)이라 칭하고 상업에 종사하여 거부가 되었다고 전한다. 《임원경제지》에는 그의 이름을 가탁한 《증보도주공서(增補陶朱公書)》가 자주 인용되었다.
[18] 汪 : 저본에는 "注". 인명에 근거하여 수정.

京)[116] 쓰다.[117]

識.

### 오종선(吳從先)[118]의 인주기름 만드는 법

인주 만드는 옛날 방법에서는 아주까리기름이나 달인 책유(䊆油)[119]를 사용했지만, 모두 좋지 않다. 근래에 전해진 방법 가운데 천산갑(穿山甲)[120]기름을 사용하는 방법은 이 기름의 질척하게 흐르지 않는 성질을 활용한 것이다. 이를 시험해 보면 참으로 빼어나다. 《소창청기》[121]

吳從先印油法

印色古方, 用萆麻油, 或用煎䊆油, 皆未爲佳. 近傳用穿山甲油, 取其不滲, 試之則良妙. 同上

인주를 만들 때는 참기름 0.5냥 정도에 아주까리씨 10여 알을 넣은 다음 찧어 부수고 아주까리씨가 황흑색이 되도록 함께 달인 뒤 아주까리를 제거한다. 여기서 추출한 기름을 묵은 쑥과 함께 반죽하여 점도를 알맞게 해준다. 그런 다음 인주가 홍색이 되도록 은주(銀硃)를 필요한 양에 따라서 조금 넣는다. 그러면 인주를 다시 모사(帽紗)나 비단 깁과 같은 직물을 인주 위에 깔아놓지 않아도, 도장으로 인주를

印色, 眞麻油半兩許, 入萆麻子十數粒, 搥碎同煎, 令黃黑色, 去萆麻, 將油拌挼熟艾, 令乾濕得所. 然後入銀硃, 隨意少許, 色紅爲度, 更不須用帽紗, 生絹之類襯隔, 自然不霑塞印文, 而又不生白醭, 雖十年

---

116 왕호경(汪鎬京): ?~?. 중국 청(淸)나라 사람으로 안휘성(安徽省) 흡현(歙縣) 출신. 자는 쾌사(快士), 호는 서곡(西谷), 당호는 홍술헌(紅術軒) 또는 홍출헌(紅朮軒). 저서에 《홍출헌인보(紅朮軒印譜)》·《황산인전(黃山印篆)》·《홍출헌자니법(紅朮軒紫泥法)》이 있다.

117 앞의 '홍출헌 자니법'부터 이곳까지는 《홍출헌자니법정본》 전문이다.

118 오종선(吳從先): ?~?. 중국 명나라 문인으로 남직예(南直隷) 상주부[(常州府, 현재 강소성(江蘇省) 상주시(常州市)] 출신. 자는 영야(寧野), 호는 소창(小窓). 대략 가정(嘉靖, 1522~1566) 연간에 태어나서 숭정(崇禎, 1628~1644) 연간 말에 죽은 듯하다. 문인 진계유(陳繼儒) 등과 교유했다. 저서로는 《소창자기(小窓自記)》·《소창염기(小窓艶記)》·《소창청기(小窓淸記)》·《소창별기(小窓別記)》 등이 있다.

119 책유(䊆油): 미상. 책(䊆)은 산자(饊子, 유밀과)나 전병이라는 뜻으로, 이를 만들 때 사용하는 식용유로 추정된다.

120 천산갑(穿山甲): 천산갑과에 속하는 포유동물로, 이마에서 꼬리 끝까지 넓고 단단한 갈색 비늘이 기왓장을 덮은 모양으로 덮여 있다.

121 《小窓淸記》 坤(서울대 중앙도서관 0330 138).

묻힐 때 자연스럽게 도장의 글자 사이로 인주가 스며들거나 끼지 않는다. 또 하얀 곰팡이도 생기지 않아 비록 10년이 지나도 곰팡이가 피지 않는다.

다른 방법:밀랍을 사용하여 만든 품질이 가장 좋은 인주는 종이 바탕이 비록 오래되어도 인주의 색은 더욱 선명하게 찍힌다.《거가필용》[122]

不燃.

一法:用蜜最善者, 紙素雖久, 色愈鮮明.《居家必用》

## 인주 만드는 법

① 기름을 햇볕에 쬐기:6월 초복(初伏)[123]날에 아주까리기름을 사용하거나, 질 좋은 지마유(芝麻油, 참기름)를 사용한다. 1근마다 새로 나온 백급(白芨)조각 4냥을 넣는데, 황흑색은 가려낸 뒤, 밥짓는 솥 위에 놓고 쪄서 부드럽게 한다. 또 후추 1냥을 기름에 넣고 적당히 두드려 부순 다음 큰 사기주발 안에 넣고 면보자기로 주발 위를 덮어 뜨거운 햇볕에 삼복(三伏)이 지날 때까지 쬐어 준다. 기름색이 물처럼 희고, 시험 삼아 종이 위에 기름을 떨어뜨려 보았을 때, 동심원이 생기면서 번지지 않으면 곧 기름이 완성된 것이다.

② 쑥솜 조제하기:쑥을 불에 말리거나 햇볕에 쬐어 말리고, 너무 거칠거나 자잘한 가지는 골라서 버린다. 또 주무르면서 거친 껍질을 버리되, 솜처럼 될 만큼 너무 많이 주물러서는 안 된다. 쑥을 사기 항아리에 넣고 강물로 몇 번 끓어오르도록 달여 누런

## 造印色法

一曰曬油:六月上伏日, 用蓖麻油, 或眞芝麻油. 每一觔入新白芨片四兩, 揀去黃黑者, 飯鍋上蒸軟. 又入胡椒一兩, 略敲破分, 入大磁盌內, 以絲綿覆盌面, 曬烈日中, 盡三伏爲度. 油色白如水, 試之以譜紙上, 不暈開, 卽油成矣.

二曰製艾:將艾或烘或曬乾, 揀去粗細枝榦. 又揉去粗皮, 不可大揉見綿. 將艾入砂礶, 以河水煮數沸, 去黃水, 又換水煮, 如此

---

122 《居家必用》戊集〈文房適用〉"印色",《居家必用事類全集》, 201쪽).
123 초복(初伏):삼복(三伏) 가운데 첫 번째로 드는 복날. 하지가 지난 뒤 셋째 경일(庚日)에 든다.

물은 버리고, 또 물을 갈아가며 이와 같이 10여 차
례 달인다. 쑥을 거두어 물기를 제거하고, 종이 위
에 널고 햇볕에 쬐어 멍울이 없어질 때까지 말리는
데, 만약 멍울이 있으면 다시 달인다.

③ 배합:평사(泙沙)[124] 8냥마다 기름 3냥을 넣는
다. 백랍(白蠟)·황랍(黃蠟) 각각 2.5돈, 백반(白礬) 2돈
을 기름 안에 넣고 고르게 휘젓는다. 이를 자기 항
아리에 넣고 유지(油紙)와 피지(皮紙)[125]로 단단하게
봉한 다음 며칠 동안 햇볕에 쬐어 말린 뒤 바로 쑥
솜 5돈을 반죽하여 넣는다.

다른 방법:먼저 쑥을 인주합[印池]에 넣은 다음
기름에 넣고 섞어서 기름이 쑥에 스미도록 한 뒤,
주사를 넣고 진한 홍색을 띨 때까지 반죽한다. 이때
홍색을 띠지 않으면 주사를 더하고, 마르면 기름을
더한다.

기름을 스미게 하고 쑥을 더하여 주사를 만드는
법:주사 중에 화살촉이나 귀리와 같은 모양으로, 모
나고 밝게 빛나는 것이 좋다. 벽사(劈砂, 얇게 쪼개진 주
사)·말사(末砂, 가루 주사)·화상두사(和尙頭砂, 둥글둥글
한 주사)는 모두 사용할 수 없다. 먼저 주사를 찬물로
씻어 돌 사이에 낀 어두운 부분을 가려낸 다음 막자
사발에 넣고 아주 곱게 간다. 주사 1근마다 강물 20
주발에 오매육(烏梅肉) 2냥을 넣고 달인 다음 광교(廣
膠) 2돈을 넣고 함께 졸여서 고루 녹인다. 다 식으면

十餘次. 將艾取起擠水滴,
紙上曬乾, 以無痕爲度, 如
有痕則再煮.

三曰配合:每泙沙八兩, 入
油三兩, 白蠟·黃蠟各二錢
半、白礬二錢, 入油內攪
均. 磁罐盛, 油紙、皮紙封
固, 日中曬數日, 却以艾綿
五錢拌入.

一法:先將艾入印池內, 次
入油和透, 次入朱砂, 拌以
極紅爲度, 不紅加砂, 乾則
加油.

油透加艾製硃砂法:硃砂
如箭鏃如喬麥起稜明瑩者
佳. 劈砂、末砂、和尙頭砂,
俱不可用. 先以冷水洗過,
揀去頑黯夾石者, 入乳鉢
內, 研極細. 每砂一觔, 用
河水二十盌, 入烏梅肉二
兩煎湯, 以廣膠二錢投入,
同熬化均. 候冷, 去滓瀘

---

124 평사(泙沙):미상. 주사의 한 종류로 추정된다.
125 피지(皮紙):닥나무껍질의 찌꺼기로 뜬 종이로, 품질이 좋지 않다.

찌꺼기를 걸러내어 맑게 하고, 이 맑은 즙으로 주사를 수비한다.

주사에 오매육·광교 달여 식힌 물을 차츰 더하여 점점 맑게 하는데, 끓인 탕이 다 없어질 때까지 그릇을 조금씩 조금씩 기울여 누런 물을 따라서 제거한다. 종이로 주발의 윗면을 덮어 햇볕에 두고 주발의 주변을 데워 말린다. 이때 주사가 햇볕을 직접 받도록 해서는 안 된다. 주사를 햇볕에 말린 뒤에는 다시 갈아 또 이전처럼 수비한다. 별도로 오매탕을 달여 맑게 가라앉히면서 식은 물로 수비하되, 누런 즙이 전부 제거되고서야 그친 다음 이전처럼 주발의 주변을 데워 말린다. 주사를 갈 때마다 한 사람이 힘을 다하여 대략 한나절 동안 갈도록 한다.《고금비원》[126]

清, 用飛朱砂.

漸加漸澄, 輕輕傾去黃水, 以湯盡爲度. 以紙覆盌面, 置日邊熁乾, 不可正曬, 日中乾後, 復研又如前. 另煎烏梅湯, 飛澄, 黃漉盡而止, 熁乾. 每研時, 盡一人之力, 約半日爲度.《古今秘苑》

## 7) 도서갑(圖書匣)[127]

송나라 때 척홍(剔紅)[128]으로 겉면을 칠한 3단 도서갑과 2단 도서갑이 있으며, 발로 만든 덮개가 달린 것도 있다. 근래에는 척홍과 척흑(剔黑)[129]으로 칠한 도서갑 2종이 있고, 또한 2단 도서갑이 있는데, 네모난 도서갑만이 그 대부분을 차지한다. 이 밖에

## 圖書匣

有宋剔紅三撞者、二撞者, 有罩蓋者. 新剔紅、黑二種, 亦有二撞者, 但方匣居多. 有塡漆者, 有紫檀彫鏤鑲嵌玉石者, 有古人玉帶

---

126《古今秘苑》1集 卷3〈造印色法〉, 5쪽;《古今秘苑》1集 卷3〈製硃砂法〉, 5쪽.

127 도서갑(圖書匣): 도장을 보관하는 상자.

128 척홍(剔紅): 중국 송(宋)나라 칠기 공예의 일종인 조칠(雕漆) 공법의 하나로, 옻칠을 두껍게 하여 일정한 두께를 만든 다음 목판조각을 하듯 인물이나 화초를 거기에 조각하여 주홍칠(朱紅漆)하는 것을 말한다. 조칠(雕漆) 공법에는 척홍(剔紅)뿐 아니라 색깔에 따라 척흑(剔黑)·척채(剔彩, 오색)·척서(剔犀)의 방법도 있다. 척서(剔犀)는 먼저 얇은 척홍을 하고 그 위에 흑칠(黑漆)을 하는 단순한 공법이다. 척홍은《이운지》권2〈임원에서 즐기는 청아한 즐길거리〉"향" '향합(香盒)'에 나온다.

129 척흑(剔黑): 척홍과 같은 공법이지만, 주홍칠 대신 검정색으로 옻칠을 하는 것을 말한다.

청대의 5단 도서갑

부속 상자가 많은 도서갑

옻칠한 도서갑이 있고, 자단(紫檀)을 조각하여 여기에 옥돌로 상감한 도서갑이 있고, 옛사람들의 옥 허리띠를 장식하는 판이나 등불을 장식하는 판문양을 도서갑 앞면에 새긴 제품도 있다.

　일본 도서갑으로는 4칸·6칸·9칸짜리 부속 상자가 있는데, 부속 상자마다 그 안에 한나라 사람이 사용하던 옥도장 한 개를 넣어 두었다. 더러는 은도장을 넣어 두기도 한다. 격이 좀 떨어지면 보석·호박(琥珀)·관요자기(官窯磁器)·청동자기(青東磁器)를 넣어 두었다. 도장에 새긴 옛사람의 도서(圖書)는 후세에 전하여 완상하기에 좋은 품목이다. 만약 도서갑을 항상 사용한다면 두판남(豆瓣楠)[130]으로 만들면 좋다.

　신안(新安)[131]에서 만든 것으로, 옻칠을 하고 꽃무늬 자개를 조각해 넣은 도서갑이 있는데, 잘 만든 것은 사랑스럽다. 하지만 요즈음에 시장에서 파는

板、燈板鑲匣面者.

有倭匣四子、六子、九子、每子匣內，藏以漢人玉章一方，或藏銀章，替下藏以寶石、琥珀、官窯、青東磁. 舊人圖書爲傳玩佳品. 若常用，以豆瓣楠爲佳.

新安製有堆漆描花蚰嵌圖匣[19]，精者可愛. 近日市者惡甚. 又如黑漆描花方匣，

---

130 두판남(豆瓣楠) : 녹나무과의 나무. 고급 가구재로 많이 사용되었다.
131 신안(新安) : 지금의 중국 하남성(河南省) 낙양시(洛陽市) 신안현(新安縣) 일대.
[19] 匣 : 저본에는 "書".《遵生八牋·燕閑淸賞牋·圖書匣》에 근거하여 수정.

도서갑은 매우 질이 나쁘다. 또 검게 옻칠하고 꽃무늬를 장식한 네모난 도서갑 같은 경우는, 무늬야 어떻든 상관없이 또한 일상생활의 사용에 괜찮다. 《준생팔전》[132]

何文如之, 亦堪日用.
《遵生八牋》

## 8) 인주합(印朱盒)

인주합은 자기로 만든 것이 좋다. 옥(玉)으로 만들어도 자기 제품보다 더 낫다고 할 수는 없다. 그러므로 지금은 송나라 때 관요(官窯)와 가요(哥窯)에서 만든 것이 아주 귀하게 취급된다. 내가 관요(官窯)와 가요(哥窯)에서 만든 인주합을 살펴보았더니, 네모난 것이 아직도 10여 개 있었지만, 8각 인주합과 모서리가 굽이져 있는 다각 인주합은 겨우 1~2개만 볼 수 있었고, 그런 인주합은 색 또한 좋지 않았다.

내게 하(夏)·은(殷)·주(周) 삼대(三代)에 걸쳐 만들어진 네모난 옥 인주합이 있었지만, 안팎이 흙빛으로 변하고 안쪽의 네 면이 핏빛으로 물들어 어디에 쓰는 물건인지 알지 못했다. 지금에 와서 예전에 옥으로 만들어진 문구(文具) 중에, 그 물건이 인주합이라고 생각해 보니, 매우 적절한 듯하다.

또 정요(定窯)의 네모난 인주합을 보면 매우 좋아서, 겉면에는 꽃문양이 찍혀 있다. 육자강(陸子岡)[133]이 만든 인주합 가운데 교룡이 몸통과 뚜껑을 휘감아 도는 백옥 인주합이 있는데, 솜씨가 치밀하여 옛

### 印色池

以磁爲佳, 玉亦未能勝也. 故今官、哥窯者貴甚. 余見二窯印池, 方者尚有十數, 八[20]角并委角者, 僅見一二, 色亦不佳.

余有三代玉方池, 內外土銹, 血侵四裏, 不知何用. 今以爲古玉文具中印池, 似甚合宜.

又見定窯方池, 佳甚, 外有印花紋. 有陸子岡做周身連蓋滾螭白玉印池, 工緻侔古, 今多效製.

---

132 《遵生八牋》卷15 〈燕閑淸賞牋〉 中 "圖書匣"(《遵生八牋校注》, 588쪽).
133 육자강(陸子岡): ?~?. 중국 소주(蘇州) 사람. 명나라 가정·만력 연간에 활약한 유명한 옥공예가.
[20] 八: 저본에는 "四八". 《遵生八牋校注·燕閑淸賞牋·圖書匣》에 근거하여 수정.

것과 수준이 비슷하니, 지금 많은 이들이 이 모양을
본받아 제작한다.

근래에 새로 구운 제품 중에 뚜껑이 달린 백정 (白定)[134]의 직사각형 인주합은 흰 바탕에 청화무늬가 새겨진 순백색의 자기가 있다. 이는 옛날에 없었던 물건이므로, 많이 수집해야 할 것이다. 또 길이 0.6~0.7척짜리 인주합이 있는데, 매우 좋다. 《준생팔전》[135]

近日新燒, 有蓋白定長方印池, 并青花白地純白磁者. 此古未有, 當多蓄之, 且有長六七寸者, 甚佳.《遵生八牋》

인주합

네모난 인주합

---

134 백정(白定) : 중국 정주요(定州窯)에서 만들어 낸 순백색 자기.
135 《遵生八牋》 卷15 〈燕閑淸賞牋〉 中 "印色池"(《遵生八牋校注》, 586쪽).

## 4. 서실의 기타 도구

書室雜器

### 1) 서상(書牀, 책상)

書牀

넓은 방에는 넓고 폭이 큰 책상을 사용하고, 작은 방이나 침실에는 폭이 좁고 작은 책상을 사용해야 한다. 책상의 제도는 막대 4개로 다리를 만들고 네 가장자리를 구유처럼 움푹 패이게 하고, 다리 4개의 가운데에 별도로 번개무늬·영지버섯·간략한 용의 형상 따위를 새겨 견고하게 박아 넣은 책상이 있다. 또 글자나 그림이 그려진 축이 옆으로 펼쳐지는 모양으로, 양 변의 축 끝이 땅에서 떨어져 있고, 가운데 부분이 볼록하게 일어나면서 모양이 만들어지는 책상이 있다.[1] 가늘고 길쭉한 병처럼 생긴 다리 4개가, 넓고 큰 판자 1개를 받치고 있는 모양의 책상도 있다.

敞室宜用闊大者, 小室、臥室宜用狹小者. 其製有用四拐爲足, 槽四邊之底及四足正中, 另刻雷文、靈芝、草龍之屬而嵌固者. 有作書畫軸橫展之狀而兩邊軸頭距地, 中央隆起爲牀者. 有四纖長瓶戴一闊大板爲牀者.

자단으로 만들고 가운데에 대리석을 박아 넣은 책상이 가장 아름답고, 순전히 자단으로 만든 책상이 그 다음이다. 우리나라의 제주[耽羅]에서 나는 산유자나무, 전라도 여러 고을에서 나는 먹감나무, 황

用花梨造而中嵌大理石者最佳, 純用花梨者次之. 我國耽羅之山柚木、湖南諸郡之墨柿木、海西 大靑島

---

1 글자나……있다: 원문에서 말하고 있는 책상의 구조는 현대의 접이식 책상으로, 아래 사진과 같이 접어 두거나 눕혀 둘 수 있는 책상으로 추정된다.

접이식 책상

해도 대청도(大靑島)[2]에서 나는 늙은 뽕나무로 만든 책상이 또한 그 다음이다. 《금화경독기》[3]

之老桑木, 亦其次也. 《金華耕讀記》

## 2) 의안(欹案, 누워서 독서하는 책상)

《삼국지(三國志)》[4]에 "조조(曹操)[5]가 의안(欹案)을 만들어 누워서 책을 보았다."[6]라 했다. 조조는 지혜로운 사람이라 매우 편리한 도구를 고안한 것이다. 다

欹案

《三國志》: "曹操作欹案, 臥視書." 曹智人想便甚. 但其制不傳. 沈括《忘懷

---

2  대청도(大靑島): 지금의 인천광역시 옹진군 대청면에 딸린 섬. 남쪽으로는 소청도, 북쪽으로 백령도, 동쪽으로 황해남도 옹진군과 마주하고 있다. 본래 명칭은 포을도(包乙島)였으나, 고려 초기에 바뀐 것으로 추정된다.

3  출전 확인 안 됨.

4  삼국지(三國志): 서진(西晉)의 학자 진수(陳壽, 233~297)가 편찬한, 중국 삼국시대 위·촉·오 3국의 역사서. 《사기(史記)》·《한서(漢書)》·《후한서(後漢書)》와 함께 중국 전4사(前四史)로 불린다.

5  조조(曹操): 155~220. 중국 후한 말기의 정치인·군사가. 자는 맹덕(孟德), 다른 이름은 길리(吉利), 아이 때 이름은 아만(阿瞞). 후한 말기 위(魏)나라 건국의 기초를 닦았다. 편저서로 《위무제집(魏武帝集)》·《병서(兵書)》·《손자주(孫子注)》 등이 있다.

6  조조(曹操)가……보았다: 《硏北雜志》 卷下.

만 그 제도는 전해지지 않는다. 심괄(沈括)[7]의 《망회록(忘懷錄)》[8]에 의상(欹床)【안 〈이양잡구(怡養雜具)〉에 자세히 보인다.】[9]이 있는데, 내가 생각건대 의안(欹案)을 만드는 방법은 아마도 책상을 만드는 방법과 크게 다르지 않은 듯하다. 《진주선(眞珠船)[10]》[11]

일본에서 만든 누워서 책을 보는 책상은 달리 특이한 점이 없다. 다만 다리가 4개인 책상에서 뒷다리 2개를 앞다리보다 0.2~0.3척 높게 만들고, 책상판을 그 위에 비스듬히 기대어 놓아 안석에 기대어 책을 보기 편하도록 만들었다. 옻칠을 하고 나전으로 장식한 부분이 광택이 돌고 깨끗하여 사랑스럽다. 《금화경독기》[12]

### 3) 서등(書燈, 독서등)

옛날에 구리로 만든 낙타모양 등잔·양모양 등

錄)有欹床【案 詳見《怡養雜具》, 余意欹案之制, 或當不大殊.《眞珠船》

倭造臥看書床, 無他異. 但就四足書床, 令後兩足高於①前足三、二寸, 而床板欹在其上, 俾便倚几看書. 髹漆、蜬螺光潔可愛.《金華耕讀記》

### 書燈

有②古銅駝燈、羊燈、龜燈,

---

7  심괄(沈括): 1031~1095. 중국 북송의 학자·정치가. 자는 존중(存中), 호는 몽계옹(夢溪翁). 인종(仁宗) 가우(嘉祐) 8년(1063) 진사가 되고, 신종(神宗) 희녕(熙寧) 중에 왕안석(王安石)의 변법(變法)에 참여했다. 저서에 《소심양방(蘇沈良方)》·《장흥집(長興集)》이 있고, 《몽계필담(夢溪筆談)》 26권과 《보필담(補筆談)》 3권에 과학적 기사가 실려 있다.

8  망회록(忘懷錄): 중국 북송의 심괄이 저술한 책. 지금은 소실되었다. 《몽계망회록(夢溪忘懷錄)》이라고도 한다.

9  이양잡구(怡養雜具)에……보인다:《이운지》 권1 〈휴양에 필요한 도구〉 "상과 탑" '의상'에 나온다. 〈이양잡구〉는 〈이양기구(怡養器具)〉로 적혀 있어 제목이 일치하지 않는다. 〈이양기구〉의 초기 명칭이 〈이양잡구〉였음을 추측할 수 있는 대목이다.

10 진주선(眞珠船): 중국 명(明)나라의 호시(胡侍)가 저술한 책. 서명(書名)은, 육전(陸佃, 1042~1102)의 시주(詩注)에 원진(元稹, 779~831)의 말을 인용하여 "책을 읽으면서 한 가지 뜻을 터득하는 것은 마치 진주로 만든 귀한 배 한 척을 얻는 것과 같다.(讀書每得一義, 如得一眞珠船.)"라고 한 데에서 연유했다.

11 《眞珠船》卷6〈臥視書〉《叢書集成初編》338, 66~67쪽).

12 출전 확인 안 됨.

① 於: 저본에는 "似". 문맥에 근거하여 수정.

② 有: 저본에는 "用".《考槃餘事·書燈》에 근거하여 수정.

잔·거북모양 등잔이 있었고, 제갈량(諸葛亮)이 군중
(軍中)에서 사용했던 등잔과 봉황·거북모양 등잔에
는 둥그런 등반(燈盤)13이 있었다. 정요(定窯)에는 3단
등경(燈檠)14이 있고 선요(宣窯)에는 2단 등경이 있었
다. 이 등잔들은 모두 서재에서 사용하기에 좋다.

또 청록색을 띤, 구리로 만든 연잎 1장이 등경에
걸려 있고, 연꽃과 가지가 그 위에 있는 모양을 보았
다. 이는 옛사람이 황금으로 장식한 연꽃 모양의 촛
대를 응용해서 만든 것으로, 이를 사용해도 또한 속
되지 않다. 옛날에는 '촉노(燭奴)'가 있었다. 곧 지금
페르시아에서 주조해서 만든 촛대가 이것이다. 그러
나 이 촛대는 아마도 일상에 사용할 수는 없을 듯하
다.《준생팔전》15

諸葛軍中行燈、鳳·龜燈有
圓③燈盤. 定窯有三臺燈
檠, 宣窯有兩臺燈檠, 俱
堪書室取用.

又見靑綠銅荷一片檠駕,
花朶坐上, 想取古人金荷
之意, 用亦不俗. 古有燭
奴, 卽今鑄波斯作燭臺者
是也. 似不堪供.《遵生八
牋》

등경

---

13 등반(燈盤): 등잔을 올려놓기 위해 만든 기구.
14 등경(燈檠): 등잔을 걸어 두는 기구. 등경걸이라고도 한다.
15 《遵生八牋》卷15〈燕閑淸賞牋〉中 "論文房器具" '書燈'(《遵生八牋校注》, 589~590쪽).
③ 圓: 저본에는 "元".《遵生八牋·燕閑淸賞牋·書燈》에 근거하여 수정.

## 4) 문갑(文匣, 문구갑)[16]

문갑은 3칸으로 만드는데, 4칸으로 만든 것도 있다. 선반에 올려놓고 사용하며 문방구를 모두 여기에 보관한다. 미관을 위한 것이 아니므로, 굳이 무늬를 박아넣거나 조각하여 기이한 모양을 구할 필요가 없으니, 목재도 자단 정도면 충분할 것이다. 또한 대오리[竹絲, 실처럼 가는 대나무]로 입구를 감거나 가선을 두르지 않는다. 그렇게 하면 공력만 낭비되어 이익이 없고, 도리어 문갑이 빨리 망가지고 만다. 만약 일본의 방식대로 만들고 납으로 때워 입구에 자물쇠를 달면 몹시 좋다. 《준생팔전》[17]

검은 철로 장식한 일본의 문갑이 좋아서 서실의 용도로 만들 수 있다. 《증보산림경제》[18]

근래에 만든 서가(書架, 책장)는 길이가 1장 남짓이고, 너비는 기둥 1영(楹)을 채우거나 또는 0.5영 정도이다. 서가 안에는 여러 개의 작은 칸을 만드는데, 너비와 길이가 일정하지 않다. 몇 개의 칸을 차지할 만한 공간을 사이에 두고 문갑을 설치할 때에는 자단목이나 무늬가 아름다운 나무로 문짝을 만들고,

## 文具匣

匣製三格, 有四格者, 用提架總藏文房器具. 非爲觀美, 不必鑲嵌雕刻求奇, 花梨木爲之足矣. 亦不用竹絲④蟠口鑲口, 費工無益, 反致壞速⑤. 如蔣製倭式, 用鉛鈐口者, 佳甚. 《遵生八牋》

倭文匣墨鐵粧飾者佳, 可作書室之用. 《增補山林經濟》

近製書架, 長一丈有餘, 廣滿一楹或半楹. 內作衆小格, 廣狹、長短不一. 間數格設文匣, 用花梨或文木爲扇, 沈香、降眞香爲緣, 以白銅、烏銅粧飾, 用藏文

---

16 문갑(文匣, 문구갑): 중요한 서류나 물건을 깊숙이 넣어 두거나, 문방사우를 보관하는 가구.
17 《遵生八牋》卷15〈燕閑淸賞牋〉中 "論文房器具" '文具匣'(《遵生八牋校注》, 581쪽).
18 출전 확인 안 됨.
④ 絲: 저본에는 "綠". 《遵生八牋·燕閑淸賞牋·文具匣》에 근거하여 수정.
⑤ 速: 저본에는 "連". 《遵生八牋·燕閑淸賞牋·文具匣》에 근거하여 수정.

문갑(국립민속박물관)

침향나무[19]·강진향나무[20]로 가선을 두르며, 백동(白銅)[21]이나 오동(烏銅)[22]으로 장식하여 문방구 가운데에 여러 보배로운 물건들을 보관한다. 문갑 옆에 비워둔 칸에는 글씨가 적혀 있거나 그림이 그려진 두루마리를 둘 수 있다.

일반적으로 꽃병·물총새 모양의 병·향로·찻그릇·경석(磬石)[23]·먼지떨이(불진) 등 일체의 문방기구는 모두 비워둔 칸 위에 벌여 놓을 수 있다. 이와 같은 문갑의 공간은 참으로 문구의 대장이요, 서실의 호사스러운 감상품이다. 《금화경독기》[24]

房諸寶. 其空格可置書卷、畫軸.

凡花瓶、翠羽壺、香爐、茶椀、磬、麈等一切文房器具, 皆可就空格上陳設, 誠文具之總司, 書室之侈玩也.《金華耕讀記》

---

19 침향나무: 침향나무는 수지(樹脂)가 많이 들어 있으며 은은한 향기가 나는데, 동물이나 바람 등으로 생긴 상처 부위에는 특히 많은 수지가 생성된다. 그 수지가 굳으면 독특한 향을 지니며, 견고하고 밀도가 높기 때문에 물에 가라앉으므로[沈] 침향이라 한다. 침수향(沈水香)이라고도 한다.

20 강진향나무: 강진향나무의 줄기와 뿌리의 심재(心材)는 일명 강진향(降眞香)이라고도 한다. 모양은 원기둥이나 불규칙한 덩어리이며, 크기는 일정하지 않다. 겉은 적자색~적갈색이다. 특유한 향기가 풍긴다.

21 백동(白銅): 구리와 니켈을 섞은 금속.

22 오동(烏銅): 검붉은빛이 감도는 구리. 광택이 있어 장식품으로 많이 쓴다.

23 경석(磬石): 편경(編磬)·특경(特磬)을 제작할 때 쓰이는 옥돌의 일종이다. 여기서는 이 옥돌로 만들어진 편경을 가리킨다. 이와 관련해서는 《이운지》 권2 〈임원에서 즐기는 청아한 즐길거리(상)〉 "금[琴供]·검[劍供]"·'경(磬)'에서 소개되었다.

24 출전 확인 안 됨.

## 5) 안경[靉靆, 애체]

서역의 만리국(滿利國)[25]에서 나는데, 크기는 큰 동전만 하며, 색은 운모(雲母)[26]와 같다. 노인의 시력은 어두울 때나 피곤할 때 작은 글씨를 분별하지 못하지만, 이것을 눈에 덮으면 눈의 정기가 흩어지지 않아 필획이 배로 선명하게 보인다. 《백천학해(百川學海)[27]》[28]

안경은 수정조각을 금강석가루로 갈고 다듬어 만드는데, 노안(老眼)과 장안(壯眼, 장년의 눈)에 따라 차이가 있다. 만약 노안(老眼)이면 안경알을 조금 볼록하게 만들고, 장안(壯眼)이면 앞면과 뒷면을 모두 평평하고 곧게 만들며, 중노안(中老眼, 장년과 노인 사이의 눈)이면 앞면을 평평하고 곧게 만들고 뒷면을 조금 오목하게 만든다. 다만 노인이 장안(壯眼)용 안경으로 사물을 보면 멀리 있는 물건은 선명하게 보이지만 가까이 있는 물건은 선명하게 보이지 않는다. 《화

靉靆

出西域滿利國, 如大錢, 色如雲母. 老人目力, 昏倦不辨細書, 以此掩目, 精不散, 筆劃倍明.《百川學海》

靉靆, 用水晶切片, 以金剛屑磨琢造之, 隨老、壯有異. 如老眼爲微凸, 如壯眼表裏平直, 如中老表平直, 裏微窪. 但老人以壯眼鏡視, 則遠物鮮明, 而近物不明.《和漢三才圖會》

---

25 만리국(滿利國) : 여기서의 만리국은 안경을 들여온 서역의 나라를 말하는 것으로 추정된다. 안경은 13세기 후반 무렵에 이탈리아에서 발명된 것으로 알려져 있다. 안경은 고리대금업자나 상인들이 이용하게 되면서 급속히 발전하였다. 15세기 말에는 안경이 대량생산되기 시작했고, 16세기 초에 이르러서는 근시(近視)용 안경도 제작됐다. 중국 문헌에는 13세기 무렵에 안경에 대한 기록이 있는데, 이는 실크로드를 통해서 전파된 것으로 보인다.

26 운모(雲母) : 화강암을 구성하는 석재이며, 단독으로 구성되면 얇은 층으로 벗겨지듯 쪼개지는 성질이 있어 매우 얇게 벗겨지면 비닐처럼 빛을 투과한다. 성질이나 광택에 따라 백운모·흑운모·소다운모·금운모 등으로 구분한다. 안료로 사용되어 왔으며, 현대에는 방화재(防火材)·전기절연재 등으로도 사용된다. 여기서 언급한 색은 검은 안경테를 가리켜 말한 듯하다.

27 백천학해(百川學海) : 중국 남송(南宋)의 좌규(左圭, ?~?)가 1273년에 편찬한 총서. 177권이며 수필·시화·박물 등의 내용이 수록되어 있다. '백천학해'는 온갖 냇물은 바다를 배운다는 뜻으로, 냇물이나 바다나 같은 물이지만 냇물은 바다를 배우며 흘러서 마침내 바다로 들어간다는 것을 비유했다. 곧 사람이 학문(學問)을 배우는 데 있어 가져야 할 자세를 비유하여 이르는 말이다.

28 출전 확인 안 됨 ;《和漢三才圖會》卷26〈服玩具〉"眼鏡"(《倭漢三才圖會》3, 438쪽).

안경(국립민속박물관)

안경(왜한삼재도회)

한삼재도회》<sup>29</sup>

근시용 안경[近眼鏡, 근안경]은 앞면은 조금 오목하 고 뒷면은 조금 볼록하다. 《화한삼재도회》<sup>30</sup>

近眼鏡, 表微凹, 裏微凸. 同上

망원경[遠眼鏡, 원안경]은, 늘이거나 줄일 수 있는 3겹짜리 통을 만들고 각 구멍에 옥을 끼워 넣었다. 3가지 옥 가운데, 눈에서 가까운 통에 끼워진 옥은 노안(老眼) 안경알과 모양이 같고, 가운데 통과 끝 통 에 끼워진 옥은 장안(壯眼) 안경알과 모양이 같다. 다 만 본국(일본)에서 만든 안경은 3리 이상 떨어진 거리 는 볼 수 없으니, 네덜란드의 청판(靑板)으로 덮어야 한다. 청판은 곧 네덜란드의 유리[硝子]이다. 네덜란 드 유리를 일본의 유리와 함께 녹여 안경알을 만들

遠眼鏡, 作三重筒伸縮, 各 口嵌玉, 其本玉如老眼鏡, 中與末如壯眼鏡. 但本國 所造者, 不能視三里以上 也, 宜用阿蘭陀靑板蓋, 卽彼國硝子也. 與和硝子 合鎔之, 則甚堅而不解. 同 上

29 《和漢三才圖會》卷26〈服玩具〉"眼鏡"(《倭漢三才圖會》3, 438쪽).
30 《和漢三才圖會》, 위와 같은 곳.

면 매우 단단하여 깨지지 않는다.《화한삼재도회》31

현미경[蟲眼鏡, 충안경]은, 옥을 두껍게 하여 앞면은 볼록하고 뒷면은 평평하게 만드는데, 이 렌즈를 입이 홀쪽한 틀에 끼워 벼룩이나 이를 투사하여 보면 벼룩은 그 모양이 큰 벼룩과 같고, 짐승의 몸에 기생하는 이는 물고기만 한 크기가 된 듯하다. 그 밖의 작은 사물 또한 볼 수 있다.《화한삼재도회》32

蟲眼鏡, 玉厚, 表凸裏平, 嵌盒, 投蚤、蝨視之, 其形大蚤, 似獸蝨作鰔⑥, 其餘細物亦然. 同上

요지경[數眼鏡, 수안경]33은, 앞면은 평평하고 뒷면은 거북껍질처럼 모난 모양으로 만든다. 이런 모난 모양이 5개이거나 6개이다. 사물이 그 개수에 따라 그 개수로 보인다.《화한삼재도회》34

數眼鏡, 表平裏如龜甲爲稜形, 或五或六, 隨數見. 同上

일반적으로 안경은 반드시 수정으로 만들었지만 요즘에는 대부분 유리로 만든다.

안경알 재질 시험법:수정을 혀에 대면 서늘함이 약간 느껴져 눈을 찡그리게 된다. 순백색이다. 유리는 약간 청색을 띤다.《화한삼재도회》35

凡眼鏡, 須以水晶造, 近世多以硝子爲之.

試法:水晶粘舌稍冷, 斜視之, 純白. 硝子, 帶微靑色. 同上

일반적으로 안경에 낀 때나 기름기를 닦을 때는 나뭇재를 물에 담근 즙을 하룻밤 묵힌 다음 안경을

凡洗眼鏡之垢膩, 浸木灰汁一宿, 可磨去尋常. 輕

---

31 《和漢三才圖會》卷26〈服玩具〉"眼鏡"(《倭漢三才圖會》3, 439쪽).

32 《和漢三才圖會》, 위와 같은 곳.

33 요지경[數眼鏡, 수안경]:한 사물이 개수에 따라 여러 모양으로 갈라지고 나뉘어 보이는 장치.

34 《和漢三才圖會》, 위와 같은 곳.

35 《和漢三才圖會》, 위와 같은 곳.

⑥ 鰔:저본에는 "鵝".《和漢三才圖會·服玩具·眼鏡》에 근거하여 수정.

문질러 때나 기름기를 제거하면 평상시처럼 말끔해진다. 오염의 정도가 가벼우면 침으로 문질러도 된다. 다만 흡연을 한 지 하루가 지나지 않았을 때의 침은 금한다.《화한삼재도회》[36]

者, 用唾可拭. 但忌吃煙草未經時之唾. 同上

안경은 옛날에는 없었다. 명(明)나라 때 서양으로부터 들어왔는데, 기이한 보배라 속여 그 값이 좋은 말 1필이었다. 지금은 거의 천하에 두루 퍼져 3가구 정도나 있는 시골의 조그만 마을에서 토원책(兔園冊)[37]처럼 상스런 책을 끼고 사는 사람들조차도 안경을 눈에 걸치지 않은 사람이 없다.

靉靆古未有也, 皇明時, 來自西洋, 詑爲奇寶, 價直一匹良馬. 今殆遍天下, 三家村裏挾兔園冊子者, 無不眼掛靉靆也.

여름에는 수정으로 만든 안경을 써야 하고, 겨울에는 유리[玻瓈]로 만든 안경을 써야 한다. 수정은 날씨가 추우면 냉기가 눈을 억누르므로, 쓰면 안 된다. 일본에서 만든 것은 종종 품질이 좋은 안경이 있다. 우리나라는 경주(慶州)에서도 검은빛을 띠는 수정이 나서 안경을 만들 수 있다. 그러나 안경알을 갈고 장식하여 만드는 일은 중국과 일본처럼 아름답게 할 수는 없다.《금화경독기》[38]

夏月宜用水晶造者, 冬月宜用玻瓈造者. 水晶, 寒時冷氣逼眼, 不可用也. 倭造者, 往往有佳品. 我國慶州, 亦出烏水晶, 可作靉靆. 然琢磨粧造, 不能如華、倭之美也.《金華耕讀記》

이운지 권제4 끝

怡雲志 卷第四

---

36 《和漢三才圖會》, 위와 같은 곳.

37 토원책(兔園冊): 속된 말로 적힌 비속한 내용의 책을 이르는 말이다. 또 다른 의미로는 글방에서 아동들에게 가르치던 교재 따위를 가리키는 말인데, 자신의 저술을 겸손하게 일컬을 때 쓰기도 한다.

38 《金華耕讀記》卷7〈靉靆〉, 2쪽.

# 🌿 임원경제연구소

임원경제연구소는 고전 연구와 번역, 출판을 주요 목적으로 하는 사단법인이다. 문사철수(文史哲數)와 의농공상(醫農工商) 등 다양한 전공 분야의 소장학자 40여 명이 회원 및 번역자로 참여하여, 풍석 서유구의 《임원경제지》를 완역하고 있다. 또한 번역 사업을 진행하면서 축적한 노하우와 번역 결과물을 대중과 공유하기 위해 관련 전문가 및 단체들과 교류하고 있다. 연구소에서는 번역 과정과 결과를 통하여 '임원경제학'을 정립하고 우리 문명의 수준을 제고하여 우리 학문과 우리의 삶을 소통시키고자 노력한다. 임원경제학은 시골 살림의 규모와 운영에 관한 모든 것의 학문이며, 경국제세(經國濟世)의 실천적 방책이다.


## 번역, 교열, 교감, 표점, 감수자 소개

### 번역

#### 심영환(沈永煥)

강원대 국어국문학과를 졸업하고, 한림대 태동고전연구소(지곡서당)를 수료하였으며, 국사편찬위원회에서 국내초서과정을 이수하였다. 한국학중앙연구원에서 고문서학을 전공하였으며 박사학위 논문은 〈조선시대 고문서의 초서체 연구〉이다. 저서로는 《조선시대 고문서 초서체 연구》, 《고려시대 중서문하 교첩》, 《변화와 정착 : 여말선초의 조사문서》(공저) 등이 있고, 주로 한문 고문서의 연원에 관한 논문을 다수 집필하였다. 《임원경제지》 중 《유예지》를 정진성 등과 번역했다. 현재 한국학중앙연구원 장서각 고문서연구실의 책임연구원으로 재직 중이다.


#### 정명현(鄭明炫)

광주광역시 출신. 고려대 유전공학과를 졸업하고, 도올서원과 한림대 태동고전연구소에서 한학을 공부했다. 서울대 대학원 '과학사 및 과학철학 협동 과정'에서 전통 과학기술사를 전공하여 석사와 박사를 마쳤다. 석사와 박사 논문은 각각 〈정약전의 《자산어보》에 담긴 해양박물학의 성격〉과 〈서유구의 선진농법 제도화를 통한 국부창출론〉이다. 《임원경제지》 중 《본리지》·《섬용 지》·《유예지》·《상택지》·《예규지》를 공역했다. 또 다른 역주서로 《자산어보 : 우리나라 최초의 해양생물 백과사전》이 있고, 《임원경제지 : 조선 최대의 실용 백과사전》을 민철기 등과 옮기고 썼다. 현재 임원경제연구소 소장으로 《인제 지》 번역 사업에 참여하고 있다.

### 강민우(姜玟佑)

서울 출신. 한남대 사학과를 졸업하고 한림대 태동고전연구소에서 한학을 공 부했다. 성균관대 대학원 사학과에서 석사과정을 마쳤고, 박사과정 재학 중 이다. 현재 임원경제연구소 연구보조원이다. 《섬용지》를 교열했고, 《유예지》· 《상택지》·《예규지》를 공역했다.

### 민철기(閔喆基)

서울 출신. 연세대 철학과를 졸업하고 도올서원에서 한학을 공부했다. 연세 대 대학원 철학과에서 학위논문으로 〈세친(世親)의 훈습개념 연구〉를 써서 석 사과정을 마쳤다. 임원경제연구소 번역팀장과 공동소장을 역임했고, 현재는 선임연구원으로 재직하며 《섬용지》를 교감 및 표점했고, 《유예지》·《상택지》· 《예규지》를 공역했다.

### 정정기(鄭炡基)

경상북도 장기 출신. 서울대 가정대학 소비자아동학과에서 공부했고, 도올 서원과 한림대 태동고전연구소에서 한학을 익혔다. 서울대 대학원에서 〈성리 학적 부부관에 대한 연구〉로 석사를, 〈조선시대 가족의 식색교육 연구〉로 박 사를 마쳤다. 음식백과인 《정조지》의 역자로서 강의와 원고 작업을 통해 그 에 수록된 음식에 대한 소개에 힘쓰며, 부의주를 빚고 가르쳐 집집마다 항아 리마다 술이 익어가는 꿈을 실천하고 있다. 현재 임원경제연구소 번역팀장으로 《임원경제지》 번역 사업에 참여하여 《섬용지》를 교열했고, 《유예지》·《상택지》·《예규지》를 공역했다.

## 김현진(金賢珍)

경기도 평택 출신. 공주대 한문교육과를 졸업하고 한림대 태동고전연구소와 한국고전번역원에서 한학을 공부하였으며 성균관대 대학원 한문학과에서 석사과정을 수료했다. 현재 임원경제연구소 연구원으로 근무하며 《섬용지》를 교열했고, 《유예지》·《상택지》·《예규지》를 공역했다.

## 김수연(金秀娟)

서울 출신. 한국전통문화대 전통조경학과를 졸업하고 한림대 태동고전연구소에서 한학을 공부했다. 현재 임원경제연구소 연구원으로 근무하며 《섬용지》를 교감 및 표점했고, 《유예지》·《상택지》·《예규지》를 공역했다.

## 김광명(金光明)

전라북도 정읍 출신. 전주대학교 한문교육과를 졸업하고 한국고전번역원에서 한학을 공부했으며, 성균관대 대학원 고전번역 협동과정에서 석박사통합과정을 수료했다. 현재 임원경제연구소 연구원으로 근무하며, 《유예지》·《상택지》·《예규지》를 공역했다.

## 최시남(崔時南)

강원도 횡성 출신. 성균관대 유학과(儒學科) 학사 및 석사를 마쳤으며 동 대학원 박사과정을 수료했다. 성균관(成均館) 한림원(翰林院)과 도올서원(檮杌書院)에서 한학을 공부했다. 석사논문은 〈유가정치사상연구:《예기》의 예론을 중심으로〉이며 호서대학교에서 강의를 했다. IT회사에서 조선시대 왕실 자료와 문집·지리지 등의 고문헌 디지털화 작업을 했다. 현재 임원경제연구소 연구원으로 근무하며 《섬용지》·《유예지》·《상택지》·《예규지》를 공역했다.

**김용미**(金容美)

전라북도 순창 출신. 동국대 철학과를 졸업하고, 한국고전번역원 국역연수원
과 일반연구과정에서 한문 번역을 공부했다. 한국고전번역원에서 추진하는
고전 전산화사업에 교정교열위원으로 참여했고, 《정원고사(政院故事)》공동번
역에 참여했으며, 전통문화연구회에서 추진하고 있는《모시정의(毛詩正義)》공
동번역에 참여하고 있다. 현재 임원경제연구소 연구원으로 근무하고 있다.


자료정리

고윤주(高允珠)(숙명여자대학교 경제학과)


감수

최원경(崔源京)(이아서실)


교감·표점·교열·자료조사

임원경제연구소

## 🌋 풍석문화재단

(재)풍석문화재단은 《임원경제지》 등 풍석 서유구 선생의 저술을 번역 출판하는 것을 토대로 전통문화 콘텐츠의 복원 및 창조적 현대화를 통해 한국의 학술 및 문화 발전에 기여함을 목적으로 설립되었다.

재단은 ①《임원경제지》의 완역 지원 및 간행, ②《풍석고협집》,《금화지비집》,《금화경독기》,《번계시고》,《완영일록》,《화영일록》등 선생의 기타 저술의 번역 및 간행, ③ 풍석학술대회 개최, ④《임원경제지》기반 대중문화 콘텐츠 공모전, ⑤ 풍석디지털자료관 운영, ⑥《임원경제지》등 고조리서 기반 전통음식문화의 복원 및 현대화 사업 등을 진행 중이다.

재단은 향후 풍석 서유구 선생의 생애와 사상을 널리 알리기 위한 출판·드라마·웹툰·영화 등 다양한 문화 콘텐츠 개발 사업, 《임원경제지》기반 전통문화 콘텐츠의 전시 및 체험교육 등을 목적으로 하는 서유구 기념관 건립 등을 추진 중이다.

## 풍석문화재단 웹사이트 및 주요 연락처

### 웹사이트

풍석문화재단 홈페이지 : www.pungseok.net

출판브랜드 자연경실 블로그 : https://blog.naver.com/pungseok

풍석디지털자료관 : www.pungseok.com

풍석문화재단 음식연구소 홈페이지 : www.chosunchef.com

### 주요 연락처

**풍석문화재단 사무국**

주　소 : 서울 서초구 방배로19길 18, 남강빌딩 301호

연락처 : 전화 02)6959-9921 팩스 070-7500-2050 이메일 pungseok@naver.com

**풍석문화재단 전북지부**

연락처 : 전화 063)290-1807 팩스 063)290-1808 이메일 pungseokjb@naver.com

**풍석문화재단 음식연구소**

주 소 : 전북 전주시 완산구 교동 138

연락처 : 전화 010-8983-0658 이메일 zunpung@naver.com

**조선셰프 서유구**(음식연구소 부설 쿠킹클래스)

주 소 : 전북 전주시 완산구 교동 141-1(향교길)

연락처 : 전화 010-8983-0658 이메일 zunpung@naver.com

**서유구의 서재 자이열재**(풍석 서유구 홍보관)

주 소 : 전북 전주시 완산구 교동 141-1(향교길)

연락처 : 전화 010-3010-2057 이메일 pungseok@naver.com

**풍석학술진흥연구조성위원회**

(재)풍석문화재단은《임원경제지》의 완역완간 사업 등의 추진을 총괄하고 예산 집행의 투명성을 기하기 위해 풍석학술진흥연구조성위원회를 두고 있습니다.

풍석학술진흥연구조성위원회는 사업 및 예산계획의 수립 및 연도별 관리, 지출 관리, 사업 수익 관리 등을 담당하며 위원은 아래와 같습니다.

위원장 : 신정수(풍석문화재단 이사장)

위 원 : 서정문(한국고전번역원 고전번역연구소장), 진병춘(풍석문화재단 사무총장)
　　　　안대회(성균관대학교 한문학과 교수), 유대기(활기찬인생 2막 이사장)
　　　　정명현(임원경제연구소장)

## 풍석문화재단 사람들

| | |
|---|---|
| 이사장 | 신정수 ((前) 주택에너지진단사협회 이사장) |
| 이사진 | 김윤태 (우석대학교 평생교육원장)<br>김형호 (한라대학교 이사)<br>모철민 ((前) 주 프랑스대사)<br>박현출 ((前) 서울시농수산식품공사 사장)<br>백노현 (우일계전공업그룹 회장)<br>서창석 (대구서씨대종회 총무이사)<br>서창훈 (우석재단 이사장 겸 전북일보 회장)<br>안대회 (성균관대학교 한문학과 교수)<br>유대기 (활기찬인생 2막 이사장)<br>이영진 (AMSI Asia 대표)<br>정명현 (임원경제연구소 소장)<br>진병춘 (상임이사, 풍석문화재단 사무총장)<br>채정석 (법무법인 웅빈 대표)<br>홍윤오 ((前) 국회사무처 홍보기획관) |
| 감사 | 홍기택 (대일합동회계사무소 대표) |
| 음식연구소장 | 곽미경 (《조선셰프 서유구》 저자) |
| 재단 전북지부장 | 서창훈 (우석재단 이사장 겸 전북일보 회장) |
| 사무국 | 박정진, 박소해 |
| 고문단 | 이억순 (상임고문)<br>고행일 (인제학원 이사)<br>김영일 (한국ABC협회 고문)<br>김유혁 (단국대 종신명예교수)<br>문병호 (사랑의 일기재단 이사장)<br>신경식 (헌정회 회장)<br>신중식 ((前) 국정홍보처 처장)<br>신현덕 ((前) 경인방송 사장)<br>오택섭 ((前) 언론학회 회장)<br>이영일 (한중 정치외교포럼 회장)<br>이석배 (공학박사, 퀀텀연구소 소장)<br>이수재 ((前) 중앙일보 관리국장)<br>이준석 (원광대학교 한국어문화학과 교수)<br>이형균 (한국기자협회 고문)<br>조창현 ((前) 중앙인사위원회 위원장)<br>한남규 ((前) 중앙일보 부사장) |

## 《임원경제지·이운지》완역 출판을 후원해 주신 분들

㈜DYB교육  ㈜우리문화  (사)인문학문화포럼  ㈜청운산업  대구서씨대종회
강흡모  고관순  고경숙  고유돈  곽미경  곽의종  곽중섭  구자민  권정순  권희재
김경용  김덕수  김동범  김동섭  김문자  김병돈  김상철  김석기  김성규  김순연
김영환  김용도  김유혁  김익래  김일웅  김정기  김정연  김종보  김종호  김지연
김창욱  김춘수  김태빈  김현수  김후경  김 훈  김홍룡  나윤호  류충수  민승현
박낙규  박동식  박미현  박보영  박상준  박용희  박재정  박종규  박찬교  박춘일
박현출  백노현  변홍섭  서국모  서봉석  서영석  서정표  서창석  서청원  송은정
송형록  신동규  신영수  신응수  신종출  신태복  안순철  안영준  안철환  양덕기
양태건  양휘웅  오미환  오성열  오영록  오영복  오인섭  용남곤  유종숙  윤남철
윤석진  윤정호  이건호  이경근  이근영  이기웅  이기희  이동규  이동호  이득수
이봉규  이세훈  이순레  이순영  이승무  이영진  이우성  이원종  이재용  이정언
이진영  이 철  이태인  이태희  이현식  이형운  이효지  임각수  임승윤  임종훈
임종태  장상무  장우석  전종욱  전치형  정갑환  정 극  정금자  정명섭  정상현
정소성  정용수  정우일  정연순  정지섭  정진성  정창섭  정태윤  조규식  조문경
조재현  조창록  주석원  진병춘  진선미  진성환  차영익  차흥복  최경수  최경식
최광현  최승복  최연우  최정원  최진욱  최필수  태의경  하영휘  허영일  홍미숙
홍수표  황재운  황재호  황정주  황창연